責任と刑罰の現在

城下 裕二 ［著］

Yuji Shiroshita

Current Discussions
on
Criminal Responsibility and Punishment

成文堂

はしがき

　本書は，基本的に前著『量刑理論の現代的課題［増補版］』（成文堂，2009年）以降に発表した責任論・罪数論・量刑論・刑罰論に関する論稿をまとめたものである（一部，それ以前に公刊した論稿，及び書下ろしを含んでいる）。いくつかの論稿では，末尾に「補論」ないしは「追記」の形で，公刊後の判例あるいは議論状況の進展について新たに言及している。脚注で引用した諸文献に関しても，版が改まっている場合にはできる限り最新版に修正するようにした。

　前著を刊行した2009年は，偶然にも裁判員制度が発足した年でもあった。その後10年余りが経過し，裁判員裁判の判決では，「行為責任」「犯情」「一般情状」などといったキー・ワードを用いて理論的な説明がなされることが，ごく一般的になり，学説の側も，それらを前提とした議論を展開するようになった。一見すると，「裁判員裁判時代」における責任論・刑罰論とでもいうべきものが，徐々にではあるが構築されつつあるようにも思われる。しかしながら，そこで用いられている諸概念の意味内容は，果たして十分な解釈論的検討を経たものであろうか。そこで採られている見解については，刑法学の基本原則への正確なフィード・バックがなされているのだろうか。このような疑問は，本書に収められた論稿を執筆している際に，常に念頭にあった。こうして本書は，「現在の」責任論・刑罰論を特徴づけるいくつかのテーマを取り上げ，それに関連する判例，および学説に現われた諸見解をめぐって，理論刑法学の視点に基づいた再検証を試みるものとなった。

＊　　　　＊　　　　＊

　本書の内容を簡単に紹介すると，以下の通りである。第1部「責任論とその周辺」では，まず第1章において，現在の責任論の状況を特別予防論との関係から考察した。本章の基となった論稿は，法律時報88巻7号（2016年）の特集「現代日本社会と理論刑法学の展望」の一環として書かれたものである。本書は，責任と特別予防とを対抗的な関係として理解していくことが消

ii　はしがき

極的責任主義からみて望ましいと考えているが，本章では特に，そうした関
係性が理論刑法学の体系の中で貫徹されているのかを，近時の責任能力論・
故意概念・量刑判断をめぐる議論を例に論じた。第2章では，「事実の錯誤」
論における抽象的法定符合説に対して従来から向けられてきた「責任主義に
反するのではないか」という（いわば定番化している）批判の意義を再検討した。
第3章・第4章では，アスペルガー症候群（自閉症スペクトラム）及び窃盗症（ク
レプトマニア）・摂食障害という，最近の実務において責任能力との関係が争わ
れている諸疾患が犯行原因となったとみられる事例について，精神医学的知
見を参照しつつ分析した。第5章では，本来の責任論上の課題ではないが，
関連問題として，心神喪失者等医療観察法における「責任無能力者の故意」
（対象行為該当性の主観的要件）の判断方法について考察した。第3章から第5章
までは，いずれも2009年度から参加させていただいている，山本輝之教授（成
城大学）が主催される精神医療法研究会での議論に大いに触発されて書かれ
たものである。

　第2部「罪数論の課題」では，第6章・第7章において，最近，議論の対
象となることの多い「混合的包括一罪」および「連続的包括一罪」という2つ
の包括一罪に焦点をあてて検討を行った。罪数論を適切な量刑の前提とすべ
きことの意義，さらに罪数論と犯罪論との関係を意識すべきことの重要性に
ついては，前著でも強調したことであったが，明文の規定を欠く包括一罪に
おいては，とりわけこうした視点からの分析が重要であると思われる。

　第3部「量刑論の展開」では，最初に第8章において，ここ10年ほどのわ
が国の量刑論の特徴を俯瞰した上で，第9章では，被害者を主体とする事情
（被害者関係的事情）が量刑上いかなる意味をもちうるのかについて実体刑法の
立場から考察した。本章は，日本刑法学会・第90回大会分科会「犯罪被害者
と量刑」（於　同志社大学・2012年5月19日・オーガナイザー＝奥村正雄教授［同志社大
学］）における基調報告に依拠しているが，同分科会は，各報告者によって，
本テーマに内在する実体法・手続法の交錯，また理論と実務の交錯が明らか
にされ，非常に興味深いものであった。続く第10章では，2009年導入以降の
裁判員裁判における量刑の状況を統計データと判例によって回顧しつつ，量
刑の基礎理論との関わりで検討すべき課題を取り上げた。さらに第11章で

は，最高裁平成 26 (2014) 年判決が明らかにした，裁判員裁判における「同種事犯の量刑傾向」の重視，およびそこから離脱するために要請される「具体的，説得的根拠」の提示という要請が有する意義と限界について検討した。同判決は，量刑の根本問題に対して最高裁が 1 つの回答を与えたものであると評することができ，今後も大きな影響を与え続けると思われる。

第 4 部「死刑と無期懲役をめぐって」では，第 12 章において，前著からの問題関心である死刑と無期懲役の分水嶺に関して，裁判員裁判の判例を素材として分析した。本章は，第 6 回刑事法学フォーラム（於　専修大学・2015 年 5 月 22 日・コーディネイター＝浅田和茂教授［立命館大学］）における報告（「量刑判断における行為事情と行為者事情—『死刑と無期の間』を中心に」季刊刑事弁護 83 号（2015 年）127 頁以下に収録）に基づきながら，その後の動向と併せて，同年に出された 2 つの最高裁決定の意義と影響力について考察した。第 13 章では，10 年ほど前から無期刑（無期懲役刑）受刑者の仮釈放に関する議論が活発化したことを契機に，科刑・受刑状況を概観しながら，仮釈放の要件・運用論，裁判官による「処遇意見」，仮釈放のない無期刑ないし「重無期刑」の導入論などについて，責任主義との関係も考慮しつつ検討した。

以上のほか，第 1 部〜第 4 部の末尾においては，それぞれのテーマに関連するいくつかの判例について，事例研究として個別的な検討を加えている。また，書評では，「責任」概念をめぐる最近の法学・心理学・応用倫理学など各領域の学融的研究成果を一書に結実させた著書を紹介し，若干のコメントを付した。

＊　　　　＊　　　　＊

本書の第 3 章・第 4 章の一部に関しては，下記の国際シンポジウム等において報告する機会があった（その後，報告内容が公刊された場合は（　　　）内で示している）。

①釜山大学法学研究所（韓国）〈シンポジウム・日本の刑事法における最近の動向と問題点〉［2012 年 12 月 10 日］「裁判員裁判における量刑判断」
（閔永盛＝城下裕二「日本の裁判員裁判における量刑判断」法学研究（釜山大学法学研究所）54 巻 2 号（2013 年）55-75 頁）

iv　　はしがき

②ケンブリッジ大学ダーウィン・コレッジ〈Criminal Justice and Sentencing：England and Japan Compared〉［2015 年 10 月 20 日］"Crime and Justice in Japan"（Julius Weitzdörfer, Yuji Shiroshita, and Nicola Padfield, Sentencing and Punishment in Japan and England：A Comparative Discussion, in：Jianhong Liu and Setsuo Miyazawa（eds.）, *Crime and Justice in Contemporary Japan*, 2018, 189-214.）

③法官学院（台湾）〈死刑の量刑判断に関する国際シンポジウム〉［2016 年 11 月 16 日］「裁判員裁判における死刑適用基準」

④中国政法大学（北京市）〈中日韓「公判中心の訴訟制度改革」シンポジウム〉［2018 年 7 月 29 日］「日本の裁判員裁判における量刑」

　また，第 8 章・第 10 章に関連する，裁判員裁判制度導入時におけるわが国の量刑理論と科刑状況を紹介したものとして，Yuji Shiroshita, Current Trends and Issues in Japanese Sentencing, *Federal Sentencing Reporter*, Vol. 22 No. 4, 2010, pp. 243-248 がある（同誌には，特集として各国の量刑制度が紹介されている）。

＊　　　　＊　　　　＊

　なお，前著については，黎其武・海南大学副教授ならびに趙姍姍・西北政法大学講師のお二人が中国語に翻訳して下さり，2016 年に中国法律出版社より『量刑理論的現代課題［増補版］』として刊行された。また，李冠煜・華中科技大学副教授は，本書第 11 章の基となった論稿を『東方法学』2016 年第 3 期 146 頁以下に，また，上掲の季刊刑事弁護 83 号所収論文を『東南法学』2017 年春季巻 120 頁以下に，中国語の翻訳論文としていち早く発表して下さった。これらの方々のご助力で，より多くの読者の方々に拙論に接していただけるようになったのは誠に光栄なことである。刑法理論の翻訳という困難な作業に取り組んでいただいたことと併せて，敬意と謝意を表したい。

＊　　　　＊　　　　＊

　本書の研究の一部については，一般財団法人・司法協会による研究助成

（2015 年 4 月～2017 年 3 月・研究課題「裁判員裁判における『同種事犯の量刑傾向』の意義と限界」）および公益社団法人・日工組社会安全研究財団による研究助成（2017年 4 月～2018 年 9 月・研究課題「裁判員裁判における『更生に資する量刑基準』の構築」）を受けた。関係各位には改めて感謝申し上げる。

　本書の出版に際しては，これまでと同様に，成文堂の阿部成一社長から暖かいご支援を賜り，同編集部の篠﨑雄彦氏から行き届いたご配慮をいただいた。長年にわたるご厚情に心よりお礼を申し上げたい。また，出版にあたり，北海道大学大学院法学研究科・法学部学術振興基金による出版助成金（令和元年度）の交付を受けた。校正については，瀬川行太氏（北海学園大学法学部准教授）ならびに岡部天俊氏（日本学術振興会特別研究員 PD（北海道大学））に細部にわたって大変お世話になった。記して謝意を表する。

＊　　　　＊　　　　＊

　2018 年 7 月，社会心理学者の小坂井敏晶准教授（パリ第 8 大学）を北大にお迎えして講演していただく機会があり，終了後に御挨拶にうかがった。『責任という虚構』（東京大学出版会，2008 年），『人が人を裁くということ』（岩波書店，2011 年）をはじめとする，「責任とは何か」「刑罰とは何か」という根源的なテーマを「問うこと自体を問う」刺激に満ちた作品を数多く上梓されている著名な研究者を前にして，思わず「先生とは全く正反対の方向の研究をしています」などと自己紹介をしてしまい，後になって 1 人で苦笑せざるを得なかった。いつの日か，「正反対の方向」に進んだことが正しかったと思える瞬間が来るのであろうか。それとも，「問うこと自体を問う」方向に進めばよかったと気づくのであろうか。いずれにせよ，それまでは地道に「現在の方向」の研究を続けていきたいと考えている。

　　2019 年 9 月 15 日

　　　　夏の名残の緑に照り映える中央ローンを眺めながら

　　　　　　　　　　　　　　　　　城　下　裕　二

初出一覧

第1章 「特別予防論の現在と責任論の展望」法律時報88巻3号（2016年）15頁以下

第2章 「数故意犯説と責任主義」井田良ほか（編）『山中敬一先生古稀祝賀論文集・上巻』（成文堂，2017年）373頁以下

第3章 「アスペルガー症候群と刑事責任」井田良ほか（編）『川端博先生古稀祝賀論文集・上巻』（成文堂，2014年）241頁以下

第4章 「窃盗症（クレプトマニア）・摂食障害と刑事責任」井田良ほか（編）『浅田和茂先生古稀祝賀論文集・上巻』（成文堂，2016年）299頁以下

第5章 「医療観察法における対象行為の主観的要件について」町野朔ほか（編）『刑法・刑事政策と福祉―岩井宜子先生古稀祝賀論文集』（尚学社，2011年）99頁以下

〔事例研究1〕 「小学校に侵入して児童8人を殺害するとともに児童等15人を負傷させた殺人，殺人未遂等の事案について，被告人の完全責任能力を認め，死刑が言い渡された事例（大阪教育大学附属池田小学校児童殺傷事件判決）」判例評論563号（2006年）30頁以下

〔事例研究2〕 「高齢者の万引き窃盗につき，弁護人の精神鑑定請求を却下して完全責任能力を認めた第一審の訴訟手続には法令違反があるとされた事例（①事件）」，「①事件の差戻審として精神鑑定を実施し，被告人はアルツハイマー型認知症にり患していると認めたが，それが犯行に大きく影響したことを否定して完全責任能力を肯定し，同認知症の影響及び再犯防止策等を考慮して罰金刑を選択した事例（②事件）」刑事法ジャーナル59号（2019年）99頁以下

第6章 「混合的包括一罪の再検討」岩瀬徹ほか（編）『町野朔先生古稀記念　刑事法・医事法の新たな展開・上巻』（信山社，2014年）331頁以下

第7章 書下ろし

〔事例研究3〕 「確定判決前後の犯行にそれぞれ懲役24年と懲役26年の刑を言い渡し，両者を併科した事例」法学セミナー増刊 新・判例解説Watch vol. 12（2013年）155頁以下

〔事例研究4〕 「労働基準法32条1項違反の罪と同条2項違反の罪の罪数関係」ジュリスト臨時増刊『平成23年度重要判例解説』（2011年）169頁以下

初出一覧　vii

第 8 章　「量刑（［刑事政策の新動向　第 6 回］）」法学教室 456 号（2018 年）127 頁
　　　　以下

第 9 章　「犯罪被害者と量刑—量刑の本質論・実体刑法の視点から—」刑法雑誌 52
　　　　巻 3 号（2013 年）422 頁以下

第 10 章　「裁判員裁判における量刑判断」白取祐司（編著）『刑事裁判における心理
　　　　学・心理鑑定の可能性』（日本評論社，2013 年）215 頁以下

第 11 章　「裁判員裁判と「同種事犯の量刑傾向」—最高裁平成 26 年 7 月 24 日判決
　　　　を契機として—」札幌学院法学 31 巻 2 号（2015 年）129 頁以下

〔事例研究 5〕　「被害者参加制度の下で審理が行われた自動車運転過失致死の事案
　　　　について，執行猶予付きの禁錮刑を言い渡した事例」法学セミナー
　　　　増刊　速報判例解説 vol. 9（2009 年）213 頁以下

〔事例研究 6〕　「迷惑防止条例違反の事案について，長期の未決勾留に先立つ捜査機
　　　　関の手続に違法があったことも考慮して，懲役 4 年の求刑に対して
　　　　被告人を罰金 50 万円に処した事例」法学セミナー増刊　新・判例解
　　　　説 Watch vol. 11（2012 年）139 頁以下

〔事例研究 7〕　「生活に困窮し，精神的に追い込まれた状況で突発的に当時 13 歳の
　　　　実子を殺害害した母親に対して，懲役 7 年の判決が言い渡された事
　　　　例」法学セミナー増刊　新・判例解説 Watch vol. 18（2016 年）159 頁
　　　　以下

第 12 章　「裁判員裁判における死刑適用基準」上石圭一ほか（編）『宮澤節生先生古
　　　　稀記念　現代日本の法過程・下巻』（信山社，2017 年）117 頁以下

第 13 章　「無期刑受刑者の仮釈放をめぐる諸問題」犯罪と非行 161 号（2009 年）5
　　　　頁以下

〔事例研究 8〕　「1 審で裁判員の参加する合議体が強盗殺人等の事案につき死刑を選
　　　　択したのに対し，控訴審が，前科を除けば死刑を選択し難い本件に
　　　　ついて，本件と前科との間に社会的な類似性は認められず，前科を
　　　　重視して死刑を選択するには疑問があるなどとして，原判決を破棄
　　　　して無期懲役を言い渡した事例（南青山マンション強盗殺人事件控
　　　　訴審判決）」判例評論 669 号（2014 年）35 頁以下

〔事例研究 9〕　「少年事件の裁判員裁判で初めて死刑が言い渡された第 1 審判決の
　　　　量刑が維持された事例（石巻事件控訴審判決）」法学セミナー増刊
　　　　新・判例解説 Watch vol. 15（2014 年）163 頁以下

書　評　「ブックレビュー　唐沢穣・松村良之・奥田太郎編著『責任と法意識の人
　　　　間科学』」法律時報 90 巻 9 号（2018 年）160 頁以下

ix

目　　次

はしがき

第 1 部　責任論とその周辺

第 1 章　責任論の展望——特別予防論との関係から
　Ⅰ　問題の所在……………………………………………………………… 3
　Ⅱ　責任能力と特別予防…………………………………………………… 7
　Ⅲ　故意概念と特別予防…………………………………………………… 10
　Ⅳ　量刑における責任と特別予防——死刑選択基準を中心に——………… 14

第 2 章　数故意犯説と責任主義
　Ⅰ　はじめに………………………………………………………………… 19
　Ⅱ　前　提…………………………………………………………………… 20
　Ⅲ　東京高裁平成 14 年判決による「解決」……………………………… 28
　Ⅳ　「責任の量」による解決の問題性…………………………………… 34

第 3 章　アスペルガー症候群と刑事責任
　Ⅰ　はじめに………………………………………………………………… 38
　Ⅱ　判例の動向……………………………………………………………… 40
　Ⅲ　大阪高裁平成 25 年判決について …………………………………… 49
　Ⅳ　検　討…………………………………………………………………… 55

第 4 章　窃盗症（クレプトマニア）・摂食障害と刑事責任
　Ⅰ　問題の所在……………………………………………………………… 63
　Ⅱ　窃盗症・摂食障害の各症状および両者の関係……………………… 64
　Ⅲ　判例の概観……………………………………………………………… 68

x 目 次

　　Ⅳ 検 討……………………………………………………………… *79*

第5章 「責任無能力者の故意」について
　　　　──心神喪失者等医療観察法における対象行為の主観的要件
　　Ⅰ 問題の所在…………………………………………………………… *89*
　　Ⅱ 近時の判例に関する検討：2つのアプローチ …………………… *92*
　　Ⅲ 若干の考察………………………………………………………… *102*

〔事例研究①〕　小学校に侵入して児童8人を殺害するとともに児童等
　　　　　　　　15人を負傷させた殺人，殺人未遂等の事案について，被
　　　　　　　　告人の完全責任能力を認め,死刑が言い渡された事例(大
　　　　　　　　阪教育大学附属池田小学校児童殺傷事件判決) ………… *108*
〔事例研究②〕　高齢者の万引き窃盗につき，弁護人の精神鑑定請求を却
　　　　　　　　下して完全責任能力を認めた第一審の訴訟手続には法令
　　　　　　　　違反があるとされた事例 （①事件）
　　　　　　　　①事件の差戻審として精神鑑定を実施し，被告人はアル
　　　　　　　　ツハイマー型認知症にり患していると認めたが，それが
　　　　　　　　犯行に大きく影響したことを否定して完全責任能力を肯
　　　　　　　　定し，同認知症の影響及び再犯防止策等を考慮して罰金
　　　　　　　　刑を選択した事例 （②事件） ……………………………… *122*

第2部　罪数論の課題

第6章　混合的包括一罪の再検討
　　Ⅰ はじめに…………………………………………………………… *141*
　　Ⅱ 前 提……………………………………………………………… *142*
　　Ⅲ 判例の状況………………………………………………………… *146*
　　Ⅳ 検 討……………………………………………………………… *158*
　　Ⅴ おわりに…………………………………………………………… *169*
　　〔補 論〕 ……………………………………………………………… *170*

目　次　xi

第7章　連続的包括一罪の限界

Ⅰ　問題の所在……………………………………………………………172

Ⅱ　従来の判例……………………………………………………………173

Ⅲ　最高裁平成22年決定とその評価…………………………………183

Ⅳ　結　語…………………………………………………………………192

〔事例研究③〕　確定判決前後の犯行にそれぞれ懲役24年と懲役26年の
　　　　　　　刑を言い渡し，両者を併科した事例……………………194

〔事例研究④〕　労働基準法32条1項（週単位規制）違反の罪と同条2項
　　　　　　　（日単位規制）違反の罪との罪数関係……………………201

第3部　量刑論の展開

第8章　量刑をめぐる近時の動向

Ⅰ　はじめに………………………………………………………………209

Ⅱ　量刑基準の構造………………………………………………………210

Ⅲ　裁判員裁判における量刑……………………………………………212

Ⅳ　「合意制度」の導入による検察官の求刑との関係………………218

第9章　犯罪被害者と量刑

Ⅰ　問題の所在……………………………………………………………221

Ⅱ　前提的考察……………………………………………………………222

Ⅲ　個別的検討……………………………………………………………224

Ⅳ　おわりに………………………………………………………………231

第10章　裁判員裁判における量刑判断

Ⅰ　本章の目的……………………………………………………………233

Ⅱ　裁判員裁判における量刑の動向……………………………………234

Ⅲ　量刑判断の過程と裁判員の関与……………………………………242

Ⅳ　保護観察付執行猶予の増加…………………………………………250

Ⅴ　情状鑑定と量刑判断…………………………………………………253

xii　目　次

　　　〔補　論〕……………………………………………………………………… *262*

第11章　裁判員裁判と「同種事犯の量刑傾向」

　　Ⅰ　問題の所在……………………………………………………………… *266*
　　Ⅱ　最高裁平成26年判決について ………………………………………… *270*
　　Ⅲ　検　討…………………………………………………………………… *275*

〔事例研究⑤〕　被害者参加制度の下で審理が行われた自動車運転過失致
　　　　　　　　死（改正前）の事案について，本件事故に係る過失の態
　　　　　　　　様や被告人の供述状況等に照らすと，同種事犯に対する
　　　　　　　　これまでの量刑傾向を批判的に検討しても，被告人を実
　　　　　　　　刑に処するのはいささか重きに失するといわなければな
　　　　　　　　らないとして，被告人に対し，執行猶予付きの禁錮刑を
　　　　　　　　言い渡した事例……………………………………………… *284*
〔事例研究⑥〕　迷惑防止条例違反の事案について，長期の未決勾留に先
　　　　　　　　立つ捜査機関の手続に違法があったことも考慮して，懲
　　　　　　　　役4月の求刑に対して被告人を罰金50万円に処した事
　　　　　　　　例……………………………………………………………… *292*
〔事例研究⑦〕　生活に困窮し，精神的に追い込まれた状況で突発的に当
　　　　　　　　時13歳の実子を殺害した母親に対して，懲役7年の判
　　　　　　　　決が言い渡された事例…………………………………… *300*

第4部　死刑と無期懲役をめぐって

第12章　裁判員裁判における死刑選択基準

　　Ⅰ　問題の所在……………………………………………………………… *311*
　　Ⅱ　裁判員裁判における死刑判決の動向………………………………… *313*
　　Ⅲ　最高裁平成27年2決定の意義 ……………………………………… *316*
　　Ⅳ　死刑の一般的選択基準………………………………………………… *323*

目　次　xiii

第 13 章　無期刑受刑者の仮釈放をめぐる諸問題

Ⅰ　はじめに……………………………………………………………333

Ⅱ　無期懲役の科刑状況………………………………………………334

Ⅲ　無期刑受刑者の仮釈放に関する動向と問題点…………………336

Ⅳ　おわりに……………………………………………………………352

〔補　論〕………………………………………………………………352

〔事例研究⑧〕　1 審で裁判員の参加する合議体が強盗殺人等の事案につ
　　　　　　　き死刑を選択したのに対し，控訴審が，前科を除けば死
　　　　　　　刑を選択し難い本件について，本件と前科との間に社会
　　　　　　　的な類似性は認められず，前科を重視して死刑を選択す
　　　　　　　るには疑問があるなどとして，原判決を破棄して無期懲
　　　　　　　役刑を言い渡した事例（南青山マンション強盗殺人事件
　　　　　　　控訴審判決）……………………………………………358
〔事例研究⑨〕　少年事件の裁判員裁判で初めて死刑が言い渡された第 1
　　　　　　　審判決の量刑が維持された事例（石巻事件控訴審判決）‥372

書　評

Ⅰ　はじめに……………………………………………………………385

Ⅱ　本書の内容…………………………………………………………386

Ⅲ　コメント……………………………………………………………393

事項索引…………………………………………………………………397

判例索引…………………………………………………………………399

第 1 部

責任論とその周辺

第1章

責任論の展望──特別予防論との関係から

I 問題の所在

　特別予防（論）の具体的な内容をめぐっては，（一般予防のそれとほぼパラレルな形で）これを(1)積極的特別予防と(2)消極的特別予防に二分し，(1)については，処遇を通じた犯罪行為者の再社会化・改善ないし社会復帰を掲げ，(2)については，①犯罪行為者自身への刑罰という苦痛の賦課を通じた威嚇による再犯防止と，②犯罪行為者を隔離することによる無害化，を掲げるのが通常である[1]。そして現在では，特別予防といえば，これらのうち積極的特別予防（再社会化）を想定するのが一般的であるといえよう。威嚇による再犯防止は，むしろ（消極的）一般予防の行為者への反映という面が大きく，隔離による無害化は，犯罪行為者をも社会の一員と認めるべきであるという考え方と矛盾する。これに対して積極的特別予防は，犯罪行為者の主体性を尊重しつつ，社会生活の再建（への援助）ないし社会構成員としての共生を可能にすると同時に，憲法の規定する個人の尊厳（13条），国民の生存権（25条1項），国の社会保障的義務（25条2項）とも適合するものである[2]。

　もっとも，積極的特別予防，殊に社会復帰処遇については，1970年代の中

---

(1)　Vgl. Franz Streng, Strafrechtliche Sanktionen, 3. Aufl., 2012, S. 17ff.；Bernd-Dieter Meier, Strafrechtliche Sanktionen, 4. Aufl., 2015, S. 24ff. 伊東研祐「責任非難と積極的一般予防・特別予防」福田雅章ほか（編）『刑事法学の総合的検討(上)（福田平・大塚仁博士古稀祝賀）』（有斐閣，1993年）308頁以下参照。こうした分類方法の淵源には，かつて特別予防を威嚇・改善・無害化という3つの面から構成したリストの見解（Franz von Liszt, Der Zweckgedanke im Strafrecht, in：Strafrechtliche Aufsätze und Vorträge, Erster Band, 1905, S. 126ff.）が存在することは，改めて指摘するまでもないであろう。

4　第1章　責任論の展望——特別予防論との関係から

頃から，その効果に対する疑念がアメリカ合衆国を中心に顕在化することとなり[3]，一時期は社会復帰の理念は「衰退」したとまで評されるに至った[4]。しかし，こうした評価は却って処遇内容の改善を促す契機ともなり，また一方では評価自体が行き過ぎであったという認識も広まることとなって，今日の欧米諸国においては，社会復帰処遇・理念の再活性化が果たされつつある[5]。わが国でも，2016年から施行された刑の一部執行猶予制度の導入[6]，あるいは裁判員裁判の量刑判断における保護観察付執行猶予率の増加[7]などに着目するならば，積極的特別予防に対する関心の高まりは現実化しているといってよいように思われる。

　本章では，特別予防論と「責任論」の関係を論じる。かつて社会的責任論は，犯罪を行う危険な性格をもつことから生じる，社会から防衛手段を受けるべき法的地位を「責任」とよぶことによって，責任概念と特別予防（の必要性）を完全に一体化させた[8]が，このような極端な見解は，少なくともそのま

---

[2]　松原芳博『刑法総論［第2版］』（日本評論社，2018年）8-9頁は，積極的特別予防の問題点として，刑罰が害悪であり対象者にとって不利益な処分であることを看過させるおそれがあることを指摘しつつ（これに関しては，曽根威彦『刑法学の基礎』（成文堂，2001年）46頁，中村悠人「刑罰目的論と刑罰の正当化根拠論」現代法学28号（2015年）185頁も参照），刑罰の正当化根拠としての内容は，自覚に訴える形で法益尊重意識を覚醒させることに求め，その他の改善・教育上の方策は，刑罰の機会を利用した行政措置であり，対象者の同意を得て行うべきものとする。ただし，こうした見解は，刑事収容施設法103・104条などとの整合性が問題となりうる。

[3]　その嚆矢となったのが，周知のように，Robert Martinson, What works?—questions and answers about prison reform, 35 The Public Interest 22（1974）である。

[4]　代表的研究として，Francis A. Allen, The Decline of the Rehabilitative Ideal：Penal Policy and Social Purpose, 1981 が挙げられる。

[5]　Vgl. Dieter Dölling, Zur spezialpräventiven Aufgabe des Strafrechts, in：Festschrift für Ernst-Joachim Lampe zum 70. Geburtstag, 2003, S. 597ff.；Thomas Weigend, Resozialisierung—die gute Seite der Strafe?, in：Henning Radtke u.a.（hrsg.）, Muss Strafe sein?, 2004, S. 181ff. 吉田敏雄『刑法理論の基礎［第3版］』（成文堂，2013年）443頁以下も参照。

[6]　本法については，白井智之ほか「刑法等の一部を改正する法律及び薬物使用等の罪を犯した者に対する刑の一部の執行猶予に関する法律について」曹時68巻1号（2016年）25頁以下，太田達也『刑の一部執行猶予［改訂増補版］』（慶應義塾大学出版会，2018年）』参照。

[7]　本書第10章のIVを参照。なお，これに関連して，島戸純「裁判員制度と刑罰論」「植村立郎判事退官記念論文集」委員会（編）『植村立郎判事退官記念論文集　現代刑事法の諸問題・第3巻』（立花書房，2011年）166頁以下参照。

[8]　例えば，牧野英一『刑法総論・下巻［全訂版］』（有斐閣，1959年）495頁以下参照。

まの形では主張されていない。その後の学説では，「刑罰の内容を決めるもの
は……責任非難によって設定された目的はどうすれば最もよく実現されるか
という合理的合目的的な考慮なのである（責任→目的→刑罰）」としつつ，刑罰
の中心的目的が，行為者の規範意識に訴えてその回心をもたらすことにある
ならば，特別予防の要求も充たされる[9]として，責任に応じた刑が，「合理的
合目的的考慮」を経て特別予防目的に資する刑に至るとする見解も主張され
た。ただ，そこで媒介となる「合理的合目的的考慮」の内容について，さら
なる具体化が図られるには至らなかった[10]。

　現在の責任論において，まず責任判断の基礎・対象をめぐっては，刑罰は
他行為可能性に基づく非難という条件下で犯罪予防を追及するために科され
るという前提に立って，構成要件に該当し違法な行為を実行した者に対する
非難可能性を責任とする法的責任論・(個別)行為責任論が通説的見解である。
また，責任判断の構造としては，行為者の心理状態そのものではなく，行為
に出るべきではなかったという規範的評価（非難）によって構成されるとする
規範的責任論が一般に支持されている[11]。そこでは，責任と特別予防的考慮
は，一種の相互制約的関係にあるものとして理解されているといえよう。す
なわち，特別予防の必要性がいかに高くても，責任が前提条件として存在し
なければ刑罰を科すことはできない（責任を上回る刑罰を科すこともできない）し，
責任が存在しても，特別予防の必要性が高くなければ，責任に相応した刑罰
を科すことは過剰である。その意味で，規範的責任の存否・程度と，特別予
防（の必要性）の存否・程度の間には，概念的・内容的な一致はない。それは
例えば，いわゆる可罰的責任論が，規範的責任を前提に，主として特別予防
的な観点から処罰に値する質・量が備わっているどうかを，責任を軽減・阻

---

(9)　佐伯千仞『刑法講義（総論）［4訂版］』（有斐閣，1981年）79-80頁，429頁。「贖罪」
　　思想の下に，責任刑と再社会化刑に基本的な相違が生じないとする見解として，Arthur
　　Kaufmann, Das Schuldprinzip, 2. Aufl., 1976, S. 275.（邦訳として，アルトゥール・カウフ
　　マン（甲斐克則訳）『責任原理』（九州大学出版会，2000年）433頁。なお，近時，ド
　　イツにおける応報刑論と再社会化論の本質的な結びつきを指摘するものとして，飯島暢『自
　　由の普遍的保障と哲学的な量刑理論』（成文堂，2016年）53頁以下参照。
(10)　本説ならびにカウフマンの見解に対する批判的検討として，本庄武「刑罰論から見た
　　量刑基準(1)」一法1巻1号（2002年）211頁以下，小池信太郎「量刑における犯行均衡
　　原理と予防的考慮(2)」慶應ロー9号（2008年）11頁以下参照。
(11)　例えば，山口厚『刑法総論［第3版］』（有斐閣，2016年）195-198頁。

6　第1章　責任論の展望——特別予防論との関係から

却する方向に向かって問題としようとすることに表れている[12]。あるいは，積極的特別予防上の処罰の必要性に関する判断を，犯罪論体系において，構成要件該当性・違法性・有責性に続く第4の犯罪構成要素として措定しようとする見解[13]も，有責性（論者の見解では「行為帰責可能性」）と特別予防判断の相互制約性を反映したものということができよう。このように，責任と特別予防の必要性を同一視したり，前者を後者によって「代置」したりする[14]ことなく，両者を対抗的な関係に立つものとして理解していくことは，消極的責任主義の見地からみても（特に責任概念の有する刑罰限定機能に鑑みれば）望ましいことである。

　しかしながら，こうした責任と特別予防の「望ましい」関係性が，犯罪論・刑罰論において貫徹されているのかは別問題である[15]。特に最近，わが国では，責任能力・故意といった責任要素を，特別予防の観点から積極的に基礎づけようとする有力な見解が主張されている。本章ではまず，こうした見解で前提とされている責任論に関する理解は適切であるのかを考察する。さらに，実際の量刑判断において責任と特別予防はいかなる関係に立つものとして捉えられているのか，再考すべき面があるとすればどのような方向性が妥当かを，判例・裁判例を参照しつつ，死刑選択基準に焦点を当てて検討する。

---

[12]　浅田和茂『刑法総論［第2版］』（成文堂，2019年）278-279，281-282，286頁。ただし，わが国の可罰的責任論には，このような「二段階的構成」を採る見解のほかに，「一段階的構成」を採る見解もあり，後者については別の検討を必要とする。詳細は，松原芳博「可罰的責任論の現状と展望——一段階的構成と二段階的構成」九国5巻2＝3号（1999年）89頁以下参照。

[13]　伊東研祐「積極的特別予防と責任非難——中止犯の法的性格を巡る議論を出発点に」内藤謙ほか（編）『刑事法学の課題と展望　香川達夫博士古稀祝賀』（成文堂，1996年）276頁以下（なお，同『刑法講義総論』（日本評論社，2010年）246頁では，「実質的規範的責任論」が採用されている）。

[14]　なお，周知のように，責任と（一般・特別）予防の必要性を同一次元において考慮し，犯罪成立要件の1つとして再構成しようというのがドイツの「答責性（Verantwort-lichkeit）論」である（vgl. Claus Roxin, Strafrecht, Allgemeiner Teil, Bd. I , 4. Aufl., 2006, S. 206, 851ff.）。

[15]　小林憲太郎「刑罰に関する小講義（改）」立教78号（2010年）390頁は，「新派的な発想が，犯罪論ないし刑罰論のあらゆる局面で完全に放棄されているかといえば，これもまた答えは明らかに否である」とする。これまでにも，例えば刑罰加重事由としての「常習性」（刑法186条参照）が違法要素ではなく責任要素であると解するときには，特別予防の必要性から責任が重くなるとの前提を採らざるを得ないとされてきた（山口厚『刑法各論［第2版］』（有斐閣，2010年）519頁注[21]参照）。

II 責任能力と特別予防

　責任無能力者の不処罰，ないしは限定責任能力者の刑の減軽がなぜ認められるのかという，責任能力制度の根拠を特別予防の観点から説明する見解はこのように主張する。「刑罰は，行為者の以後の犯罪を防止するために，以後同種の犯罪を同種の事情の下で犯さないように動機付けるために科されるサンクション」であり，「刑罰を加えることによって，行為者にこのような動機付けが可能な彼の心理的特性が責任能力であり，それが存在しないときが責任無能力である」[16]。ただし「刑罰の賦課が当該行為者に現実に意味を持ちうるかは，かなり不確かである」ことから，「精神障害による犯罪に刑罰をもって臨むことには抑制的であるべきであり，特に，非刑罰的な精神医療による処遇が適切と思われるときには，そちらを選ぶべきことになる」が，「これは，責任能力論と無関係に刑事政策的要請が侵入しているからなのではなく，責任能力論が刑事政策論の適用だからである」[17]。

　こうした見解に対しては，応報刑論，積極的一般予防論の双方からの批判が提起されている。前者からの批判として重要なのは，わが国の刑法39条2項が心神耗弱者について必要的減軽を規定していることが説明できないというものである。「刑罰か非刑罰的処遇かの選別機能を責任能力制度にもたせたいのであれば，限定責任能力者についてはそれが精神の障害をもつものであることを理由として刑罰の対象から外すことを可能ならしめる制度を置く一方で，刑罰の対象とすべき場合には減軽しない刑を科しうるようにしておくのが妥当であろう」[18]とするのである。確かに，すでに指摘されているように，限定責任能力の刑の必要的減軽という制度は，被告人の精神障害とその治療という質的な問題を解決せず，刑の減軽という量的な問題に変換して

[16]　町野朔「責任能力制度の問題」書研所報（1996年）13-14頁。

[17]　町野朔「『精神障害』と刑事責任能力：再考・再論」内田文昭先生古稀祝賀論文集編集委員会（編）『内田文昭先生古稀祝賀論文集』（青林書院，2002年）155頁。さらに，水留正流「責任能力における『精神の障害』──診断論と症状論をめぐって（2・完）」上法50巻4号（2007年）222頁以下参照。

[18]　安田拓人「町野教授の責任能力論について」岩瀬徹ほか（編集代表）『町野朔先生古稀記念　刑事法・医事法の新たな展開　上巻』（信山社，2014年）190頁。

8　第1章　責任論の展望——特別予防論との関係から

しまっているという側面がある[19]。もっとも，特別予防論に立脚した場合でも，処遇の全期間にわたって「刑罰か非刑罰的処遇か」という二者択一の判断をすることが唯一の要請であるというわけではなく，例えば刑罰に引き続いて非刑罰的な処遇を受けさせるべきことが選択されてもよいのだとすれば，必ずしも決定的な批判とはならないように思われる。刑の一部執行猶予制度も，立法趣旨として施設内処遇と社会内処遇の連携を重視しており[20]，まさにそうした選択をも念頭に置いたものということができる。他方，後者からは，行為者に反規範的意思があったにもかかわらず反規範的行為を行ったことを理由に非難としての処罰を行い，市民一般の規範意識を強化し，犯罪を減らそうというのが責任の基礎に置かれるべき刑事政策（積極的一般予防論）であり，刑法の目的であって，行為者の現在の危険性（及び治療可能性）を根拠とする特別予防は，医療観察法など強制医療の目的である，と指摘される。すなわち，責任能力を有する主体を処罰することによって，規範を尊重しようとする意識は維持強化され，将来の責任能力ある者の行為はこれによって予防されるが，精神障害のために反規範的意思がなかった者を処罰しても，彼らは行為の反規範性を弁識し，それに従って行動する能力がないから，将来の犯罪予防に効果はない[21]とするのである。ここでは，責任能力は「反規範的意思をもつ精神能力」[22]にほかならないとされている。もっとも，この批判的見解が，「一般予防という目的からは，責任能力がなく反規範的意思がなかった者は処罰しない方がよいのである」[23]と主張するとき，そこでは責任無能力者本人にとって刑罰による動機付けができないこと（そのような心理的特性が存在しないこと）は暗黙の前提とされているのではないだろうか。そうであるからこそ，責任無能力者たる行為者を仮に処罰したところで，行為者以外の一般人に向けて「将来このような行為をしてはならない」という規範意識を強化するための「素材」とすることはできないだけでなく，（反規

---

[19]　林美月子「責任能力判断と精神鑑定——最高裁平成20年4月25日判決を契機として」立教87号（2013年）248頁。

[20]　白井ほか・前掲注(6)29頁，太田・前掲注(6)6頁以下参照。

[21]　林幹人『判例刑法』（東京大学出版会，2011年）126頁。

[22]　林幹人『刑法総論［第2版］』（東京大学出版会，2008年）317頁。

[23]　林・前掲注[22]317頁。

範的意思がないにもかかわらず処罰されたのであるから）却って規範意識の強化は困難になるであろう。すなわち，この批判的見解のいう積極的一般予防とは，責任無能力者を特別予防的観点から不処罰とすることの，市民一般に対する反射的効果に過ぎないことになり，必ずしも正面からの反論にはなっていないと思われる。

　むしろ検討すべきことは，ここで取り上げている特別予防の観点から責任能力制度を説明しようとする見解が，責任論全体に対してどのような含意を有しているのかである。論者は，「刑罰威嚇による犯罪抑止の動機付けがおよそ無意味と思われる心理状態が責任を阻却するのであり，現実に犯罪を抑止しえなかったということだけで責任の阻却を認めるのではない」として，「抑止刑論による規範的責任要素と責任能力の理解」に立脚する[24]。さらに，決定論と人間の責任（他行為可能性に基づく非難）は両立しうるとする，いわゆる「やわらかい決定論」を前提として，人間の意思決定ないし行為が因果法則から自由でないことは，その刑事責任を否定する理由にはならないが，行為が生物学的要素である「精神の障害」から自由でないとき刑事責任を否定するのが責任無能力制度であるとする。逆にいえば，行為が精神障害と無関係な行為者人格（性格）に由来するときに責任があることになり，この意味で刑事責任の本質は「性格責任」（Charakterschuld）である[25]，と。――仮にこうした説明が，責任能力論を契機としつつも「性格責任」が責任論全体に浸透していくことを意図しているのだとすれば，これはかなり重大な問題提起である[26]。おそらく，この見解は，行為者の性格の危険性をそのまま責任判断の対象とするという従来の性格責任論ではなく，行為者人格を行為に現れた限りにおいて考慮し，行為が人格相当であればあるほど責任も重くなるとする「性格論的責任論」[27]に立つものであろう。しかしながら，行為が精神障害と無関係な行為者人格に相当であればそれだけ責任が重くなるとすることは，

---

[24]　町野・前掲注[17] 153-154 頁。抑止刑論は，一般人に対する犯罪の抑止（Deterrence）および行為者自身に苦痛・害悪を与えることによる再犯防止（Intimidation）を内容とする（平野龍一『刑法総論 I』（有斐閣，1972 年）20 頁参照）。

[25]　町野朔「心神喪失・心神耗弱における心理学的要素――コンベンツィンオン，可知論・不可知論をめぐって」町野朔ほか（編）『刑法・刑事政策と福祉　岩井宜子先生古稀祝賀論文集』（尚学社，2011 年）5 頁。

[26]　なお，安田・前掲注[18] 188 頁。

10　第1章　責任論の展望——特別予防論との関係から

過去に向けた回顧的非難ではなく，将来に向けて展望的に「より強い規範意識をもつべきであった」という判断を告知することによって非難するものであり，責任主義が要請する本来の責任の本質から乖離することは避けられない。責任そのものが特別予防の必要性をも志向するのであれば，責任と特別予防の相互制約的関係は崩れ，責任概念に刑罰限定機能を期待することもできなくなるであろう[28]。

　確かに，責任無能力者を不処罰とし，限定責任能力者を必要的に減軽するという制度の根底には，当該行為者については刑罰による動機付けが困難であるという考慮が働いていると（性格論的責任論に依拠せずに）解すること自体は不可能ではない。その限度で，責任能力は，有責行為能力でありながらも，刑罰適応性と内的関連性を有するものということができる[29]。ただそうした特別予防的考慮は，責任論ないし責任概念全体を包含するような，あるいは責任能力制度の直接的な根拠としてではなく，論者が「刑法39条は，規範的責任要素の欠如が精神障害に由来する場合に関する超法規的責任阻却事由であ」り「心神喪失は，まさに，実定法によって特権化された責任阻却事由である」[30]と主張されるとき，立法者が——予め想定される種々の責任阻却・減少事由の中から取捨選択して——あえて刑法39条を法定し，単なる一般的量刑事情とは区別しようとした政策判断の内実として（のみ）理解すべきように思われる。

Ⅲ　故意概念と特別予防

　近時，わが国において，「故意責任の理解には特別予防的考慮が不可欠である」[31]として，故意概念の本質について，特別予防的観点から説明を試みる

---

(27)　平野龍一『刑法の基礎』（東京大学出版会，1966年）38頁以下，同・前掲注(24) 61頁以下参照。なお，こうした見解は，平成19年度司法研究の提言（司法研修所（編）『難解な法律概念と裁判員裁判』（法曹会，2009年）36頁以下）における，「平素の人格（もともとの人格）」との乖離を責任能力の判断基準とする考え方とも親近性を有するように思われる。この判断基準に関して，本書第3章Ⅳ1を参照。

(28)　城下裕二『量刑基準の研究』（成文堂，1995年）116頁参照。

(29)　内藤謙『刑法講義総論(下)Ⅰ』（有斐閣，1991年）797頁参照。

(30)　町野・前掲注(17) 148-149頁。

見解が主張されている。これによれば，「罪刑均衡の原則」は「刑罰は，犯罪の重大性を反映した故意の重大性に応じたものでなければならない」という内容を含んでいる。責任の基本的な量が認識された不法の量に応じて定まることを論じうるのは，実質的行為責任論（性格論的責任論）である。実質的行為責任論（この概念も多義的であるため，以下では「性格論的責任論」とする）において，故意または過失がなければ処罰されない理由は，それらの要素が「反対動機形成可能性」を保障するからではなく，行為者の侵害性を示すからである。すなわち，故意が責任要素となる根拠は，自らが「何をなすか」を理解しつつ行為に出た場合であり，そこに行為者の犯罪性が示されているためである。刑罰は，行為を通じて自己を侵害的なものとして特徴づけた者に対して科されるのであるが，それは，その限りにおいて，行為者には刑罰による再社会化の必要性が認められることによる。たとえば殺人犯は，「自己の所為を違法だと知りえたから」責任があるのではなく，「人を殺すような行為者だったから」刑罰によって再社会化されなければならないのだということになる。ここでの刑罰は，決定論的観点から，将来の社会化を志向して「展望的に」科されることになる。そして，「均衡の原則」も，刑罰目的の追求に対する「外在的」な制約原理ではなく，むしろ「内在的」制約になるとされる[32]。さらにこの見解は，心理的責任要素たる故意が特別予防によって基礎づけられる一方で，規範的責任要素である違法性の意識は非難可能性によって基礎づけられるとの二元的理解に立っている[33]。

　上述したように，従来，わが国で主張されてきた性格論的責任論は，抑止刑論に立脚するものであったのに対して[34]，この見解は，抑止刑論について

---

[31]　髙山佳奈子『故意と違法性の意識』（有斐閣，1999 年）110 頁。故意犯が過失犯よりも重く処罰される根拠に関連して特別予防（性格責任）に基づく説明を行うものとして，小林憲太郎『刑法的帰責』（弘文堂，2007 年）74 頁以下参照。

[32]　髙山・前掲注[31] 121-123 頁。

[33]　髙山・前掲注[31] 267-272 頁。さらに，同「量刑論の現代的課題」刑ジャ 21 号（2010 年）4-5 頁参照。

[34]　なお，論者の説明には，従来の性格論的責任論が，特別予防ないし再社会化を主目的とした抑止刑論に立脚してきたかのように解される部分があるが（例えば，髙山・前掲注[31] 122 頁），実際には再社会化は「修正的なあるいは補完的な原理」（平野・前掲注[24] 25 頁）と位置づけられていたことに注意を要する。これについては，小池・前掲注[10] 16 頁注[47]も参照。

12　第1章　責任論の展望──特別予防論との関係から

⒜行為者を含む市民一般に対する抑止を想定する説と，⒝もっぱら行為者自身に対する刑罰威嚇の効果を論ずる説（上記2の責任能力と特別予防とを関連づける見解をここに分類している）とに二分し，いずれの説をも批判する。⒜は，伝統的な他行為可能性の要請を一般的な抑止効果の点から説明しようと試みるものの，「抑止可能性がない場合は非難可能性もない」ことは正しいが，「抑止可能性があれば非難可能性がある」ことにはならないとし，また⒝については，行為者を「刑罰威嚇による動機付けが可能だった」から処罰するということは，結局は「一般人は抑止されているのに行為者は抑止されていなかった」という，「他人との差異」に対して非難を加えることになるのではないか，とするのである。そして結論的には，法による「非難」としての刑罰の性格が，予防効果の追求には解消されない側面をもつことを重視するならば，違法性の意識を法的な非難可能性の観点から責任論に位置づけようとする相対的応報刑論が妥当であるとする(35)。

　この見解が抑止刑論を排して相対的応報刑論を支持する論理の過程は傾聴に値する。ただ問題となるのは，そのことと，故意概念の本質について特別予防的考慮に基づくことがいかに関連づけられるかである。おそらく，この見解の「二元的」構造では，相対的応報刑論の「応報刑」の部分において非難可能性の観点から「違法性の意識（の可能性）」が責任要素とされ，「相対」性（相対主義）の部分において特別予防的考慮に由来する「故意」が責任要素とされることになるのであろう。しかし，このように相対的応報刑論を二分して，「相対主義」的な部分についてのみ性格論的責任論と接合させることは可能なのであろうか。相対的応報刑論はあくまでも「応報刑論」の一種であるとすれば，そこで責任判断の対象が何かということに関して前提とされているのは，（個別）行為責任論である。性格論的責任論は「実質的」行為責任論を標榜してはいるものの，犯罪的な動機をもつ強い可能性のある性格ほど，重い刑罰が妥当することを肯定する点において，行為責任というよりは，やはり性格責任に近いといわざるを得ない(36)。そこでは，かつての「責任概念と特別予防の一体化」に再び回帰する可能性が生じる。

　しかもこの見解では，故意と非難可能性を切り離すことによって，故意を

──────────
(35)　高山・前掲注(31) 262-267頁。

有することが行為者の侵害性を示すものであるとして，そこから直接的に刑罰（特別予防）の必要性が導かれている。そうすると，故意犯の場合において，（論者によれば責任を積極的に根拠づけるものではない）責任能力，違法性の意識の可能性，期待可能性のいずれかの欠如といった責任阻却事由が特に問題とならない事例では，実質的には故意の存在だけが責任を構成することになる。それは非難可能性と関連しない，まさに「特別予防の必要性のみによって基礎づけられた責任」を肯定することになり，相対的応報刑論の本質と相容れない結果になるように思われる[37]。

　さらにこの見解では，「認識された犯罪事実の重大性」「行為者に内面化された犯罪的事実」を「反社会的心情」ないしは「法益をないがしろにする心情」と捉えて，責任の基礎とし，それによって特別予防（再社会化）の必要性を判断しようとする[38]。そこでは，「より重大な法益侵害行為を意図的に行った者ほど特別予防の必要性が高い」という法則性が類型的・定型的に肯定できる，との前提があるように思われる。しかし，客観的な法益侵害の程度と，行為者の主観的事情との相関関係について，常にそのようにいえるわけではない以上，こうした前提が（単なるイメージないし社会通念の問題としてではなく）なぜ導かれるのかも積極的に検証される必要がある。

　これらの疑問点は，（故意概念の心理的側面に限定されているとはいえ）性格論的責任論を採用しつつ，本来はその基礎とされてきた抑止刑論と訣別した段階において，すでに生じていたというべきであろう。性格論的責任論の「部分的」導入も，責任と特別予防の関係性に新たな問題を提起することになる。より根本的には，「故意責任の理解」には特別予防論に依拠するほかはないのかどうかが，改めて検討される必要があるように思われる[39]。

---

[36]　浅田・前掲注⑿280頁参照。同時に論者は，刑事責任の「二元的」構成をも肯定されている（髙山・前掲注㉛391頁）。なお，この見解は「責任要素として規定されている部分以外の部分について，行為者の危険性に立ち入った判断を下すことは，許されず，また不可能でもある」とする点が，「徴表説」との違いであるとする（同123頁）。

[37]　中山研一『違法性の錯誤の実体』（成文堂，2008年）257頁の批判も参照。

[38]　髙山・前掲注㉛122頁。

[39]　この見解に対する（主として量刑理論面からの）詳細な批判的検討として，小池・前掲注⑽16頁以下。なお，西田典之（橋爪隆補訂）『刑法総論［第3版］』（弘文堂，2019年）222頁，佐伯仁志「故意・錯誤論」山口厚ほか『理論刑法学の最前線』（岩波書店，2001年）103頁注⒁参照。

Ⅳ　量刑における責任と特別予防
——死刑選択基準を中心に——

　量刑基準ないし量刑判断過程のあり方の問題は,「責任」と「予防」の関係が最も先鋭化する場面である。理念としては,「量刑における責任主義」に依拠しつつ,行為責任に基づく責任の幅（責任刑の枠）の範囲内で,特別予防を考慮しながら最終刑を導く（一般予防的考慮は,多くの場合,責任に応じた刑を科すことによって充足される）という考え方が,学説における一般的な立場といってよいであろう。これは,相対的応報刑論からの帰結の一つでもある。近時,実務家を中心に主張される,「犯罪事実」（犯情）により量刑の大枠を決定し,その中で「一般情状事実」により（微）調整して最終刑を決定すべきとの説明[40]も,完全に一致するものではないがほぼ共通する視点に立つものといえる。

　こうした判断枠組みが,実際上も大きな結論の相違をもたらすのは,死刑の選択基準においてである。上述の考え方からは,責任刑の枠の中に死刑のみが含まれる場合,特別予防による責任刑の下回りを認める見解に立たない限りは,死刑のみが結論となる。責任刑の枠の中に死刑と無期懲役の両者が含まれる場合には,特別予防的考慮の如何によってはいずれの結論もありうる。

　最判昭和 58・7・8（刑集 37 巻 6 号 609 頁）が判示したいわゆる永山基準では,「死刑制度を存置する現行法制の下では……各般の情状を併せ考察したとき,その罪責が誠に重大であって,罪刑の均衡の見地からも一般予防の見地からも極刑がやむをえないと認められる場合には,死刑の選択も許されるものといわなければならない」とされた。そこで特別予防に言及がない[41]ことについて,死刑に関してはそれがほとんど無意味であると解したため,との説明

----

[40]　司法研修所（編）『裁判員裁判における量刑評議の在り方について』司法研究報告書 63 輯 3 号（2012 年）6-7 頁参照。

[41]　もっとも,死刑の合憲性を肯定した最大判昭和 23・3・12 刑集 2 巻 3 号 191 頁は,その理由として「死刑の威嚇力によって一般予防をなし,死刑の執行によって特殊な社会悪の根源を絶」つものであるとしていた。この後半部分は,死刑の有する（無害化という意味での）直接的な特別予防効果に他ならない。これに関して,所一彦「犯罪の抑止と死刑」法時 69 巻 10 号（1997 年）9 頁参照。

がなされている[42]が，死刑そのものに特別予防が期待し難いことと，死刑か無期懲役かの選択にあたって特別予防を考慮すべきことは別論であり，死刑回避の是非を判断する際に，矯正可能性を中心とする特別予防的視点に立脚する必要があること自体は明らかである。実際にも，本判決では被告人の生育歴，公判廷での態度，被害弁償などの特別予防的要素を考慮しており，永山基準に依拠した以後の裁判例においてもそうした判断が実践されている[43]。また，同基準が示される以前の裁判例ではあるが，「死刑が生命に対する国民の権利を剥奪する内容をもち，それ故に真にやむをえない場合に限って適用されるべき刑罰であることに思いを致せば，被告人になお人間性の存在が認められ，その回復に伴う人格の改善可能性が残されていると認められる以上，被告人を極刑に処して社会の一員として生存する余地を永久に失わせることは，なお苛酷に失し妥当でないと考えられる」として，第一審の死刑判決を破棄したもの[44]もある。

　しかし，その後の最高裁判例の展開を見るならば，責任刑（「罪刑の均衡」）の優位性に比して，特別予防的考慮の有する意義は縮減化され続けている。例えば最判平成11・11・29（判時1693号154頁）[国立市・主婦殺害事件]は，結論的には無期懲役刑を妥当としながらも，原判決が指摘した「事件後の行動からうかがえる被告人の人間性，被告人の劣悪な成育状況，被告人が被害者に謝罪の意思を表明していること」などの「主観的事情は，被告人のための酌むべき情状であるとしても，それらを過度に重視することは適当ではない」と判示した。また，最高裁判例では，ある時期から，まず不利な量刑事情を列挙した上で「被告人の罪責は誠に重大であって，特に酌量すべき事情がない限り，死刑の選択をするほかないものといわざるを得ない」と判示する類型が見られるようになった[45]。これに対しては，永山基準が各事情の総合考

---

[42]　松尾浩也「判批」平野龍一＝松尾浩也（編）別ジュリ『刑法判例百選I総論［第2版］』（1984年）211頁参照。
[43]　詳細については，城下裕二『量刑理論の現代的課題［増補版］』（成文堂，2009年）131頁以下参照。
[44]　大阪高判昭和56・3・25判時1030号136頁。
[45]　最判平成11・12・10刑集53巻9号1160頁[福山市・独居老人殺害事件第一次上告審]，最判平成18・6・20判時1941号38頁[光市・母子殺害事件第一次上告審]において見られるものである。

慮を求めているのに対して，罪責が重大な場合は死刑を原則とし，相当の酌量事情があるときに限り例外的に死刑を回避するという新たな定式化を行ったのではないかとの疑問が提起される一方で，あくまでも具体的な事案に基づいた判断枠組みであり，永山基準に沿ったものであるとの理解も示されている[46]。ただ，「特に酌量すべき事情のない限り」との否定的条件を伴う文言は，主観的事情の過度の重視は適当ではないとする前掲最判平成11年の趣旨と併せて考えるならば，やはり特別予防的考慮に基づく判断が二次的であることを前提としているように思われる[47]。

　さらに，裁判員裁判導入以降も同様の傾向が看取される。これまで（制度開始～平成30年12月）の裁判員裁判例で，被告人に死刑が求刑されたのに対して無期懲役が言い渡された11例（⑧は被害者1名，その他はいずれも被害者2名の事案）[48]において，死刑が回避されるに至った決定的な量刑事情を見るならば，計画性が高いとはいえないこと[49]，動機が悪質とはいえないこと[50]，行為態様が極めて残虐であるとはいえないこと[51]，実行役であるが従属的立場であったこと[52]，責任能力がある程度減退していた疑いがあること[53]，が主なものである。すなわち，責任刑を確定する段階で，違法性ないしは有責性を減少させる事情が存在するのが特徴であり，すでにそこで無期懲役が相当であると判断されているといってよい。反省の情が示されている，更生可能性

---

[46]　議論の詳細については，本庄武『少年に対する刑事処分』（現代人文社，2014年）329頁以下参照。

[47]　なお近時，仙台高判平成26・1・31高刑速（平26）177頁は，原判決が，「死刑を原則とし，例外的に死刑を回避すべき事情があるか否かを判断するかのような基準」を用いているとの弁護側の主張に対して，永山基準と「別異の基準に拠ったものではないことは疑う余地はな」いとしている。本判決については，本書事例研究⑨参照。

[48]　これらは，①東京地判平成22・11・1 LEX/DB 25470396 ②さいたま地判平成23・7・20 LEX/DB 25443843 ③鹿児島地判平成24・3・19判タ1374号242頁④さいたま地判平成24・11・6 LEX/DB 25445229 ⑤大阪地判平成24・12・12 LLI/DB L06750682 ⑥広島地判平成25・3・13 LEX/DB 25503022 ⑦名古屋地判平成28・2・5 LEX/DB 25542491 ⑧福岡地判平成28・10・3 LEX/DB 25544266 ⑨名古屋地判平成28・11・2 LEX/DB 25544476 ⑩岐阜地判平成28・12・14 LEX/DB 25544941 ⑪長崎地判平成30・3・27 LEX/DB 25560626 である。

[49]　注[48]の判例①③⑥⑦⑪。

[50]　注[48]の判例①④⑥⑩。

[51]　注[48]の判例⑧⑨。

[52]　注[48]の判例②。

[53]　注[48]の判例⑤。

がないとはいえないなどの指摘がなされているものもあるが[54]，判示内容を見る限り特別予防的考慮に関連する事情にそれほどの比重が置かれているわけではない[55]。これらの判例では，特別予防によって責任刑を制約しようという判断，すなわち「責任刑からは死刑が相当であるが，特別予防的考慮からはそれを回避すべきである」との判断に基づいて無期懲役が選択された事例は見当たらないのである[56]。

　このように，実務上，死刑選択の可否をめぐる量刑判断において，責任刑の優位性は揺るぎがなく，特別予防的考慮が機能する範囲は極めて限定されているように見える。ただし，個々の量刑事情に関する評価では，「残虐な攻撃を加えてしまったのは……被告人が……想定外の出来事によって激しく動揺した結果であ」る，あるいは「殺害の手段方法がこのように残虐・執拗なものになったのは，被告人が一時的に焦り，混乱，怒り，恐れなどの強い感情に影響され，かなりの興奮状態にあったことが主たる原因だと考えられ」，「本件犯行における客観的な殺害手段や方法の残虐性・執拗性と被告人の内心との間には，相当の乖離があったというべきであ」る，また「本件犯行に及ぶに当たって，フィテシズム障害に起因する強烈な不安によって追い詰められていたという面も完全には否定しきれない」[58]との指摘がなされている[57]。これらは，いずれも罪刑の均衡ないし責任非難の程度（の低さ）に関して判示されているものではあるが，それと同時に，特別予防的考慮を構成しうる行為者関係的事情に言及されている点が特徴である。犯行時の精神状態，あるいは被告人の成育歴・年齢のような行為者関係的事情は，責任判断と特別予防的考慮の両者に影響を与えうるものである[59]が，上記の判例では，こうした事情を責任判断の段階で（行為の違法性を限定する方向で）先行的に考慮

---

(54)　注(48)の判例①②④⑥。

(55)　しかも判例③では，責任刑の判断に関連する事情以外の諸事情にはほとんど言及がない。このことについて，判タ 1374 号 243 頁の匿名解説を参照。

(56)　詳細については，城下裕二「量刑判断における行為事情と行為者事情──『死刑と無期の間』を中心に」刑弁 83 号（2015 年）127 頁以下参照。

(57)　注(48)の判例①③。

(58)　注(48)の判例⑩。

(59)　司法研修所（編）・前掲注(40) 70-72 頁も，被告人が若年であること，被告人の成育歴といった事情が，責任非難の程度と矯正可能性の両面で考慮されるべきことを指摘している。

18　第1章　責任論の展望——特別予防論との関係から

したともいえよう。ただ，行為者関係的事情が責任判断にのみ「独占」される
ことが，特別予防的考慮の不活性化につながることは否定できないように
思われる。近時の最高裁判例が要請する「同種事犯の量刑傾向」の尊重（これ
は量刑における責任主義の一形態であると解される）[60]も，個別的判断としての特別
予防的考慮と両立しうる限度で実現されるべきであろう。

---

[60]　最判平成 26・7・24 刑集 68 巻 6 号 925 頁〔本判決については，本書第 11 章参照〕。さ
らに，最決平成 27・2・3 刑集 69 巻 1 号 1 頁及び最決平成 27・2・3 刑集 69 巻 1 号 99 頁
も参照。これらの検討として，小池信太郎「量刑判断の在り方」刑法 55 巻 2 号（2016 年）
158 頁以下，及び本書第 12 章参照。

第2章

数故意犯説と責任主義

I　はじめに

　事実の錯誤（特に方法の錯誤）の問題における，いわゆる「抽象的法定符合説」（法定的符合説）[1]のうちの「数故意犯説」は，わが国の判例・裁判例において不動の地位を保っている[2]。これに対して，学説では，周知のように「具体的法定符合説」（具体的符合説）も相当に有力である。具体的法定符合説から数故意犯説に向けられる批判には様々なものがみられるが，その根底をなすのは，責任主義に反するのではないかという点にある[3]。それらの批判が正当であるとすれば，数故意犯説は刑法の基本原則に悖る疑いのある見解ということになるが，数故意犯説は，それに対して説得力のある反論を提示しているであろうか。裁判例においても，こうした問題についての一定の対応がなされるに至っているが，それで十分であろうか。また，それは具体的法定符合説の本質に合致しているか。本章は，これらの数故意犯説に内在する問題性について，責任主義の観点から再検討するものである。

---

(1)　学説の名称については，本章では，基本的に平野龍一『刑法総論 I』（有斐閣，1975 年）175 頁の用語法に従う（ただし，文献からの引用の場合は原文のままとする）。「具体的符合説と法定的符合説は，どちらも構成要件を基準として故意の有無を判断する『法定的符合説』であり，両説の違いは，後者が殺人罪の構成要件を「およそ人を殺す」という形で抽象的にとらえるのに対して，前者が「その人を殺す」という形で具体的にとらえる点にあるだけなのである」との指摘（佐伯仁志『刑法総論の考え方・楽しみ方』（有斐閣，2013 年）258 頁）を重要と考えるためである。

(2)　もっとも，具体的法定的符合説の立場から，方法の錯誤について故意の阻却を認めた例外的な判例として，大判大正 5・8・11（刑録 22 輯 1313 頁）がある。

20 第2章 数故意犯説と責任主義

Ⅱ 前 提

1 具体的法定符合説の妥当性

(1) 方法の錯誤においては，主として，認識した客体に結果が発生せず，認識しない客体にのみ結果が発生した場合（典型事例），および認識した客体と認識しない客体の双方に結果が発生した場合（併発事例）が議論の対象とされてきた。数故意犯説は，「同じ構成要件の範囲内で具体的な事実について錯誤があっても，同じ構成要件的評価を受ける事実を表象していたのであるから，行為者が発生した事実についての規範の問題（たとえば「人を殺してよいか」など）を与えられていた点に変わりはな」く，発生した事実についての故意の成立は阻却されないこと[4]を基本的な論拠として，典型事例・併発事例のいずれにおいても，認識した客体と認識しない客体の両者に対する故意犯（典型事例では故意未遂犯と故意既遂犯，併発事例では2つの故意既遂犯）の成立を肯定する。認識しない客体が2個以上の複数にわたる場合であっても，結果が発生したときには同様にそれらのすべての客体に対する故意犯が成立する。上記の「基

---

(3) 例えば，山中敬一『刑法総論［第3版］』（成文堂，2015年）339頁は，抽象的法定符合説が前提とする規範論は，「責任主義の観点からみても，一個の規範違反があればそこから生じた同種の結果にはすべて故意責任を負うべきだという結果責任的な見解であって不当である」とする。

　なお，西田典之「具体的符合説について」刑法26巻2号（1984年）171頁以下が，抽象的法定符合説が versari in re illicita の法理（何らかの違法事実を認識・容認して行為に出た以上，その行為と因果関係のあるすべての結果について故意既遂犯の成立を肯定する考え方）に通じるとの批判を提起していること（さらに，同『共犯理論の展開』（成文堂，2010年）303頁以下も参照）に対しては，versari 法理を正しく捉えていないとの指摘がある（佐久間修『刑法における事実の錯誤』（成文堂，1987年）37頁注(7)，102頁）。もっとも，versari 法理が責任主義と対極的な位置にあることからすれば（vgl. Arthur Kaufmann, Das Schuldprinzip, 2. Aufl., S. 17），抽象的法定符合説が，行為者が認識していなかった客体に発生した結果に故意を認めることには，versari 法理との親近性を肯定しうるように思われる。かつて Carpzov が方法の錯誤について故意を阻却しないとする根拠として versari 法理と dolus generalis の理論を掲げていたことについて，内田文昭『犯罪構成要件該当性の理論』（信山社，1992年）287頁参照。さらに，堀内捷三「錯誤論の現状」刑法26巻2号（1984年）170頁参照。Vgl. Thomas Hillenkamp, Die Bedeutung von Vorsatzkonkretisierungen bei abweichendem Tatverlauf, 1971, S. 102ff.〔ただし，故意既遂犯の成否について，一身専属的な法益に対する犯罪か否かで区別する見解を採る。〕

(4) 団藤重光『刑法綱要総論［第3版］』（創文社，1990年）298頁。

本的な論拠」は,「抽象的法定符合説」全体を支える論拠でもあり,そこでは,構成要件が抽象的・類型的に規定されているために,故意を肯定するには認識事実と発生結果との「同一構成要件内での抽象的な符合」で足りること,より実質的には,同一の構成要件的評価を受ける事実を認識していたのであるから,故意責任を問うために必要な規範の問題は与えられていること,が主たる理由となっている[5]。最判昭53・7・28（刑集32巻5号1068頁）［新宿びょう打銃事件］が判示した内容[6]も,同様の立場であるといえよう。

　しかしながら,例えば殺人罪が「人を殺した」と規定しているのは,立法技術上の理由に由来するものであって,「およそ人を殺した」ことを内容とするような構成要件自体の抽象的性格を意味するわけではない[7]。1個の行為によって複数の被害者を殺害した場合も,「およそ人を殺した」として1個の殺人罪が成立するのではなく,被害者の数に応じた複数の殺人罪が成立する。ここでは,被害者が誰かという事実が構成要件の評価において重要な意味をもっていることが示されているのであり,これは故意の認識対象の評価についても妥当する。すなわち,認識事実と発生事実の符合の有無に関して,構成要件を基準とする「法定符合説」を標榜するのであれば,構成要件上重要な事実に関するものであるかどうかを区別の指針とすべきであり,その意味で「具体的法定符合説」が適切であると考えられる。規範の問題にしても,本来ならば何らかの犯罪を行う意思さえあれば故意責任を問うことができるとする「抽象的符合説」に至ることも理論上は可能であるのに,抽象的「法定」符合説がそれと異なるのは,構成要件による制約を肯定するからである[8]。その意味においても,具体的法定符合説を採用するのが一貫しているといえよう。

---

(5)　佐伯・前掲注(1)258-259頁参照。
(6)　そこでは「犯罪の故意があるとするには,罪となるべき事実の認識を必要とするものであるが,犯人が認識した罪となるべき事実と現実に発生した事実とが必ずしも具体的に一致することを要するものではなく,両者が法定の範囲内において一致することをもって足りるものと解すべきである……から,人を殺す意思のもとに殺害行為に出た以上,犯人の認識しなかった人に対してその結果が発生した場合にも,右の結果について殺人の故意があるものというべきである」とされた。
(7)　佐伯・前掲注(1)259頁。さらに,長井長信『故意概念と錯誤論』（成文堂,1998年）239頁以下参照。

22　第2章　数故意犯説と責任主義

⑵　もちろん具体的法定符合説も，行為者の意思を徹底的に「具体化」し，わずかでも認識事実と発生事実に不一致があれば故意を否定するという立場を採るものではない。当該構成要件の評価にとって重要ではない事実の錯誤，特に法益主体の同一性の範囲内における同種法益の錯誤は故意を阻却しないと解される。例えば傷害の部位についての方法の錯誤（傷害の故意で被害者の右足を狙って拳銃を発射したところ，狙いがそれて左足に当たって傷害を負わせたような場合）では，故意は阻却されない。見方を換えれば，抽象的法定符合説は，認識事実と発生事実とで被害者が異なる場合（上述の典型事例）についても，同様に「当該構成要件の評価にとって重要ではない事実の錯誤の事例」と捉えているということもできる。その意味では，両説は「構成要件的評価にとって重要な事実について認識を要するという前提は共有した上で，何が重要な事実かをめぐって，見解の対立がある」[9]ものとして理解することが可能である。

2　数故意犯説に対する批判とそれへの対応

⑴　具体的法定符合説から数故意犯説に向けられてきた批判の核心部分は，

---

[8] 山口厚『刑法総論［第3版］』（有斐閣，2016年）224頁参照。同221頁は，具体的法定符合説の論者が反対動機の形成可能性を理由とすること（西田典之（橋爪隆補訂）『刑法総論［第3版］』（弘文堂，2019年）224頁参照）に対して，違法性の意識は犯罪によって異ならないから，抽象的法定符合説，さらには抽象的符合説に至りうると指摘している。

　　なお，具体的法定符合説に対しては，客体の錯誤と方法の錯誤の区別が困難であるとの批判がなされることがある（例えば，井田良「故意における客体の特定および『個数』の特定に関する一考察⑵」法研58巻10号（1985年）56頁以下）が，両者の区別が事実上のものであり，いずれに属するかが一義的に判断できないことが具体的法定符合説の理論的問題性を意味するものではないことにつき，山口・同226頁，伊東研祐『刑法講義総論』（日本評論社，2010年）127頁参照。

[9] 橋爪隆「故意と事実の錯誤⑵──構成要件該当事実の錯誤」警論69巻10号（2016年）129頁。なお，符合の有無に関わる「重要な事実」については，本文で述べたように，法益主体の同一性を判断基準とする見解が有力であるが（西田・前掲注⑻225頁，山口・前掲注⑻221頁など），攻撃対象となった客体の同一性に求める見解も主張されている（山中・前掲注⑶351頁，町野朔『刑法総論講義案Ⅰ［第2版］』（信山社，1995年）243頁，葛原力三「打撃の錯誤と客体の錯誤の区別（2・完）─具体的符合説の再検討─」関法36巻2号（1986年）140頁など）。被害法益が異なれば構成要件該当事実も異なるのであって，構成要件該当事実における法益主体の相違の重要性に鑑みれば，具体的法定符合説に立つ限り，前者が妥当である。近時の理論状況について，上嶌一高「具体的事実の錯誤と法定的符合」川端博ほか（編）『理論刑法学の探究2』（成文堂，2009年）72頁以下参照。

①行為者が認識しなかった客体に発生した結果についても故意を認めることは，もともと故意のないところに故意を擬制ないし転用して肯定することになるのではないか，また，②行為者に1個の故意（例えば1人の人を殺す意思）しかないのに，実際に結果が発生した客体の数に応じた故意犯（例えば2名が死亡した場合，2個の殺人罪）の成立を認めることは，故意の無限定の拡大を肯定することになるのではないかというものである。これらは，いずれも法的に非難すべき要素が存在しないにもかかわらず責任を肯定し，科刑の対象としようとする点において「責任なければ刑罰なし」という責任主義との関係が問われるものであり，より具体的には，①は刑法38条1項に，②は38条2項に反するのではないかが問題とされているともいえよう[10]。このことは同時に，具体的法定符合説が，責任主義の要請に適合的な立場であることを示している。

　これらの批判的見解に対しては，抽象的法定符合説の立場からも「たしかに……行為者の認識していない結果あるいは併発結果であるものを認識があったものとするのであるから，その意味では擬制的故意または故意の転用を認めるものであるという批判には理由がある」[11]とされつつも，およそ故意に基づく行為によって発生した構成要件的に符合する結果すべてについて故意を転用する可能性は同説も元来予定していない結論であり，故意の及ぶ

---

[10]　初期の批判として，平野龍一『犯罪論の諸問題(上)総論』（有斐閣，1981年）65頁以下。数故意犯説に対する批判の詳細については，内藤謙『刑法講義総論(下)I』（有斐閣，1991年）924頁以下を参照。大塚仁ほか（編）『大コンメンタール刑法・第3巻［第3版］』（青林書院，2015年）207頁［佐久間修］は，併発事例は（1個の）故意構成要件に収まらない錯誤類型であって，「同一構成要件の錯誤」と「異なる構成要件の錯誤」の中間に位置しているとの理解から，同種類の構成要件該当結果が生じてはいるが，1個の構成要件該当性を超えた「重い犯罪事実」に当たるため，38条2項に従う限り，（複数の）故意犯は認め難いとする。なお，かつて主観主義の立場からも，「結果の個数に関して，事実は単に一個の結果に対してのみ予見があつたに過ぎない場合に，予見そのもの内容から捨象して，全体の結果に対して予見があつたものとしてその責任を論ずることは，これはまさしく過当に犯人に責めを負はしめるものといはなければならない。何となれば責任の内容は質によっても規定されるが，量によっても亦規定される。而して質の問題に関して刑法第38条第2項……の制限がある以上は，その精神は亦量の問題についても尊重されなければならぬからである」（宮本英脩「判批」論叢33巻2号（1935年）361頁〔鈴木茂嗣（編）『宮本英脩著作集・第8巻』（成文堂，1991年）所収，26頁〕）との指摘がなされていた。

[11]　大谷實「法定符合説弁護」同『刑法解釈論集I』（成文堂，1984年）99-100頁。

範囲は相当因果関係によって限定されるため，処罰範囲が広がりすぎること
はないとされている(12)。しかし，因果関係の相当性による「限定」が十分な
ものとなりうるか（特に客観的相当因果関係説に依拠し，存在した全事情を資料として
相当性を判断した場合）という問題もさることながら(13)，批判に対するこうした
形での対応は，責任主義に反するのではないかという疑問への正面からの回
答にはなっていないというべきである。

　特に①の点は，責任主義，あるいは故意の内実から見ても本質的な問題で
ある。故意には，犯罪結果の認識という知的要素とともに，それを実現する
意思である意的要素が必要であることは現在では（抽象的法定符合説の論者を含
めて）多くの立場から支持されているところであるが(14)，実現意思は行為者
の認識した特定の客体についてのみ存在しうるのであり，認識していない客
体に「結果を実現する意思」は生じない。すなわち，抽象的法定符合説が，
行為者の認識内容と発生事実との法的符合のみで故意を肯定することには，
故意の意的側面を軽視するものであるとの疑念が払拭できないのである(15)。
(2)　他方，②の点を受け入れる形で主張されるに至ったのが抽象的法定符合
説の「一故意犯説」(16)である。これによれば，1個の既遂結果が発生した場合
にはそれに対してのみ，また，複数の既遂結果が発生したときには行為者の
意図していたそれに対してのみ，それぞれ故意既遂犯が成立する。既遂結果
が発生しなかった場合には，意図した客体に対してのみ未遂犯が成立する。
それ以外には，故意既遂犯，故意未遂犯は成立せず，過失犯が成立するのみ
である。たしかにこの見解によれば，行為者の認識と法的に符合する結果が

---

(12)　大谷・前掲注(11) 9 頁。既述の最判昭 53・7・28 の調査官解説にも同様の指摘がある。
　　新矢悦二「判解」最判解刑事篇・昭和 53 年度（法曹会，1982 年）330-331 頁参照。

(13)　この点については，井田良『刑法総論の理論構造』（成文堂，2005 年）88 頁，鈴木左
　　斗志「方法の錯誤について―故意犯における主観的結果帰責の構造―」金沢 37 巻 1 号
　　（1995 年）124 頁以下参照。

(14)　例えば，団藤・前掲注(4)295 頁，大谷實『刑法講義総論［新版第 5 版］』（成文堂，2019
　　年）154 頁参照。

(15)　町野・前掲注(9)240-241 頁参照（ただし，注(9)で述べたように，符合の基準を客体の同
　　一性に求めている）。なお，同「故意論と錯誤論」刑法 26 巻 2 号（1984 年）177 頁以下
　　参照。

(16)　大塚仁『刑法概説（総論）［第 4 版］』（有斐閣，2008 年）192 頁，福田平『全訂刑法総
　　論［第 5 版］』（有斐閣，2011 年）120 頁，佐久間・前掲注(3)147 頁以下，同『刑法総論』
　　（成文堂，2009 年）130 頁以下参照。

生じた客体のうち，1個に限定して故意犯を認めるという「基準」が設定されているために，②に反するような事態は生じない。しかしながら，（構成要件的に同価値であればいずれの客体に対しても故意を認める見解であるはずの）抽象的法定符合説の内部には，こうした「基準」を設定する論理が含まれていない[17]ことから便宜論との批判を免れず，実際上の結論にも種々の不備があるために[18]，これを支持することは困難である。すなわち，こうした観点から故意犯の成立を1個に限定することによって②の批判に対処するという方向性は妥当ではない。しかも，一故意犯説は——あくまでも「抽象的法定符合説」の一種であることから——上記①の批判には応えていない[19]。

(3)　さらに，②について，数故意犯説からは，「一罪の意思をもってしたのに数罪の成立をみとめるのは不当だという批判があるが，観念的競合を科刑上一罪としているのは，このような趣旨を含むものと考えるべきである」[20]との反論がなされている。しかし，これに対しては，「もともと観念的競合というのは，各々の罪が何罪を構成するか，故意犯か過失犯かであるかがきまった後に，単に『科刑上』一罪としてとりあつかうにすぎないのであって，観念的競合であることによって，故意のなかった罪まで，故意犯になるというように犯罪自体の性質が変わることはない」[21]とする再批判がある。観念的競合は，数罪の成立を前提として，それが1個の行為であることに着目し，科刑上一罪として処断することが妥当であるとの観点に基づくものであり，故意の成否といった犯罪の成立に関わる問題とは関係がない[22]から，行為者

---

[17]　山口・前掲注(8)225頁。高橋則夫『刑法総論［第4版］』（成文堂，2018年）199-200頁は，「一故意犯説は，責任主義の貫徹から過度な技術的解決に至」っていると指摘する。

[18]　例えば，殺意をもってAに発砲しこれに傷害を与えるとともにBにも重傷を与えた場合に，Aに対する殺人未遂とBに対する過失致傷が成立するとしながら，その後にBが死亡するに至った場合はAに対する過失致傷とBに対する殺人罪になるという不合理がしばしば指摘されている。

[19]　内藤・前掲注(10)937頁は，一故意犯説が「錯誤論による例外的処理」（福田・前掲注(16)120頁）という理解をしていることの根底には，錯誤論が適用される場合について，故意を転用ないし擬制するという考え方があるのではないかと指摘される。

[20]　団藤・前掲注(4)304-305頁。さらに，大谷・前掲注(14)171頁，前田雅英『刑法総論講義［第7版］』（東京大学出版会，2019年）194頁，高橋・前掲注(17)199頁参照。なお，林幹人『刑法総論［第2版］』（東京大学出版会，2008年）257頁は，この場合を包括一罪とすべきであるとする。

[21]　平野・前掲注(10)71頁。

に1個の故意しかないのに複数の故意犯の成立を認める根拠とはならないと解するのが適切であって、観念的競合の本質から見ても、数故意犯説の主張には問題があるように思われる。もっとも、これに対しては、観念的競合（および牽連犯）は違法評価の重複の問題を解決するためのものであり、1個の行為について構成要件要素の一部が共通する複数の犯罪の成立を認め、したがって同一の事実について重複した評価が加わる形になること自体は何ら異例なことではない[23]とする指摘がある。確かに、例えば1発の拳銃の発射で2名を殺害した場合、2つの殺人罪の成立を前提としつつ観念的競合を認め（て処断刑を併合罪の場合よりも軽くす）ることには、処罰対象の重なり合いから生じる「部分的な二重処罰の危険」[24]を回避する意味がある。しかし、そのことを根拠として「1個の故意から2つの殺人罪が成立する」との帰結を導くことはできない。むしろこの場合も（行為に際しての意思決定は1回であったとしても）複数の殺意が認められるべきことになろう[25]。罪数処理の結論からいわば「逆算」して、行為時における故意の個数を基礎づけることは適切ではないのである。

(4) 近時、具体的法定符合説を採用した場合でも「数故意犯説」と同様の結論が導かれうるとの指摘がなされている。具体的法定符合説は、故意犯成立の前提として、①行為者の想定した個数と同数の客体が侵害される、という条件にとどまらず、②行為者が侵害を意図した客体に侵害結果が発生する、ということまでも条件とする説であることから（正確には①は②の付随効果にすぎないとされる）、法益侵害の認識自体は存在するが、複数の客体のいずれが意図されていたのかを特定できず、あるいは行為者の予想以上の数の結果が発生し、そのため②（および①）の条件が満たされないような場合には、故意犯

---

[22] 福田平「方法の錯誤に関する覚書―法定的符合説についての再考―」同『刑法解釈学の主要問題』（有斐閣、1990年）88頁。さらに、伊東・前掲注(8)125頁参照。

[23] 井田良『講義・刑法学総論［第2版］』（有斐閣、2018年）194頁。

[24] 井田・前掲注[23] 533頁。Vgl. Ingeborg Puppe, Idealkonkurrenz und Einzelverbrechen：logische Studien zum Verhältnis von Tatbestand und Handlung, 1979, S. 125ff.；Claus Roxin, Strafrecht, Allgemeiner Teil, Band Ⅱ, 2003, §33 Rn. 72ff.

[25] 平野・前掲注(10)71頁は、「一個の故意というのは、一罪の故意ということである。一個の行為というのは、一個の意思活動という意味である。そして一個の行為で数罪が成立することはあるが、一罪の故意しかない場合には、故意犯は一個しか成立しないのである」と指摘される。

成立の要件を欠くことになるとされるのである[26]。例えば，「部屋の中にいるＡを殺そうとして爆弾を投げ入れたところ，Ａはいなかったが，Ｂ・Ｃがいて，両名が死亡した場合」には，具体的法定符合説からも，ＢおよびＣに対する２個の殺人罪を認めざるを得ないと指摘されている。

確かに，具体的法定符合説は「行為者が侵害を意図した客体に侵害結果が発生する」ことを条件としているために，その条件が充足されない場合に客体の特定が困難となる事態が生じうる。しかし，そのことを理由として複数の故意犯の成立を肯定するならば，具体的法定符合説の基本的立場に反し，責任主義にも抵触することになる。上記の事例では，行為者は「この部屋の中に現在する１人」という形で客体を特定し，侵害を意図している（殺害しようとしている）のであるから，具体的法定符合説からも（概括的故意がある場合は別論として），択一的訴因・択一的認定により[27]，死亡したうちの１名についての殺人罪の成立を肯定すべきことになる[28]。２名が死亡し，「それぞれの結果について行為者が認識を有しているにもかかわらず，１個の殺人既遂罪しか認めない見解が妥当だろうか」[29]との批判がなされているが，この事例では行為者は「それぞれの結果」について認識を有しているわけではないというべきであろう[30]。

(5)　ところが他方，数故意犯説（または具体的法定符合説と抽象的法定符合説の「中間説」を採りつつ数故意犯説と同様の結論を支持する立場[31]）からは，方法の錯誤において複数の故意犯の成立を認めるとしても，量刑上，最初から複数の人を殺そうと意図していた場合と全く同じに取り扱うことはできないから，「ひとまず複数の故意犯を成立させ，量刑の段階で１個の故意しかなかったこと

---

[26]　鈴木・前掲注[13]104 頁以下。さらに，井田・前掲注[8]74 頁以下参照。小島透「併発事実と故意責任—客体の特定および故意の個数の視点から—」香法 28 巻 3＝4 号（2009 年）20-21 頁は，①の問題と②の問題は本来は次元の異なる問題であり，具体的法定符合説は，「このような次元の異なる問題を犯罪成立の段階で一元的に律してしまおうとするところに問題の本質があるものと思われる」とする。

[27]　これについては，三井誠「特定認定か不特定認定か〔Ｉ〕〔Ⅱ・完〕」研修 531 号（1992年）3 頁以下，534 号（1992 年）3 頁以下参照。なお，専田泰孝「具体的事実の錯誤における『故意の個数』（二・完）—具体的符合説の立場から—」早研 84 号（1997 年）112 頁以下参照。訴因変更の要否について，松本芳希「訴因・罰条の変更」大阪刑事実務研究会（編著）『刑事公判の諸問題』（判例タイムズ社，1989 年）40 頁以下参照。

[28]　西田・前掲注[8]226 頁。さらに，長井・前掲注[7]252 頁以下参照。

[29]　佐伯・前掲注[1]265 頁。

を考慮することになる」[32]との見解が主張されている。これは，②に対する正面からの反論になっているわけではないが，「責任主義と抵触するという事態を回避できる可能性」を示す点において重要な意味を有している。しかも，裁判例においても，東京高裁平成 14 年 12 月 25 日判決（判タ 1168 号 306 頁）は，数故意犯説を前提としながら，まさにそうした考慮を実践に移すべきことを判示したものとして注目される。そこで次節において，同判決について概観し，この方向性の当否について検討することにしたい。

Ⅲ　東京高裁平成 14 年判決による「解決」

1　事実の概要

　本件では，被告人 X 及び Y は，それぞれ実包 5 発又は 6 発を装てんした回転弾倉式けん銃を 1 丁ずつ隠し持って斎場に赴き，同斎場の建物出入口付近において，いずれも A に向け，各自のけん銃から，まず被告人 Y が弾丸 1 発を，次いで同 X が弾丸 3 発を発射した。その結果，(1)被告人 Y の発射した弾丸が A の頭頂部に命中し，被告人 X の発射した弾丸のうち 1 発が A の右側胸部に命中して同人に肝臓損傷を負わせ，同損傷に起因する出血性ショックによって同人を死亡させた。(2)被告人 X が発射したその余の弾丸のうち 1 発は，本件葬儀に参列していた I 会系暴力団総長の B（当時 57 歳）の左背面部に命中し，右肺及び右肺静脈損傷を負わせ，これによる失血により同人を死亡させた。(3)被告人 X が発射したもう 1 発の弾丸は，参列していた I 会系暴

---

(30)　なお，曽根威彦『刑法原論』（成文堂，2016 年）378-379 頁は，択一的故意の場合には，故意はむしろ（当初から）2 個であり，2 名とも死亡した場合には 2 個の殺人罪が成立するとされる。そうした事例も想定されるが，本文の事例はこれと異なる。また，山口・前掲注(8)229 頁は，択一的故意の場合，殺人既遂罪二罪は成立せず，殺人未遂罪に限り併存しうるとされる。ただそこでは，「この場合には，未遂が成立する被害者との関係で，現実に特定した故意があるため，又は，概括的な故意があるため，未遂犯が成立しうることになる」とされている。したがって，仮に本文の事例で B が死亡し，C が死亡するに至らなかった場合は（C に対する故意は不存在であるから）この見解からも C に対する殺人未遂罪は成立しないことになるであろう。さらに，関根徹「択一的故意と重畳的故意の錯誤」刑法 54 巻 2 号（2016 年）158 頁以下参照。

(31)　これらの「中間説」とその問題点については，佐伯・前掲注(1)263 頁および同「故意・錯誤論」山口厚ほか『理論刑法学の最前線』（岩波書店，2001 年）109 頁以下を参照。

(32)　井田・前掲注(23)180 頁。

力団組長代行 C（当時 61 歳）の右膝に命中し，同人に加療約 3 か月間を要する右膝銃創の傷害を負わせたが，同人を殺害するには至らなかった。

原審は，X 及び Y の行為につき，A 及び B に対する殺人罪，C に対する殺人未遂が成立するとしたうえで，これらを観念的競合として[33]A に対する殺人罪の刑で処断することとし，X を無期懲役（求刑：死刑）に，Y を懲役 20 年（求刑：無期懲役）にそれぞれ処した。検察官及び被告人両名はいずれも量刑不当を理由に控訴した。

控訴審において，検察官は，原判決が量刑の事情として「（B らの死傷の結果は）もとより被告人らの認容するところではあったが，甲を甲として，乙を乙として認識し，それぞれの殺害を図った事案とは，その評価を異にする余地がある」と説示したことを批判して，「A を A として認識し，さらに『けん銃の弾の射程範囲にあって，弾が当たって死ぬ蓋然性が高い場所にいる人』をそのように認識して，A 殺害のためにはその周辺者の殺害もやむなしと考えて何ら躊躇することなく周辺の者を含めた殺害行為に出たのであるから，甲を甲として，乙を乙として認識し，それぞれの殺害を図った事案と同一に評価することができる」として，「被告人両名は，A を殺害するためには，同人の近くにいる者らを殺害することになってもやむを得ないとの極めて強固で確定的な殺害意思で犯行に及んだ」と主張した。

2　判　旨

控訴棄却。本判決は，検察官の所論に対して，「B 及び C に対する各殺害意思を主張するものとすれば，原審において主張した訴因と整合するものとはいえない」とした上で，「そもそも，本件は，打撃の錯誤（方法の錯誤）の場合であり，いわゆる数故意犯説により，2 個の殺人罪と 1 個の殺人未遂罪の成立が認められるが，B 及び C に対する各殺意を主張して殺人罪及び殺人未遂罪の成立を主張せず，打撃の錯誤（方法の錯誤）の構成による殺人罪及び殺人未遂罪の成立を主張した以上，これらの罪についてその罪名どおりの各故意

---

[33]　なお，ここでは合計 4 発の連続的発砲行為を観念的競合にいう「一個の行為」と認定することの可否も問題となりうる。これについては，只木誠「錯誤論をめぐる周辺問題」研修 815 号（2016 年）10 頁以下を参照。

30　第 2 章　数故意犯説と責任主義

責任を追及することは許されないのではないかと考えられる。したがって
……周囲の参列者に弾丸が命中する可能性が相当にあったのに，これを意に
介することなく，A に対する殺害行為に出たとの点で量刑上考慮するのなら
ともかく，B 及び C に対する各殺意に基づく殺人，同未遂事実が認められる
ことを前提とし，これを量刑上考慮すべきことをいう所論は，失当といわな
ければならない」と判示した。さらに，検察官の「被告人両名は……近くに
いる者らを殺害することになってもやむを得ないとの極めて強固で確定的な
殺害意思で犯行に及んだ」との上記所論に対しても「この見解は……被告人
両名が B 及び C に対しても殺意を有していた事実を主張するものであって，
繰り返しになるが，到底採用することはできない」とした。そして，検察官
のその余の主張を考慮・検討しても，原判決の被告人両名に対する量刑判断
は軽すぎて不当であるとはいえず，また，弁護人の各論旨についても，原判
決の量刑が重すぎて不当であるとはいえないとした。

3　検　討

　本判決以前，方法の錯誤の事案に関して，検察官が錯誤論 (の数故意犯説) に
よる主張を行う場合の手続法上の問題点ついては，すでに東京高判平 6・6・
6 (高刑集 47 巻 2 号 252 頁) において争点とされていた。本件では，起訴状の訴
因は「被告人は，甲巡査，乙警部補らが，被告人を強盗致傷事件の被疑者と
して通常逮捕しようとした際，これを免れるため，殺意をもって，前記警察
官両名に対し，所携の自動装てん式けん銃で銃弾一発を発射し，もって，(中
略)，甲巡査を心臓銃創による失血により死亡させて殺害し，さらに，右銃弾
を乙警部補の左下腿部に命中させたが，(中略) 左下腿銃創の傷害を負わせた
にとどまり，殺害の目的を遂げなかった」というものであり，原審 (横浜地判
平 5・5・10 公刊物未登載) の審理経過からすれば，被告人に乙警部補に対する殺
意が認められ，殺人未遂罪が成立するとの訴因は，既述の最高裁昭和 53 年判
決を踏まえた錯誤論の適用を前提とすることが明らかであった。これに対し
て原判決は，罪となるべき事実第一として，起訴状の訴因とほぼ同じ事実を
認定摘示するとともに，乙警部補に対して殺人未遂罪は成立しないとする弁
護人の主張に対する判断として，「[最高裁昭和 53 年判決] に徴すれば，右主張

は理由がないことが明らかであるが，本件事実関係を仔細に検討すれば，打撃（方法）の錯誤に法定的符合説を適用する右判例の手法を採るまでもなく，より直截的に乙に対する殺人未遂罪の成立を肯定することができる」とした上，関係証拠を検討し，これらの関係証拠によって認められる本件の事実関係からすれば，被告人が，「追跡してきた甲巡査のみならず乙警部補にも弾丸が命中することを認識，認容していたものと認められる」と認定摘示しており，そこでは被告人の乙警部補に対する殺意の認定につき，錯誤論の適用を前提とするかのような表現もあるが，全体として見た場合には，錯誤論の適用を前提とするものではなく，これと両立することのない，事実の認識，認容があったことを前提にするものであった。これについて東京高裁は，「被告人の乙警部補に対する殺意につき，事実の認識，認容があったとするか，あるいは，事実の認識，認容はなく，錯誤論の適用を前提とするかは，事実関係に重要な差異があることは明らかであり，原裁判所において右のような認定判断をするためには，審理の過程で検察官に釈明を求めるなど，事実の認識，認容があったかどうかを争点として顕在化させる措置等がとられる必要があるというべきところ，記録上原審の審理の過程でそのような措置がとられた形跡は認められず，したがって，原判決には，そのような措置等をとることなく，検察官が釈明等により明らかにした訴因と異なる事実について認定判断した，訴訟手続の法令違反があるものというべく，この違法が判決に影響を及ぼすことは明らかである」として原審を破棄自判したのである。

　ここでは，犯罪の成否の段階での法的効果は同一であるにもかかわらず，故意があったものとして認定する場合と，錯誤論による場合とでは，「事実関係に重要な差異がある」ことから，犯罪事実に関する原審の認定が被告人の手続上の防御権の侵害に当たりうることが明示されている[34]。それは，刑罰の分量，すなわち量刑の場面においても重要な帰結の差異をもたらしうることになる。

　本判決（平成14年判決）は，こうした裁判例を踏まえつつ，かつ学説においてすでに主張されていた次のような見解と同様の立場を採っているものとみられる。そこでは「『責任なければ刑罰なし』という責任主義は，責任の有無

[34] 河村博「判批」警論48巻7号（1995年）224頁参照。

32 第2章 数故意犯説と責任主義

についてだけでなく，その量に関しても妥当しなければならない。1人を殺すことを表象したか2人を殺すことを表象したかは……責任の量の問題であるが，少ない量の責任にはそれに見合った量の刑罰が科せらるべきで，1人を殺すことしか表象しなかった者に対し2人を殺すことを表象した者に対するのと同じ刑を科することが許されないのは当然であ」り[35]，「1個の行為により2人を意識的に殺したときは，1人を殺した場合よりも重い刑が量定されるべきであり，実際の量刑もそのように行われている。ところが，方法の錯誤の場合は，1人を殺す故意しかなかったのであるから，たとえ2人を死に致したとしても，故意責任の面では，その責任の量に対応して，1人を殺したものとしての刑以上の刑を量定することは許されない。つまり，この場合は，観念的競合であることによる刑の制約の上にさらに責任による量刑の制約が加わるのであって，それによってはじめて責任主義が全うされるのである」[36]との指摘がなされていた。この見解では，責任主義は，責任の有無の場面のみならず責任の量の段階においても貫徹させるべきこと，すなわち「帰責における責任主義」と「量刑における責任主義」の両者の重要性を前提とした上で[37]，数故意犯説を採用しつつ「量刑における責任主義」を実現するためには，錯誤によって現実に発生した複数の結果に基づく故意犯としてではなく，あくまでも1個の故意犯としての責任の量を限度としなければならないとされている。本判決もこうした見地から，「方法の錯誤の構成によって成立する複数の故意責任を理由に行為者に量刑上責任を追及することはできないとしたものであ」り，「罪数の場面において観念的競合として故意の複数認定が許されるとしても，少なくとも量刑の場面における複数認定は許されない」[38]ことを示したものである。本判決の趣旨は，その後の裁判例である東京高判平18・7・10（高刑速（平18）123頁）においても踏襲されている[39]。

　もっとも，上記の学説は，もともと抽象的符合説を支持しており，ここで問題となっている具体的事実の錯誤に関する限り，抽象的法定符合説と同じ立場に立つことが前提とされている[40]。すなわち，犯罪の成否の段階におい

---

[35]　中野次雄「方法の錯誤といわゆる故意の個数」平場安治ほか（編）『団藤重光博士古稀祝賀論文集・第2巻』（有斐閣，1984年）210頁。

[36]　中野・前掲注[35]216頁。

[37]　大塚仁ほか（編）・前掲注[10]8-9頁［佐久間］参照。

て複数の故意犯が成立することを肯定し，かつ，それ自体は（帰責における）責任主義に反しないと解しているのである。このことは，「『故意の個数』が行為者の責任の程度を考える際に重要な意味を持つことを否定するものではない……しかし，それは要するに故意責任の量の問題なのであって，故意責任を認めるかどうかといういわば質の問題でないと考える」[41]と述べていることからも明らかである。

---

(38) 只木誠「併発事実と錯誤について—いわゆる数故意犯説と罪数論および量刑論—」新報113号9＝10号（2007年）349頁。なお，新潟地長岡支判昭和37・9・24下刑集4巻9＝10号108頁は，Xが運転中に自車を母親Aおよびその子B（当時生後10か月）に衝突させ，1個の客体に対する未必的殺意を有した状態で運転したまま逃走しようとしたため，AおよびBを死亡させるに至った事案について，「客体の数に関する錯誤においては単に構成要件的評価の回数に差異が現れるだけで，犯意の内容として重要な意味を持つ規範的評価は同一構成要件の範囲内である限り変わりはない」として2個の殺人罪の成立を認めつつ，量刑の理由においては，「客体に対する認識及び結果に対する認識共に未必的であり，確定的な犯意をもっての殺害行為ではなく，又結果として2個の殺人罪が成立しているが，被害者Bに対する認識は全くなかったものである」ことを考慮している。

(39) 同判決は，暴力団の抗争事件において，Aに向けて拳銃を発砲して同人を死亡させ，続いて近づいてきたBに対しても発砲し傷害を負わせ，さらにCに対しても発砲して死亡させたという事案について，「現実の犯行結果はともかくも，被告人に当初から複数人を殺害しようという意図まではなかったということができる。この点は，殺害の被害者が2名であっても，被告人の当初の意図はあくまでもAが対象であったことを示しているから，当初から2人を確定的に殺害しようとして殺害した事例とは異なっているといえる」として，東京高判平14・12・25との類似性を指摘しつつ，被告人を死刑ではなく無期懲役とした。

　なお，量刑が争点となったものではないが，大阪高判平11・9・4（判タ1114号293頁）は，Xが，加害者たる相手方グループ員に対する正当防衛として暴行の故意で車両を急後退させた行為によって，共に逃走しようとしていたXの兄であるAに意外にも車両を衝突させて轢死させたという事案について，グループ員に対する暴行は正当防衛が成立し，Aに対する傷害致死は誤想防衛の一種として故意責任を否定し無罪を言い渡した。その際，判決は「錯誤論の観点から考察しても，Aに対する傷害致死の刑責を問うことはできないと解するのが相当である。……被告人にとってAは兄であり，共に相手方の襲撃から逃げようとしていた味方同士であって，暴行の故意を向けた相手方グループ員とでは構成要件的評価の観点からみて法的に人として同価値であるとはいえず，暴行の故意を向ける相手方グループ員とは正反対の，むしろ相手方グループから救助すべき『人』であるから，自分がこの場合の『人』に含まれないのと同様に，およそ故意の符合を認める根拠に欠けると解するのが相当である」とした。この判例について，只木誠「故意の個数を量刑責任—主に判例を素材として—」川端博ほか（編）『立石二六先生古稀祝賀論文集』（成文堂，2010年）413頁は，適切にも「数故意犯説の難点を覆い隠すことに苦心しているといえよう」と評する。

(40) 中野・前掲注(35)203頁。

(41) 中野・前掲注(35)208頁。

34　第2章　数故意犯説と責任主義

この点では本判決も同様である。数故意犯説を採用することは，帰責における責任主義には反しないが，量刑における責任主義には反しうるので，故意の複数認定を許容しないとしているのである。本判決について，「数故意犯説を採りつつ行為者の認識に応じた刑を量定することで責任主義との調和を図ろうとしている」[42]との評価がなされているが，実際には，責任の「質」の問題は度外視して「量」の次元でのみ解決を図ろうとしているにすぎない。このように見てくると，やはり問題は数故意犯説において責任の「質」が顧慮されていないのではないか，すなわち「帰責における責任主義」に抵触するおそれがあるのではないか，という点に帰着する。それと同時に，裁判例および数故意犯説が主張する「ひとまず複数の故意犯を成立させ，量刑の段階で1個の故意しかなかったことを考慮する」という「解決」ないし「調和」の方向性に，果たしてどのような展望があるのか，という新たな疑問が生じる。そこで最後に，この「解決」の問題点について検討することにしたい。

Ⅳ　「責任の量」による解決の問題性

犯罪成否の段階においては（具体的法定符合説に依拠することなく）複数の故意犯の成立を肯定し，量刑の段階においては具体的法定符合説（ないし一故意犯説）と実質的には同様の考慮を働かせるという，「責任の量」による解決が実務の場においても登場するに至ったことについては，「数故意犯説と一故意犯（もちろん具体的符合説も同様）についてのこれまでの論争は，刑罰付与というレベルではその意義を失ったといい得る」[43]との指摘までなされている。さらには，「擬制的に殺意を認めた場合には，それは量刑評価の対象にならない」という「次善の策」が選択されたものと理解し，擬制的な故意を承認するのであれば，今後，法令の適用において示された罰条が擬制的な故意に関するものであるかどうかを見分ける指針が提示されるべきではないかともいわれる[44]。

しかしながら，複数の故意犯の成立を認定しながら，他方ではあくまでも

---

[42]　松原芳博『刑法総論［第2版］』（日本評論社，2017年）238頁。
[43]　只木・前掲注(38) 6頁。さらに，同・前掲注(39) 428頁参照。

Ⅳ 「責任の量」による解決の問題性　35

1個の故意犯としての「責任の量」に基づく量刑を行うとすれば，まさに一種の「罪名と科刑の分離」を肯定することになる。いうまでもなく，罪名は科刑の基礎そのものであり，それに依拠することなく刑を量定することはできない。例えば共犯と錯誤の問題に関する最決昭54・4・13（刑集33巻3号179頁）[44]では，共同正犯による殺人の事例について「殺意のない共犯者にもとりあえず殺人罪の成立を認めておいて，量刑の段階では傷害致死罪の法定刑にしたがう」という考え方が明確に拒絶されているといえよう。あるいは，抽象的事実の錯誤に関する最決昭61・6・9（刑集40巻4号269頁）[46]も，軽い罪の認識で重い罪を実行した場合について「重い罪の成立を認めた上で，科刑は軽い罪の限度にとどめる」という解釈を排除したものに他ならない。そうであるなら，複数の故意犯の成立を肯定し，数個の罪名を認定しておきながら，量刑ではそのうちのいくつかを「除外」し，あくまでも1個の故意犯として刑罰を量定しようとすることも，「罪名」と「科刑」を分離することになり，

----

(44)　只木誠「罪数論・競合論・明示機能・量刑規範」安廣文夫（編著）『裁判員裁判時代の刑事裁判』（成文堂，2015年）462-463頁。すでに，既述の「責任の量」による解決を主張する学説からも，「裁判所がこのような基準によって刑を量定したかどうかの事後審査は，判決に特に説明がある場合のほか困難で，結局通常は刑の量定の当否（刑訴法381条）の問題として審査されることになろう」との制約が自認されていた（中野・前掲注(35)217頁注(2)）。これに対して内藤・前掲注(10)926頁は，「そうだとすれば，具体的符合説と一故意犯説が1個の故意から1個の故意犯だけの成立を認めるのは，犯罪の成立の段階で量刑の前提を設定することにより，量刑の基準をより明確に示すものであるといえよう」とされる。この点は，本文で次に述べる「罪名と科刑の分離」の問題に関連する。

(45)　本決定は，「殺人罪と傷害致死罪とは，殺意の有無という主観的な面に差異があるだけで，その余の犯罪構成要件要素はいずれも同一であるから，暴行・傷害を共謀した被告人Xら7名のうちのYが……Aに対し未必の故意をもって殺人罪を犯した本件において，殺意のなかった被告人Xら6名については，殺人罪の共同正犯と傷害致死罪の共同正犯の構成要件が重なり合う限度で軽い傷害致死罪の共同正犯が成立するものと解すべきである。……被告人Xら6名には殺人罪という重い罪の共同正犯の意思はなかったのであるから，被告人Xら6名に殺人罪の共同正犯が成立するいわれはなく，もし犯罪としては重い殺人罪の共同正犯が成立し刑のみを暴行罪ないし傷害罪の結果的加重犯である傷害致死罪の共同正犯の刑で処断するにとどめるとするならば，それは誤りといわなければならない」と判示している。

(46)　本決定は，覚せい剤を麻薬と誤解して所持した被告人について「所持にかかる薬物が覚せい剤であるという重い罪となるべき事実の認識がないから，覚せい剤所持罪の故意を欠くものとして同罪の成立は認められないが，両罪の構成要件が実質的に重なり合う限度で軽い麻薬所持罪の故意が成立し同罪が成立するものと解すべきである」と判示した。

36 第2章 数故意犯説と責任主義

許容されないのではないだろうか[47]。

　科刑に際して，宣告刑を導くのに先立って，罪名に応じた処罰の範囲を画する段階で法定刑の「幅」に一定の考慮を働かせることはありうる。例えば，同意傷害について，「生命に危険のある傷害」（ないし重大な傷害）に限って可罰的とする見解から，同意殺人罪（刑202条）との均衡を考慮して，傷害罪（刑204条）の「15年以下の懲役」を「7年以下の懲役」として宣告刑を導くべきであるといった主張がなされること[48]がそれを示している。あるいは，裁判例においても，東京高判平11・3・12（東高刑時報50巻1＝12号24頁）は「関係法条の整合性を保ち，罪刑の不均衡が生じないように合理的に解釈」して，「道路運送法98条2号の罰則は，自家用軽自動車を有償で貨物運送の用に供した行為に対しては，軽自動車運送の無届経営に対する罰則を超えない限度でこれを適用する必要があるものというべきである」[49]としている。しかし当然のことながら，これらの場合には「罪名と科刑の分離」は生じていないのであり，いわゆる「法定刑の遮断効」[50]ないし法定刑による科刑の限度を示したものにすぎず，責任主義との抵触も問題とならない。

　数故意犯説を肯定し，「責任の量」による解決を主張する既述の学説からは，意図しなかった客体に対する責任は「故意犯に対する過失責任」[51]であるとされていた。近年でも，これに関連して，「率直に言えば，錯誤によって認め

---

[47]　こうした観点からは，例えば身分犯と共犯に関する刑法65条2項の適用について，「罪名と科刑の分離」を前提にしたものと解される最判昭和32・11・19刑集11巻12号3073頁には疑問がある。

[48]　例えば，西田・前掲注(8)175頁。

[49]　同判決は，「もともと，道路運送法の自家用自動車による有償運送禁止規定は，その補充規定の趣旨に鑑み，昭和46年法律96号の改正により貨物軽自動車運送事業に関する規制が緩和された時点で，貨物軽自動車運送に関する部分について適宜の改正を行う必要があったと考えられるのに，現在に至るまで改正が行われなかったため，その無免許経営に対して1年以下の懲役刑まで科せられる一般旅客自動車運送等と無届経営に対して20万円以下の罰金のみを科せられる貨物軽自動車運送とが同一の罰則を適用されることとな」ったとして，原判決が，このような限定解釈を行わずに道路運送法98条2号の罰則（法定刑は3月以下の懲役もしくは50万円以下の罰金またはその併科刑）を規定のままに解釈適用したことについて法令の解釈適用の誤りがあるとして破棄自判している。

[50]　これに関しては，城下裕二『量刑理論の現代的課題［増補版］』（成文堂，2009年）39頁参照。

[51]　中野・前掲注(35)216-217頁。

られた故意は，故意と過失の中間，むしろ過失に近いものだ，というのが裁判官の方の実感なのではないのであろうか」との指摘もなされている[52]。そうであるならば，なおさら「名目的な故意犯を認めるべき実質的な理由が問われる」[53]ことになる。換言すれば，それは（帰責における）責任主義に反するおそれを冒してまで数故意犯説に固執する理由に他ならない[54]。そもそも，故意犯として事実認定されているにもかかわらず，それを量刑においては「過失犯」的に評価しなければないことの不自然さは免れないであろう[55]。より根本的には，責任の「量」の問題による解決のみで責任主義が全うされるとする前提そのものが反省を迫られているのである[56]。責任主義を貫徹させるならば，数故意犯を維持することはやはり困難であるといわなければならない。

---

[52]　佐伯・前掲注(1)270頁。実際にも，既述の最判昭53・7・28の原審（東京高判昭52・3・8高刑集30巻1号150頁）は，流れ弾が命中した通行人に対しても（当初から認識していた被害者と共に）強盗殺人未遂罪の成立を認めながら，「通行人を巻添えにし，これらに対し致死傷の結果を生じさせることはしばしばありうることであって，通行人に対する致死傷の結果は，通常予想されるところといわねばならない」として「強盗の機会において発生した過失による傷害」であるとしている。

[53]　石井徹哉「判批」西田典之ほか（編）別ジュリ『刑法判例百選I総論［第6版］』（2008年）83頁。

[54]　長井長信「事実の錯誤」西田典之＝山口厚＝佐伯仁志（編）ジュリ増刊『刑法の争点』（2007年）63頁は「せいぜい事件名と公訴時効について違いが残るであろうが」，訴訟手続において観念的競合として処理されるならば，「それも結局は具体的符合説と同じ結果に帰着するであろう」と指摘する。また，小林憲太郎『刑法総論の理論と実務』（判例時報社，2018年）314頁注2は，仮に東京高判平成14年のような立場が「実務における一般的な感覚でもあるとするならば，判例違反を恐れず，端的に具体的法定符合説をとると明言すべきであろう」とする。

[55]　東京高判平14・12・25の判示にしたがうならば，B及びCに対する殺人，殺人未遂の成立を認定しつつ，量刑においては「周囲の参列者に弾丸が命中する可能性が相当にあったのに，これを意に介することなく」Aに対する殺害行為に出たという（B及びCとの関係では過失犯的な）評価を行うことになるが，こうした判断に伴う違和感は否定できないように思われる。

[56]　刑量の決定における立法と司法の役割分担（vgl. Maurach/Gössel/Zipf, Strafrecht, Allgemeiner Teil, Teilband 2, 8. Aufl., 2014, S. 746ff.）からみて，「どこまでが犯罪成立の問題であり，どこからが量刑の問題であるかは，犯罪構成要件の規定の仕方によって相対的・偶然的に定まる」（井田良「故意における客体の特定および『個数』の特定に関する一考察（四・完）」法研58巻12号57頁注(9)）との視点に立つことは重要である。ただ本章の立場は，当該構成要件において客体が規定されている場合に，行為者が認識していた個数以上の客体に結果が発生したという事実は，単なる量刑事情ではなく，まずは犯罪成立の問題とすべきであるということが，責任主義の要請から導かれると解するものである。

第3章

アスペルガー症候群と刑事責任

I　はじめに

　近年のわが国の判例において，アスペルガー症候群の精神障害を有する被告人の刑事責任が問題とされたケースが散見されるようになった。特に，殺人事件につき，検察官の懲役 16 年の求刑を超える懲役 20 年の判決を言い渡した大阪地裁平成 24 年 7 月 30 日判決，これを破棄自判して懲役 14 年を言い渡した大阪高裁平成 25 年 2 月 26 日判決は，社会的にも注目を集めた。

　アスペルガー症候群（Asperger Syndrome）は，広汎性発達障害（Pervasive Developmental Disorders）の一種である。広汎性発達障害は人生の早い時期に発症し，①社会的な相互干渉の質的な障害，②コミュニケーションの質的な障害，③行動，興味および活動の限定的，反復的，常同的様式の存在，の 3 つの必須の行動症状をさまざまな程度に併せ持つ一群の発達障害の総称である。アスペルガー症候群は，これらの必須症状のうち，②の症状の中で言葉とりわけ文法的な発達に遅れが目立たない場合に診断される[1]。アメリカ精神医学会の診断基準である DSM-IV-TR（2000 年）によれば，アスペルガー症候群は，自閉症障害・特定不能の広汎性発達障害等とともに，広汎性発達障害のサブカテゴリーを構成してきたが[2]，2013 年に改訂された DSM-5 においては，これらのサブカテゴリーはすべてなくなり，診断名も「自閉症スペ

---

(1)　加藤敏ほか（編）『現代精神医学事典』（弘文堂，2011 年）329-330 頁〔太田正孝〕。なお，発達障害者支援法 2 条 1 項参照。

(2)　髙橋三郎ほか（訳）『DSM-IV-TR 精神疾患の診断・統計マニュアル〔新訂版〕』（医学書院，2004 年）55 頁以下。

クトラム（Autism Spectrum Disorder）」に一本化された[3]。これは，DSM-Ⅳ-TR における広汎性発達障害のサブカテゴリーの間を埋めるさまざまな中間形態が存在することから，それらが一つの連続体として発展的に解消されたものとの理解が示されている[4]。ただ，そこでも従来のサブカテゴリーが重症度の違いとして捉えられており，各々の間でみられる臨床像あるいは臨床的問題の相違を考慮することが重要である点に変わりはないとされている[5]。また，WHO（世界保健機関）による国際疾病分類である ICD-10（1990 年[6]）では，「心理的障害」の中の「広汎性発達障害」のサブカテゴリーの 1 つとしてアスペルガー症候群が掲げられている。

　刑法 39 条が前提とする「精神の障害」に広汎性発達障害が含まれうることについては，たとえば東京地八王子支判平成 19・7・31（LEX/DB 28145219）が「責任能力の判断は，精神の障害の有無（生物学的要素）と行為の是非善悪を弁識する能力及びその弁識に従って行動を制御する能力（心理学的要素）とを勘案して判断すべきところ，広汎性発達障害は，いわゆる精神病ではないことから，これがあるからといって直ちに精神の障害があるものとは認められないが，広汎性発達障害の症状の具体的な現れ方によっては，その症状が精神の障害に当たる可能性も否定できないと解される」としたことに示されている[7]。刑事責任論との関係においては，事例の積み重ねの中で，そうした可能性の内実を分析しつつ，それに対する法的評価を明確化していくことが求められているといえよう。

　そこで本章では，特に近時の大阪高裁平成 25 年判決を中心に，これまでの判例を概観した上で，アスペルガー症候群に罹患した被告人の刑事責任，特

---

(3)　Diagnostic and Statistical Manual of Mental Disorders, 5th ed.（DSM-5），2013, pp. 50-59. 髙橋三郎＝大野裕（監訳）『DSM-5 精神疾患の診断・統計マニュアル』（医学書院，2014 年）31-32 頁参照。

(4)　清水康夫「自閉症スペクトラムとは？」こころの科学 174 号（2014 年）12-13 頁。

(5)　十一元三「少年・成人の司法事例と広汎性発達障害」発達障害研究 34 巻 2 号（2012 年）111 頁。

(6)　融道男ほか（監訳）『ICD-10 精神および行動の障害　臨床記述と診断ガイドライン〔新訂版〕』（医学書院，2005 年）267 頁以下。

(7)　本判決について，安田拓人「責任能力の到達点となお解決されるべき課題について」川端博ほか（編）『理論刑法学の探究⑥』（成文堂，2013 年）11 頁は，「医学的病気概念によらず，認識・制御能力の（少なくとも）著しい減少をもたらしうるような局面であれば『精神の障害』に包摂していくスタンスを示すものであろう」と指摘される。

40 第3章 アスペルガー症候群と刑事責任

に責任能力の有無・程度ならびに減軽事情としての考慮の問題について若干の検討を行うことにする。なお本章では，判例に現れた限りで「アスペルガー症候群」の用語法に従っている。上述のように，今後は同様の症状に対して「自閉症スペクトラム」という診断名が付されることになると予測されるが，その場合でも以下の考察は基本的に妥当すると思われる[8]。

II 判例の動向

(1) アスペルガー症候群に罹患した被告人の刑事責任が問題となった判例のうち，前記の大阪地判以前に判断が示された事件で，公刊物等で確認できたものを以下に掲げる[9]（なお登載公刊物等の次の（　　　）内は起訴罪名，〔　　　〕内は判決文における診断名である[10]）。

①東京高判平成 13・8・30（高刑速（平 13）139 頁）（器物損壊）
〔アスペルガー症候群〕：完全責任能力
②富山地判平成 17・9・6（LEX/DB 28105426）（現住建造物放火，殺人）

---

(8) 本章で扱うテーマに関しては，浅田和茂「刑事責任能力と発達障害」浜井浩一＝村井敏邦（編）『発達障害と司法』（現代人文社，2010 年）129 頁以下，緒方あゆみ「発達障がい者の刑事責任能力と量刑判断」中京ロー 19 号（2013 年）1 頁以下，前澤久美子「精神障害と責任能力について」安廣文夫（編著）『裁判員裁判時代の刑事裁判』（成文堂，2015 年）429 頁以下，村杉謙次「自閉症スペクトラム」五十嵐禎人＝岡田幸之（編）『刑事精神鑑定ハンドブック』（中山書店，2019 年）259 頁以下などを参照。
　　なお海外の状況については，Ian Freckelton, Autism Spectrum Disorders and the Criminal Law, in Mohammad-Reza Mohammadi (ed.), *A Comprehensive Book on Autism Spectrum Disorders*, 2011, pp. 249-272 が詳細である。
(9) 判例のうち，⑧・⑪・⑫・⑯は責任能力の有無ないし程度が争点となっておらず，「量刑の理由」の中でのみアスペルガー症候群への言及がなされているものである。
　　なお，福岡高判平成 25・3・13 LLI/DB 06820099 は，原審が，被告人の反省態度が真摯なものとは言い難いと説示し，これに対して弁護人が「アスペルガー障害が影響している可能性を無視している」と主張したことについて，「アスペルガー障害が不合理な弁解をすることに影響しているという証拠はなく，一般的にもそのような知見があるとも認められない」としている。
(10) ただし①・③では，判例集の登載部分からは，アスペルガー症候群に罹患していることが減軽事情として考慮されたか否かが明らかではない。また，⑫は求刑が懲役 5 年，量刑が懲役 3 年 6 月であるが，判決文を見るかぎり，アスペルガー障害を有したことが，直接，減軽事情とはされていない。

〔アスペルガー症候群, 一過性の抑うつ状態〕：完全責任能力→減軽事情として考慮（求刑：懲役 13 年/量刑：懲役 9 年）

③東京高判平成 19・8・9（東高刑時報 58 巻 1 = 12 号 59 頁）（殺人未遂, 傷害, 銃刀法違反）

〔アスペルガー症候群〕：完全責任能力

④宮崎地延岡支判平成 20・3・21（LLI/DBL 06350142）（殺人, 殺人未遂）

〔アスペルガー障害〕：完全責任能力→減軽事情として考慮（求刑：無期懲役/量刑：懲役 26 年）

⑤東京地判平成 20・5・27（判時 2023 号 158 頁）（殺人, 死体損壊）（一部無罪）

〔アスペルガー障害を基盤とする解離性障害〕：完全責任能力（死体損壊時）→減軽事情として考慮（求刑：懲役 17 年/量刑：懲役 7 年）

⑥大阪高判平成 21・3・24（LLI/DBL 06420163）（殺人, 銃刀法違反）

〔アスペルガー障害, 著しい幻覚妄想等の精神病様症状〕：心神耗弱（求刑：無期懲役/量刑：懲役 15 年）

⑦東京高判平成 21・4・28（東高刑時報 60 巻 1 = 12 号 48 頁）〔⑤の控訴審〕（殺人, 死体損壊）

〔アスペルガー障害, 強迫性障害〕：完全責任能力→減軽事情として考慮（求刑：懲役 17 年/量刑：懲役 12 年）

⑧山形地判平成 21・10・7（LLI/DBL 06450638）（強盗, 銃刀法違反, 住居侵入, 建造物侵入, 窃盗, 非現住建造物等放火）

〔アスペルガー症候群, 社会不安障害〕：完全責任能力→減軽事情として考慮（求刑：懲役 5 年/量刑：懲役 3 年 6 月）

⑨松江地判平成 21・10・22（LEX/DB 25462717）（殺人〔被殺害者 2 名〕）

〔アスペルガー障害及びその二次的障害としての社会恐怖, 強迫性障害, 離人・現実感喪失症候群〕：完全責任能力→減軽事情として考慮（求刑：無期懲役/量刑：懲役 30 年）

⑩福井地判平成 21・11・4（LLI/DBL 06450700）（傷害致死）

〔アスペルガー障害〕：完全責任能力→減軽事情として考慮（求刑：懲役 6 年/量刑：懲役 4 年）

⑪広島高判平成 22・3・18（LLI/DBL 06520156）（強制わいせつ, 強姦未遂, 強姦,

児童福祉法違反）

〔アスペルガー症候群〕：完全責任能力

⑫徳島地判平成22・3・19（LLI/DBL 06550184）（保護責任者遺棄致死，死体遺棄）

〔アスペルガー障害〕：完全責任能力

⑬大阪地判平成22・5・24（LEX/DB 25442463）（殺人，死体遺棄）

〔アスペルガー症候群〕：完全責任能力→減軽事情として考慮（求刑：懲役10年/量刑：懲役7年）

⑭奈良地判平成22・11・24（LEX/DB 25470185）（殺人，銃刀法違反）

〔アスペルガー，注意欠如，多動性障害〕：完全責任能力

⑮東京地立川支判平成23・6・10（LLI/DBL 06630195）（殺人）

〔反復性うつ病性障害・中等症エピソード・アスペルガー障害〕：心神耗弱（求刑：懲役5年/量刑：懲役3年［保護観察付執行猶予5年］）

⑯岡山地判平成24・7・11（LEX/DB 25482578）（殺人未遂，銃刀法違反）

〔アスペルガー症候群〕完全責任能力→減軽事情として考慮（求刑：懲役5年/量刑：懲役3年［保護観察付執行猶予5年］）

(2)　以上の判例の中には，平成19年度司法研究の成果である『難解な法律概念と裁判員裁判』の中の資料3-4「責任能力が問題となった裁判実例の類型（⑤広汎性発達障害の場合）」[11]（以下「類型」という）において「実例」として取り上げられているものもあるので，同「類型」とも比較することにする。その内容は次の通りである。

1　被告人にとって不測の事態が生じ，広汎性発達障害の持つ新しい環境や状況への適応力の不十分さが原因で混乱し，思路が狭窄状態で他害行為に至った類型

　A　広汎性発達障害が原因で状況の急変や不測の事態により混乱を来して他害行為に至った場合[12]【心神耗弱】

――――――――――
(11)　司法研修所（編）『難解な法律概念と裁判員裁判』（法曹会，2009年）279頁以下。
(12)　ここで実例として挙げられている判例は，「特定不能の広汎性発達障害」に関する東京高判平成19・5・29東高刑時報58巻1＝12号32頁である。

B 発達障害が原因で状況の急変や不測の事態により混乱を来したが，その状況下で他害行為を選択したことについては発達障害の影響がないか，もともと攻撃性に親和的であったことが影響している場合　理念的には【完全責任能力】（該当裁判例なし）

2　犯行の動機や犯行に至る経緯に特殊な価値観やこだわりなどが影響し，それに基づいて犯行を遂げている類型

A　広汎性発達障害の影響が強迫観念類似のものにまでなっていた場合

　　a．独自の価値観が強固な強迫観念であり，他の選択肢を全く思いつかず，社会のルールと照らし合わせが一切できない事例　理念的には【心神喪失又は心神耗弱】（該当裁判例なし）

　　b．広汎性発達障害の影響による強迫的観念類似の攻撃的行動に基づき，同障害による特有の思考過程・価値観に沿って犯行が行われた場合[13]【心神耗弱】

B　広汎性発達障害の影響が認められるにとどまる場合【完全責任能力】

3　独自の価値観等に基づく計画を実行する過程で不測の事態に混乱し，問題解決の手段として他害行為に至った類型（該当裁判例なし）

(3)　判例を概観すると，まず，責任能力の有無ないし程度に関しては，次のような特徴がみられる。

　①・③・④・⑩・⑬の諸判例のように，診断名がアスペルガー症候群単独の事案で責任能力の有無・程度が争点になった事案ではいずれも心神耗弱とは認定されず，完全責任能力と判断されている。他方で，他の症状にも併行的に罹患している事案（アスペルガー症候群が誘因となって他の症状に罹患した場合を含む）のうち⑥・⑮では心神耗弱が認められているが，判決文からは，仮にアスペルガー症候群単独であったとした場合に同様の結論が導かれたか否かは必ずしも明らかではない[14]。

　アスペルガー症候群単独の事案を見ると，①は当該症状について責任能力の有無が争われた最初の事例とされているが[15]，「被告人は，対人関係に未

---

(13)　ここでも前掲東京高判平成 19・5・29 が実例として挙げられている。

44 第3章 アスペルガー症候群と刑事責任

熟なところがあり，強い被害者意識を持ち，過去にいじめられた経験などを
想起したことにより不愉快になって攻撃的な行動に出る傾向が認められ……
いらいらする気持ちを解消するために本件各犯行と同様の行為を繰り返して
きたものであるが，知的な能力において特に障害は認められず，攻撃的行動
に出ることを自分で抑制する能力がないわけではなく，攻撃的行動に出た際
も，その対象を理性的に選択して行為に及んでいることが認められ，これら
の点からすれば，本件のような犯行に及ぶことを被告人自身の意思で抑制す
ることが不可能又は著しく困難な状態にあったとはいえない」と判示してい
る。上記「類型」では 2-B に属し，「広汎性発達障害の影響で攻撃的行動に出
る傾向は見られるが，一定の自制はできており，行動も合理的である事例」
と要約されている。

　また③は「アスペルガー症候群を含む広汎性発達障害者は……その障害の
程度は一様のものではないし，必ずしも知的発達の遅れや意識障害を伴うわ
けではないから，発達障害があることにより直ちに是非弁別能力や行動制御
能力が損なわれるわけではなく，個別具体的な事案に応じた検討が必要であ
る」という前提に立っており，責任能力への影響を一切認めないという立場
を採っているものではなく，あくまでも事例ごとの判断を行うべきものとし
ている。ただ③では，被告人は定型発達者とは異なる社会的感覚を有してい
たとの弁護側の主張について，「おおむね通常の社会生活を送っていたので
あって，その是非弁別能力や行動制御能力が日常的に障害されていたものと
は認められない」と判示し，また，本件犯行に至る経緯及び犯行時の状況に
ついては，「ある状況が生じて即座に対応することが求められて犯行に及ん
だというような事案（上記のようにアスペルガー症候群を含む広汎性発達障害者が不
得意とする場面で生じた事案）ではなく，相当期間の計画と準備を経た上，襲撃

─────────

⑭　⑥では，「被告人の約半年間にわたる幻覚妄想等の精神病様状態が一過性の心因反応
　にすぎない軽度のものであるなどとは到底いえない」ことが，また，⑮では「被告人に
　は，生来の軽度のアスペルガー障害と反復性うつ病性障害とがあったところ……うつ症
　状が再燃して悪化し……アスペルガー障害に由来する独特の思考様式で……A がかわ
　いそうだから殺した方がよいとの考えを抱き，これに，うつ症状である，慢性的無力感
　と将来に対する悲観とが重なって，より思考の幅が狭くなり，殺害（本件犯行）という
　考えに固執してこれを実行した」ことが，心神耗弱と判断した主な理由とされている。
⑮　高刑速（平13）143 頁の「備考」を参照。

の機会を捉えて犯行に及んだ事案であ」って「被告人は，Aに対する恨みを募らせていたのであるから……同女を殺害することを決意したことは，十分に了解可能である」として，「被告人が，本件犯行を決意し実行した際に，アスペルガー症候群を含む広汎性発達障害により実行機能が障害されるとともに，意識野の狭窄が重なって，是非弁別能力や行動制御能力を失ったり著しく制限されていたものとは考え難い」との結論に至っている。これも上記「類型」では 2-B に属し，「動機の形成に広汎性発達障害の影響は見られるが，その内容は理解できるものであり，計画的で合理的な犯行に及んだ事例」と要約されている[16]。

　これらの判例および「類型」での整理から明らかなように，動機の形成，あるいは犯行に至る過程に，単にアスペルガー症候群の影響が見られるだけでは心神耗弱は認められず，「類型」の 2-A にいう「強迫観念類似」の強度の影響がなければならないと解されている。そして，犯行の計画性・合理性，あるいは動機の了解可能性がこうした「強度の影響」を否定する方向に機能している。

　このような判断は，④においてさらに詳細に行われ，「犯行直前の……出来事による混乱が精神状態の不安定さを惹起し……本件各犯行に及んだ」との前提に立ちつつ，犯行前の行動・犯行態様・犯行後の行動・犯行時の記憶等の各項目へのアスペルガー症候群の影響を精査した結果，「被告人が……アスペルガー障害に起因する，固執性，強迫性によって，殺人への衝動を持ち続け……たことが，被告人が本件各犯行に及んだ原因になっていることは認められるが……本件各犯行に及ぶ前の約3,4か月の間，殺害を計画して……合理的に行動し，本件各犯行に及ぶ直前も……合理的に行動しており，さらに本件各犯行についても合理的に行動していること，本件各犯行に及ぶ前の約3,4か月間，殺人行為に及ぶことを逡巡し，特に，本件各犯行に及ぶ直前にも，逡巡して一旦自宅へ帰っていること」を前提とするならば，「被告人は，アスペルガー障害により，弁別に従って行動を制御する能力が減退していたことは認められるものの，理非善悪を弁別する能力及びその弁別に従って行

---

[16]　「類型」の 2-B ではさらに，アスペルガー症候群単独の事案ではないが②が実例として挙げられている。

46 第3章 アスペルガー症候群と刑事責任

動を制御する能力が著しく減退した状態ではなかったものと認められる」との結論に達している。本件は，不測の事態による混乱と犯行動機に障害の影響があったという点では「類型」の3（1と2の混合型といいうる）に属するが，犯行の計画性と並んで，犯行の合理性，さらには犯行後にも「自らの犯行を防ぐという意図に基づく合理的な行動を取っていること」が重視されている。これらの要因が「強迫観念類似」の強度の影響を否定する方向に働いたものといえよう。

　同様の判断は，⑩においても見られるところであり[17]，「被告人の罹患していたアスペルガー障害の本件犯行に対する影響は，その症状である火に対する恐怖心という強迫観念が被告人の被害者に対する怒りの前提となっていたにすぎず，間接的なものにとどまるというべきであ」り，「本件犯行は，その動機形成においてアスペルガー障害の症状である強迫観念を前提にしているが，動機形成ないし犯行に至る被告人の心理に，通常人では考えられないような論理の飛躍や発想の唐突さはなく，十分に了解可能である上，必ずしも強迫観念とは関係のない日ごろの被害者らに対する行動傾向に沿ったものである」とした。そして，「むしろ，本件犯行は，日ごろから被害者らのささいな行動に立腹して手酷い暴行を加えていたという被告人の人格的問題性による部分が大きいというべきであり，精神障害によって，自己の行為の是非を弁別する能力又はその弁別に従って自己の行動を制御する能力が著しく障害されたことによるものではないと認めるのが相当である」と結論づけている。ここでも，特に動機の了解可能性，ならびに「被告人の（平素の）人格的問題性」を考慮することにより，「強迫観念」はあっても動機形成への影響は間接的であり，「類型」の2-A-bにいう「強迫観念類似の攻撃的行動」とは異なる犯行であると解されたものと思われる。

　さらに，⑬も犯行前の行動・犯行動機・犯行態様・犯行後の行動におけるアスペルガー症候群の影響について検討し，「本件各犯行に至るまでの各場面において，被告人は，その強弱の差はあるものの，アスペルガー症候群の

[17]　⑩では，「被告人の責任能力は，被告人の精神障害に関する専門家の意見を踏まえ，精神障害の有無及びその症状，精神障害が本件犯行に与えた影響，本件犯行に至る経緯及び犯行動機，被告人の犯行時における認識や言動等を考慮して判断すべきである」との一般論を提示している。

影響により不適切な判断・行動を重ね，その中で，周囲の者に対し助力を求めることができず，かえってそれらの者から責められるのではないかとの不安に捕らわれ……その意味では，本件各犯行当時，アスペルガー症候群による影響が相当程度大きくなっていたであろうことは否定できない」としつつ，「父親殺害の犯行については……母親の死亡以降，母親や自分の面倒を見ずに自分勝手な生活をしていた父親に対して抱いていた反感や不満が，父親からの叱責によって一気に高まったことを主たる原因とする直接的な行動と見られるのであって，善悪判断能力や行動コントロール能力との関係では，上記のアスペルガー症候群の影響が本質的に強く及んでいたとはいえない」とした。また，「発覚を免れるためにはもはや両親の死体を隠すしかないと考えたとしても，そのような思考方法が常識では理解できないものとはいえない」から「死体遺棄の犯行についても……アスペルガー症候群による影響は限定的であったと考えざるを得ず，前記のような以前からの影響の累積のゆえに，これら局面における影響の程度が著しいものとなると考えることには，いささかの飛躍がある」として，心神耗弱状態にはなかったと認定した。特に犯行動機および犯行態様については「健常者でも行う可能性がある衝動的な行動として理解できるものであ」り，犯行後の行動も「そのような思考方法が常識では理解できないものとはいえない」ことを重視して，「類型」の 2-A-b のいう「強迫的観念類似の攻撃的行動」とまではいえないと判断されたものと解される。

(4) 次に，④・⑩・⑬・⑯のように，アスペルガー症候群単独の事案で完全責任能力と判断された場合でも，アスペルガー症候群に罹患していることを量刑上，減軽事情として考慮したものがある[18]。

例えば④は「被告人は……アスペルガー障害による固執や強迫観念により，殺人への衝動を持ち続け，アスペルガー障害患者に特徴的な過去の不快な体験のフラッシュバック様の記憶想起が契機となって本件各犯行に及んで」いること，および「被告人に，被害者に対する心からの謝罪の念や真摯な反省

---

[18] アスペルガー症候群単独の事案である⑪は，アスペルガー症候群の傾向を有していることが「酌むべき事情」の１つであると指摘しながら，実際には減軽方向に考慮していない（処断刑の最上限が選択されている）。他の症状にも罹患している事案である⑭も同様である（検察官の求刑内容と同じ量刑が言い渡されている）。

の情が見受けられ難いのは，アスペルガー障害が影響しているからとみられること」を，また⑩は，「本件犯行はアスペルガー障害に基づく火に対する恐怖心をきっかけとして行われたものであ」り，「計画性はなく，衝動的なものであること」を量刑上有利な事情として考慮している。さらに⑬は，「本件は，被告人のアスペルガー症候群を抜きにしては考えられない犯行というべきである。……被告人のアスペルガー症候群は，社会性を失わせたり，社会的適応を不可能にする程度には至っていないものの，幼少期からの被告人の人格形成に少なからざる影響を及ぼしていたものと考えざるを得ない。本件各犯行に至るまでの過程には……アスペルガー症候群の影響により，父親や親戚，近隣住民等に助力を求めるといった社会的なつながりを利用した対処が難しく，また，周囲の者からの助力が得られず，サポートしてくれる人間もいなかったこともあって，一人で困難を抱え込んでいた側面があり，その結果として，被告人にとっての極限状態の中で父親殺害の犯行に至ってしまったものである。アスペルガー症候群にかかったことは被告人の責任ではないのであるから，この点は被告人のために相当程度有利に考慮する必要がある」と判示し，さらに，「被告人は，父親に対する不満を口にしたり，責任転嫁的な発言もしており，真の反省が伴っているか疑問がないではないが，この点にもアスペルガー症候群が影響している可能性を否定できない」としている。⑯も，「犯行に至る経緯や動機は，短絡的ではあるものの，被告人の抱えるアスペルガー症候群の影響があったといえるから，被告人を強く非難することはできない」としている。これらの判例においては，アスペルガー症候群に罹患していることを，主として犯行に至る経緯ないしは動機，および犯行後の状況の評価に際して減軽方向に考慮している。前者はいわゆる「犯情」に関する量刑事情，後者は「一般情状」に属する量刑事情に位置づけられる。

　また，アスペルガー症候群と併行して他の症状にも罹患している事案である②・⑤・⑦・⑧・⑨も，「犯情」としては犯行の動機（②・⑤・⑨），犯行の手段・態様（⑦・⑨）に関して，「一般情状」としては，十分な社会経験を重ねられなかったこと（⑧），家族から適切な支援を受けることなく生育してきたこと（⑨），公判での供述態度（⑨）に関して，当該症状の影響を量刑上

有利に評価している[19]。

Ⅲ　大阪高裁平成25年判決について

　ここでは，以上の諸判例に続いて出された，既述の大阪高裁平成25年2月26日判決（判タ1390号375頁）（以下，「大阪高裁平成25年判決」とする）を見た上で，その意義と問題点を確認することにしたい。

1　事実の概要

　被告人は，アスペルガー症候群に罹患し，小学5年生の途中から約30年間のほとんどを自宅で引きこもる生活をしてきたが，生活をやり直すために両親に依頼した転校や引っ越しが実現しなかったのは被害者である姉のせいであるなどと勝手に思いこんで恨むようになった。その後も被害者の行為をことごとく悪意に受け取って同人に対する恨みをつのらせた上，被告人に生活用品を届けた被害者が「食事やその他のお金を自分で出しなさい。買物はする」などと書き置きを残したのを読み，被害者が報復してきたのだと受け止めて殺害を決意し，文化包丁様のものを自室に持ち込んでその準備をした。そして，犯行当日に被告人宅を訪れた被害者に対し，その心窩部や左上腕部等を上記文化包丁様のもので多数回突き刺して肝臓刺創及び左上腕動脈損傷に基づく出血性ショックによる低酸素虚血性脳症により死亡させて殺害した。

　第1審判決（大阪地判平成24・7・30 LEX/DB 25482502）は，被告人を殺人罪で有罪とし，「被告人の行為に対する評価」の中で，「本件犯行の動機の形成に関して，被告人にアスペルガー症候群という精神障害が認められることが影響していることは認められる。しかし，被告人が供述するような動機に基づいて被害者を殺害することは，社会に到底受け入れられない犯罪であるし，被告人もそのことは分かっていた旨供述している。そうであるならば，被告人

---

[19]　ただし⑧では，アスペルガー症候群および社会不安障害に罹患していたことからみて「犯行に至る経緯には同情すべき点もあるが，犯罪により学資を得ようなどという身勝手で利欲的な動機は強い非難に値する」と指摘されている。

は，被害者の殺害に向けて計画を立て……最終的には自分の意思で本件犯行に踏み切ったといえるのである。したがって，本件犯行に関するアスペルガー症候群の影響を量刑上大きく考慮することは相当ではない」と判示し，さらに「具体的な量刑」において，「被告人が十分に反省する態度を示すことができないことにはアスペルガー症候群の影響があり，通常人と同様の倫理的非難を加えることはできない。しかし，健全な社会常識という観点からは，いかに精神障害の影響があるとはいえ，十分な反省のないまま被告人が社会に復帰すれば……被告人が本件と同様の犯行に及ぶことが心配される。被告人の母や次姉が被告人との同居を明確に断り，社会内で被告人のアスペルガー症候群という精神障害に対応できる受け皿が何ら用意されていないし，その見込みもないという現状の下では，再犯のおそれが更に強く心配されるといわざるを得ず，この点も量刑上重視せざるを得ない。被告人に対しては，許される限り長期間刑務所に収容することで内省を深めさせる必要があり，そうすることが，社会秩序の維持にも資する」と指摘し，検察官の懲役16年という科刑意見は軽きに失するとして，懲役20年を言い渡した。被告人側は控訴した。

2　判　旨

　控訴審は，第1審判決を量刑不当で破棄自判し，懲役14年を言い渡した[20]。

（控訴理由のうち，法令適用の誤りの主張について）

　「その要旨は，『……原判決は……アスペルガー障害が本件犯行に与えた影響を過小評価しているばかりでなく，この点をとらえて重い刑を科す理由としているのであって，これは，行為責任を超えて特別予防の観点からより刑

---

[20]　弁護側は，法令適用の誤りについては，他に，原審が障害を有する被告人について，その社会的危険性を根拠として，同種事案との公平・均衡を超えて長期間刑務所に収容すべきとしたのは，実質的に保安処分を科したものであり，保安拘禁的な発想であるとして，憲法31条，13条，14条に違反していると主張した。さらに，訴訟手続の法令違反の主張も行った。なお，本判決後に被告人は上告したが，最決平成25・7・22 LEX/DB 25501693は上告を棄却し，本件は確定した。控訴審判決の評釈として，本庄武「判批」新・判例解説 Watch vol.14（2014年）143頁以下，野村健太郎「判批」刑ジャ39号（2014年）108頁以下，八尋光秀「判批」医事法29号（2014年）144頁以下がある。

を重くするというものであり，刑法の基本原則である責任主義に反する法令適用の誤りがある』というものである。」

「原判決は……『被告人の再犯のおそれが更に強く心配されるといわざるを得ず……被告人に対しては，許される限り長期間刑務所に収容することで内省を深めさせる必要があり，そうすることが，社会秩序の維持にも資する』と説示している。……しかし，上記再犯可能性に関する説示部分は飽くまで上記の犯情をもとに量刑の大枠を設定した説示部分を前提にしたものと認められるのであって，原判決が上記再犯可能性に関する説示をもって量刑の大枠を新たに設定した趣旨のものとまではいえない。『被告人に対しては，許される限り長期間刑務所に収容する』という説示部分も，犯情を中心に検討した量刑の大枠の範囲内で許される限りとの意味に理解され……，原判決の量刑判断に責任主義に反する違法があるとまではいえない。」

（控訴理由のうち，事実誤認の主張について）

「その要旨は，本件犯行当時被告人が心神耗弱の状態にあったのに，完全責任能力を認めた原判決には，判決に影響を及ぼすことが明らかな事実誤認がある，というものである。」

「被告人は，計画的に本件犯行を行っている。……その動機形成の過程には，後記のとおりアスペルガー障害の影響が認められ，通常人には理解し難い面があることは否定できない。しかし，そのようにして形成された動機からみると，被告人が本件犯行に及んだことについては了解が困難というわけではなく，被告人なりの一貫した考えに基づいており，現実からかけ離れた妄想などといったものとは質が異なっている。また，被告人は，人を殺すことは悪いということは認識していたものである。……以上の点からすれば，被告人に完全責任能力を認めた原判決の判断は是認できる。……弁護人が主張するパニック症状を来すような犯行状況にあったとはいえない上……本件では犯行状況についての被告人の意識や記憶の程度にも何ら問題は認められない。」

（控訴理由のうち，量刑不当の主張について）

犯情については，「……被告人が被害者の善意の行動を逆に嫌がらせであるなどと受け止め，これが集積して殺したいと思うほど恨むようになり，本

件犯行に至ったという経緯や動機形成の過程には，意思疎通が困難で，相手の状況や感情，その場の雰囲気などを推し量ることができず，すべて字義どおりにとらえてしまい，一度相手に対して敵意を持つに至るとこれを修正することが困難であり，これにこだわってしまうといったアスペルガー症候群特有の障害が大きく影響していることが認められる。……本件の経緯や動機形成過程へのアスペルガー障害の影響の点は本件犯行の実体を理解する上で不可欠な要素であり，犯罪行為に対する責任非難の程度に影響するものとして，犯情を評価する上で相当程度考慮されるべき事情と認められる。」

一般情状については，「被告人のおかれた状況等を考慮することなく，反省が十分でないことから再犯のおそれが強く心配されると判断することには疑問の余地があるばかりか……被告人が十分に反省する態度を示すことができないことにはアスペルガー障害が影響していることが認められる。そのような中で，『被害者に対して怖い思いや痛い思いをさせたことを申し訳なく思う。……』などとも述べており，十分とはいえないとしてもそれなりの反省を深めつつあるという評価も可能である。少なくとも再犯可能性を推認させるほどに被告人の反省が乏しい状況にあるとはいえない。……原判決のこの点に関する評価には是認し難いところがある。」

当審において取調べを実施した証拠によれば，「各都道府県に設置されたＤが保護観察所と協働して，受刑者の出所後の帰住先の調整等を行っているほか，出所後も帰住先の社会福祉施設で定着できるように支援を行うなどの施策が行われている。……Ｄは，精神科医や各種任意団体とも連携しており，支援のネットワークが形成されている。このように親族らが受入れを拒否している場合であっても，公的機関等による一定の対応がなされており，およそ社会内でアスペルガー障害に対応できる受皿がないなどということはできない。そうすると，原判決が被告人のアスペルガー障害に対応できる受皿が何ら用意されていないことを理由の１つに挙げて，被告人の再犯のおそれが強く心配されるとした点は，その前提となる事実を誤認した結果，評価を誤っているといわざるを得ない。」

「そうすると，原判決は，被告人の行為責任の基礎となる本件犯行の実体を正しく評価せず，また，一般情状に関する評価をも誤った結果，不当に重い

量刑をしたといわざるを得ない。」

3 本判決の意義と問題点

　本判決は，診断名がアスペルガー症候群単独の事案であり，完全責任能力を認めたものの，量刑上は減軽事情として考慮した事例判断として，Ⅱに掲げた判例の④・⑩・⑬に続くものである。

　責任能力の有無・程度については，原審では争点とされていなかったが，弁護人が控訴理由の中で事実誤認として主張したものである。本判決は，完全責任能力を肯定した原判決を是認した理由について(i)計画的に本件犯行を行っていること，(ii)動機形成過程にはアスペルガー障害の影響が認められ，通常人に理解しがたい面があることは否定できないが，犯罪に及んだことについては了解が困難ではないこと，(iii)人を殺すことは悪いということは認識していたこと，(iv)パニック症状を来すような犯行状況にはなく，意識や記憶の程度にも何ら問題は認められないこと，という諸点を挙げている[21]。既述の「類型」にあてはめるならば，(iv)からみて1には該当せず，(i)～(iii)からは「強迫観念類似の攻撃的行動」にあたるともいえないため，2-Bの「広汎性発達障害の影響が認められるにとどまる場合」に該当すると判断されたものと解される。障害の影響があるにもかかわらず責任能力を肯定する方向に至った要因としては，特に(ii)が重要な位置を占めている。本判決の評価方法自体は，従来の①・③・④・⑩・⑬と同様の観点に立つと思われるが，ここで前提とされている判断基準ないし判断要素については，後に検討する。

　減軽事情としての考慮に関しては，原審と本判決は対照的ともいえる評価を行っている。第1に，原審では，犯行動機の形成過程にアスペルガー症候群の影響があることは認めながらも，そのような動機に基づいて被害者を殺害することは社会に到底受け入れられないとし，「最終的には自分の意思で本件犯行に踏み切った」としている。これに対して本判決は，「本件の経緯や動機形成過程へのアスペルガー障害の影響の点は本件犯行の実体を理解する

[21]　このうち(iv)は，被告人が，本件犯行当時，アスペルガー症候群に見られる錯乱性パニックには至らない程度のパニック症状にあったなどと主張し，控訴審での鑑定請求を行ったことに関連しているが，本判決は，鑑定請求について，刑訴法382条の2の「やむを得ない事由」があるとはいえないとしている。

上で不可欠な要素であり，犯罪行為に対する責任非難の程度に影響するものとして，犯情を評価する上で相当程度考慮されるべき事情」であるとした。第2に，原審では，被告人が本件犯行を犯していながら，未だに十分な反省に至っておらず，その背景にもアスペルガー症候群の影響があることは認めつつ，「健全な社会常識という観点から」みて，十分な反省のないまま社会復帰すれば再犯の可能性があり，特に家族が同居を断り，社会内にも障害に対応できる受け皿が用意されずその見込みもないという現状では，さらに強く再犯の恐れが心配されるとした。これに対して本判決は，少なくとも再犯可能性を推認させるほどに被告人の反省が乏しい状況にあるとはいえず，また，障害に対する社会内の支援も形成されてきており，およそ社会の受け皿がないとはいえないと判示した。以上の，減軽事情としての考慮は，これまでの④・⑩・⑬・⑯で示されたような犯行動機および犯行後の状況に対するアスペルガー症候群の影響の評価と軌を一にしつつ，控訴理由における弁護人の「減軽事情であるべき障害を過小評価している」との主張，さらには原審に対して提起されていた同様の批判[22]について，一定の範囲で応えた形になっているということができよう。

　他方，原審に対してはさらに，責任主義違反との主張が弁護側からなされていた[23]。本判決は，原審の判示について，「犯情を中心にして検討した量刑の大枠の範囲内で許されるかぎり」において再犯可能性を考慮して宣告刑を選択したのであるから，責任主義に反しないとした。しかし，それは犯情を考慮して設定された「量刑の大枠」の範囲内に，懲役20年が含まれることを是認した上での説明であろう。そもそも本件の「量刑の大枠」に，有期懲役の上限が，しかも検察官の科刑意見を大幅に上回る形で含まれるだけの事情があるかどうかは，本判決によっても明らかにされてはいない。「量刑の大枠」がいかにして形成されたのかを示さなければ，その枠内で再犯可能性を考慮していると主張しても説得力は十分ではなく，原審の「許される限り長期間

---

(22) 青木志帆「大阪アスペルガー判決が問いかけるもの」賃社1575号（2012年）5頁，浜井浩一「発達障害のある被告人に対する大阪地裁判決を巡って」刑弁74号（2013年）170頁参照。

(23) 量刑における責任主義については，城下裕二『量刑理論の現代的課題［増補版］』（成文堂，2009年）4頁以下，239頁以下を参照。

刑務所に収容することで内省を深めさせる必要があり……社会秩序の維持にも資する」との説示が保安処分的発想であるとする控訴理由に示された疑問[24]を払拭することはできないように思われる。

Ⅳ　検　討

1　責任能力の判断基準

本章のⅠおよびⅡで取り上げた従来の諸判例において，アスペルガー症候群のみに罹患している場合に，心神耗弱を認めたものは見られなかった。もっとも，完全責任能力を肯定した判例に一般的に示されている「被告人は，アスペルガー症候群による影響を相当程度受けてはいたものの，それによって善悪判断能力と行動コントロール能力のいずれか又は双方が著しく劣った状態にあったとの疑いを生じさせる程度にはなかった」(⑬)といった結論からは，アスペルガー症候群の影響の強度によっては，弁識能力ないしは制御能力に著しい影響を及ぼしたものとして，少なくとも心神耗弱が肯定される事例が将来的に現れる可能性もあるように思われる[25]。

問題となるのは，責任能力の判断基準である。Ⅱにおいて見たように，司法研究の「類型」によれば，アスペルガー症候群を含む広汎性発達障害の事例においては，〔1-A〕不測の事態に際して障害が原因で混乱し，（他の原因ではなく）その混乱から他害行為に至った場合，あるいは〔2-A〕障害の影響が強迫観念類似のものにまでなったことから，犯行の動機や犯行に至る経緯に特殊な価値観やこだわりが関係し，それに基づいて犯行を遂げている場合，に少なくとも心神耗弱が認められており，従来の判例では，障害の影響があっても間接的なものにとどまり，とりわけ〔2-A-b〕を充足するに至らないと判断される事案が続いた。

---

(24)　この点については，青木・前掲注(22) 5-6頁，浜井・前掲注(22) 171頁も参照。

(25)　樋口裕晃＝小野寺明＝武林仁美「責任能力1(4)」判タ1376号（2012年）76頁は，「興味・関心の限局といったアスペルガー症候群の特性が，直接犯罪に結びつく場合も見られることからすれば，事案によっては，被告人が有するアスペルガー症候群の症状の内容及びその症状の重さ故に，アスペルガー症候群が責任能力に強い影響を及ぼしたと判断される場合もあるかもしれない」と指摘する。

56　第 3 章　アスペルガー症候群と刑事責任

　既に指摘されているように[26]，こうした類型化は，犯行時に自らの意思を主体的に働かせる余地が制限されている場合に責任能力の低減を認めるという考え方を前提にしており，同じく司法研究に示された，裁判員裁判を念頭に置いた「平素の人格」との乖離を基準とする立場[27]の延長上にあると解される。これによれば，例えば統合失調症について，妄想に直接支配された場合あるいは被告人の「平素の人格」と乖離している場合には心神喪失と判断される。すなわち，犯行の動機や犯行が妄想に直接支配されていたか否かという点が最も重要視され，次いで，動機や犯行態様の異常性などが被告人の平素の人格（統合失調症に罹患する前からのもの）と乖離しているのか否かも重要視される[28]。そして，犯行が妄想に直接支配されていたか否かが責任能力の判断のポイントとなる事案では，「精神障害のためにその犯罪を犯したのか，もともとの人格に基づく判断によって犯したのか」という視点から，「統合失調症の圧倒的な影響によって犯したもので，もともとの人格に基づく判断によって犯したと評価できない場合か」（心神喪失），「統合失調症の影響を著しく受けているが，なお，もともとの人格に基づく判断によって犯したといえる部分も残っていると評価できる場合か」（心神耗弱），「統合失調症の影響があったとしても著しいものではなく，もともとの人格に基づく判断によって犯したと評価することができる場合か」（完全責任能力），という形で判断の対象を示すことが適当であり，これは統合失調症のみならず，躁うつ病・アルコール関連障害・薬物関連障害・人格障害と並んで，広汎性発達障害についても基本的に検討が可能であるとされているのである[29]。

　しかし，こうした立場に対しては批判が提起されている。特に，統合失調

---

[26]　本庄武『少年に対する刑事処分』（現代人文社，2014 年）65 頁。

[27]　司法研修所（編）・前掲注[11]36 頁以下。

[28]　司法研修所（編）・前掲注[11]36-37 頁。司法研究のこの説明からは，「精神の障害により正常な精神機能が完全に失われていた場合」とは別個のカテゴリーとして，「完全に失われていたわけではないが，幻覚・妄想に抗することが不可能だった場合」も心神喪失に含まれるようにも解されるが，最決平成 21・12・8 刑集 63 巻 11 号 2829 頁の「病的体験が犯行を直接支配する関係にあったのか，あるいは影響を及ぼす程度の関係であったのか」を検討すべきであるとの判示からみて，むしろ両者を包括的に理解していくことが妥当であると解される。この点につき，安田拓人「責任能力の具体的判断枠組みの理論的検討」刑法 51 巻 2 号（2012 年）271 頁参照。

[29]　司法研修所（編）・前掲注[11]38 頁。

症では「もともとの人格」自体が変更されているのであって，行為時におけ
る「もともとの人格」と「統合失調症の影響」の区別はそもそもできないの
ではないかとの疑問が当初から存在した[30]。もっともこれに対しては，統合
失調症者であっても，病的な心の部分と健康な心の部分が併存しているはず
であり，病的な部分が健康な部分を圧倒・支配している場合は責任無能力だ
と考えるべきだが，正常に判断・制御する部分が残っている場合は，それが
どの程度残されているかを量的に検討すべきとの見解[31]を前提として，司法
研究にいう「もともとの人格」とは，「正常に判断・制御する部分」「残され
た正常な精神機能」と理解すべきであるとの反論[32]も試みられている。しか
し，犯罪行為時における被告人の一個の人格を二つに分断することが可能な
いし適切なのかという疑問が提起される可能性も指摘されており[33]，また，
仮に分断が可能であるとしても，司法研究が「平素の人格（統合失調症に罹患す
る前からのもの）」と表記し，罹患前・後という時間的・段階的比較を問題とし
ているように解されることからみて，右のような反論と整合的であるかはな
お検討の余地がある。

　この点を措くとしても，従来からの司法鑑定で対象とされてきた精神病，
薬物中毒，アルコール酩酊状態のような，症状や精神状態が時期によって変
動するために「もともとの人格」との対比が比較的容易である場合とは異な
り，生まれつきの資質特性である広汎性発達障害の場合，基本的障害は常に
存在するため，「もともとの人格」に対する犯行の異質性を検討することにど
のような意味があるかが精神医学の立場からも問題視されてきたこと[34]が
重要であると思われる。すなわち，アスペルガー症候群を含む広汎性発達障
害の場合には，犯行が「もともとの人格」と親和的である（乖離していない）と

---

(30)　浅田和茂「裁判員裁判と刑法」立命 327＝328 号（2009 年）11-12 頁，林美月子「判批」
　　論ジュリ 2 号（2012 年）262 頁。
(31)　福島章『精神鑑定』（有斐閣，1985 年）115 頁。
(32)　安田・前掲注(28) 269-270 頁。
(33)　樋口裕晃＝小野寺明＝武林仁美「責任能力 1 (3)」判タ 1375 頁（2012 年）89 頁。
(34)　十一元三「広汎性発達障害が関与する事件の責任能力鑑定」精神医学 53 巻 10 号（2011
　　年）969 頁。さらに，吉岡隆一「裁判員制度と責任能力」法と精神医療 25 号（2010 年）
　　40 頁以下，山口厚ほか「現代刑事法研究会〔第 3 回〕〔座談会〕責任能力」ジュリ 1391
　　号（2009 年）97 頁〔岡田幸之発言〕参照。

いう結論が導かれやすい可能性が生じる。見方を換えるならば，アスペルガー症候群の事案を，従来からの精神病などと同様の基準で判断することには，当該障害の責任能力への影響を過少評価してしまうおそれがあるといいうる。このことは，「類型」の〔2-A-b〕を充足するに至らないとされた従来の判例の中にも，実際には障害の影響が強度であった事案があったのではないかとの疑念を招来するものである。

2　責任能力の判断要素

さらに問題となるのは，責任能力の有無・程度に関する判断要素である。近年実務上も参照されることの多い『刑事責任能力に関する精神鑑定書作成の手引き』では，「鑑定にあたっての7つの着眼点」として，下記の要素を掲げている。なお，これらの項目はあくまでも「視点」であり，どれかを満たせば（あるいはどれかが欠ければ）責任能力が認められる（認められない）というものではないとされており，最終的にはこれらを参考にした上で，精神障害と犯行との関係を総合的に説明すべきこととされている[35]。

　　a．動機の了解可能性/了解不可能性
　　b．犯行の計画性，突発性，偶発性，衝動性
　　c．行為の意味・性質，反道徳性，違法性の意識
　　d．精神障害による免責可能性の認識の有/無と犯行の関係
　　e．元来ないし平素の人格に対する犯行の異質性，親和性
　　f．犯行の一貫性・合目的性/非一貫性・非合目的性
　　g．犯行後の自己防御・危険回避的行動の有/無

Ⅱで概観した従来の判例では，動機の了解可能性（③・⑩・⑬），犯行の計画性（①・③・④・⑬），平素の人格に対する犯行の異質性（⑩），犯行の合目的性（①・③・④），犯行後の自己防御的行動（④・⑬）が検討の対象とさ

---

[35]　他害行為を行った者の責任能力鑑定に関する研究班（編）『刑事責任能力に関する精神鑑定書作成の手引き　平成18〜20年度総括版（ver. 4.0）』（2009年）19頁以下。具体的な鑑定例として，安藤久美子「発達障害（Asperger症候群）」五十嵐禎人（編）『刑事精神鑑定のすべて』（中山書店，2008年）160頁以下参照。

れているが，この中でも「動機の了解可能性」は，上記の『手引き』においても他の着眼点に比べて総合的評価での比重が大きくなることが多い[36]と指摘されている。

　もっとも，この「了解可能性」という概念は，動機のみならず，他の要素，特に「犯行の了解可能性」という意味で用いられることもある[37]。現に，既に見た大阪高裁平成25年判決では「動機形成過程にはアスペルガー障害の影響が認められ，通常人に理解しがたい面があることは否定できないが，犯罪に及んだことについては了解が困難ではないこと」（2(3)の(ii)の理由）が完全責任能力を肯定する説示の中に掲げられていた[38]。このような文脈における「犯行の了解可能性」は，「当該事件で事実認定をした犯行動機と犯行態様等を前提として，これを精神障害が問題となっている被告人の責任能力（是非弁識能力と行動制御能力）の評価判断に結び付けるためのいわば『中間項』的役割を果たすもの」として用いられており，司法研究との関係でいえば「当該犯行が当時残っていた『もともとの人格（部分）』の発現として行われたものか，妄想等に支配されたために行われたものかを判別する」ための要素と解する見解もある[39]。

　しかし，このように「動機の了解可能性」と区別して「犯行の了解可能性」を論じること，とりわけ，前者は了解困難であるが，後者は了解可能であるとして責任能力を認める方向での判断に傾くことには留意が必要である。ある動機に基づいて，ある犯行に出ることが通常である（了解可能である）という場面は数多く想定できるが[40]，その動機が，精神障害の影響によって生じているのであれば，むしろ犯行に出る過程全体が通常とはいえないと評価すべ

---

[36]　他害行為を行った者の責任能力鑑定に関する研究班（編）・前掲注(35)19頁。
[37]　大塚仁ほか（編）『大コンメンタール刑法・第3巻〔第3版〕』（青林書院，2015年）436頁〔島田聡一郎＝馬場嘉郎〕参照。「了解可能性」の多義性につき，樋口ほか・前掲注(33)90頁以下参照。
[38]　上記『手引き』に当てはめるならば，3(3)(i)は「b．犯行の計画性」，(iii)は「c．違法性の意識」，(iv)は「e．元来ないし平素の人格に対する犯行の異質性，親和性」に属する。
[39]　樋口ほか・前掲注(33)91頁。
[40]　「動機」の内容には，当然のことながら犯行に至るまでの因果的経過が含まれるため，当該「動機」が生じること自体が通常とはいえなくても，いったん生じた「動機」から犯行に至る経緯は，「通常ありうることである」として了解可能と判断される可能性が高いと思われる。

60 第3章 アスペルガー症候群と刑事責任

きように解されるからである。判例においても，統合失調症の事案であるが，「差戻前控訴審は，本件行為の動機の形成過程は，その契機が幻聴等である点を除けば，了解が不可能であるとはいえないとするが，被告人は，同種の幻聴等が頻繁に現れる中で，しかも訂正が不可能又は極めて困難な妄想に導かれて動機を形成しているのであって，被害者に対する葛藤は現実的基盤を全く持たないものであることを考えると，動機形成等が了解可能であると評価することはできない。動機形成が妄想と直接的な因果関係を有するのに，うるさいから止めさせようと殴りに行ったといういわば合理的に見えなくもない一場面のみを切り取って，了解不可能ではないとすることには疑問がある」[41]として，犯行に至る部分が一見了解可能であることから，動機についても了解不可能ではないとする結論を導くことに慎重さを求めるものがあることが注目される[42]。

　さらに精神医学の立場からも，「了解」とは健常な（自由意思が阻害されていない）精神状態として理解可能であることを指しており，広汎性発達障害の場合，常に平素の人格に重なる形で障害特性（主要症状）が現れるため，動機の理解にあたり暗黙のうちに障害特性を踏まえた結果，了解可能と判断してしまいやすい[43]との注意が喚起されていることも傾聴に値しよう。

3　量刑事情としての考慮

　従来の判例において，被告人がアスペルガー症候群に罹患しているという事情を，主として犯行に至る経緯ないしは動機形成過程，および犯行後の状況の評価に際して減軽方向に考慮していること自体は適切である[44]。大阪高裁平成25年判決の原審のように，アスペルガー症候群の影響があることは認めつつも，「社会に到底受け入れられない」という理由で動機形成過程での斟酌を断念したり，「健全な社会常識から見て」再犯可能性が懸念されると判

[41]　東京高判平成21・5・25判時2049号150頁。
[42]　この点については，さらに金岡繁裕「発達障害のある人の刑事責任をめぐって」発達障害研究34巻2号（2012年）159頁以下を参照。
[43]　十一・前掲注(34)968頁。
[44]　なお，量刑事情としての「動機」「犯行に至る経緯」および「犯罪後の態度」の一般的な考慮方法については，司法研修所（編）『裁判員裁判における量刑評議の在り方について』（法曹会，2012年）44頁以下，64頁以下を参照。

断したりすることは，量刑における「責任」評価，および「特別予防」評価の本質からみて受容することはできない。もっとも，責任評価については，違法行為を選択したことに対する非難可能性の問題であるから，動機形成過程だけではなく，他の主観的事情に関しても障害の存在を考慮することは可能かつ必要なはずである。その意味で，大阪高裁平成25年判決が，動機形成過程においては「一度相手に対して敵意を持つに至るとこれを修正することが困難であり，これにこだわってしまうといったアスペルガー症候群特有の障害が大きく影響していることが認められる」としながら，他方で「原判決が……本件犯行が強い殺意に基づいて計画的に行われたものであること……を指摘しているのは正当として是認することができる」と説示しているのは疑問がある[45]。広汎性発達障害の場合は，「偶発的な状況から影響を受けつつ，生来の強迫的傾向により，局所的にみると"周到な準備"とも映るような行動がみられることがまれではないため，計画性について評価する際，注意が必要である」[46]との指摘もあることから，殺意の強度，計画性の程度を判断するにあたっても，アスペルガー症候群に罹患しているという事実を反映させるべきであったように思われる。

　また，特別予防の評価についても，表面的な「反省の情の欠如」が実際にはアスペルガー症候群に由来するものではないかといった視点からの考慮が重要である。また，最終的な宣告刑を導出するにあたっては，単に刑期の長短といった量的な側面のみならず，被告人の更生にとってどのような処遇が適切かという質的な側面にも注目すべきであり，社会内処遇をも視野に入れた判断がなされることが望ましい[47]。その点で，大阪高裁平成25年判決が，公的機関等による支援の状況に関して具体的な証拠に基づく検討を行ったことは妥当であり，今後の判例実務にとっても示唆的なものであると思われる。ただし，たとえば⑬の「量刑の理由」において示されたような「アスペルガー症候群の影響により……社会的なつながりを利用した対処が難し」かったと

---

[45]　この点につき，本庄・前掲注[20] 146頁参照。

[46]　十一・前掲注[34] 969頁。

[47]　浜井・前掲注[22] 171頁は，「発達障害をもつ受刑者の中には，刑務所特有の構造化（ルーティーン化）された環境に適応して淡々と刑を務める人と，臨機応変な対応ができないため，不適応を起こし処遇困難受刑者となる人の両極端に分かれる」と指摘する。

62 第3章 アスペルガー症候群と刑事責任

いう事情が，責任評価に際しては有利に考慮されたものの，特別予防に際しては不利に考慮される可能性はないのか，それには一貫性があるか，といった問題は生じる。ここでも古典的な「責任主義と刑罰目的のアンチノミー」[48]は依然として胚胎しているのであり，今後克服されるべき課題であるといえよう。

---

[48] 阿部純二「量刑論の現状と展望」現刑 21 号（2001 年）6 頁以下参照。

第4章

窃盗症（クレプトマニア）・摂食障害と刑事責任

I　問題の所在

　近年，窃盗事犯，特に常習的な万引き事犯において，経済的な困窮を動機としない非利欲犯的事例が増加しており，その1つの特徴として，行為者が窃盗症（クレプトマニア）ないしは摂食障害（あるいはその両者）に罹患しているという事情があることが指摘されている[1]。事案によっては，これらの疾患が刑事裁判において責任能力の有無ないしは程度を争う対象とされることもあり，あるいは減軽方向の量刑事情とすべきことが主張されることも多い。こうした状況については実務家を中心とした報告も蓄積されつつある[2]。

　本章では，窃盗事犯において行為者が窃盗症ないし摂食障害に罹患しているという事情が，刑事責任との関係でどのような意味を有しているかについて，判例（公刊物もしくはデータベースに登載されているもの）を分析しながら検討することにしたい。

---

(1)　例えば，読売新聞 2013 年 8 月 1 日付夕刊（東京版）の解説記事「万引き繰り返す精神障害」，朝日新聞 2015 年 10 月 5 日付朝刊（西部本社版）の解説記事「万引きやめられぬ心の病」参照。また，法務省法務総合研究所（編）『犯罪白書（平成 26 年版）』（2014 年）の特集「窃盗事犯者と再犯」（207 頁以下）では，窃盗事犯の保護観察対象者の中で摂食障害を有する者には，窃盗癖（クレプトマニア）をも有する者がいることが，専門的な治療施設の状況と共に紹介されている（263 頁）。さらに，平成 23 年 6 月中に窃盗により有罪判決が確定した者（2421 名）を対象に行われた特別調査によれば，罰金処分者（766 名）の「犯行に至った背景事情」として，女子の 30〜39 歳では「摂食障害」が 17.1％であり（「配偶者とのトラブル」，「体調不良」と並んで）最多となっている（279-280 頁）。

II　窃盗症・摂食障害の各症状および両者の関係

1　窃盗症

　窃盗症（窃盗癖・クレプトマニア［kleptomania］・病的窃盗［pathological stealing］）は，経済的理由による窃盗・職業的犯罪者の窃盗などとは異なり，窃盗に先立つ強い渇望と衝動があり，行為中のスリル，成功時の達成感，解放感，安堵感に執着し窃盗行為が習慣化する精神疾患である。発症は通常，青年期後期である。病因については，心理社会的因子としての厳しいストレスないしはリビドー，生物学的因子としての脳疾患，精神的遅滞，神経学的徴候（大脳皮質の萎縮および側脳室の拡大），モノアミン（神経伝達物質）代謝の障害（特に中枢神経系の伝達物質であるセロトニン系の異常）が指摘されている。治療的には，認知行動療法が有効で，薬物療法では，SSRI（選択的セロトニン再取り込み阻害薬），三環系抗うつ薬，トラゾドン，リチウム，バルプロ酸，ナルトレキソンなどの有効性が報告されている[3]。窃盗症は，1838 年にフランスにおいて本能性モノマニーの 1 つとして位置づけられ，ICD-9（1975 年）と DSM-Ⅲ（1980 年）によって疾患分類上で公式に認知された[4]。

　DSM-5（2013 年）では，窃盗症は，反社会性パーソナリティ障害，放火症などとともに「秩序破壊的・衝動制御・素行症群」（Disruptive, Impulse-Control, and

---

[2]　本章で個別に引用する文献のほか，日本嗜癖行動学会誌「アディクションと家族」23 巻 3 号（2007 年）（特集・クレプトマニア），同 26 巻 4 号（2010 年）（特集・クレプトマニアと摂食障害），同 29 巻 3 号（特集・クレプトマニア再考）所収の諸論文，林大悟「クレプトマニア（窃盗癖）再犯でも弁護人ができること」刑弁 64 号（2010 年）28 頁以下，田中拓「常習累犯窃盗被告事件　あるクレプトマニアの情状弁護で新人弁護士が得たもの」同 67 号（2011 年）86 頁以下，小池信太郎「摂食障害・クレプトマニアを背景とする万引き再犯の裁判例の動向」新報 123 巻 9 = 10 号（2017 年）663 頁以下，緒方あゆみ「万引き事犯と病的窃盗」京藤哲久 = 神田安積（編集代表）『変動する社会と格闘する判例・法の動き　渡辺咲子先生古稀記念』（信山社，2017 年）61 頁以下，同「摂食障害と万引きに関する一考察」同法 69 巻 7 号（2018 年）1187 頁以下などを参照。

[3]　以上については，Benjamin J. Sadock et al, Kaplan & Sadock's Comprehensive Textbook of Psychiatry, Vol. 1, 9th ed., pp. 2180-2181，加藤敏ほか（編）『現代精神医学事典』（弘文堂，2011 年）622 頁［竹村道夫］，小畠秀吾「盗みと窃盗癖」臨床精神医学 34 巻 2 号（2005 年）151 頁，井上令一 = 四宮滋子（監訳）『カプラン臨床精神医学テキスト・第 2 版』（メディカル・サイエンス・インターナショナル，2004 年）847 頁以下を参考にした。

Con-duct Disorders）に属するものとされ，下記の5項目の診断基準（312.32）が示されている[5]。

　　A．個人用に用いるためでもなく，またはその金銭的価値のためでもなく，物を盗もうとする衝動に抵抗できなくなることが繰り返される

　　B．窃盗に及ぶ直前の緊張の高まり

　　C．窃盗に及ぶときの快感，満足，または解放感

　　D．その盗みは，怒りまたは報復を表現するためのものではなく，妄想または幻覚への反応でもない

　　E．その盗みは，素行症，躁病エピソード，または反社会性パーソナリティ障害ではうまく説明されない

　また，ICD-10（1990年）の診断基準[6]では，「病的窃盗（窃盗癖）」（F63.2）は「成人のパーソナリティおよび行動の障害」の一部である「習慣および衝動の障害」に当たるとされ，「この障害は物を盗むという衝動に抵抗するのに何度も失敗することで特徴づけられるが，それらの物は個人的な用途や金儲けのために必要とされない。逆に捨ててしまったり，人に与えたり，秘匿したりすることがある」と説明されている。

2　摂食障害

　摂食障害［eating disorders］は，拒食・過食などの食行動異常と，体型に関する特異な感じ方を特徴とするいくつかの病態の総称をいう。女性患者が

---

(4)　Susan L. McElroy et al, Kleptomania：clinical characteristics and associated psychopathology, Psychological Medicine, 1991：21, p. 93. kleptomania は，DSM-Ⅰ（1952年）では明確な診断の対象とされていなかったために補助的な術語として用いられ，DSM-Ⅱ（1968年）ではいったん姿を消し，DSM-Ⅲで衝動制御の障害として再び取り上げられることとなった。See, Marcus J. Goldman, Kleptomania：Making Sense of the Nonsensical, The American Journal of Psychiatry, 1991：148, p. 987.

(5)　髙橋三郎＝大野裕（監訳）『DSM-5 精神疾患の診断・統計マニュアル』（医学書院，2014年）469頁以下。
　　なお，DSM-Ⅳ-TR（2000年）では，「他のどこにも分類されない衝動制御の障害」に位置づけられ，また，訳語としては「窃盗癖」が用いられていた（髙橋三郎ほか（訳）『DSM-Ⅳ-TR 精神疾患の診断・統計マニュアル［新訂版］』（医学書院，2004年）635頁以下）。以下，本章では，判例で「窃盗癖」ないしは「クレプトマニア」の表記が使用されている場合であっても，「窃盗症」で統一する。

(6)　融道男ほか（訳）『ICD-10 精神および行動の障害［新訂版］』（医学書院，2005年）223頁。

圧倒的に多く，一部は慢性化する。神経性やせ症（神経性無食欲症）[anorexia nervosa] と神経性過食症（神経性大食症）[bulimia nervosa] が典型であり，生物学的因子として前者では内因性オピオイドあるいは視床下部・下垂体系の機能障害が，後者ではセロトニン及びノルエピネフリン（副腎髄質ホルモン）の関係が指摘されてきた。社会的因子として痩身を重要視する圧力が，また心理的因子として思春期の成長課題が挙げられることは両者に共通している。摂食障害患者に窃盗行為が多いことは従来から指摘されており，頻度は神経性やせ症で4〜35%（過食性障害 [binge-eating disorder] が伴う場合は24〜55%），神経性過食症で24〜79%との報告がある。治療は，症状に応じて，栄養補給や身体合併症の治療のほか，認知行動療法，支持的精神療法，家族療法，薬物療法などが行われる[7]。摂食障害は，現代的意味での医学的報告としては1873年（フランス）および1874年（イギリス）に遡るが，疾患分類上で公式に認知され，かつ無食欲症と過食症が区別されたのはDSM-Ⅲにおいてであった[8]。

　DSM-5の診断基準[9]では，「食行動障害および摂食障害群（Feeding and Eating Disorders）」の一部として，神経性やせ症/神経性無食欲症（307.1）および神経性過食症/神経性大食症（307.51）が記載されている。また，ICD-10（1990）の診断基準（F50）[10]では，神経性無食欲症（F50.0）は「患者自身によって引き起こされ，および/または維持される意図的な体重減少」によって特徴づけられる障害であるとされ，神経性過食［大食］症（F50.2）は「発作的に繰り返される過食と体重のコントロールに過度に没頭すること」が特徴で，患者は食べた物の「太る」効果を減じるために極端な方法を用いるとされている。

----

(7)　以上の説明については，Sadock et al, supra note 3, at pp. 2128-2149, 加藤ほか（編）・前掲注(3)621頁［西園マーハ文］，井上＝四宮（監訳）・前掲注(3)798頁以下，田口寿子ほか「神経性大食症，強迫性障害に合併したkleptomaniaの一鑑定例」犯罪学雑誌65巻6号（1999年）269頁以下を参照した。

(8)　E.L. Edelstein, Anorexia Nervosa and Other Dyscontrol Syndromes, 1989, p. 3 ; Sadock et al, supra note 3, at p. 2128.

(9)　髙橋＝大野（監訳）・前掲注(5)332頁以下。

(10)　融ほか（訳）・前掲注(6)186頁以下。ICD-10では，このほかに摂食障害の分類に，非定型神経性無食欲症（F50.1）・非定型神経性過食［大食］症（F50.3）・他の心理的障害と関連した過食（F50.4）・他の心理的障害と関連した嘔吐（F50.5）・他の摂食障害（F50.8）・特定不能の摂食障害（50.9）が含まれている。

3 窃盗症と摂食障害の関係

　窃盗事犯について，行為者の窃盗症・摂食障害が問題となった裁判例では，後に見るように，各々単独で罹患している場合と，両者の合併症ないし併存症の場合とがある[11]。DSM-5 においては，窃盗症の併存症の1つに摂食障害群（神経性過食症など）が挙げられている一方で，摂食障害の併存症に窃盗症の記載はない[12]。この部分のみから判断すると，窃盗症に先に罹患した者が，次に摂食障害を発症するのが一般的であるようにも思われる。しかし他方，わが国の精神医学者の経験に基づく報告では，窃盗症が先に発病する例は両疾患合併患者の約20％であるとの指摘もあり[13]，これを前提とするならば，むしろ摂食障害に罹患した者が，後発的に窃盗症に罹患するという形での併存症が通常であるということになる。裁判例でも，「摂食障害の合併的症状としての窃盗癖」という表記を用いたものがある[14]。ただ，従来は，摂食障害患者が過食症発症後に食費節約のために，あるいは「どうせ嘔吐する物だからわざわざ金を支払う必要はない」という心理が働いて食品を窃取（万引き）するという説明がなされてきたが，実際には過食症のみならず拒食症患者も一般人よりも多く万引きをし，食品以外の商品のみ盗む患者もおり，経済的に裕福で食費節約の必要がない者も多いなど，そうした説明と一致しない事例も少なくなく，何よりも窃盗症が先に発症する上記の20％の存在を根拠づけられない[15]との疑問も提起されている。

　そこで最近では，摂食障害患者は過食，拒食を問わず，生理的に飢餓状態

---

⑪　後掲の［判例②］［判例⑮］［判例⑰］を参照。竹村道夫「窃盗癖の臨床と弁護について―嗜癖治療の現場から―」『日弁連研修叢書 現代法律実務の諸問題〈平成23年度研修版〉』（第一法規，2012年）929頁以下では，精神科治療施設を受診した窃盗癖患者132例のうち，男性4例（10％），女性68例（74％）が摂食障害との合併症であったとされている。また，このほかの合併症として，アルコール依存症，薬物濫用・依存症，気分障害，その他の衝動制御の障害，パラフィリア（性嗜好障害），広汎性発達障害が掲げられており，合併のなかったものは男性4例（10％），女性7例（8％）であったと報告されている。

⑫　髙橋＝大野（監訳）・前掲注(5)470頁，338頁。ただし，同470頁では「窃盗症は……摂食障害群……と関係しているかもしれない」としているので，必ずしも窃盗症が先行する場合のみを指しているわけではないと解する余地もある。

⑬　竹村・前掲注⑪933頁。

⑭　後掲の［判例⑰］を参照。

⑮　竹村・前掲注⑪938-939頁，同「摂食障害と窃盗癖」臨床精神医学42巻5号（2013年）569頁。

68 第4章 窃盗症（クレプトマニア）・摂食障害と刑事責任

にあることに着目して，そこから「涸渇恐怖」（物資や自己の人間的価値が減ることへの異常な恐怖）が生じ，それに対抗し，あるいはそれを自己治療しようとするために「溜め込み（hoarding）」を原動力とする窃盗衝動が起き，最初の窃盗に成功すると犯行時の緊張感，成功時の解放感が一体となった体験が反復によって強化され，嗜癖化して窃盗症に至るとする分析が有力に主張されている[16]。これによれば，摂食障害と窃盗症という両疾患は「涸渇恐怖」と「溜め込み症状」という要因によって緊密な関係で結びつけられていることになり，両疾患のいずれが先行した場合でも，これらの要因が連結作用を営むことによって他方の疾患を併発する可能性が生じる。以下においては，一方のみの発症例，および両者あるいは他の疾患との合併例も含めて，これらの疾患に起因する窃盗事犯の裁判例を見ておくことにする。

Ⅲ　判例の概観

1　心神喪失が争われた事例

摂食障害（神経性食思不振症）に罹患した行為者を心神喪失とした（おそらく公刊物における唯一の）事例として，［判例①］大阪高判昭和59・3・27（判時1116号140頁）〔窃盗2件・被害額29,092円〕がある[17]。第1審（枚方簡判昭和57・12・24公刊物未登載）は，被告人に心神耗弱を認め，心神喪失の主張を排斥したが，第2審である本判決は，鑑定意見[18]の「被告人は，本件各犯行当時，一般常識的

---

[16]　竹村・前掲注[15]569-570頁，同・前掲注[11]938頁以下。この見解は，後掲の［裁判例⑧］における意見書の中で「被告人は，摂食障害及び窃盗癖という精神障害の他に，病的な溜め込み症状があり，これが衝動制御の障害という窃盗癖の症状を重篤にしていたと考えられる」という形で説明されており，裁判所もこの説明について信用性を肯定している。

[17]　1回目の犯行は同種窃盗事犯で懲役刑の執行猶予の判決を言い渡されてから2か月後に，2回目の犯行は1回目の犯行で起訴されてから1か月も経たないうちに行われた。
　　なお，以下で見る裁判例は，すべて「万引き」型で，かつ今回が再犯（3回目以上の場合を含む）となる窃盗事犯（［裁判例⑰］のみ常習累犯窃盗）である。

[18]　鑑定意見ではこの前提として，「被告人は16歳のころから神経性食思不振症を発症していたと診断され……その最も重症例であるといえる。……神経性食思不振者の場合，食料品を盗むことは食行動異常と同様全くの衝動的行為である。被告人は本件当時，過食と嘔吐の日々を送る中で食料品を頻回に窃取しているが，これらは右に述べた神経性食思不振症の一症状としての衝動的行為であったと考えられるべきであり，一般にみられる常習性窃盗とは明らかに区別される病態である」と指摘されていた。

には窃盗が犯罪行為であることは認識していながら，神経性食思不振症に罹患しているため，食品窃取を含め食行動に関しては，自己の行動を制御する能力をほぼ完全に失っていたと考えられる」との見解を「一連の窃盗行為にみられる異常性を合理的に解明するもの」と評価しつつ次のように判示した。「被告人は，本件各犯行当時，神経性食思不振症の重症者であったため，事理の是非善悪を弁識する能力は一応これを有していたものの，食行動に関する限り，その弁識に従って行為する能力を完全に失って」おり「いずれも心神喪失の状態において行なわれたものであると認定するのが相当である」。本判決については，精神医学者からは，不可知論において責任無能力になるのは極めて稀とされてきた器質的疾病のない行為者（いわゆる Gruhle の分類の第3群[19]に属する精神障害者で，精神病質者あるいは神経症の者などが含まれる）について，深刻な精神的崩壊を認めざるを得ない場合があることを主張した精神科医の意見を容れて「全くの衝動行為」と評価した例として[20]，あるいは，各種依存を病理的行動様式として治療対象にする傾向が近年優勢になっており，そうした観点が法的判断に持ち込まれた例として[21]紹介されている。

　本判決当時，検察実務家からは，万引きしなくても過食，盗食は可能であるし，この症例の患者が必然的に万引きするものでもないことから，本判決は，（制御能力に大きな影響のある）拒食・過食と，摂食のための万引きとを，食行動の一環として同一視しており，完全責任能力または限定責任能力とすべきであるとの批判が提起された[22]。これに対しては，精神医学者の立場から，万引きはあくまでも過食のための食料品調達行為であって過食行為と同列に論ずるべきではないという主張には一理あるとしつつも，摂食障害患者の万引きを空腹の人の窃盗に近似の行為と捉えるのは——過食衝動（渇望）と健常人の空腹感とは異質であることからみても——摂食障害の病理を見落としている[23]との反論もなされている。他方，摂食障害と他の精神障害が併存して

---

[19]　Vgl. Hans W. Gruhle, Der §51 StGB vom Standpunkt des Psychiaters, Edmund Mezger und Ernst Seelig (Hrsg.), Kriminalbiologische Gegenwartsfragen, 1953, S. 84.

[20]　西山詮「責任能力の精神医学的基礎」松下正明（編）『臨床精神医学講座第19巻 司法精神医学・精神鑑定』（中山書店，1998年）41-42頁。

[21]　岡田幸之「精神鑑定の現状と問題点」松下（編）・前掲注[20] 107頁。

[22]　伴義聖「判批」研修434号（1984年）50-51頁。

70 第4章 窃盗症（クレプトマニア）・摂食障害と刑事責任

いる事例で，弁護側から心神喪失が主張され，これが排斥された事例も見られる。大量の薬物およびアルコール摂取による意識障害に摂食障害が重畳的に作用したとされる［判例②］さいたま地判平成 25・11・6（LLI/DB L06850608）〔窃盗1件・被害額 3,119 円・求刑：懲役2年6月/量刑：懲役2年2月〕は，「その動機は……自己消費目的と認められて了解可能であるし，その態様も……盗み取ろうとする犯人の行為として合理的かつ合目的的なものといえる」ことなどから被告人に完全責任能力を認めた[24]。また，被告人が摂食障害と解離性障害に罹患していたとされる［判例③］京都地判平成 26・10・16（LLI/DB L06950516）〔窃盗1件・被害額 1,795 円・求刑：1年2月/量刑：懲役1年2月執行猶予5年〕も「被告人は……摂食障害で過食嘔吐を繰り返すことから食費が相当にかさみ……食費を浮かそうとして本件に及んだと理解することができ，その動機も十分了解可能であること」などの認定事実に鑑定人の鑑定結果・公判供述などを総合して，同様に被告人に完全責任能力を肯定した。さらに［判例④］松戸簡判平成 27・11・25（LEX/DB 25543000）〔窃盗1件・被害額 4,064 円・求刑：懲役1年6月/量刑：罰金50万円〕も，摂食障害・窃盗症に罹患している被告人について，「応答と万引き行動との間に意識の連続性を疑わせるような事情もないことから，被告人が自己の行為を認識しつつ行動し，それが違法であることも十分認識していたことが明らかであり，本件犯行時の是非弁別能力には全く問題がない」と判示し，また，「被告人は，それまでの経験から，一人で買い物に行けば万引きをしてしまう可能性が強いことを十分認識していたにもかかわらず，前記のとおり『チャンス』と思って，あえて一人で本件店舗に入ったもので，被告人が真に万引きをしたくなかったのであれば，一人で買い物に行くような事態を避けることは容易であり，実際，平素一人では買い物に行かないようにしていたことをも考えれば，本件犯行当日のこの行動は，被告人の意思による選択であるといわざるを得ない」として，行

---

[23] 中谷陽二「摂食障害患者の万引きと司法精神医学」アディクションと家族 26 巻 4 号（2010 年）293 頁。論者は，後出の［判例⑦］の鑑定人として，本判例を参照しつつ，参考意見として被告人の心神耗弱を主張している。

[24] 本判例では，被告人が専門病院で入院治療を受けたことなどから自己の問題点について十分に認識できたはずであるにもかかわらず，前回の裁判確定後の状況を見ると，そうした問題点の克服に向けた努力を怠っているといわざるを得ず，「摂食障害等の点を特に有利に考慮することは相当でない」と指摘されている。

動制御能力についても問題がないとした。

　これらに対して，最近，[判例⑤] 新潟地判平成 27・4・15 (LEX/DB 25561018)
〔窃盗 1 件・被害額 1,810 円・求刑：懲役 1 年／量刑：懲役 7 月〕が，摂食障害（神経性無
食欲症）および低酸素脳症による認知症に罹患している被告人について，行動
制御能力が欠如していた疑いがあることによる心神喪失の主張を排除しつ
つ，心神耗弱を認めたことが注目される。本判決は，医師の鑑定書における
「過食したいが，どうせ吐くから買うのはもったいないという犯行動機は，自
己中心的で短絡的だが了解可能である。……思春期から窃盗を繰り返してお
り，窃盗自体は元来の人格と親和性があるが，認知症発症後に頻回になって
おり，この点は元来の人格と異質である。……被告人は，神経性無食欲症に
よる過食への渇望および低酸素脳症による認知症による衝動制御困難さが影
響した結果，物を盗もうとする衝動に抵抗困難となり，本件犯行に至った」
との内容（概要）を合理的であると評価した上で，「本件犯行当時，被告人は
……その精神障害により行動制御能力が著しく障害され，心神耗弱の状態に
あった」と結論づけている。さらに，[判例⑥] 大阪地岸和田支判平成 28・4・
15 (LEX/DB 25543001)〔窃盗 1 件・被害額 22,272 円・求刑：懲役 1 年 6 月／量刑：罰金 25
万円〕も，広汎性発達障害の影響下において摂食障害，窃盗症に罹患している
被告人について，「食料品の溜め込みと万引きへの欲求は，その生活全体に影
響を及ぼすほど激しいものになっていた，とみることができる。本件行為当
時も，被告人が善悪を判断する事理弁識能力について影響はなかったにして
も，善悪の判断に基づいて衝動・欲求を抑える行動制御能力については，深
刻な影響を受けており，喪失していたとはいえないが，著しく減退していた
との合理的疑いは払拭できない」として，心神喪失の主張に対して心神耗弱
を認めている。

2　心神耗弱が争われた事例

　摂食障害のみに罹患している事例で心神耗弱の有無が問題となったものと
しては，まず [判例⑦] 東京地判平成 22・6・9 (LLI/DB L06530819)〔窃盗 3 件・
被害額 12,855 円・求刑：2 年／量刑：懲役 1 年 6 月〕がある。そこでは，「犯行態様や
前後の状況をみると……人目を忍んで見つからないよう行動しており……制

御困難な衝動に突き動かされたというよりも一定の制御ができている行動と評価でき」、また「被告人は少年時から万引きを繰り返していたもので、人格が形成される思春期以後はずっと万引きをしてきた」ために「窃盗が被告人の本来の人格と異質であるなどとは到底いえない」だけでなく、「旺盛な食欲と体型維持という相反する欲望を両立させるためには、過食・嘔吐は、被告人にとって合目的的で合理的な行動という側面があることを否定できない」として、「犯行の動機・態様はいずれも了解可能で、事理を弁識し、行動を充分に制御していた」ことから完全責任能力を肯定した。控訴審である［判例⑧］東京高判平成22・10・28（判タ1377号249頁）〔量刑：懲役1年・保護観察付執行猶予4年〕も、「被告人が犯行の経緯や動機について述べるところは、被告人が本件各犯行当時摂食障害に罹患していた事実に照らせば、十分に了解可能なものである」として、「各犯行は、被告人の疾患である摂食障害（神経性過食症）の症状である過食衝動に強く影響を受けたものとはいえるが、各犯行態様及び犯行直後の被告人の行動は、いずれも……合理的な行動と評価することができ、また、被告人の平素の人格から極端にかけ離れたものともいえない」と判断し、「被告人は過食衝動の影響を強く受けてはいたが、事理弁識能力及び行動制御能力が著しく低下していたとはいえ」ないとして第1審の結論を支持した。両者共に心神耗弱の主張を退けているが、第1審は、事理弁識能力・行動制御能力のいずれも低下が見られないとしているのに対して、控訴審は、本件各犯行が摂食障害の症状である過食行動に「強く影響を受けたもの」であることを認めつつ、事理弁識能力及び行動制御能力が「著しく低下していたとはいえ」ないとした。このような、責任能力が疾患によって一定程度の影響を受けていることを認めながら、結論的には心神耗弱状態にあったことを否定する傾向は、窃盗症または摂食障害と他の精神障害が合併している事例においても看取される。

　例えば、被告人が神経性無食欲症と強迫性障害に罹患していた［判例⑨］東京高判平成21・12・10（判タ1346号74頁）〔窃盗3件・被害額3,183円・量刑：懲役6月〕では、「本件各犯行は、それなりにまとまった首尾一貫した行動であ」るとする鑑定意見を踏まえて、「本件の各犯行態様、被告人の犯行前後の様子や言動などをも併せ考慮すると、被告人の本件各犯行時の責任能力は、健常

人と比較すれば障害されていた可能性を否定することができないが，一定程度保たれていたものであ」り，心神耗弱の程度には至っていないと判示した。同様に合併の事例として，[判例⑩] 神戸地明石支判平成25・10・22 (LLI/DB L06850714)〔窃盗1件・被害額3,990円・求刑：懲役10月/量刑：懲役7月〕は，被告人の前頭側頭型認知症について，その程度はさしたるものではなかったとして完全責任能力を認定したものであるが，弁護人が，被告人は摂食障害および窃盗症に罹患しているとの立証を試みたことについて，食行動の異常は前頭側頭型認知症の特徴的症状の一つであるとしつつ，「食の関係での異常行動は認められない」ことなどから，摂食障害に罹患しているものの「責任能力に影響を及ぼすほどのものではない」とし，また窃盗症の症状はみられないとした。[判例⑪] 大阪高判平成26・10・21 (LEX/DB 25447145)〔窃盗1件・被害額10,000円超・求刑：1年/量刑：懲役8月〕は，被告人がウェルニッケ・コルサコフ症候群，摂食障害，アルコール依存症，クレプトマニア，PTSD等に罹患しているとの診断を受けている事例について「犯行態様は，被告人が行動制御能力を一定程度低下させていることをうかがわせるものも含むが，全体としては，行為の違法性を十分認識した上での，突発的でない，おおむね合理的な行動といえる」ことから，「本件当時，被告人の是非善悪弁別能力に関わる認知に障害を生じていたことはないし，行動制御能力についても，一定程度障害されていたものであるが，その程度は重大ではな」かったとして，被告人に完全責任能力を認めた。

3 （再度の）執行猶予の可否が問題となった事例

心神喪失ないし心神耗弱を認めることの可否が争われていない事例においても，窃盗症あるいは摂食障害に罹患した状態での犯行であること，さらにはそれらの治療に取り組んでいること，治療のための環境が整備されていることなどが有利な量刑事情，特に（再度の）執行猶予にすべき事情となりうるかどうかが問題となる。

摂食障害のみの罹患事例では，執行猶予中の再犯である前出の [判例⑥] が，「責任能力に影響するとはいえないものの本件各犯行の動機形成について摂食障害が大きく寄与していること，被告人については摂食障害の治療が

74　　第 4 章　窃盗症（クレプトマニア）・摂食障害と刑事責任

必要であるところ，専門医による治療計画が準備され，被告人の両親が治療に要する経済的援助を約束し，原審公判及び当審公判において被告人が治療に真剣に取り組む決意を表明していることなど」を考慮して，「直ちに服役させるよりも，最後の機会として，社会内において治療を受けさせながら更生の道を歩ませるのが相当である」として，再度の執行猶予（保護観察付）を認めた。

　また，窃盗症のみの罹患事例では，同じく執行猶予中の再犯である［判例⑫］福岡高判平成 25・6・26（LLI/DB L06820366）〔窃盗 1 件・被害額 207 円・求刑：懲役 1 年 2 月/量刑：懲役 10 月・保護観察付執行猶予 4 年〕は，原判決後に被告人がクレプトマニアに罹患しており，6 か月の入院治療が必要であるとの診断を受けたものであるが，その後入院し，治療にも積極的であり，治療効果が確実に上がっているとの評価を医師から受けていること，入院先の病院からは，専門治療が適切に継続される限り再犯の可能性は少ないとされていること，さらには被告人が原判決後，被害者支援のための贖罪寄付を行っていることから，「被告人が，今後も……入院治療を継続する保証はなく，また，治療によって再犯の可能性がなくなるまでの保証はないことなど，検察官指摘の諸事情を考慮しても，本件は，刑法 25 条 2 項所定の『情状に特に酌量すべきものがあるとき』に至ったというべきであ」ると判示して，再度の執行猶予（保護観察付）を相当とした。同様に執行猶予中の再犯である［判例⑬］京都地判平成 25・9・19（LLI/DB L06850484）〔窃盗 1 件・被害額 605 円・求刑：懲役 1 年 2 月/量刑：懲役 1 年・保護観察付執行猶予 5 年〕も，被告人が既に約半年にわたる入院治療を受けており治療を継続する意思を述べるなど更生への強い意欲が認められ，家族らの監督が期待でき社会内で更生する環境も整ったとして，再度の執行猶予（保護観察付）を認めている。

　窃盗症と摂食障害の合併事例では，解離性精神障害等をも伴っている［判例⑭］東京高判平成 23・8・16（LEX/DB 25542993）〔窃盗 1 件・被害額 18,009 円・量刑：懲役 1 年・保護観察付執行猶予 4 年〕が，「被告人は，本件窃盗の動機及び態様に照らして，本件当時，是非弁別能力及び行動制御能力が著しく減退していたとまではいえないが……病的な精神状態のため，ある程度それらの能力が減退していたものと認められる。そのことに加え，被告人が上記精神状態

を改善するため医師から治療を受けていることは，被告人にとって有利に考慮されるべき事情である」として，被告人を実刑に処した原判決を破棄自判している。また，合併事例で執行猶予中の再犯である［判例⑮］東京高判平成25・7・17（東高刑時報64巻1＝12号152頁）〔窃盗1件・被害額1,616円・求刑：懲役1年2月／量刑：懲役8月・保護観察付執行猶予3年〕が，「犯行には，被告人のクレプトマニアや摂食障害等の精神症状による衝動制御の障害が関連しており，被告人は現在その治療中で，現にその治療効果も上がっていることが認められ，本件が比較的軽微な万引き事案であり……被害店との間で示談が成立し，被害届が取り下げられていることなどを併せ考慮すると，被告人に対しては，再度刑の執行猶予を付して，被告人にその治療を継続させつつ，社会内における更生の機会を与えることが，正義に適う」と判示して，再度の執行猶予（保護観察付）を言い渡した。同じく合併事例の［判例⑯］東京高判平成25・11・1（LEX/DB 25543008）〔窃盗3件・被害額5,354円・量刑：懲役10月・保護観察付執行猶予4年〕は，執行猶予中の再犯について「被告人を懲役10月に処した原判決の量刑は，その宣告時点でみるかぎり，重すぎて不当であるとはいえない」としつつ，「被告人は原判決後，更に反省を深めるとともに，自己の摂食障害及びクレプトマニアに対する認識を深め，治療を継続的に受ける必要性が高いことを理解し，現に平成25年8月27日，6か月間の予定で上記病院に入院したこと，これまでの入院後の治療経過をみると，被告人は，積極的かつ熱心な態度で取り組み，治療プログラムに欠かさず参加し，心の平安を取戻しつつあること，被告人の両親は，経済的に苦しい中，親族の援助を得るなどして被告人の入院費用を捻出し，今後も被告人の治療に協力する意向を固めていることが認められる」として，「被告人の治療態勢が整えられ，被告人自身も治療に意欲的に取り組んでいることからすれば，その治療を継続させることは，再犯を防止し，被告人の改善更生を図るという刑政の目的にもかなうものといえる。もとより，未だその障害に対し顕著な改善効果のある治療法が確立しているわけではなく，一般的には再犯を完全に抑止することは困難であるとはいわれているが，継続的に専門的治療を受けさせることが万引きの防止に一定の効果があると認められていることからすれば，刑執行猶予期間中の犯行であることを考慮しても，現段階では，被告人

やその関係者の治療への強い意欲を評価し，被告人に対して，今一度，その障害を克服して社会内で更生する機会を与えることが相当であるといえる」と判示して，再度の執行猶予（保護観察付）とした。

また，合併事例である［判例⑰］長野地松本支判平成 26・9・18（LLI/DB L06950412）〔窃盗 2 件・被害額 2,458 円・求刑：懲役 2 年/量刑：懲役 2 年・執行猶予 4 年〕は，第一犯行の保釈中に第二犯行に及んだという事案であるが，「執行猶予中の場合と比べて反規範性の程度が異なるとはいえ……相応の刑罰的非難に値し，被告人の刑責を軽く見ることは到底できない」としながらも，「その犯行当時被告人は摂食障害（過食と自発的嘔吐という食行動の異常）のみならず合併疾患としてクレプトマニア（病的窃盗）にも罹患していたことを否定できないところ，このような精神疾患（障害）が各犯行の動機形成上ひいては衝動制御の面である程度影響していたものと認められること，各被害の弁償が済んでおりこの限度で違法性の事後的低減と評し得ること，正式裁判を受けたのは今回が初めてであることをも考慮に入れると，被告人を直ちに服役させる必要があるとまではいえない」として執行猶予を認めた。同様に合併事例である［判例⑱］東京簡判平成 26・12・24（LLI/DBL 06960044）〔窃盗 2 件・被害額 1,441 円・求刑：懲役 1 年 2 月/量刑：懲役 1 年・保護観察付執行猶予 4 年〕は，「本件各犯行は……執行猶予期間中になされたものであり，本件各犯行態様及びこれまでの被告人の前科，前歴からは，検察官の意見のとおり，懲役刑の実刑が十分考慮される事案である。しかしながら，本件被害額が比較的低額であること，被害回復がなされていることに加え，本件は摂食障害の影響下における犯行であるところ，被告人や被告人の母親は……摂食障害及び盗癖に向き合う姿勢を示しており，また，……被告人の現在の治療を継続すべき事情が考えられる」として，また，被告人のこれまでの通院治療に関しては「被告人の再犯防止という効果については，絶対的とは認められないものの，これをまったく否定すべき根拠もないと言うべきである。そして，治療開始後，被告人には，過食嘔吐頻度の減少，体重増加という効果が出ており，摂食障害からの回復の兆候が見られる。摂食障害に万引きが合併しやすいことを考えれば，再犯防止効果の可能性が期待ができる。更に，当該治療に加え，被告人を保護観察に付することにより，再犯防止をより確かなものにすることも可能であ

る。一方，現在の被告人の治療状況からは，本件で実刑となり，前刑の執行猶予取消による刑期を含めて相当期間服役することとなると，治療効果を失い，結局被告人の更生の妨げとなる可能性がある。……医療刑務所においても摂食障害治療は可能であるが，治療可能な施設への収容能力には限度があるとのことであり，この治療を確実に受けることができると期待することは現実的ではない」と判示し，被告人に「最後の社会内更生の機会を与えるべきであ」るとして執行猶予（保護観察付）を言い渡した。

　さらに，［判例⑩］の控訴審であり，前頭側頭型認知症の二次症状として摂食障害に罹患しているとされた［判例⑲］大阪高判平成 26・3・18（LEX/DB 25561228）〔窃盗 1 件・被害額 3,990 円・求刑：懲役 10 月／量刑：懲役 10 月・保護観察付執行猶予 4 年〕は，執行猶予中の再犯について「被告人の是非弁別能力及び行動制御能力自体は著しく減退するには至っていなかったとしても，前頭側頭型認知症の影響により自己統制力が低下したために本件犯行に及んだという可能性をたやすく否定できない」としつつ，被告人が治療に意欲を見せており，入院期間中，再犯がなかったことも確かであること，家族の協力により，前件時と比較すると再犯防止のための環境や監護体制が格段に整っていることなどを指摘して，執行猶予（保護観察付）を言い渡している。

　以上に対して，（減軽事情としては考慮するものの）執行猶予を認めることに消極的なものも見られる。いずれも窃盗症単独の事例であるが，まず［判例⑳］さいたま地判平成 23・12・27（LLI/DB L06650748）〔窃盗 1 件・被害額 1,600 円・求刑：懲役 1 年 6 月／量刑：懲役 1 年〕は，被告人が万引きによる累犯前科 2 犯を含め窃盗罪による前科合計 6 犯を有しており，本件も執行猶予中の再犯であるところ，「本件犯行の際，被告人なりに考え，状況を判断しながら目的に沿った行動をしていたと評価できること」などから「本件犯行時において，衝動制御の障害により被告人の行動制御能力が低下していたとしても，その程度はさほど大きなものとはいえ」ないとして，被告人が「反省の態度を示すとともに，盗癖の治療を受けるなどして再犯防止のための努力を継続していること」を考慮に入れても実刑が相当であるとした。また，［判例㉑］大阪高判平成 26・7・8（LEX/DB 25446763）〔窃盗 1 件・被害額 36,135 円・量刑：懲役 10 月〕は，前件の裁判の 4 年 8 か月後の再犯である被告人について「特段の支障なく通

常の日常生活を営んでいたものであ」り，「本件犯行の際も……商品獲得とい
う万引きの目的実現に向けた合理的な行動を取っていることが認められる」
ことから，「クレプトマニアに罹患していたとしても，それが被告人の本件犯
行当時の衝動制御能力に及ぼす障害，そして，行動制御能力に及ぼす影響は
ごく軽微なものであった」とした。そして，被告人が本件犯行後に入院して
治療を受け，退院後は自助グループに参加し，原判決後は専門医に通院する
などして「再犯防止に向けて真摯に取り組んでいることは，一般情状として
被告人のために有利に酌むべき事情といえる」ものの，「これまで万引きを繰
り返してきたことを真摯に反省し，今後も治療に対する強い意欲を持ち続け，
家族がこれを支えていくのであれば，服役により責任を果たした後において
も治療を続けることは十分に可能である」として，懲役10月の実刑に処した
原判決は不当とはいえないとした。さらに，［判例㉒］静岡地判平成26・10・
9（LLI/DB L06950498）〔常習累犯窃盗・求刑：3年/量刑1年8月〕は，前刑の執行後
7か月後の再犯について，窃盗症の専門的治療を受ける意思を表しているこ
となどを有利に考慮して酌量減軽した上で，「自らが犯した罪の重さをしっ
かり受け止めさせた上，早期に疾病の治療を受けさせ，家族の支援を受けつ
つ，社会内における更生を図らせることが相当である」として実刑に処した。
なお，前出の［判例⑪］も，仮に心神耗弱に当たらないとしても被告人に再
度の執行猶予を付すべきであるとの弁護人の控訴趣意に対して，「所論は
……被告人に対しては刑罰よりも上記治療を優先させるべきである旨の主張
をするところ，現在の治療が被告人にとって必要かつ有効であるとしても，
そのような一般情状が本件の犯情ないし被告人の刑事責任を大きく減殺する
ものとはいえないのであって，治療の必要性が行為責任（ないし応報）を基本
とする刑罰の必要性に優先するというような考えは採り得」ないとしている。
同様に，［判例㉓］広島高判平成28・12・6（高刑速（平成28）247頁）〔窃盗1件・
被害額13,176円・量刑：懲役1年〕も，被告人が第1審後に病院の医師より「窃盗
症により入院加療の必要がある」との診断を受けたことから，弁護人が原判
決後に生じた事由に基づく量刑不当を主張して控訴したことに対して，「所
論は，窃盗症の治療を継続することが適切であるともいうが，仮に認知症と
は別に，原判決後，窃盗症なる診断名が付されたことがあったとしても，服

役を通して安易な行動が招いた結果に向き合った上でその診断に応じた治療を継続することも可能であるから，所論指摘の点は実刑を回避する理由とはなり得ない」として，控訴を棄却している。

IV 検 討

1 責任能力の有無・程度

窃盗症ないし摂食障害に罹患した者の責任能力に関しては，[判例①]のように心神喪失を認めたものも存在するが，これは例外に属し，現在ではこのいずれかに単独で罹患している者，もしくは両者の合併症の者について心神喪失・心神耗弱を認めた裁判例は見られず，量刑上減軽事情としての考慮にとどまっている。また，このいずれか（あるいは両者）と他の疾患が合併した者についても（[判例⑤]を除いて）基本的に同様である。

もっとも前述のように，これらの障害によって，責任能力，特に制御能力[25]が一定の影響を受けていること自体は肯定されていることが多い。この判断が「量」ないし「程度」の問題であるとするなら，仮にその「程度」が著しいといえるレベルに達した事案が生じた場合には，少なくとも心神耗弱が認められる可能性も生じる。実際にも，精神医学者からは，摂食障害が重篤な場合，あるいは鬱病，解離性障害を合併している事例では心神耗弱を肯定しうるとする見解もあり[26]，[判例⑤]も同様の方向を示唆するものともいえよう。

責任能力の有無ないし程度が争われた裁判例では，[判例①]を除いては，

---

[25] DSM-5 における窃盗症の診断基準からも明らかなように，行為者の弁識能力には問題がなく，制御能力が減弱していると認められる可能性が高い。なお，五十嵐禎人「摂食障害」五十嵐禎人＝岡田幸之（編）『刑事精神鑑定ハンドブック』（中山書店，2019 年）206 頁以下参照。

[26] 竹村・前掲注⑪942 頁。さらに，高木洲一郎ほか「摂食障害患者の万引きの法的処分をめぐって—現状と問題点—」臨床精神医学 37 巻 11 号（2008 年）1426 頁，田口ほか・前掲注⑺277-278 頁を参照。なお，東京高決平成 21・11・27 LEX/DB 25463738 は，執行猶予期間中の窃盗行為について，摂食障害のために責任能力が喪失ないしは減退していたと判断される可能性があるとして，善行保持義務違反による執行猶予の取消請求を棄却している。本件について，妹尾孝之「窃盗（万引き）被告事件 即時抗告で執行猶予取消決定を逆転」刑弁 63 号（2010 年）141 頁以下，中島宏「判批」同 212 頁以下参照。

「動機の了解可能性」が判断要素の1つとされている[27]。例えば［判例⑧］は,「被告人は……（第一の）犯行の動機等について,店内で強い過食衝動に襲われ,予算を超える食料品を買物かごに入れ,買うかどうか悩み,結局,万引きすることを選択したと述べており……（第二の）犯行の動機等については,店内でカツ丼等を見たとき,強い過食衝動に襲われ,値段も見ずに買物かごに入れた,普段はこんな無駄な買物はしない,自分の意識の中には無駄な買物にお金を払うつもりはないという意識は持っていたと思う……などと供述して」おり,「被告人が犯行の経緯や動機について述べるところは,被告人が本件各犯行当時摂食障害に罹患していた事実に照らせば,十分に了解可能なものである」と判示している。ここで問題となるのは,動機の了解可能性の判断が,「被告人が犯行当時摂食障害に罹患していた事実」を前提としてなされている点である。従来,動機の了解可能性にいう「了解」とは,「健常な（すなわち自由意思が阻害されていない）精神状態における動機として理解可能であること」[28]を意味するものと理解されてきた。しかしながら,上記判示のように動機の理解の中に障害特性を織り込んで「強い過食衝動に襲われて万引きをしたこと」が了解可能であるとするのでは,当該障害からそうした動機は生じやすいのであるから,常に了解可能であるとの結論に至る恐れがあるように思われる[29]。こうした事態を回避するためには,動機の了解可能性を判断するにあたっては,当該行為者の有する障害特性を一旦捨象した上で,健常な精神状態でそうした動機を抱くことが理解できるかどうかといった視点から検討される必要がある。

---

[27] 周知のように,近年実務上も参照されることの多い,他害行為を行った者の責任能力鑑定に関する研究班（編）『刑事責任能力に関する精神鑑定書作成の手引き 平成18～20年度総括版（ver. 4.0）』（2009年）1頁以下も,「鑑定にあたっての7つの着眼点」の1つに「動機の了解可能性/了解不可能性」を挙げている。なお,裁判例においては,「動機の了解可能性」の他に「犯行の了解可能性」という指標が用いられることもある。両者の関係について,本書第3章参照。

[28] 十一元三「広汎性発達障害が関与する事件の責任能力鑑定」精神医学53巻10号（2011年）968頁。なお,大川晋嗣「クレプトマニアと責任能力の関係が問題となった事例」捜研746号（2013年）62頁以下参照。

[29] 近藤和哉「責任能力判断における『了解』について（一）」上法39巻2号（1995年）110頁は,「行為者の異常な精神状態を了解判断の中に取り込むならば,およそ了解できないものは存在しないことにもなりかねない」とする。さらに,本庄武「判批」新・判例解説Watch vol. 17（2015年）193頁参照。

また，責任能力判断の前提として，当該精神疾患に罹患していることを認定する際に，特に窃盗症の場合，上述した DSM-5 の診断基準 A の「個人用に用いるためでもなく，またはその金銭的価値のためでもなく，物を盗もうとする衝動に抵抗できなくなることが繰り返される」との要件を厳格に解すると，財産犯である窃盗は金銭的価値ないし個人的効用の取得を伴うことが通常である以上，A を充足し，かつ診断基準 D の「その盗みは，怒りまたは報復を表現するためのものではなく，妄想または幻覚への反応でもない」に抵触しない事例は極めて限定的にしか生じないことになる。そのため，そもそも DSM-5 が臨床上ほとんど存在しない精神疾患の診断基準を設定したものと解するのは不自然であることからも，「主たる動機，目的が『個人的に用いるのではなく，金銭的価値のためでもない』のであればよいという柔軟な解釈をもって正当と解する」との見解[30]も主張されてきた。同旨の見解は［裁判例⑮］における医師の意見書にも見られ，裁判所は同意見書の信用性を肯定している。この点は，上述した動機の了解可能性判断にも影響を及ぼすものといえよう。すなわち，金銭的価値ないし個人的効用の取得という要素が多少なりとも混在した場合，その部分のみを評価するならば「動機は了解可能である」という結論が導かれやすい。しかし，そのように動機を分断的に捉えることは，窃盗症ないし摂食障害に罹患して窃盗行為を遂行した者の責任能力を全体的に評価するのに適切な方法であるとはいえないであろう。行為者が行為時に有する主観的要素が複合的なものとなりやすいという，これらの疾患に起因する窃盗事犯の性質に鑑みれば，主たる動機が健常な精神状態におけるものとしては理解不可能である場合，端的に「動機は了解不可能である」と判断されるべきであるように思われる。

2 「制御能力が低減した状態」と期待可能性——精神鑑定との関係

判例の多くは，窃盗症ないし摂食障害に罹患した行為者について，「心神耗弱には至らないが，制御能力が低減した状態」にあると判断している。こう

---

[30] 林大悟「窃盗常習者による事件の弁護」アディクションと家族 29 巻 3 号（2013 年）222 頁。竹村・前掲注(11) 936 頁も，「基準 A の真意は，生活困窮者による食べ物や生活用品の万引きとか，職業的犯罪者による換金目的の窃盗のような例を除外するという意味ではないか」とする。

した事情は，法的性格という面から見れば，他行為可能性の幅が狭くなっていたという意味において，期待可能性の減弱に基づく責任減少事由と捉えることも可能である。もっとも，行為者の内部的な自由・精神的な正常性が責任能力の問題であり，外部的な自由・行為状況の正常性が期待可能性の問題であるとする伝統的な理解[31]に立つならば，上記のような精神疾患を期待可能性の問題として扱うこと自体に対する異論も生じるであろう。しかしながら，こうした伝統的な理解を前提としつつも，精神疾患のある行為者に関して，「状況に応じた行為者の対応が通常人の性格のバリエーションの範囲内に収まっている場合は期待可能性の問題，通常人には考え難い対応がなされている場合は責任能力の問題と考える」べきである[32]という見解もみられる。確かに，従来，例えば過剰防衛（刑法 36 条 2 項）の法的性格について責任減少説が主張してきたことは，驚愕・興奮・狼狽による期待可能性の減弱であり，そこではまさに行為者の精神状態ないし心理状態が考慮要素とされてきたのである[33]。こうした理解を前提とすれば，精神疾患であるということだけで直ちに期待可能性の問題から排除されるということにはならない。当該精神疾患がまず責任能力に影響を与えるものであるかどうかが検討された後，それが影響を与えるものではないと判断された場合には，次に期待可能性の問題として検討されるべきことになるといえよう。

　精神疾患を期待可能性の問題として検討する際に，責任能力に関して論じられる精神鑑定との関係はどのように理解されるべきであろうか。この点で興味深いのは，窃盗症ないし摂食障害の事例ではないが，神戸地判平成 25・10・31（LEX/DB 25502421）およびその控訴審である大阪高判平成 26・10・3（LEX/DB 25505292）である。本件は，X が，妻である Y，Z（Y の姉）とともに，偶々知り合った W と共同生活を営むようになり，4 名で共謀のうえ被害者 A（Y と Z の実母）を不法に監禁した上で傷害により死亡させ，死体を遺棄したほか，X が W と共謀のうえ，Z にも傷害を負わせ，不法に逮捕監禁したというものである。背景事情としては，W の叱責・恫喝などにより，X，Y，Z は W の

---

[31]　Reinhart Frank, Strafgetzbuch für das Deutsche Reich, 18. Aufl., 1931, S. 147.
[32]　本庄・前掲注[29] 193 頁。
[33]　例えば，浅田和茂『刑法総論［第 2 版］』（成文堂，2019 年）244 頁以下参照。

指示に盲従し，心理的に支配されており，第1審の共同鑑定では，被告人ら
には明らかな精神障害があったとはいえないが，学習性無力感（人間関係にお
いて一方的な支配関係が続くことにより，支配された者は自発的に考えることを停止し，
常識や問題解決能力を喪失する状態）に陥っており，XとYは弁識能力および制
御能力の双方が，Zについては制御能力が完全に喪失されていたとされた。

　第1審・控訴審ともに完全責任能力を認め，Xについては第1審で懲役5
年に処したところ，控訴審では破棄自判され懲役3年執行猶予5年が言い渡
された。第1審は，「責任能力の有無・程度については，生物学的要素である
精神の障害により，心理学的要素である……各能力を喪失していなかったか
否か，あるいは，これらを著しく減退させてはいなかったか否かを判断すべ
きであるとするのが通説・判例である。一方，本件鑑定は，被告人3名のい
ずれについても，生物学的要素としての精神の障害を根拠として上記の結論
に至っているものではなく，学習性無力感ないしは心理的監禁状態などとい
う，専ら心理学上の概念から上記の結論を導いているにすぎず，責任能力の
判断において前提条件となる精神の障害の認定を欠くものといわざるを得な
い」とする。そして，「本件鑑定は……Wの言動等により各被告人がそれぞれ
心理的にどのような影響を受けたのかを具体的に考察しているものであり，
実質的に見れば，本件各犯行当時の具体的な状況を前提とすると，被告人3
名に本件各犯行に及ばないことを期待することはできなかった，すなわち，
期待可能性がなかったとの趣旨をいうものと理解することもできる」ことか
ら，「被告人3名の期待可能性の有無を検討するに当たり，本件鑑定における
心理学的考察については，その前提条件に問題があったりするなど，これを
採用し得ない合理的事情が認められるのでない限り，その意見を十分尊重す
べきであると考えられる（最判平成20年4月25日・刑集62巻5号1559頁参照）」と
判示している。

　このように第1審は，生物学的要素の欠如を理由として完全責任能力を肯
定しつつ，心理学的要素については期待可能性において判断するかのような
論の運び方になっている。同時に，第1審では，責任能力判断では鑑定を採
用し得ない合理的な事情がないかぎりは鑑定を尊重すべきであるとの（最高
裁平成20年判決の）原則をそのまま期待可能性に適用しているようにも見え

84 第4章 窃盗症（クレプトマニア）・摂食障害と刑事責任

る。これに対して控訴審は，第1審が摘示する「最高裁判所判決の判示は，臨床精神医学上の専門的知見を要する精神鑑定等が責任能力の判断において占める位置づけなどを踏まえ，精神医学上の鑑定意見等が証拠となっている場合における裁判所の責任能力の有無，程度についての判断の在り方をあらわしたものにほかならないのに，そのような同判決の考え方が，本件の期待可能性の判断に当たっても，一審判決がいうような形でそのまま妥当するものと考えてよいかも疑問とせざるを得ない」として，第1審の立場を批判している。

確かに，精神医学上の鑑定が大きく関係する精神障害の存在が前提条件である責任能力判断と，精神障害を必ずしも要件とはしない期待可能性判断とでは，鑑定の位置づけは本質的に異なると解するならば，控訴審の立場が支持されるようにも思われる。しかしながら，最高裁平成20年判決が，精神障害の有無や程度，それが行為者の心理状態にいかなる影響を及ぼしたかの診断は「臨床精神医学の本分」であるとして鑑定意見の十分な尊重を求めたことの意義[34]は，鑑定が責任能力判断のためかどうかとは関係なく当てはまるものというべきである[35]。心理学的要素が，責任能力判断と期待可能性判断の両者に共通して関連するものであることに鑑みても[36]，期待可能性の判断資料となる心理学的要素については，一定の信頼できるエビデンスに依拠することが重要であると解されるからである。近時，「精神の障害」とは，特定の診断名が付される疾患である必要はなく，行為時に存在していた精神症状と解すべきである[37]との有力な見解がみられるが，こうした見解においても，生物学的要素と心理学的要素との境界線はより流動的となり，従来は心理学的要素に分類されていた諸事情に関しても，専門的知見の重要性はさらに増大するものと思われる。

---

[34] 本判決の意義については，浅田和茂「判批」判評610号（2009年）23頁以下を参照。
[35] 本庄・前掲注(29)194頁参照。
[36] 団藤重光「責任能力の本質」日本刑法学会（編）『刑法講座・第3巻』（有斐閣，1963年）36頁は，「期待可能性の問題は環境の面の極を出発点とし，責任能力の問題は素質の面の極を出発点としながら，その中間においては両方の問題が交錯し競合してつながっている」とされる。
[37] 森裕「責任能力論における精神の障害について」阪法56巻3号（2006年）664頁，同「刑事精神鑑定における精神医学的判断について」判タ1379号（2012年）85頁以下参照。

3 刑の一部執行猶予制度との関係

Ⅲで概観したように，判例では，窃盗症ないしは摂食障害に罹患していること，さらにはそれらの治療のための環境が整備されていることなどを（再度の）執行猶予を付すための事情として積極的に評価するものがある一方で，被害額が比較的大きいこと，前科が複数あることなどの「犯情」を重くする事情が認められる事案では，これを消極的に解する場合もある。こうした判断は，特別予防的考慮に基づいて，責任相応刑をどこまで緩和させるべきかという，量刑における「責任拘束性」の問題が表面化したものに他ならない。

確かに，「犯情」が重い場合[38]に，量刑における「責任拘束性」を重視して，特別予防の必要性（いわゆる「一般情状」の一要素）を優先すべきではないとする判断は，わが国の量刑実務において有力である。また，執行猶予は特別予防的考慮のみに依拠して言い渡されているわけでもない[39]。ただ，窃盗症ないしは摂食障害が原因で窃盗行為を繰り返す被告人に対しては，刑罰は必ずしも有効には機能せず，制御能力の低減と相俟って，執行後に再び犯行に至らせてしまう可能性があることは否定できない。少なくとも，執行猶予とすることによって，施設内処遇では不可能な，再犯防止につながる治療の前提条件が確保されることは事実である。［判例⑪］［判例㉑］［判例㉒］［判例㉓］は，治療をするならば刑罰の執行を終えた後でなされるべきであるとするが，むしろ本来は刑事施設においても再犯防止に向けた治療的処遇が行われることが望ましいというべきであろう。［判例⑪］は，治療よりも刑罰が優先されるべきことを指摘するにあたって，弁護側が有効性を主張する認知行動療法が矯正施設においてなされている例があることに言及している。しかし，犯罪白書（平成26年度版）でも指摘されているように，窃盗受刑者に対する再犯防止指導については，全国的に統一された標準的なプログラムは存在しておらず，それぞれの刑事施設において，従前から独自に処遇類型別指導として窃盗防止指導を実施してきたという経緯がある[40]。わが国の刑事施設におけ

---

[38] 本来，前科が多いことは特別予防に影響を与える要素と解すべきものと思われるが，周知のように，実務においてはこれを「犯情」に（も）反映させる見解が有力である。これについては，本書事例研究⑧参照。

[39] 植野聡「刑量の選択と執行猶予に関する諸問題」大阪実務研究会（編著）『量刑実務大系・第4巻 刑の選択・量刑手続』（判例タイムズ社，2011年）47頁以下参照。

86　第4章　窃盗症（クレプトマニア）・摂食障害と刑事責任

る精神科医療の実態については限られた調査しか存在しないが，特に医療刑務所に関しては，職員数が限定されていること，療法に制限があること，検査や薬物の種類が限定されていることなどの問題点が指摘されており⁽⁴¹⁾，窃盗症ないし摂食障害についても，現状では，再犯防止という観点からは施設内処遇に多くを期待することは困難であり，社会内における医療施設での治療を選択することが望ましい場合は数多く想定される⁽⁴²⁾。しかしこれは，量刑における「責任拘束性」を重視する現在の量刑実務にそのまま受け入れられるものではないようである。そこで考えられるべきことの1つとして，2016年から実施されている刑の一部執行猶予制度の活用がある⁽⁴³⁾。本制度について，制定過程では，全部執行猶予と全部実刑の中間的な刑事責任の犯罪者に対応しようとするものであることから，全部執行猶予より少しだけ重い「全部執行猶予の亜種」と位置づける理解が有力であったようである⁽⁴⁴⁾。しかし，そうすると，従来であれば全部執行猶予の対象となりえた者について，情状に照らして施設内処遇を受けさせた後で執行猶予を付するという発想に至りうる。本制度導入目的の主要な要因である，施設内処遇と社会内処遇の有機的連携を重視するならば，「全部実刑の亜種」として本制度を捉え，従来であれば全部実刑もあり得た被告人について，いったん刑事施設に収容して，問題のある環境や習慣から遮断したうえで矯正処遇を実施し，釈放後の猶予期間において社会内処遇（治療）の機会を与えるものと解すべきであろ

⑽　法務省法務総合研究所（編）・前掲注⑴254頁。

⑾　例えば，平田豊明ほか「簡易鑑定および矯正施設における精神科医療の現状—精神科七者懇 ワーキングチームからの調査報告と提言—」精神神経学雑誌106巻12号（2004年）1539頁以下，黒田治「医療刑務所における精神科医療の現状と問題点」町野朔ほか（編）『触法精神障害者の処遇［増補版］』（信山社，2006年）156頁以下，中島直『犯罪と司法精神医学』（批評社，2008年）53頁以下，57頁以下などを参照。

⑿　もちろん，施設内においてもこれらの疾患の治療へ向けた取り組みは実施されつつある。例えば，浅見知邦＝岩堀武司「矯正施設の摂食障害患者特に八王子医療刑務所の治療環境について」矯正医学58巻1号（2009年）1頁以下，小島まな美「女子刑務所における摂食障害受刑者問題の現状と対策について」刑政126巻2号（2015年）98頁以下，西岡慎介「矯正医療の現状について」罪と罰53巻2号（2016年）11頁以下参照。

⒀　本法については，白井智之ほか「刑法等の一部を改正する法律及び薬物使用等の罪を犯した者に対する刑の一部の執行猶予に関する法律について」曹時68巻1号（2016年）25頁以下，太田達也『刑の一部執行猶予［改訂増補版］』（慶應義塾大学出版会，2018年）参照。

⒁　この点について，太田・前掲注⒀18頁以下を参照。

う[45]。[判例⑪][判例㉑][判例㉒][判例㉓]が述べるような趣旨も，こうした対応に合致しているということもできよう。

　刑の一部執行猶予の言い渡しの要件である「再び犯罪をすることを防ぐために必要であり，かつ，相当である」（刑法 27 条の 2 第 1 項）こと，すなわち再犯防止の①必要性・②相当性については，①で施設内処遇と社会内処遇の連携を図ることが本人の再犯防止のうえで必要かどうかを判断し，②は(1)予防面での相当性と，(2)犯情（刑事責任）面での相当性に分けて考慮することとされている[46]。窃盗症ないし摂食障害に罹患している被告人の場合，①で社会内処遇（医療機関における治療）の必要性が認められ，②についても(1)治療を受ける環境が整備されており，本人も治療に向けた積極的な態度を示していること，(2)（主として制御能力の低減による）責任の減少が認められること，などが判断要素になると解される。

　刑の一部執行猶予制度では，保護観察に付するか否かは任意的である（刑法 27 条の 3 第 1 項）。近時，法務省保護局の実務家から，窃盗症に起因する窃盗事犯に関して，保護観察下においたことで対象者に却って遵守事項に違反してはならないという強いプレッシャーが生じ，再犯に追い込まれた事例が紹介されている。そこでは，衝動制御の障害がある者には，「保護観察が前提としている心理的強制による行動の自制が働く余地がきわめて限られている」ことから，今後，保護観察における窃盗症への対応を分析・研究した上で，有効な専門的処遇の手法が開発できれば保健医療機関等と保護観察所が連携して再犯防止の効果を挙げられることが指摘されている[47]。保護観察の場合に限らず，社会内処遇が有効に機能するためには，窃盗症ないし摂食障害の治療方法・治療体制自体の改善[48]もさることながら，当該疾患の特性を踏ま

---

[45]　太田・前掲注[43] 22 頁参照。

[46]　白井ほか・前掲注[43] 39 頁以下。さらに，太田・前掲注[43] 226 頁以下，小池信太郎「刑の一部執行猶予と量刑判断に関する覚書」慶應ロー 33 号（2015 年）268 頁以下参照。

[47]　前川洋平＝西平俊秀「窃盗事犯に解する処遇」今福章二＝小長井賀與（編）『保護観察とは何か』（法律文化社，2016 年）226 頁。なお，原田國男『裁判員裁判と量刑法』（成文堂，2011 年）202-203 頁は，第 1 審で保護観察付執行猶予となった被告人が，検察官の量刑不当による控訴中に医療機関に入院し，退院後に再犯に及んでしまったという事例に関して，実刑か否かが問題になっている公判中にもかかわらず再犯に出るという「極端な形で犯罪への衝動性が証明されているともいえる」と指摘されている。

88　第 4 章　窃盗症（クレプトマニア）・摂食障害と刑事責任

えた処遇内容の評価・検証も常に求められることに留意しなければならない。

⑷　2015 年 2 月，国立精神・神経医療研究センターに統括機関としての摂食障害全国基幹センター（CEDRI）が開設され，また同年 9 月には宮城県・静岡県・福岡県に，2017 年 10 月には千葉県に摂食障害治療支援センターが設置された。基幹センターでは，支援センターとの連携により，相談事例の収集と解析，治療プログラムの開発研究などを行っている（https://www.ncnp.go.jp/nimh/shinshin/edcenter 参照）。

第5章

「責任無能力者の故意」について
——心神喪失者等医療観察法における対象行為の主観的要件

I　問題の所在

2003年7月に成立し，2005年7月より施行されている「心神喪失等の状態で重大な他害行為を行った者の医療及び観察等に関する法律」（以下「医療観察法」という。）の下で医療的処遇を受ける「対象者」とは，不起訴処分または確定判決において，心神喪失または心神耗弱状態で，2条1項各号で規定された「対象行為」を行ったと認められた者である（2条2項）。その「対象行為」は，放火，強制わいせつ，強姦，殺人，傷害，強盗の各罪に限定されている。医療観察法の立案担当者の説明によれば，「これらの行為は，いずれも個人の生命，身体，財産等に重大な被害を及ぼすものであることに加え，他の他害行為に比べて，心神喪失者等により行われることが比較的多いこと」[1]が，上記6罪種に限られた理由であるとされている。

　これらの対象行為はいずれも故意犯（その結果的加重犯を含む）であることから，当該行為が対象行為にあたる（対象行為該当性が肯定される）ためには，客観

---

[1]　白木功ほか「心神喪失等の状態で重大な他害行為を行った者の医療及び観察等に関する法律（平成15年法律第110号）について(1)」曹時56巻10号（2004年）26頁。この6罪種はかつて刑法改正事業の中で，保安処分に関する法務省刑事局案として示された内容と同一である。その際にも「犯罪によって市民生活に与える不安の性質及び程度におのずと軽重があるので，刑法上の制度としては，実際に起こる頻度も考慮した上，特に市民生活に大きな不安を与え，直接かつ回復し難い損害をもたらすものに限定した」という説明がなされていた（「保安処分制度（刑事局案）の骨子（昭和56・12・26）」ジュリ772号（1982年）85頁以下）。

　なお，本章における医療観察法の条文は，原則として平成25（2013）年の一部改正後のものである。

90 第5章 「責任無能力者の故意」について

的要件のみならず，故意を中心とした（さらには目的犯における「目的」といった，少なくとも責任能力以外の）主観的要件が充足されることが必要となるようにも思われる[2]。

しかしながら，たとえば当該行為者が幻覚妄想状態の下で行為に出たような場合においては，「故意」が欠如するといった事態もありうる。そうすると対象行為該当性は否定され，医療観察法の対象者から除外されることになるが，それでは却って医療的処遇を受けるべき症状の重い者が処遇を受けることが困難になり，本法の立法趣旨に悖るとの評価も生じうる。心神喪失等が原因で行為に出ており，かつ，本来の意味での主観的要件が欠如する者について，医療観察法が対象者として想定していないとは考え難いであろう。そこで，これらの者についても対象行為該当性を肯定するための方法がありうるのかが，本章で検討する問題である。

もっとも立案担当者によれば，医療観察法（旧）第2条3項（現・第2条2項）1号にいう「対象行為を行った」に該当するためには，「行われた行為が，本条第2項各号に掲げる罪の構成要件に該当し，違法である必要があるが，心神喪失等の状態で重大な他害行為を行った者の社会復帰を促進するという本法の目的に照らし，責任の有無は問わないと解される」[3]と説明されている。これを文字通りに捉えるならば，「対象行為」は「構成要件に該当する違法な行為」であればよく，有責性は必要条件ではないとみることも不可能ではない。しかし，「心神喪失等の状態で重大な他害行為……を行った者に対し……その病状の改善及びこれに伴う同様の行為の再発の防止を図り，もってその社会復帰を促進する」という本法の目的（第1条1項）に照らして必要ではないとされうるのは責任能力のみであり，故意をはじめとする責任要素ないし主観的要件が当然に不要となるわけではないとも解される。しかも，第2条1項各号における対象行為は上述のようにいずれも故意犯であり，少なくとも故意がなければどの対象行為に該当するかの判断はできなくなる。

この問題は，責任能力の責任論における体系的地位とも関連している。責

---

(2) 強制入院などの要件を定める医療観察法42条においても，「対象行為を行った」「同様の行為を行うことなく」という文言がみられるのみであり，対象行為該当性が肯定されるための要件については定められていない。

(3) 白木ほか・前掲注(1)26-27頁。

任能力を，当該行為から相対的に独立した，行為者の一般的能力と理解し，行為者の人格の統一性と持続性を出発点として責任能力を捉える「責任前提説」[4]によるならば，責任無能力者には責任の前提が欠けることになるので，当該行為について責任要素たる故意を判断する必要はないことになる。責任前提説に立ちつつ，かつ，構成要件的故意の概念をも否定するならば，責任無能力者たる心神喪失者にはそもそも「故意」が認められないことになり，常に対象行為該当性が否定される結果となる。これは医療観察法の規定と適合的ではなく，そもそも対象者に「故意」を要求すること自体が矛盾していることになり，現にこうした観点から「法の欠陥」を指摘する見解もある[5]。これに対して，責任能力を行為者の一般的能力としてではなく，当該行為との関連においてのみ理解し，それ自体責任要素であるとする「責任要素説」[6]によれば，故意が認定された後に責任能力の有無を判断することになる。この場合は，責任無能力者にも「故意」は認められることになり，医療観察法の規定とも適合的である。本稿も，行為責任論の見地からは責任能力も当該行為について考えられるべきこと，また，故意・過失のない者について責任能力の有無を裁判所が判断するのは適切とはいえないことから，責任要素説を妥当と解する。ただ，このような立場からも，上述のような対象行為該当性の問題に関して，対象者が備えるべき主観的要件の意義・内容については改めて検討すべきことになる。

　近時，判例においては，最高裁判例も含めて，こうした対象行為の主観的要件に関して注目すべき見解が示されている。そこでは，大別すると2つのアプローチによる問題解決の方向性が提示されてきた。本章では，これらの

---

(4)　浅田和茂『刑法総論〔第2版〕』（成文堂，2019年）289頁，大谷實『刑法講義総論〔新版第5版〕』（成文堂，2019年）315-316頁，伊東研祐『刑法講義総論』（日本評論社，2010年）253頁など。

(5)　浅田和茂「医療観察法と2つの最高裁判例」刑弁63号（2010）49頁は，「「医療観察法が対象行為を『重大な他害行為』に限定するにあたり，刑法の条文でそれを示したことにすでに問題がある。刑法は故意犯と過失犯を区別して規定しており，刑法199条に故意犯しか含まれていないことは明らかであるにもかかわらず，重篤な精神障害により責任能力がない場合，刑法が要求している（意味の認識や違法性の意識を有するような）『故意』を有するとは到底いえないからである」とする。

(6)　団藤重光『刑法綱要総論〔第3版〕』（創文，1990年）276頁，平野龍一『刑法総論II』（有斐閣，1975年）283頁，内藤謙『刑法講義総論(下)I』（有斐閣，1991年）799頁以下など。

92 第5章 「責任無能力者の故意」について

アプローチを検討しながら，対象行為の主観的要件の意義ないし判断方法について考察することにしたい。

Ⅱ 近時の判例に関する検討：2つのアプローチ

1 「構成要件的故意」によるアプローチ（東京高裁平成20年3月10日判決[7]）

(1) 事実の概要

被告人は，A方で，同人に対し，殺意をもって，口腔内に所携のドリルの先端を突き刺して小脳等を貫通させるなどして，同人を軟口蓋刺創による出血性ショックにより死亡させて殺害し，さらにA方（鉄筋コンクリート造5階建ての一室。床面積約47平方メートル）に放火しようと企て，そのベランダで，カラースプレー缶から噴霧させた可燃性ガス等に所携のライターで点火し，その火力で書籍等を詰めたゴミ袋に火を放ち，その火を同ベランダ上の新聞紙等を介して被害者方台所内の敷居等に燃え移らせ，よって，現にBが住居に使用しているA方約37平方メートルを焼損した，というものである。

原審では，検察官はAの心神耗弱を主張し，弁護人は心神喪失を主張した。弁護人はまた，「被告人はAを殺害した際，Aを人ではないケモノであると思っていた」などとして，殺人等の故意を欠いている旨主張した。原判決[8]は，心神喪失の疑いがあるとして被告人に無罪を言い渡した。これに対して，検察官は控訴した。

(2) 判 旨

控訴審（本判決）は，原判決を支持し，控訴を棄却した。「本件各犯行に関する被告人の故意の有無とその判断構造について」として，次のような補足説明を行っている。

「刑法では，故意を定めた38条の後に心神喪失及び心神耗弱を定めた39条が置かれているから，故意が肯定された後に，責任能力の有無を判断するといった判断順序になるのが，条文の順序に従ったものといえる」ところ，

---

(7) 東京高判平成20・3・10判タ1269号324頁。
(8) 東京地八王子支判平成19・7・10判タ1269号335頁。本判決につき，玄守道「判批」速報判例解説 vol. 3（2008年）163頁以下参照。

事理弁識能力を欠いている心神喪失者の場合には，自らの認識対象が「人」であるとの事実まで認識はできず，したがって責任要素としての殺意までは認められないといったことも十分想定可能であり，このことは故意責任を肯定して初めて責任能力の有無について判断するという上記条文の順序に基づく判断順序にはそぐわない事態である。すなわち「このような判断構造には，合理性に欠ける点が内在している」。

他方，「医療観察法が本来対象とするのは，心神喪失者であるから，そういった者が，事理弁識能力を欠いていることに基づいて責任要素としての故意を欠くとして無罪とされ，その結果，対象者に該当しないということになれば，医療観察法の適正な運用・解釈に大きく背理する事態が発現することになるといえる」。医療観察法は，「刑法39条1項で無罪の確定判決を受けた者を対象者として，その適切な処遇等を定めた法律であるから，部分的とはいえ刑法を補完する法律であると見られ，その限度では，刑法と同等に位置付けられるべき法律であると解される」から，その「適用・解釈に当たって，刑法の総則規定に内在する判断構造の不合理性が顕在化するような場合には，翻って，刑法総則の判断構造の不合理性を是正して合理的なものとすることが要請されていると解することには，十分な合理性がある」。そこで，「人の死という結果が発生したことに関して成立する犯罪としては，結合犯を除いても，殺人罪，傷害致死罪，業務上過失・重過失致死罪，過失致死罪等が想定可能であるが，構成要件要素としての故意は，当該犯罪行為が，前記各罪のどの罪を構成することになるのかを振り分ける契機となる事由として位置付けられるべきものであるから，その契機を果たすのに足りる認識が有れば，構成要件要素としての故意は肯定してよいものと解される」。「原判決が認定した被告人の行為は，殺人の故意が肯定されれば，まさに，殺人罪を構成するのに十分なものであ」り，「そういった行為に出た者が，原判決のいう『人の外観を有し，人の振る舞いをするもの』との認識を有していれば，それらを総合して『人』といった認識を持っていたであろうとの推定をすることができるから，構成要件要素としての殺人の故意はあったとしてよいものと解される」。したがって，「原判決が被告人に殺意があったことを肯定したのは，この限度で支持できる」。

94　第5章　「責任無能力者の故意」について

そして，「事理弁識能力を欠くことに基づいて，殺害行為の対象者が『人』であることまでの認識を有しているとは認められない場合には，責任能力の有無の判断に先行して，責任要素としての殺意を欠くとして無罪とするのではなく，責任要素としての殺意の有無に先行して，事理弁識能力を欠くが故に心神喪失であるとして無罪とするのが，前記判断構造に内在する不合理性を是正した合理的な判断構造といえる」として，原判決が責任要素としての殺人の故意を認めたことは誤りであるが，心神喪失の疑いにより殺人について無罪とした結論自体には誤りはなかったとした[9]。

(3)　検　討

本判決は，刑法の条文構成からみるならば，故意の認定→責任能力判断となるべきところ，事理弁識能力のない心神喪失者の場合には故意が認められない事態も十分想定されることから，こうした判断構造には不合理な面があることを指摘しつつ，それらの「故意のない心神喪失者」が故意の不存在を理由として無罪となるならば，医療観察法の対象者から除外されることになって法の趣旨に反するという事態に配慮したものであると解しうる。こうした「配慮」はそれ自体正当なものであると思われるが，本判決の特徴は，右の「配慮」を実行するために，故意概念の解釈というアプローチを採用した点にある。

すなわち本判決は，被告人は，被害者を「人」であると認識していたものではないから，「責任要素としての故意」を認めることはできないが，「人の外観を有し，人の振る舞いをするもの」との認識はあったことから，一般的には，そのような認識を有する者が，その認識対象を「人」であるとの認識を有することは推定できるから，「構成要件要素としての故意」は認められるという前提に立つ。換言すれば，ここでは，対象行為該当性を肯定するためには，「犯罪の成立を認めるに足りる故意」が存在することまでは必要ではないが，「一般人であれば犯罪事実の認識を有するに至るであろう程度の事情」を認識する必要はあるとされているのであり，対象行為該当性を判断する際

---

(9)　加藤俊治「判批」研修722号（2008年）10頁は，本判決が，控訴理由とされていない殺人等の故意の認定についてまで説明したのは，医療観察法による医療を受けさせる等の決定を求める検察官の申立て（33条1項）を見越して，対象行為が認められることを明確にしようとしたためであるとしている。

の主観的要件たる故意の内容を，本来の（犯罪成立要件としての，あるいは「責任故意」というときの）故意の内容とは異なって理解することによって，問題解決を図ろうとするものである。

これは，いわゆる故意の体系的位置づけに関して，構成要件的故意と責任故意とに二分する立場からは，1つの採りうる理論構成ではある。しかしながら，このように従来から議論の多い故意の体系的位置づけについて，一定の見解を前提としなければ医療観察法の（正当な）解釈を導くことができないというのは問題であるように思われる。たしかに従来の判例において，「構成要件的故意」の概念を援用している例は少なからず存在するものの，だからといってそれが判例の支配的立場であるとまではいうことができない[10]。本判決の指摘する「判断構造の不合理性」を解消するために，解釈論としては故意を二分する立場を必然的に採らなければならないとするならば，むしろ，法律の内容自体の瑕疵を追求し，問題解決を立法論に委ねるべきことになろう。

学説では，本判決に賛意を表しつつ「構成要件的故意と責任故意を区別することには理論的根拠もあり，さらには実益もある」[11]ことを指摘する立場もある。これによれば，構成要件的故意は犯罪個別化機能を有し，故意の内容に関しては意味の認識(素人仲間の並行評価)のレベルにとどまるのに対して，責任故意は責任非難機能を有し，故意の内容については違法性を基礎づける事実の認識が付加されるのであり，判例が誤想防衛を故意阻却として処理しているのも，構成要件的故意は認められるが責任故意がないと解することの「実益」に挙げられるとする。そして，構成要件的故意については犯罪論の基本原則がそのまま適用されるが，責任故意については医療観察法の趣旨を考慮して犯罪論における「責任」を変容することも許され，たとえば誤想防衛が精神障害に基づいて生じた場合は，故意阻却を否定して医療観察法を適用

---

(10) 判決中で「構成要件的故意」の語を用いた判例として，たとえば大阪地判昭和 43・8・16 判時 537 号 88 頁（殺人被告事件），鹿児島地判昭和 52・7・7 刑月 9 巻 7=8 号 439 頁（殺人未遂，監禁，傷害各被告事件），東京地判平成 16・1・13 判タ 1150 号 291 頁（わいせつ図画頒布被告事件）などがある。

(11) 高橋則夫「責任無能力者の故意について—刑法と医療観察法との交錯—」研修 736 号（2009 年）9 頁。これに対して，緒方あゆみ「薬物犯罪者の責任能力——東京高裁平成 20 年 3 月 10 日判決を素材として——」明学 88 号（2010 年）175 頁参照。

96　第5章　「責任無能力者の故意」について

することもできると主張する[12]。ただ，こうした立場を前提としても，本件のように客体が「人の外観を有し，人の振る舞いをするもの」であるとの認識があったことから，直ちに「人」であるという意味の認識を有していたと結論づけてよいのかは問題である。本判決の原審は，「被告人は，Aのことをケモノであると思っていた旨供述するが，このように思っていたとしても……一般人であれば殺人を犯すと認識するに足る事実を認識していたというべきである」と判示しており，本判決も，殺害行為に出た者が「原判決のいう『人の外観を有し，人の振る舞いをするもの』との認識を有していれば，それらを総合して『人』といった認識を持っていたであろうとの推定をすることができるから，構成要件要素としての殺人の故意はあったとしてよい」としている。しかし，客体を「ケモノ」ではあるが「人の外観を有し，人の振る舞いをするもの」であると認識していたのだとすれば，外観および振る舞いの点での「人との類似性」を認識しているだけで，「人そのもの」（人という内実を備えたもの）であるとは認識していないのではないか，すなわち「人」であるという意味の認識には至っていないのではないかとの疑問が残るといわなければならない[13]。

　さらに，本判決が採用する見解によっても，行為者の幻覚妄想状態が一層甚だしい場合には，客体が「人の外観を有し，人の振る舞いをするもの」であるとの認識すらなくなり，ここでいう「構成要件的故意」が否定され，対象行為該当性は認められなくなる[14]。すなわち，症状が重篤な場合であるほど医療観察法の対象とはならないことになるが，それが同法の趣旨に叶っているのかも議論の余地があろう。

　以上のように，東京高裁平成20年判決の「構成要件的故意」によるアプローチには，なお問題点が残されているように思われる。

---

[12]　高橋・前掲注[11]9-11頁。
[13]　この点についてはさらに，安田拓人「判批」判評603号（2009年）27頁も参照。
[14]　佐伯仁志「裁判員裁判と刑法の難解概念」曹時61巻8号（2009年）42頁参照。

Ⅱ　近時の判例に関する検討：2つのアプローチ　　97

2　仮定的判断によるアプローチ（最高裁平成20年6月18日決定[15]）

(1)　事実の概要

　対象者は，本件行為時，病状の重い妄想型統合失調症に罹患しており，幻
聴，誇大妄想，被害妄想，病識欠如等の症状を呈していたものであるが，ビ
ル5階にあるA方居室内に無断で立ち入り，Aの靴下及びAの二男Bのベ
ルトを手に取り，ベルトを肩にたすき掛けのように掛けるなどしてそれらを
自己の占有下に置いたところをAの妻Cに発見され，同女からの電話連絡
を受けたAとBが駆けつけ，Bが対象者の逃亡を防ぐために対象者が肩に
かけていたベルトをつかんだところ，対象者は，Bに対して顔面等を手拳で
殴打するなどの暴行を加え，全治約2週間を要する傷害を負わせた。以上の
事実関係について，付添人は，①ベルト等の窃盗につき故意がないから，そ
もそも事後強盗罪に該当しない，②暴行行為につき逮捕を免れる目的がない
から，事後強盗罪に該当しない，③暴行行為には正当防衛が成立し，又は少
なくとも誤想防衛に当たる旨主張し，本件対象行為の有無を争った。

　第1審[16]は，①について，自ら使用する目的でベルトを肩にかけたのだか
ら窃盗罪が成立し，所有者の承諾が得られると思っていてもそれは推測ない
し期待にとどまるから故意の認定を左右するものではないとし，②について，
対象者は住居侵入及び窃盗の事実を認識していたのだから，被害者2名が取
り押さえようとした行為が自己に対する逮捕行為であると認識していたもの
と認めるべきであるとし，さらに③について，逮捕行為は正当行為であるか
ら正当防衛は成立せず，また逮捕行為である旨認識していたのだから，被害
者2名の行為を急迫不正の侵害と誤認したという事実自体が認められないと
判示した。そして，対象者が行為時に心神喪失状態にあったものと認め，「医

---

[15]　最決平成20・6・18刑集62巻6号1812頁。本決定については，増田啓祐「判解」最
　　判解刑事篇・平成20年度444頁以下，平野美紀「判批」医事法27号（2012年）128頁，
　　飯野海彦「判批」判評650号（2013年）47頁以下，上原大祐「判批」甲斐克則＝手嶋豊
　　（編）別ジュリ『医事法判例百選〔第2版〕』（2014年）220頁以下，浅田・前掲注(5)44頁
　　以下，加藤・前掲注(9)3頁以下参照。さらに，安田拓人「心神喪失者医療観察法の対象
　　行為―最高裁平成20年6月18日第三小法廷決定を契機として―」刑ジャ19号（2009
　　年）2頁以下，安田拓人＝箭野章五郎＝大庭沙織＝水留正流「故意と責任能力」刑ジャ41
　　号（2014年）68頁以下参照。

[16]　東京地決平成19・11・21刑集62巻6号1825頁参照。

98   第5章 「責任無能力者の故意」について

療を受けさせるために入院させる」旨の決定をした。

　これに対して付添人は，対象者が，幻覚妄想状態の中での認識に基づき，①ベルト及び靴下の所有者（対象者の認識によれば「亡くなった警官」）と霊界で会話をして，これらを持ち出すことについて明確な承諾が得られたと認識していたので窃盗の故意がなく，②A 及び B が対象者を殺そうとしているやくざであると認識し，A 及び B の行為を逮捕行為であるとは考えていなかったので，逮捕を免れる目的がなく，③対象者は A 及び B の行為を急迫不正の侵害だと誤認したのだから対象者の暴行行為は誤想防衛に該当し，対象者には事後強盗罪が成立せず，対象行為は存在しないと主張して抗告した。

　控訴審[17]は，次のように判示して，抗告を棄却した。「対象者が，病状の重い妄想型統合失調症に罹患しており，心神喪失の状態に当たる妄想型統合失調症による幻覚妄想状態の中で幻聴，妄想等に基づいて行った行為について，対象行為に該当するかどうかを認定するに当たっては，対象者自身の幻覚妄想状態の中での認識に依拠して対象者の行為を評価するのではなく，対象者の行為を客観的・外形的に見た場合に，対象者が通常人であれば，どのような認識や意図でその行為を行ったものであると認定できるかという観点から，対象者の行為を評価すべきものであると解される（ちなみに，対象者が，捜査段階及び審判段階を通じて完全に黙秘している場合には，そのような認定方法を採らざるを得ないことになる。）。なぜならば，対象行為が成立するための客観的な要件が備わっており，通常人の観点から見た判断によれば，明らかに対象行為に該当すると認定できる対象者の行為について，対象者自身の幻覚妄想状態の中での認識に依拠した場合には，対象行為が成立するための主観的な要件を欠くことになり，対象行為に該当しないとの結論にならざるを得ないことも起こり得るからである。そして，そのようなことになったのでは，心神喪失の状態で重大な他害行為を行い，医療観察法による継続的かつ適切な医療を受けることを真に必要としている対象者が，そのような医療を受けられないことになり，同法1条1項の定める……同法の目的に違背し，同法の立法趣旨に反することになるからである」。そして控訴審は，以上のような観点から評価するならば，対象者の行為は，客観的・外形的に見た場合，対象者が通

────────────

[17]　東京高決平成 19・12・21 刑集 62 巻 6 号 1832 頁参照。

常人であれば，当該客体が他人の所有物であることを認識しながら，所有者の承諾なくそれらを窃取したところ，A及びBから逮捕されそうになったために暴行を加えたものであって，誤想防衛も不成立であるとして，事後強盗罪の成立を認めた。付添人は抗告した。

(2) **判　旨**

最高裁は以下のように判示して抗告を棄却した。「医療観察法は，心神喪失等の状態で重大な他害行為を行った者に対し，継続的かつ適切な医療等を行うことによって，その病状の改善及びこれに伴う同様の行為の再発の防止を図り，もってその社会復帰を促進することを目的とするものである。このような医療観察法の趣旨にかんがみると，対象者の行為が対象行為に該当するかどうかの判断は，対象者が妄想型統合失調症による幻覚妄想状態の中で幻聴，妄想等に基づいて行為を行った本件のような場合，対象者が幻聴，妄想等により認識した内容に基づいて行うべきでなく，対象者の行為を当時の状況の下で外形的，客観的に考察し，心神喪失の状態にない者が同じ行為を行ったとすれば，主観的要素を含め，対象行為を犯したと評価することができる行為であると認められるかどうかの観点から行うべきであり，これが肯定されるときは，対象者は対象行為を行ったと認定することができると解するのが相当である。なぜなら，上記のような幻聴，妄想等により対象者が認識した内容に基づいて対象行為の該当性を判断するとすれば，医療観察法による医療が最も必要とされる症状の重い者の行為が，主観的要素の点で対象行為該当性を欠くこととなりかねず，医療観察法の目的に反することとなるからである。したがって，これと同旨の見解の下，対象者の本件行為が，医療観察法2条2項（引用者注：現2条1項）5号に規定する対象行為に当たるとした原判断は，正当として是認することができる」。

(3) **検　討**

最高裁は，控訴審決定と同様に，前掲東京高裁平成20年判決のような「構成要件的故意」のアプローチを採用しなかった。すなわち最高裁は，対象者が幻覚妄想状態の下で行った行為の対象行為該当性の判断は，対象者の認識内容に基づくのではなく，「対象者の行為を当時の状況の下で外形的，客観的に考察し，心神喪失の状態にない者が同じ行為を行ったとすれば，主観的要

素を含め，対象行為を犯したと評価することができる行為であると認められるかどうかの観点から」なされるべきであるとした。この点について最高裁が是認する控訴審の判断は，「対象者自身の幻覚妄想状態の中での認識に依拠して対象者の行為を評価するのではなく，対象者の行為を客観的・外形的に見た場合に，対象者が通常人であれば，どのような認識や意図でその行為を行ったものであると認定できるかという観点から」行うべきであるというものであり，ほぼ同一の判断方法であるといってよい。そして，こうした一種の「仮定的判断」によって故意（を含む主観的要件）を認定すべきであるというアプローチが採用されたのは，最高裁・控訴審ともに，幻覚妄想状態の下でなされた行為の場合に，対象者の認識に基づいて主観的要件を判断しようとするならば，それが否定される可能性が高く，その結果，対象行為該当性を欠くこととなり，医療観察法の対象から除外されることを回避するという政策的考慮によるものであり，東京高裁平成 20 年判決に示されていた配慮と同様のものであるということができよう。

　このような最高裁の見解は，故意の体系的位置づけについていずれの立場を採るにしても，説明可能であるという点で支持しうる。また，上記のような政策的考慮がこうした見解の契機とされていることも，本法の立法趣旨に鑑みるならば，それ自体は妥当であるといえよう。もっとも，こうした「仮定的判断」，すなわち「心神喪失の状態にない者が同じ行為を行ったとすれば」といった，現実には存在しない仮定的事実を介在させて，「主観的要素を含め，対象行為を犯したと評価することができる行為であると認められるかどうか」を判断する方法の意味については検討を要する点がある。

　まず，本決定の「主観的要素を含め」との表現からは，客観的要素についても，このような仮定的判断に基づくべきものとしていると解する余地もあるが，客観的要素が「当時の状況の下で外形的，客観的に考察」されるべきことは当然であり，そこに「心神喪失状態にない者が同じ行為をすれば」という仮定的事実を介在させても結論に変化はないと思われる。したがって，ここでの主眼は（争点にもなっている）主観的要素にあるというべきであろう。そこで，主観的要素に関して，本決定の事実関係に即してみると，付添人の主張内容は，対象者は，幻覚妄想状態での認識に基づき，①財物の所有者の

Ⅱ　近時の判例に関する検討：2つのアプローチ　　101

承諾が得られたと認識していたので，窃盗罪の故意がなく，②相手の行為を逮捕行為とは考えていなかったので，事後強盗罪における「逮捕を免れる目的」がなく，③相手の行為を急迫不正の侵害と誤認したので，誤想防衛が成立する（故意が阻却される），というものであった。これに対して本決定は，上記の仮定的判断を行うことによって，対象者には①窃盗罪の故意があり，②「逮捕を免れる目的」も認められ，かつ③誤想防衛は成立しない（故意は阻却されない）と「評価」したことになる。ただ，これらの主観的要素はいうまでもなく実際には（対象者には）存在しなかったものである。したがって，本決定の判断は，実際に存在している（ないしはその可能性のある）認識内容を推認しようとするものではない。すなわち，対象者に，幻覚や妄想とは別の認識があると観念して，それらを認定しようとするものではなく，対象者の行為が，仮に幻覚や妄想に支配されていなかったとすれば，どのような認識ないし意図に基いてその行為を行ったものであると通常は「想定」できるかが問題とされており，その判断方法として，「対象者の行為を当時の状況の下で外形的，客観的に考察」することが求められているのである[18]。これは，「対象者に主観的要素はおよそ不要である」といった見解とは一線を画しているものの，主観的要素の欠如が対象行為該当性成立の妨げにはならないとしたものということも可能である[19]。このように，「実際には存在しない」ことを前提にしつつ，それでも「主観的要件は充足されている」とすることがいかなる意味において許容されるかは，改めて確認しておく必要があるように思われる。

　さらに，本決定の射程範囲についても，なお検討の余地がある。本決定は「対象者が妄想型統合失調症による幻覚妄想状態の中で幻聴，妄想等に基づいて行為を行った本件のような場合」と判示しているが，これは，仮定的判断が適用される事案を限定する趣旨であろうか。たとえば，心神喪失者は，通常の意味での故意などの主観的要素を有している場合もありうるが，本決

---

(18)　この点について，控訴審は，括弧書きの中で「対象者が，捜査段階及び審判段階を通じて完全に黙秘している場合には，そのような認定方法（＝仮定的判断〔引用者注〕）を採らざるを得ないことになる」と判示している。しかし，黙秘している対象者についてこうした判断を行うことは，むしろ実際に存在している（ないしその可能性のある）認識内容を推認しようとする場合が中心であるように思われる。

(19)　加藤・前掲注(9)9頁参照。

定によれば，そのような場合でも仮定的判断によって，すなわち現実に故意を有している当該行為者とは別個の次元で「心神喪失状態にない者が同じ行為を行ったとすれば」という仮定的事実を介在させて主観的要素を認定すべきなのであろうか。また，医療観察法の対象には心神喪失者だけではなく心神耗弱者も含まれ，その場合も通常の意味での主観的要素が具備されていることは多いと予想されるが，そこでも同様に仮定的判断が要求されるのだろうか。こうした点は，本決定の判示からは，必ずしも明らかではない[20]。

Ⅲ　若干の考察

(1)　これまで検討してきた判例の動向をも踏まえて，対象行為該当性における主観的要件の意義および判断方法について，改めて考察する。

　まず前提として，医療観察法は，心神喪失又は心神耗弱の状態で重大な他害行為を行った者に対して，継続的かつ適切な医療ならびにその確保のために必要な観察及び指導を行うことによって，その病状の改善及びこれに伴う同様の行為の再発の防止を図り，もってその社会復帰を促進することを目的とする（第1条1項）ものであるから，犯罪防止を目的とする刑事法ではなく，対象者の社会復帰を目的とする精神医療法であることが確認される必要がある[21]。すなわち，同法による医療的処遇は，対象者に対する法的非難可能性（＝有責性）を根拠として科される制裁ではない。他害行為は，回顧的な非難の対象ではなく，将来に向けての対象者の医療・保護の必要性を示すものである[22]。その意味で，対象者には故意等の主観的要素が医療的処遇の必要条件として求められているわけではない。

　しかし他方，判例においては，医療観察法成立前から，心神喪失又は心神

---

(20)　加藤・前掲注(9)17頁は，「私見では，対象行為の認定に際しては対象者の認識・意図に依拠すべきではないとの点は，行為が幻覚妄想に支配されていた場合のみでなく，対象行為の認定一般に通用する考え方である」としつつ，心神耗弱のように，本来的な意味での主観的要素を認め得る場合についてまで同様の考え方を採ることには「若干の違和感が残る可能性もある」とされる。

(21)　町野朔「精神保健福祉法と心神喪失者等医療観察法——保安処分から精神医療へ」町野朔（編）ジュリ増刊『精神医療と心神喪失者等医療観察法』（2004年）69頁参照。

(22)　林美月子「責任能力制度と精神医療の強制」町野（編）・前掲注(21)113頁参照。

Ⅲ　若干の考察　103

耗弱と判断された者について，「故意」さらには「確定的故意」が認定されているのが一般的である[23]。また，医療観察法第2条2項1号が「対象者」の定義について「対象行為を行ったこと及び刑法第39条1項に規定する者……又は同条第2項に規定する者であることが認められること」とし，同項2号が「対象行為について，刑法第39条第1項の規定により無罪の確定裁判を受けた者又は同条第2項の規定により刑を減軽する旨の確定裁判……を受けた者」と規定していることからみれば，当該対象者は，「刑法39条の適用を受ける者」であって，原則として「責任能力以外の責任要素は備えている者」を意味していると解することが可能である。すなわち，故意との関連でいえば，本法における対象者は，基本的に「心神喪失又は心神耗弱状態にあるが，（本来の意味での）故意を有している者」が念頭に置かれている。ただし例外的に，「心神喪失又は心神耗弱状態にある者で，その症状が原因となって（本来の意味での）故意を有していない者」については，それらの者を医療観察法の対象者から除外すべきではないという「政策的考慮」に基づき，対象行為該当性を肯定するために，主観的要件の判断方法について一定の修正を施すことが許されるものと解される。本来の意味での故意を有していない者は，それを有している者に比して精神障害の症状が重篤であることが予想され，その意味で，より医療の必要性が高いと判断されるからである。

(2)　以上の点から，主観的要件の判断方法については，次のように場合分けすることが可能となる。まず，(a)対象者が，犯罪事実（構成要件該当事実および

---

[23]　たとえば，横浜地判平成13・9・20判タ1088号265頁は，「本件犯行態様は，身体の枢要部である腹部等を刃体の長さ約14.7センチメートルの出刃包丁で突き刺すという，被害者両名を死亡させる危険性の極めて高いものであり，被告人も，被害者両名を上記包丁で突き刺したことは認識していたことなどからすると，犯行当時被告人が殺意を有していたことは優に認められる」としつつも他方で「本件犯行を，被告人の人格の発現とみることが困難な面があることは否定できず，本件犯行当時，被告人に行為の是非善悪を弁識し，その弁識に従って行動する能力が限定的にでも存していたとすることについては疑問が残るといわざるを得ない」として，心神喪失による無罪を言い渡している。また，神戸地判平成6・5・10判時1515号172頁は，「犯行の動機，態様，傷害の部位，程度等によれば，被告人が，本件犯行の際，Aに対し，確定的殺意を有していたことは明らかである」としながら，「被告人は，右犯行当時，妄想に直接支配されていたため，右犯行に関し事の理非善悪を弁識し，これに従って行動する能力を欠如していたから，被告人は，犯行当時，心神喪失の状態にあったと認められる」として，同様に心神喪失による無罪を言い渡した。

違法性に関する事実）については，心神喪失または心神耗弱の状態にない者と同様の認識を有していた場合（たとえば，客体について「人」であるとの認識に基づいてこれを殺害しようという意図の下で行為に出た場合）には，その認識内容に基づいて主観的要件を認定し，対象行為該当性を判断することになる。ここでは，心神喪失等の影響により主観的要件が否定されるという事態は想定されないため，「政策的考慮」によって主観的要件の判断方法に変更をもたらす必要はない。

　これに対して，(b)対象者が，犯罪事実については，幻覚，妄想などの，心神喪失の原因となった症状の影響下で認識し，それに基いて行為に出ていた場合には，実際の認識内容そのものから主観的要件を判断するとすれば（たとえば現実には「人」を殺害しているのに対象者は「相手は動物である」と認識してこれを殺害する意図の下に行為に出た場合のように）故意等が否定され，対象行為該当性を欠く結果となりうる。「政策的考慮」が優先されるべきなのはこの場合であり，対象行為該当性を肯定するために，当該他害行為について，対象者には本来の意味での主観的要件が欠如するにもかかわらず，本法第2条第1項各号所定のいずれの罪名に該当するかを決定する必要が生じる。それには，当該他害行為が同号所定の（1個または数個の）犯罪類型の客観的要件を充足することを前提として，当時の状況の下で当該他害行為を（対象者の実際の認識に依拠すべきではない以上）客観的・外形的に考察し，それに対応する（特定の犯罪類型の）主観的要件の充足を確定せざるを得ないと思われる。たとえば，被害者の身体に対する侵害行為について，どの部位に対して，どのような方法・強度・回数の攻撃を加えたのかといった客観的諸事情からみて，そのような行為が類型的に「殺人」の故意（第1項3号）によるものといえるか，あるいは「傷害」の故意（同項4号）によるものといえるか，それともそれ以外の意思によるものというべきかを判断することになる。

　これは，実際には存在しない主観的要件をあたかも存在するかのように「擬制」するというものではなく，本法第2条1項所定の客観的要件が充足されている場合に，当該客観的要件に対応する一般的・類型的な主観的要件（の充足）を，対象者の認識に基づくことなく決定する判断方法である[24]。最高裁平成20年決定のいう，「対象者の行為を当時の状況の下で外形的，客観的に

III 若干の考察　105

考察し，心神喪失の状態にない者が同じ行為を行ったとすれば，主観的要素を含め，対象行為を犯したと評価することができる行為であると認められるかどうか」という仮定的判断によるアプローチは，上述の意味において受容することができる[25]。こうしたアプローチは，従来の判例が心神喪失者・心神耗弱者についてもまず故意を認定するという意味で「責任要素説」的な立場にあったことに照らすならば，心神喪失等の状態にある場合にはそれを条件にして故意の判断方法に修正を施すという点において「責任前提説」的な立場とも評しうるが，これも上述の「政策的考慮」を優先させたことによる例外的な取扱いとみることが許されるように思われる[26]。

(3)　因みにわが国では，ドイツにおける議論に示唆を得つつ，「精神の障害に基づく錯誤は考慮しない」との判断方法を支持する立場から，本決定における仮定的判断もほぼ同一であるとの指摘がなされている[27]。これによれば，

[24]　これに対して，箭野章五郎「医療観察法における『対象行為』とその主観的要件—精神の障害に基づく錯誤の場合—」新報116巻7＝8号（2009年）120-121頁は，同様の立場を支持しつつ，故意等の主観的要素については，一種の擬制として認めるべきであるとする。また本決定の判示について，同133頁注[16]は，「主観的要素が欠けるが，それが存在するとみなすことを正面から認める構成に躊躇したかのような」ものであると指摘する。なお，林美月子「医療観察法の対象行為と故意」研修756号（2011年）10-11頁は，最高裁決定のような考え方によれば，検察官が起訴すれば故意が否定できるのに，検察官が起訴しなかったので故意は否定できなくなる結果を招くと批判する。たしかにそのような事態は生じ得るが，これも，医療の必要性の高い者を処遇の対象とする上でのやむを得ない不均衡というべきであろう。

[25]　ただし，安田・前掲注[13]28頁も指摘するように，最高裁決定の「心神喪失の状態にない者」との判示部分は，より正確には「心神喪失ないし心神耗弱の状態にない者」とすべきであろう。本決定の調査官解説は，「医療観察法の目的にも照らせば，医療等によって幻覚等を取り除くことによって，対象者が客観的な事実関係等を正しく認識するなどし，対象行為に出ることを思いとどまることができるかどうかが問われるべきであり，かつ，そのような認識を持つことができる事実関係であれば対象行為として十分であると思われる」とする（増田・前掲注[15]457頁）。

[26]　なお，林・前掲注[24]13頁は，立法論として，現行の医療観察法に「心神喪失又は心神耗弱の判断の基礎となった精神障害の故に故意を欠く場合も対象行為は否定されない」といった規定を置くことが考えられるとする（さらに，浅田・前掲注[5]49頁参照）。しかし，その場合でも，当該行為が本法2条1項各号のいずれに該当するかを判断しなければならないであろうから，やはり主観的要素の内容の確定は必要になると思われる。また，山本輝之＝柑本美和「心神喪失者等医療観察法における法的課題の検討」犯非174号（2012年）15頁も，対象者の認識に関する立法措置を提案する。

[27]　安田・前掲注[13]27頁。さらに，同「精神の障害に基づく錯誤について」中谷陽二（編集代表）『精神科医療と法』（弘文堂，2008年）45頁以下。ドイツにおける議論の状況については，箭野・前掲注[24]83頁以下も詳細である。

106　第5章 「責任無能力者の故意」について

構成要件要素に関する自然的意思・故意がある場合には，精神の障害により個々の要素に関する認識が欠如しても，対象行為該当性は否定されないとする。たしかに，このような判断方法による場合には，精神の障害に起因する対象者の認識内容は主観的要件の認定に際して意味をもたなくなり，「そのような錯誤に陥ることなく同じ行為を行ったとするならば」という判断と実質的に重なることになると解される。その限りで本決定の仮定的判断と同様の帰結をもたらしうる。ただしドイツ刑法 63 条では，わが国の医療観察法にいう「対象行為」に該当する部分が「違法な行為」(eine rechtswidrige Tat) と規定されており，そこには過失犯も含まれると解されていること[28]，また，同条における精神病院収容命令が，改善保安処分の1つとして位置づけられていること（ドイツ刑法 61 条1号）に留意すべきである[29]。

　さらに，わが国において上記の「精神の障害に基づく錯誤は考慮しない」との見解を支持する論者からは，考慮外に置かれるべきなのは「対象者自身の幻覚妄想状態での中の認識」面に関わる部分であり，誤って認知された対象に対する「実現意思」については，当該対象者の主観面を前提として判断することが可能であると指摘されている。それは，「他害行為の危険性を基礎づけるのは，この実現意思の部分であり，医療観察法による罪種の限定は，当該重大な故意犯により保護されるべき客体に関して誤った表象が生じ，それに『実現意思』が向けられることを特に危険としたもの」であるから「医療観察法による医療の正当化根拠に直接関わる部分は，対象者本人の主観を基に判断されているのだと言うことが可能となる」との理解に基づいている[30]。しかしながら，ここでいう「実現意思」は，あくまでも「対象者の認識面（認識した内容）を実現しようとする意思」であると解されるから，その意味で対象者の認識内容と実現意思の間には一定の連続性・関連性が存在すると考えられる。たとえば，幻覚妄想状態の下で客体たる人を「動物」だと思ったので，「こんな動物は生かしておいてはいけない」と考えて殺害した，とい

---

[28]　Vgl. LK-StGB/Heinz Schöch, 12. Aufl., 2008, §63, Rdn. 50 : NK-StGB/Helmut Pollähne, 5. Aufl., 2017 §63, Rdn. 44.

[29]　Vgl. Hans-Heinrich Jescheck/Thomas Weigend, Lehrbuch des Strafrechts, Allgemeiner Teil, 5. Aufl., 1996, §9 I.

[30]　安田・前掲注[13] 28 頁。

Ⅲ　若干の考察　　107

う場合は，実現意思もまさに幻覚妄想状態の下にあったといいうるように思われる。したがって，両者を截然と分離することが可能かどうかには疑問が残り，認識内容に関する部分を「考慮しない」のであれば実現意思についても同様であるべきだろう。

　むしろこの指摘の重点は，「実現意思」こそが他害行為の危険性を基礎づけ，医療観察法における医療的処遇の正当化根拠は，そうした危険性を有する対象者から社会の利益・安全を守るところに存するとの理解にあるように思われる[31]。しかしながら，医療観察法の立法経緯（特に法案の段階で規定されていた第42条の（再び対象行為を行う）「おそれ」の文言の削除），ならびに第1条に掲げられた対象者の「社会復帰の促進」という目的からみて，本法における医療的処遇は，社会復帰を実現するという対象者の利益のために，その者に適切な医療を保障するというパレンス・パトリエの視点から根拠づけられるべきである[32]。したがって，たとえば対象者が本来の意味での故意を有しており，それを対象行為該当性の主観的要件として評価した場合において，そこでの認識内容等は，本法第42条第1項が規定する「この法律による医療を受けさせる必要」があるかどうかを判断する際の一資料として，より具体的には，第37条が規定する必要的鑑定の考慮事項（同条2項の「対象行為の内容」の構成要素）として位置づけられることになろう[33]。

---

[31]　安田・前掲注(15) 24頁は，「医療観察法の対象行為が故意行為に限定されている理由は，当該行為が『結果発生への確実度』ないし『結果発生への志向性・収斂性』をもち，危険性が高いため，それと同様の危険な行為が再び行われないことを防止するためだと理解することが考えられる。そして，医療観察法の適用上は，この危険性は，専ら精神の障害に基づく錯誤の場合にも同様に認められ，社会一般の受け止め方において故意行為と同視されることになる」とする。さらに，同「心神喪失者等医療観察法における医療の必要性と再犯の可能性」三井誠ほか（編）『鈴木茂嗣先生古稀祝賀論文集・上巻』（成文堂，2007年）629頁以下参照。

[32]　山本輝之「心神喪失者等医療観察法における強制処遇の正当化根拠と『医療の必要性』について——最高裁平成19年7月25日決定を契機として」中谷（編）・前掲注(27) 134-136頁参照。

[33]　なお，本法における鑑定の考慮事項に関しては，村上優「鑑定ガイドラインの開発」臨床精神医学38巻5号（2009年）557頁以下参照。

108　事例研究①

| 事　例
研　究
① | 小学校に侵入して児童8人を殺害するとともに児童等15人を負傷させた殺人，殺人未遂等の事案について，被告人の完全責任能力を認め，死刑が言い渡された事例（大阪教育大学附属池田小学校児童殺傷事件判決） |

（建造物侵入，殺人，殺人未遂，銃砲刀剣類所持等取締法違反，傷害，暴行，器物損壊被告事件，大阪地裁平13ω5006号・5245号，平成15年8月28日刑事第二部判決，有罪（控訴＜控訴取下＞），判時1837号13頁）

Ⅰ　事実の概要

　被告人は，大阪府池田市緑丘の大阪教育大学教育学部附属池田小学校に侵入して多数の子どもたちを殺害しようと企て，平成13年6月8日午前10時過ぎころ，出刃包丁1丁（刃体の長さ約15.8センチメートル）及び文化包丁1丁（刃体の長さ約17.1センチメートル）を隠し持ち，無施錠の同校自動車専用門から，同校校長Aが管理する同校敷地内に侵入した上，いずれも殺意をもって，

1　同日午前10時10分過ぎころ，同校南校舎1階2年南組教室において，児童B・C・D・E・Fに上記出刃包丁を突き刺すなどしていずれも失血により死亡させて殺害し，

2　同日午前10時15分ころ，同校南校舎1階2年西組教室において，児童G・H・I・J・K・L・M・Nに右包丁を突き刺すなどして，G・Hを失血により死亡させて殺害するとともにI・J・K・L・M・N・に11日間から35日間の入通院加療を要する傷害を負わせ，

3　同日午前10時15分過ぎころ，同校南校舎1階2年東組教室及びその付近において，児童O・P・Q・Rに右包丁を突き刺すなどして7日間から40日間の入通院加療を要する傷害を負わせ，

4　同日午前10時15分過ぎころ，同校南校舎1階2年東組教室南側テラスにおいて，被告人を取り押さえようとした同校教諭Sを上記出刃包丁で突き刺すなどして，同人に69日間の入通院加療を要する傷害を負わせ，

5　同日午前10時20分ころ，同校南校舎1階1年南組教室において，児童T・U・V・Wに右包丁を突き刺すなどして，Tを失血により殺害するとと

もにU・V・Wに12日間から43日間の入通院加療を要する傷害を負わせ，さらに被告人を取り押さえるべくその背後から被告人の手を押さえるなどした同校教諭Xを右包丁で切りつけるなどして，Xに11日間の通院加療を要する傷害を負わせ，

もって，8名の子どもを殺害するとともに，13名の子ども及び2名の教諭に対しても加害行為に及んだが殺害の目的を遂げなかったものである。

被告人は，建造物侵入，殺人，殺人未遂，銃砲刀剣類所持等取締法違反のほか，平成12年から平成13年5月にかけて行った，傷害，暴行，器物損壊でも併せて起訴された。これに対して弁護人は，平成13年6月8日の本件殺人，殺人未遂等の犯行当時，被告人は心神喪失もしくは心神耗弱の状態にあったと主張した。

Ⅱ 判 旨

(責任能力に関する判断)

第1 弁護人らの主張及びこれに対する当裁判所の判断の結論

「本件が常軌を逸した極めて異常な犯行であることは誰の目にも明らかであるといわなければならない。したがって，そのような点に着目し，また，後述の被告人の精神科受診歴をも考え合わせるとき，被告人がなんらかの精神疾患の影響等によって十分な責任能力を有していなかったのではないかとの疑問を生じるのは，それ自体は一応もっともなことである。」「しかし，1年有半にわたる審理の結果，当裁判所は，本件は，被告人の自己中心的で他人の痛みを顧みない著しく偏った人格傾向の発露であり，そこには精神疾患の影響はなく，本件犯行当時被告人は刑事責任を問うのに十分な責任能力を備えていたとの判断に至った。」

第2 犯行状況等からの客観面から窺われる被告人の精神状態について

「犯行そのものやその前後の状況，犯行後の供述状況，供述内容等の客観的外形的側面をみた限りでは，附属池田小学校事件当時の被告人の事理弁識・行動制御能力に疑問をいだかせるべき事情は特に見当たらず，むしろ，これらによる限りは，被告人は十分な事理弁識・行動制御能力を備えた上で本件犯行に臨んだものと推認されるというべきである。」

110 事例研究①

第3　被告人の精神疾患罹患の有無等についての検討

本件犯行動機は「3番目の妻に対する恨みが社会全体に対する恨みに転化し，後悔の連続であった自分の苦しい思いを多くの人々にわからせてやろう，事件を起こす以上ありふれた事件ではなく，大量殺人をやろう，小学生なら逃げ足も遅く大勢を殺せるだろう，どうせやるなら名門の小学校を襲った方が大きな事件となって社会の反響が大きい，それがひいては父親や3番目の妻に対する復讐にもなる」というものであり，「本件犯行を企図するに至ったという動機形成過程は，余人においてはともかく，被告人に関する限り，その生活史から窺える責任転嫁・他罰的な思考傾向や粗暴な行動傾向の延長上にあるものというべく，その人格からまったく逸脱した了解不可能の思考・行動であるなどとは到底認められないというべきである。」ただ，「そのような思考や行動の傾向それ自体が病的要因によって形成されたものであると認められる場合には，ひいては，本件犯行動機も病的要因によって形成されたものとの評価を受ける可能性もある」ため，被告人の人格・性格・行動の傾向や精神科受診歴等，さらに，本件捜査公判段階において2回にわたり実施された精神鑑定を検討した上で改めて犯行動機について再検討する。

本件捜査段階に施行されたK鑑定は，被告人が精神分裂病に罹患したことはないとし，「被告人は，青年期までは非社会型行為障害者であったと推定され，成人後は，妄想性人格障害，非社会性人格障害及び情緒不安定性人格障害（衝動型）を呈しているところ，社会との間に持続的な葛藤状況を生じ，人格因的色彩の濃厚な神経症症状（強迫，抑うつ，焦燥など）も呈してきたが，生活のすべての面で行き詰った本件犯行の直前ころ，一時的に抑うつ気分が表面化したものの，本件犯行数日前には上記のような複合的人格障害が凝縮し，他罰的かつ攻撃的心性が支配的となった。なお，被告人の中脳には良性の神経膠腫が存するが，この病変は精神機能に影響を与えていない」とした。

また，本件公判段階に施行されたH・O鑑定も，被告人の精神分裂病罹患を否定し，「被告人には，人格障害があり，その核心は，他者に対して冷淡，残忍，冷酷な情性欠如である……本件犯行当時，被告人には，穿鑿癖・強迫思考等を基盤にした妄想反応である嫉妬妄想が存在していたが，一過性の妄想反応としての注察妄想と被害妄想はいずれも認められない。また，本件犯

行当時の被告人の精神状態は，なんらの意識障害もなく，精神病性の精神症状もまったくなかった。被告人を悩ましていた穿鑿癖・強迫思考，視線や音への過敏さ，嫉妬妄想は，本件犯行へ直接的な影響を与えてはいない。被告人を本件犯行に踏み切らせた決定的なものは，情性欠如であり，著しい自己中心性，攻撃性，衝動性である。なお，被告人の中脳左外側部には低悪性度の星細胞腫の可能性が最も高い病変が認められるが，この病変による人格あるいは精神症状への影響は考えられない。また，前頭葉機能になんらかの障害がある可能性を示唆する所見はあるものの，その所見そのものが疾患特異的ではなく，脳に粗大な器質性あるいは機能的損傷がみつかったわけではなく，被告人の精神症状と前頭葉機能のなんらかの障害とを結びつけるには問題点が多すぎる」と判断した。

　鑑定捜査段階に施行されたK鑑定および公判段階に施行されたH・O鑑定が，いずれも「被告人は，人格の偏りは極めて大きいものの，精神疾患に罹患しておらず，本件犯行当時精神病性の精神症状を呈していなかったとする，その結論の信用性は高いと認めるべきものである。なお，両鑑定によれば，被告人の中脳に病変が認められるものの，この病変は精神症状とは関係ないとの結論は一致しており，また，H・O鑑定によれば，前頭葉機能になんらかの障害の存する可能性が窺われるものの，これも，その所見は軽微で疾患特異的なものではなく，脳に粗大な器質性，機能的損傷は発見されないというのであって，結局，被告人には，心理的発達障害の素因となるべき脳の器質的機能異常が存する可能性のありうることは格別，精神症状の原因となるものと断ずべき脳の器質的障害は存しないと認めるべきである。」

第4　結　論

「犯行状況，犯行前後の状況，被告人の供述状況等は，被告人が十分な事理弁識・行動制御能力を備えていたことを示すものであり，さらには，捜査公判両段階における2つの鑑定は，被告人が精神分裂病等の精神疾患に罹患していないことを明らかにするものであって，さらにこの鑑定結果を踏まえた上で，被告人の人格の偏りや動機の非尋常性を検討しても，被告に十分な責任能力があったことにはいささかの疑念も生じない。」「結局のところ，本件は，自己中心的で他人を顧みることのできない著しく偏った人格の持ち主で

112　　事例研究①

ある被告人が，そのような人格傾向の発露として行った犯行であると認められるのであり，本件犯行当時，被告人が，刑事責任を問うのに十分な責任能力を備えていたことには疑問の余地がな」い。

（量刑理由）

　　「前記両鑑定によると，被告人は人格障害の影響により本件犯行時の行動制御能力が相当低下していたというのである。また，公判における被告人の不遜な言動にもこの影響がないとはいいきれないであろう。」「しかし，被告人の人格障害は，素因の影響が大きいとは認められるものの，疾病と同視しうるものではなく，人格障害との評価を受ける被告人の人格というのは，被告人のこれまでの全生活史の所産でもあるところ，被告人のその人格形成の過程をみると，被告人自身の知的能力等には特段の問題がない上，生育環境がことさら劣悪であったとも認められず，家庭教育や学校教育，さらには刑務所での矯正教育も受け，転職を繰り返しながらも就労自体は続け，なかば強引にではあっても結婚するなど，人並みの社会生活や家庭生活も送っていたのであって，しかも被告人は自己の人格の偏りに気づいていたとも認められるのであるから，人格をいくらかでも矯正し，あるいは矯正は困難なまでも，せめて社会に害をなさずに生きていくように心掛ける機会はあったのではないかと思われるのに，そのようにする努力すらしようとはせず，逆にそのような人格に凝り固まり，その偏りを強めてきたことが窺われるのであるから，結局のところ，被告人自身が主体的に今日ある人格を築いてきたものと認めるほかはない。そして，そのような人格傾向の発露として3番目の妻に対する傷害事件や薬物混入事件，あるいは本件傷害，暴行，器物損壊事件（これらも被告人の偏った人格傾向の発露として軽視できないものである。）等の犯罪行為を重ね，ついには犯罪史上未曾有の凶行である附属池田小学校事件に至ったのである。」「このように見てくると，先に検討したようにこの人格障害が責任能力に影響するものでないことはもちろん，本件被告人に限っていえば，人格障害があることやそれによって行動制御能力が幾分か低下していることを情状として有利に斟酌すべきともいい難いのである。」「さらに，上記のように，被告人は刑務所での相当期間の矯正教育を経ているにもかかわらず，その後より一層人格の偏りを強めたことが窺われ，現時点においては，その偏りの程度はおよそ類例を見ないほどに極端かつ強固なものとなっていると認められるのであるから，もはやいかなる矯正教育によってもその改善など到底期待できないというほかはない。」「以上検討したとおり，附属池田小学校事件の結果の重大性，犯行の残虐性，遺族の被害感

情，社会的影響，犯行動機，犯行後の情状等々本件にあらわれたありとあらゆる事情が，いずれも，被告人の刑事責任がこの上なく重大であることを示しており，罪刑の均衡，一般予防，特別予防等々いかなる見地からも，被告人に対しては，法が定める最も重い刑をもって処断する以外の選択肢はないというべきである。」

Ⅲ 検 討

(1) 本判決は，判決自身が指摘するように「我が国犯罪史上例をみない，空前の，そして願わくは絶後の，凶悪重大事犯」に関するものとして，社会的にも大きく注目された。死刑制度の存在を前提とし，また，特に永山事件判決（最判昭和58・7・8刑集37巻6号609頁）を中心として判例上形成されてきた死刑適用基準に依拠するならば，死刑判決という結論に異論はないであろう（本判決に対して弁護人が控訴したが，その後被告人により控訴が取り下げられて本判決は確定し，2004年9月14日に死刑が執行された）。本判決の「法令の適用」においては，各殺人（未遂）罪と建造物侵入罪について牽連犯として科刑上1罪の処理をするにあたり，「各殺人は，そのいずれもが等しく犯情は極めて重く……各殺人の間に軽重の差があるとは認めがたい」ために，「刑法10条によって各殺人罪のうちいずれが最も重い刑かを決することはできないから……1罪として殺人罪〔判示各殺人のうちいずれであるかを特定することなく〕の法定刑によって処断するほかはない」と異例の判示がなされているが，これも本事件の稀に見る重大性を表したものに他ならない[1]。

本判決では，被告人の責任能力の有無・程度が争点とされ，その判断方法は，被告人の犯行当時の病状，犯行前の生活状態，犯行の動機・態様等を鑑定の証明力とともに総合的に考慮するという（最判昭和53・3・24刑集32巻2号408頁参照）ものである。こうした観点から本判決は，事例判断ではあるが，被告人の人格障害と責任能力との関連性を詳細に検討しているため，以下においてはこの点を中心にして若干の検討を行うことにする。

(2) 「人格障害」は，アメリカ精神医学会によるDSM-Ⅲ（1980年）以降，及び

---

(1) 刑法10条3項にいう「犯情」とは，当該犯罪の性質，犯行の手口，被害の程度その他一切の情状を指すものとされている（東京高判昭和32・10・3高刑集10巻9号708頁）。

世界保健機関（WHO）による ICD-10（1992 年）以降に使用されている per-
sonality disorder の訳語である（それ以前にも両書の旧版において personality disor-
der という術語は用いられていたが，それはわが国では「人格異常」と訳されており，その
後の内容の変更が，訳語に変化をもたらした）[2]。これは，従来の司法精神医学の用
語法では「精神病質」と称されてきたものにほぼ相当すると解されている[3]。
人格障害について，DSM-Ⅳ（1994 年）では「その人の属する文化から期待さ
れるものから著しく偏り，広範で柔軟性がなく，青年期または成人期早期に
はじまり，長期にわたり安定しており，苦痛または障害を引き起こす，内的
体験および行動の持続的様式」[4]という全般的定義が与えられているが，現
在ではその概念はきわめて広く，「疾病論的ないし学説的にみれば，それは
ヨーロッパに伝統的な精神病質概念，アメリカで支配的であった社会病質概
念，精神分析的にみて神経症的症状の基礎にあるとされた性格神経症やパー
ソナリティの病理，精神病の病前・病後の性格の偏り，さらには器質的・て
んかん性人格変化などを背景に持つ総体をすべて包括し，現象記述的に規定
した臨床単位である」[5]ともいわれている。

　なお，DSM-Ⅳで提示された上述の定義はその後の DSM-Ⅳ-TR（2002 年）
でも維持されたが，その新訂版（2004 年）以降，訳語としては「人格障害」に
代えて「パーソナリティ障害」が採用されることとなった[6]。以下では，基本
的に判例における用語法にしたがうことにする。

　本判決以前のわが国の判例においても，1980 年代半ばころから被告人の精
神状態に関して「人格障害」との指摘がみられるようになった。問題となる
のは責任能力の有無・程度との関係であるが，被告人の人格障害（他の症状と

---

(2)　この間の経緯については，福島章ほか（編）『人格障害』（金剛出版，1995 年）3 頁以
　　下〔福島章〕，染矢俊幸「ICD-10，DSM-Ⅲ，Ⅳ分類をめぐって」松下正明（編）『臨床
　　精神医学講座第 7 巻・人格障害』（中山書店，1998 年）45 頁以下参照。
(3)　小田晋「人格障害と精神病質」小川捷之ほか（編）『臨床心理学大系第 2 巻・パーソナ
　　リティ』（金子書房，1990 年）15 頁以下，31 頁参照。
(4)　髙橋三郎ほか（訳）『DSM-Ⅳ　精神障害の診断・統計マニュアル』（医学書院，1996 年）
　　629 頁。
(5)　福島ほか（編）・前掲注(2)31 頁。
(6)　髙橋三郎ほか（訳）『DSM-Ⅳ-TR 精神疾患の診断・統計マニュアル（新訂版）』（医学
　　書院，2004 年）7 頁参照。なお，DSM-5 においては，項目名のみ「パーソナリティ障害
　　群」とされている（髙橋三郎＝大野裕（監訳）『DSM-5 精神疾患の診断・統計マニュア
　　ル』（医学書院，2014 年）635 頁参照）。

の併存も含む）を認定しながら，完全責任能力を肯定したものとしては，①東京地判昭和 63・3・18（判時 1288 号 147 頁）（殺人・非現住建造物等放火・死体損壊）〔分裂的人格障害〕[7]，②東京地判平成 1・3・27（判時 1310 号 39 頁〔板橋宝石商殺し事件第 1 審判決〕）（強盗殺人・死体遺棄・通貨偽造・銃砲刀剣類所持等取締法違反）〔気分変易的・爆発的な性格特徴，虚談及び自己愛的傾向と性格の二面性〕，③東京地判平成 5・7・29（判時 1513 号 179 頁）（殺人）〔爆発性，意志欠如性及び感情欠如性を主徴とする人格障害〕，④東京地判平成 9・4・14（判時 1609 号 3 頁〔幼女連続誘拐殺害事件第 1 審判決〕）（未成年者誘拐・殺人・死体損壊・死体遺棄・わいせつ目的誘拐・強制わいせつ）〔人格障害としての性格の極端な偏り〕，⑤岐阜地判平成 9・5・16（判時 1671 号 152 号）（傷害・強制わいせつ・殺人・死体遺棄）〔分裂病型人格障害又はその傾向（小児性愛も併存）〕，⑥名古屋高判平成 10・3・16（判時 1671 号 150 頁〔⑤の控訴審判決〕）〔分裂病型人格障害又はその傾向（小児性愛も併存）〕，⑦名古屋地判平成 12・10・16（判タ 1055 号 283 頁）（殺人・殺人未遂・銃砲刀剣類所持等取締法違反・窃盗）〔分裂病型人格障害（飲酒による軽度の酩酊も併存）〕，⑧東京高判平成 13・6・28（判タ 1071 号 108 頁〔④の控訴審判決〕）（分裂症型人格障害），⑨最判平成 13・12・6（裁判集刑 280 号 871 頁）（強盗殺人・殺人未遂・強盗傷人・強盗予備）〔非社会性人格障害〕，⑩新潟地判平成 14・1・22（判時 1780 号 150 頁〔新潟女性監禁事件第 1 審判決〕）（未成年者略取・逮捕監禁致傷・窃盗）〔強迫性障害を伴う分裂病型人格障害・自己愛性人格障害〕，⑪山口地下関支判平成 14・9・20（判時 1824 号 140 頁〔下関駅通り魔事件第 1 審判決〕）（殺人・殺人未遂・銃砲刀剣類所持等取締法違反）〔強い性格的偏りをもった人格障害〕，⑫東京高判平成 14・12・10（判時 1812 号 152 頁〔⑩の控訴審判決〕）〔分裂病型人格障害・自己愛性人格障害〕などがある。

　他方，人格障害と他の症状が併存する場合に心神耗弱を認めたものとしては，⑬札幌地判平成 6・2・7（判タ 873 号 288 頁）（現住建造物放火）〔複雑酩酊・アルコール依存症との併存〕，⑭東京高判平成 6・3・25（判タ 870 号 277 頁〔③の控

---

(7)　本判決は，鑑定人による「分裂的人格障害者」との指摘に対し，「当裁判所としては，被告人の精神の内奥の深くにまで立ち入ってその時の被告人の気持の動きがまさに右鑑定の指摘するとおりであったとまで認定することは差し控えるが，少なくとも，被告人の人格面に指摘されたような障害があり……という説明の大筋については，おおむねこれを首肯することができる」とする。

訴審判決〕）（殺人）〔人格障害・覚せい剤精神病の残遺症状・多量の飲酒との複合的要因〕などがある。さらに，人格障害のみを理由にして心神耗弱を認めたものとしては，⑮大阪地判昭和57・7・27（判時1058号158頁）（殺人）〔人格障害としての精神分裂病質〕がある。

　このように，被告人に人格障害が認定された場合でも，判例は原則的に完全責任能力を認める傾向にある。たとえば，社会的にも耳目を集めた事件の控訴審判決である⑧は「被告人は，本件各犯行当時，性格の極端な偏り（人格障害）以外に反応性精神病，精神分裂病等を含む精神病様状態にはなく，したがって，事物の理非善悪を弁別する能力及びその弁別に従って行動する能力を有していたと認められるのである」と判示し，また最高裁判決である⑨は「被告人に非社会性人格障害の存することが本件各犯行の一因となっているものとうかがわれるが，それは性格的な偏りともいえるのであって，そのこと自体が被告人の責任を軽減させるものではない」としている。これらは，人格障害は人格の平均からの単なる偏りであって，疾病もしくは疾病に準じる精神状態ではないとの理解に基づくものといえよう。また，他の症状が併存している場合に心神耗弱を認めた判例では，それらの症状自体が単独でも責任能力の低減を基礎づけうるものであるため，人格障害自体が結論に及ぼした影響は必ずしも明らかではない。こうした諸判例の中にあって⑮は，人格障害について単独で限定責任能力を認めたものである。そこでは，「精神分裂病質は精神分裂病とちがい，一般的性格傾向としての分裂気質と比べて量的に強度な偏りを示すにすぎないから，分裂病質であることから直ちに心神耗弱と断ずることはできない」としながら，「しかし犯行当時犯人がおかれていた精神的，客観的状況の如何によっては，分裂病質のゆえに心神耗弱の精神状態の下で犯行に及んだと認め得る場合が考えられる」として，「本件犯行は，被告人が分裂病質のゆえに対人関係の重圧に堪えきれず，被害者の言動を契機として，そのような状態からの解放に向けられた行為である」ことから，鑑定人のいう「強度の精神分裂病質という人格障害の持主」である被告人について，是非善悪の判断に従って行動する能力が著しく減退していた心神耗弱者であると判断されている。これは例外的な判例ではあるが，人格障害であっても，行為時の弁識能力・制御能力の有無・程度をそれ自体として

Ⅲ　検　討　117

改めて検討したものとして注目される。

(3)　人格障害と責任能力の関係については，学説上，従来必ずしも十分な検討がなされてきたわけではないが，周知のように精神病質に関しては，ドイツの学説状況を反映した一定の議論の集積がある。これについては，大別するならば，(a)精神病質とは人格（性格）の正常からの変異・逸脱の状態であり，病気（精神病）とは質的に異なるものであると理解する立場と，(b)精神病質とは精神病と正常との中間状態であり，精神病との相違は量的なものに過ぎないと理解する立場がある[8]。(a)の立場は，責任能力の判断基準の中で心理学的要素については不可知論を採用し，精神病を中心とする生物学的要素のみで判断しようとするため，精神病質は，それ自体としては責任能力の減免に影響する生物学的要素に含まれないとして，精神病質者については一般に完全責任能力を認めるべきであると主張する。従来の判例の多くは，こうした認識に立つものとみることもできよう。これに対して(b)の立場は，精神病質者については多くの場合に完全責任能力が認められるとしつつも，精神病質も場合によっては責任能力の減免に影響する生物学的要素に含まれうるとして，限定責任能力（さらには責任無能力）にあたることも否定されるわけではないとする。もっとも(a)の立場からも，（脳の器質障害が証明された場合に「病気」とされることから）将来的に精神病質の生物学的基礎が明らかにされれば(b)のような理解に移行する可能性が示唆されており[9]，そのことから逆に，それまでの間は(a)の立場には「分からないが故に重く処罰されるという矛盾」[10]のあることが(b)の立場から指摘されている。これに加えて，同じく生来の変成に属する知的障害については生物学的要素に含まれることについて見解が一致していることから，精神病質についても(b)のような理解を支持する傾向が強まりつつあり[11]，それは理由のあることと思われる。同様のことは，人格障害についても妥当するのではないだろうか。すなわち，人格障害であるという理由だけで完全責任能力を肯定するのではなく，責任能力の減免に影響

[8]　これらの見解については，仲宗根玄吉『精神医学と刑事法学の交錯』（弘文堂，1981年）18頁以下，武村信義「ドイツにおける精神病質概念の変遷」犯罪学雑誌49巻3号（1983年）26頁以下などを参照。

[9]　仲宗根・前掲注[7]32頁。

[10]　岩井宜子『精神障害者福祉と司法［増補改訂版］』（尚文社，2004年）241頁。

を与える生物学的要素, さらには心理学的要素との関連性を個別的・具体的
に検討すべきことになる。先に見た判例⑮もそうした理解によるものと解さ
れ, また, 人格障害に完全責任能力を認めた判例中, ①②③⑫が, 人格障害
の存在を被告人にとっての有利な情状の1つと認め, 量刑において減軽方向
に考慮している（特に①②では死刑回避の理由の一部となっている）ことも, (b)のよ
うな理解の延長上にあるものと位置づけることが可能であろう。たとえば⑫
は, 「量刑の理由」中の「酌むべき事情」に関して「被告人には, 小児性愛の
ほか, 不潔なものに対する恐怖等を中心とする重度の強迫性障害及び他者に
対する共感性を欠き自己中心性の強い分裂症型人格障害, 自己愛性人格障害
などが認められ, これらが責任能力に影響するところはないにせよ, 事の善
悪を弁識したところに従って行動する能力には若干の影響を及ぼしていると
認められる上, 被害者に対する悲惨な処遇については, 被告人の前記強迫性
障害等に由来するものもあって, 虐待のすべてが害意に基づいているととら
えることはできない」と判示している。これは, 量刑の基礎となる責任の軽
減を認めることによって間接的にではあるが人格障害が責任能力に影響を与
える可能性を肯定したものと解することができる[12]。

(4) 本判決は, 捜査段階及び公判段階で施行された精神鑑定等の関係証拠を
踏まえて, 被告人は「妄想性, 非社会性及び情緒不安定性（衝動型）の複合的
人格障害者ないしは他者に対して冷淡, 残忍, 冷酷な情性欠如を中核とする
人格障害者」であり, しかも, その程度は非常に大きいとしつつ, 「その人格
障害は, 仮に被告人の脳に心理的発達障害の素因となるべき器質的機能異常
が存したとしても, それ自体を精神疾患とはいい難く, また, 被告人が精神

---

[11] 岩井・前出注[10]241頁。同旨のものとして, 内藤謙『刑法講義総論(下)I』（有斐閣, 1991
年）826頁以下, 大塚仁ほか（編）『大コンメンタール刑法・第3巻［第3版］』（青林書
院, 2015年）458-459頁〔島田聡一郎＝馬場嘉郎〕参照。さらに, 浅田和茂「刑事責任
能力と発達障害」浜井浩一＝村井敏邦（編）『発達障害と司法』（現代人文社, 2010年）
129頁以下参照。

[12] こうした理解に対しては, 法律上の責任減少事由と量刑事情とは性格を異にするとの
反論がありえよう。しかし, 法律上の加重・減軽事由として定められている事情は, い
わば立法者による「法定の量刑事情」と解することが可能であり, 通常の量刑事情と法
的性格を共通にするというべきである（この点について, 井田良「量刑理論の体系化の
ための覚書」法研69巻2号（1996年）309頁参照）。したがって, 人格障害が（減軽方
向の）量刑事情とされうることは, その延長線上に, 法定の責任減少事由として構成さ
れうる可能性を内包していると考えられよう。ただし, 次注[13]参照。

Ⅲ 検討 119

分裂病等の精神疾患に罹患していないことも認められるのであるから，このような人格の偏りがなんらかの疾患を原因とするものではないことも明らかである」として，「被告人に認められる人格傾向の著しい偏りそれ自体は，責任能力に直ちに影響を及ぼすものではない」と判断している。これは，結論的には人格障害について完全責任能力を肯定する従来の判例の趨勢に従いながらも，人格障害であることから直截的に限定責任能力（または責任無能力）の可能性を否定するのではなく，人格の偏りが「疾患」を原因として発現したものではないことを確認し，また人格障害は責任能力に「直ちに」影響を及ぼすものではないとすることによって，上述した(b)のような見解が支持する方向に一定の配慮を示したものといえよう。他方，本判決は「量刑の理由」において，鑑定人の所見を前提としつつ「本件被告人に限っていえば，人格障害があることやそれによって行動制御能力が幾分か低下していることを情状として有利に斟酌すべきともいい難い」としている。その主たる理由は「被告人の人格障害は，素因の影響が大きい」としつつも「被告人自身が主体的に今日ある人格を築いてきた」点に求められているが，これも，人格障害が，量刑上，およそ責任軽減的に作用する可能性を否定する趣旨ではないであろう[13]。そのことは，人格障害が，場合によっては弁識能力ないしは制御能力に影響を与え，単なる情状を越えて少なくとも限定責任能力として考慮されうる余地を残していることを示唆しているものと解される。

　もっとも，本判決の「仮に被告人の脳に心理的発達障害の素因となるべき器質的機能異常が存したとしても，それ自体を精神疾患とはいい難」いとの判示については，近時，わが国の司法精神医学の立場から異論が提起されている。これによれば，特に殺人行為を犯した者の脳の微細な異常所見が，殺

---

[13]　ただ，人格障害は，（一般的な精神障害と同様に）量刑において責任軽減的に作用しうる反面で，特別予防的考慮からは刑罰加重的（減軽阻止的）に作用する可能性がある（いわゆる「責任と刑罰目的のアンチノミー」の問題）。本判決が「もはやいかなる矯正教育によってもその改善など到底期待できないというほかはない」とするのもそのあらわれである。従来の判例では，たとえば岡山地判平成 15・5・21（判タ 1152 号 290 頁）〔殺人・死体遺棄〕は，非社会的人格障害である被告人について，仮出獄中の再犯であることなどを理由に「人格を変容し，犯罪傾向を改善する見込みがあるとは，到底いえない」として，死刑を言い渡している。さらに，判例⑥も参照（量刑理論面からの検討として，城下裕二『量刑理論の現代的課題〔増補版〕』（成文堂，2009 年）153 頁以下）。

人行動と何らかの関連を持つ要因である可能性が脳の MRI 検査・CT 検査によって指摘されており，アメリカ合衆国ではすでにこうした異常所見が「精神障害（insanity）を理由とする無罪の抗弁」の根拠の１つになっていると指摘されている[14]。この点が，人格障害と責任能力の問題と同一次元のものであるかどうかは必ずしも明らかではないが，今後，議論の必要性が高まるものと思われる。

［追　記］

本判決後の死刑求刑事件・第１審において，被告人に人格障害ないしパーソナリティ障害の罹患が認められた判例としては，①大阪地判平成 18・12・13（LEX/DB 28135101）（住居侵入，強盗殺人，強盗強姦等）〔統合失調症質人格障害・非社会性人格障害・性的サディズム〕，②神戸地判平成 21・5・29（判時 2053 号 150 頁）（殺人〔被殺害者 7 名〕，殺人未遂，現住建造物等放火）〔情緒不安定性人格障害及び不安性（回避性）人格障害〕，③長崎地判平成 25・6・14（LEX/DB 25501675）（住居侵入，殺人〔被殺害者 2 名〕，窃盗，傷害，脅迫）〔非社会性パーソナリティ障害〕，④前橋地判平成 28・7・20（LEX/DB 25543574）（住居侵入，強盗殺人未遂，強盗殺人〔被殺害者 2 名〕，窃盗）〔特定不能のパーソナリティ障害〕，⑤大阪地判平成 30・12・19（LEX/DB 25563306）（殺人〔被殺害者 2 名〕）〔反社会性パーソナリティ障害〕などがある。いずれも，当該障害の存在によっても被告人に完全責任能力を肯定する点で共通しているが，一般的な量刑事情という面でも，これらの障害は少なくとも有利な（減軽方向ないし加重阻止的方向での）要素としては考慮されておらず，すべての事案で死刑が言い渡されている[15]。

他方，近時，精神医学者の立場からは，「『パーソナリティ障害ならば完全責任能力』といった判断がされやすいように思われる」が「『パーソナリティ

---

[14] 福島章『犯罪精神医学入門』（中央公論新社，2005 年）80 頁以下。さらに，同『殺人という病』（金剛出版，2003 年）47 頁以下参照。なお，脳の機能的・構造的障害という生物学的要因と，社会的要因の相互作用によって暴力行動の原因を説明しようとする神経犯罪学（Neurocriminology）の主張については，エイドリアン・レイン（高橋洋・訳）『暴力の解剖学』（紀伊國屋書店，2015 年）（抗弁事由との関係については，特に第 5 章）が参考になる。

[15] ③④⑤はいずれも裁判員裁判によるものである。本書第 12 章の［**表**］を参照。

［追　記］　121

障害だから』というくくりによる判断ではなく，ケースごとに具体的な症状，精神機能，病理，病態を確認して，それらが犯行にどのように影響していたのかという『機序』を検証したうえで，責任能力は総合判断するのが公平である」[16]との指摘がなされていることが注目される。こうした認識が浸透していくことによって，今後，パーソナリティ障害（人格障害）に罹患している行為者の責任能力の有無・程度[17]，さらには同障害の一般的な量刑事情としての位置づけについて変化が生じることも予想される。

---

[16]　岡田幸之「パーソナリティ障害」五十嵐禎人＝岡田幸之（編）『刑事精神鑑定ハンドブック』（中山書店，2019 年）224 頁。さらに，中谷陽二「パーソナリティ障害者は完全責任無能力者か」精神科 14 巻 3 号（2009 年）202 頁以下，前澤久美子「精神障害と責任能力について」安廣文夫（編著）『裁判員裁判時代の刑事裁判』（成文堂，2015 年）427 頁以下も参照。

[17]　死刑求刑事案ではないが，ジゾイド（統合失調質）パーソナリティ障害のみに罹患していることだけを理由として，被告人に心神耗弱を認定した原判決について，その点を是認するとともに，他方で，同障害に基づく短絡反応の影響を十分考慮しておらず，その結果，酌むべき情状を過少評価した疑いがあるとして破棄自判し，懲役 3 年・執行猶予 5 年を言渡した近時の裁判例に，名古屋高判金沢支判平成 26・4・17 LEX/DB 25503678（現住建造物等放火・原判決の量刑＝懲役 3 年 6 月）がある。

122 事例研究②

<table>
<tr>
<td rowspan="2">事 例
研 究
②</td>
<td>●高齢者の万引き窃盗につき，弁護人の精神鑑定請求を却下して完全責任能力を認めた第一審の訴訟手続には法令違反があるとされた事例（①事件）</td>
</tr>
<tr>
<td>●①事件の差戻審として精神鑑定を実施し，被告人はアルツハイマー型認知症にり患していると認めたが，それが犯行に大きく影響したことを否定して完全責任能力を肯定し，同認知症の影響及び再犯防止策等を考慮して罰金刑を選択した事例（②事件）</td>
</tr>
</table>

（窃盗被告事件，高松高裁平28（う）64号，平成28年6月21日第1部判決，破棄差戻（確定），判時2372号129頁（①事件），窃盗被告事件，高松高裁平28（わ）33号，平成29年8月7日刑事部判決，有罪（確定），判時2372号129頁（②事件））

I 事実の概要

被告人（女性・犯行当時69歳）は，平成27年8月14日午前9時55分頃，高知市内の青果店において，同店店長管理の食料品4点（販売価格合計1,160円）を窃取した。被告人は，平成21年以降，万引窃盗により罰金刑，執行猶予付き懲役刑，保護観察付きの執行猶予付き懲役刑に各回処され，本件犯行当時は最終刑の執行猶予期間中（前刑言渡しの約10か月後）であった。

差戻前第1審（高知地判平成28・2・19 LEX/DB 25561020）において，弁護人は，被告人が犯行当時，前頭側頭型認知症に罹患しており，その影響により，実質を伴った事理弁識能力を有しておらず，行動制御能力を喪失していたとして心神喪失又は心神耗弱を主張して精神鑑定を請求し，その必要性を明らかにするために，精神科医師A作成の意見書2通を提出した。A意見書では，被告人の異常な窃盗行動は，脳の前方連合野から大脳基底核への抑制が外れた結果として発生するものであり，また被告人は，前頭葉の機能が障害された結果，窃盗行為という形で病的に行動を継続してしまうことから，心神喪失ないし心神耗弱の可能性があり，正式な精神鑑定の必要があるとの見解が述べられている。

差戻前第1審は，A意見書を取り調べたのみで上記の精神鑑定請求を却下

し，判決において，(1)被告人は，万引きしたいという衝動下で，自らの判断で購入するものとそうでないものを区別して行動しており，その衝動性自体，夫等と一緒にいるときには生じないし，一人でいても必ずしも生じるものではないという程度にすぎず，(2)被害品（食料品）は，被告人が「いずれかは使うもの」と認識しており，その動機は精神の障害の影響によらなくても説明できるものであって了解可能であり，(3)被告人は，警察署に連行されるまで被害品については袋に入れるなどして隠し持って万引きした上，店員に検挙された際は，店員が把握していない被害品を隠匿したままであり，警察官に対しても，本件以外の万引きの被害品について当初は犯行を否認して隠し通そうとしているのであって，自己防御行動をとり，自らの行為の違法性を認識していたと推認でき，(4)A医師は，被告人は前頭側頭型認知症にり患していると診断するが，その問診等によれば，DSM-5の診断基準に当てはまる具体的なエピソードが出現し始めるのは本件犯行のせいぜい5年ほど前からであるところ，被告人は，これよりもかなり前の平成11年と平成15年にもスーパーで食料品を万引きして検挙されている，と指摘した上で，「本件犯行当時，被告人の精神の障害が犯行に与えた影響は，仮にあったとしても限定的なものに過ぎず，その是非弁識能力及び制御能力はいずれも著しく減退していなかった」として被告人に完全責任能力を認め，懲役8月に処した。被告人が控訴し，これに対する控訴審による破棄差戻の判断が①事件であり，その後の差戻審による判断が②事件である。

II 判 旨

① 事 件

破棄差戻。

「A意見書は，原審弁護人の依頼に基づくものであるが，その公正さや，A医師精神医学に関する専門家としての能力に疑問を抱かせる事情はうかがわれない。」「これに対し，検察官（原審及び当審）は，被告人が前頭側頭型認知症にり患しているとは認められないとして，A意見書が根拠とする……所見は誤っていると主張している。……しかし……原審証拠上は，前記の……所

124　事例研究②

見の前提事実に重要な誤りがあるとはいえない。」「また，被告人は，従来受診していた病院で病的窃盗と診断され，脳の MRI 検査でも萎縮は認められていない。しかし，病的窃盗との診断は，SPECT の結果を踏まえたものではなく（脳萎縮が目立たないタイプの前頭側頭型認知症では，SPECT も診断上重要であるという見解がある），前頭側頭型認知症について検討されたかも不明である。」「そうすると，前頭側頭型認知症にり患しているという A 意見書を否定できるだけの証拠はないというべきである。原判決も，被告人が前頭側頭型認知症にり患していたこと自体を否定してはいない。」「前頭側頭型認知症が被告人の弁識制御能力に与えた影響については，A 意見書に示された医学的機序を，同じく医学的に否定できるだけの証拠は取り調べられていない。前記の病的窃盗と診断した担当医師は，『責任能力は有していると考えられる』『一般の生活，判断能力には支障をきたしていない』との見解を示しているが，前頭側頭型認知症の可能性を踏まえたものではない。」「被告人の家庭は……比較的裕福な家庭であること，被告人は窃盗罪による保護観察付き執行猶予中であることにも照らすと……万引きに及んだことは，かなり無軌道な行動というべきである」る。「このように，本件では，精神医学の専門家から，被告人が前頭側頭型認知症にり患しており，それが弁識制御能力に大きな影響を与える性質のものであるという見解が示されている。同専門家の公正さ等に疑いを生じさせる事情はうかがわれず，その見解の前提条件についても，正式鑑定でないことから十分とはいえないものの，重要な誤りがあるとはいえない。また，本件当日の被告人の行動には，責任能力に疑問を抱かせるような，無軌道といわざるを得ない面がある。したがって，原審裁判所としては，より十分な資料と精神医学の専門的知見を得て，被告人の精神障害，具体的には発症時期を含めた前頭側頭型認知症り患の有無及び程度並びにその弁識制御能力への影響を明らかにする必要があったというべきである。」「したがって，本件精神鑑定請求を却下して鑑定を実施せず，あるいは，それに準ずる方法によって精神医学上の専門的見解を求めなかった原審裁判所の訴訟手続には，判決に影響を及ぼすことが明らかな法令違反がある。」

② 事 件

差戻審では，B医師による鑑定が行われ，そこでは，被告人は前頭側頭型認知症ないしピック症の可能性は否定されるが，平成23年頃からアルツハイマー型認知症を発症していたと考えられ，本件犯行の時点では軽微ないしごく軽度であったが，窃盗が悪いことであると答えられる能力は有しているものの，記憶障害や判断能力の低下があることから，実際に自分の行動を制御する能力は著しく落ちており，これが本件犯行に大きく影響していたとの見解が示された。これについて，差戻審は以下のように述べた。「鑑定人は，精神科医として豊富な知識，経験を有し，同人に対する証人尋問の結果を踏まえても，その資質に疑いを差し挟む余地はな」く，「被告人の精神障害の有無等についての結論を導いた過程も，専門的知見に基づく合理的なものである」ことから，「被告人が，鑑定時にアルツハイマー型認知症に罹患しており，その重症度は軽度であったとの鑑定意見は，そのまま問題なく採用することができる」。しかしながら，「鑑定人の上記意見は……むしろ証拠上認められる本件犯行態様や犯行前後の被告人の具体的な言動など，当時の精神障害の程度を裏付けると考えられる具体的なエピソード等への言及は乏しい。また，本件犯行後間もない時期に行われた取調べの状況を録音録画したDVDは，当時の被告人の精神状態を判断するに当たっての有力な資料になり得ると考えられるところ，鑑定人は，このDVDを視聴しないまま鑑定を行ったと供述する」ことからみれば，「被告人が本件犯行時にアルツハイマー型認知症に罹患していたとする鑑定意見の妥当性が否定されることはないものの……当時の重症度や，これが本件犯行に与えた影響の有無及び程度についての鑑定意見の妥当性については，その当否を慎重に検討する必要がある。」「上記DVDによれば，被告人は，犯行後間もない平成27年8月20日及び同月27日に行われた取調べにおいて，本件犯行当日の行動について，検察官から誘導を受けることなく，客観的事実と概ね一致する供述をし」ており「この事実からは，被告人が，本件犯行後の上記各取調べの際には，本件犯行当日の自己の行動を概ね記憶していたことを認めることができる」にもかかわらず，「鑑定意見は……被告人にアルツハイマー型認知症による記憶障害があること，本件犯行当日，一度窃盗を行った店舗で再び犯行に及んでいることから，

自分がどこに行って，どこで盗んだということも分かっていなかったと考えられることを指摘した上で，被告人が罹患していたアルツハイマー型認知症が本件犯行に大きく影響したと結論付けており，これら指摘に係る事情が判断の重要な要素となっているものと考えられるが，これらは，上記認定にそぐわない」ことになり，「アルツハイマー型認知症による記憶障害や場所に関する認知能力の低下を捉えて，これらが本件犯行に大きく影響していた旨をいう鑑定意見は，直ちにそのまま採用することはできない。」「他方，被告人は，本件犯行当時，万引窃盗により懲役刑の言渡しを受け，その刑の執行を猶予されており，更に保護観察にも付されていたのであるから，再び犯罪を行い検挙された場合の不利益には，相当に大きなものがあった。それにもかかわらず，本件犯行当日，短時間に複数の店舗で窃盗を繰り返し，本件被害店舗では二度目の万引窃盗を行うなど，無軌道ともいえる行動をしていることからすれば，被告人は，長期的な予測に基づいて自己の行動の利害得失を判断する能力が相当程度低下していた疑いが強い。そして，鑑定人は，被告人が，アルツハイマー型認知症により，自分の身を守り，捕まらないようにするといった判断能力や，このような行為をしたら，自分の身にどのような影響を与えるかという社会的動物としての予見性，判断力が低下していたと考えられる旨を指摘するが，この部分は，被告人の本件当日の無軌道ともいえる行動を，よく説明できるものである」ことから，「鑑定意見の上記部分は合理的なものと認められ，採用することができる」が，「その影響の程度については，鑑定人の捉えた基礎事情は上記のとおり本件の証拠関係にそぐわない部分があり，直ちにそのまま採用することはできない」。

　差戻審は以上の見地から，鑑定意見をも踏まえて，「被告人は，アルツハイマー型認知症により自分の身を守り，捕まらないようにするといった判断能力や，このような行為をしたら，自分の身にどのような影響を与えるかという社会的動物としての予見性，判断力が低下していたとの鑑定意見は採用でき，こうした能力の低下が，被告人の事理弁識能力又は行動制御能力に相当大きな影響を与えていた疑いを払拭することはできないものの，少なくとも……被告人が，その場に応じた状況判断の下，犯行に不適切な場面においては，これを思いとどまることができている以上，これらの能力の減退の程度

は，著しいものにまで至っていなかった」と判断し，被告人は，本件犯行当時，完全責任能力を有していたと結論づけた。

　他方，差戻審は，「量刑の理由」においては次のように述べて，被告人を罰金50万円に処した。「……同種犯行を繰り返す被告人には，本来，懲役刑の実刑を以て臨むのが相当であるといわねばならない」が，「被告人は，本件犯行時，心神喪失や心神耗弱の状態にまでは至っていなかったものの，その判断能力は，罹患していたアルツハイマー型認知症により大きく低下していた疑いがあり，これが本件犯行に相当程度影響を与えたことを否定することができない。そうすると……その責任を相当程度減じて考慮しなければならない。」「その上で，本件被害額が高額であるとはいえず，被害弁償もされていること，本件被害店舗の店長も被告人の寛大な処分を望んでいること，被告人が，保釈後，アルツハイマー型認知症の治療を行い，その外出の際には夫や家族が同行するなど，手厚い再犯防止措置が採られていること，こうした措置により，現に約1年8か月にわたり，犯行を防止できていることが窺われることをも併せ考慮すれば……被告人に対しては，罰金刑を選択し，認知症の治療を継続させつつ，更生に努めさせることが相当である。」

Ⅲ　検　討

1　はじめに

　認知症は，「正常に達した知的機能が後天的な器質性障害によって持続的に低下し，日常生活や社会生活に支障をきたすようになった状態で，それが意識障害のないときにみられる」ものと定義される。発症時期が若年の場合もあるが一般的には高齢者に見られることが多く，記憶，見当識，知識，認知等種々の高次脳機能が複数障害されることにより，自分のおかれた状況に対しての判断や行動が障害された状態になる[1]。近時，周知のように高齢者の窃盗事件が認知症に起因するとみられる例が頻発するようになり，本件も

---

(1)　以上につき，日本認知症学会（編）『認知症テキストブック』（中外医学社，2008年）3，8-11頁。診断基準については，髙橋三郎＝大野裕（監訳）『DSM-5 精神疾患の診断・統計マニュアル』（医学書院，2014年）594頁以下，融道男ほか（訳）『ICD-10 精神および行動の障害［新訂版］』（医学書院，2005年）57頁以下参照。

128　事例研究②

その1つである(2)。以下では，認知症の刑事責任能力判断，その前提となる精神鑑定の必要性判断の2つの側面から本件を検討する。

2　精神鑑定の必要性判断

　一般論としては，証拠の採否は，それが裁判所の合理的裁量の範囲内にある限り，違法とはならない。精神鑑定請求についても，裁判所が，一件記録，当事者双方の提出した証拠および公判廷における被告人の供述，供述態度等から判断して，被告人の精神状態に異常はないとの心証を形成し，この点に関して鑑定を命じてみても当該心証が覆らないと判断する場合には，鑑定請求には証拠調べの必要性がないものとして，却下して差し支えないとされている(3)。最高裁判例も，例えば鑑定によらずに，被告人の供述，行動，態度その他一切の資料によって本人に精神の異常はないとした第1審の判断につき，「その判断が経験則に反しない以上，その判断をもつて違法であると云うことはできないのであつて，被告人の近親者に相当多数の精神異常者があると云う一事によって直ちにその判断が経験則に反すると論断することはできない」(4)としており，同様の理由から鑑定を不要とした判例も少なくない(5)。

　もっとも，個々の事例において，そのような必要性判断が合理的なものであったか否かは問題となり得るところであり，鑑定を不要とした従来の最高裁判例に対しても，むしろ精神鑑定に付した方が妥当と思われる事案であったことは否定できず，いわゆる救済判例として理解すべきであるとの指摘も

---

(2)　法務省法務総合研究所（編）『平成30年版 犯罪白書』（2018年）241頁以下では，刑法犯検挙人員に占める高齢者（65歳以上）比率の増加（21.5％），高齢者検挙人員における窃盗犯の増加（70歳以上では76.7％），65歳以上の受刑者の約17.5％に認知症傾向のあることが指摘されている。なお，袖長光知穂「認知症と犯罪について」警論71巻3号（2018年）56頁以下参照。

(3)　石井一正『刑事実務証拠法［第5版］』（判例タイムズ社，2011年）285頁。これに対して，少なくとも被告人側が精神鑑定の請求をし，かつ，責任能力がないことについての一応の証明がなされているような場合には，鑑定は必要的であるとする見解として，平場安治ほか『注解刑事訴訟法・上巻［全訂新版］』（青林書院，1987年）493頁［鈴木茂嗣］。

(4)　最大判昭和23・11・17刑集2巻12号1588頁。

(5)　例えば，最判昭和23・11・30裁判集刑5号533頁，最判昭和23・12・24刑集2巻14号1883頁，最判昭和24・5・7刑集3巻6号706頁，最判昭和25・1・13裁判集刑4巻1号12頁，最大判昭和25年6月21日刑集4巻6号1045頁など。

ある[6]。鑑定を命じても心証が覆らないという判断は，「責任能力という概念が生物学的・医学的要素を基礎におくところから，証人の採否の場合よりも一層慎重にしなければ，合理性を欠くことになろう」[7]との見解，さらには「精神病の既往症があるとか，犯行動機が理解不能，犯行手段が異様であるなど，完全責任能力を疑わせる徴憑が見られるような場合には，被告人に対する納得といった面にも配慮して，必要的とまでは言えないにしろ，柔軟に精神鑑定の採用が試みられてよい」[8]との主張も見られる。法的判断である責任能力概念も，その前提となる事実的判断における事実の存否ないし解釈に正確さが求められることは当然であり，少なくとも，被告人に犯行に影響を及ぼした精神の障害があることをうかがわせる具体的な事情が存在する事例においては鑑定が実施されるべきであって，精神鑑定請求がなされた場合にそれを却下すべき理由はないといえる。

　近時の判例である東京高判平成25・6・4（東高刑時報64巻1＝12号116頁）は，10年以内に3回にわたり，常習累犯窃盗罪により6月以上の懲役刑の執行を受けた被告人が，さらに常習として店舗で窃盗を行った事案の控訴審において，「本件犯行態様の異常さや，被告人のこれまでの精神障害の受診歴等からすると，少なくとも本件犯行当時，被告人が完全責任能力を有していたことについては相応の疑いがあるというべきであり，この点に関する資料が上記程度［引用者注：平成12年4月に実施された精神衛生診断］しかなく，不十分であることからすると，原審裁判所としては，被告人の責任能力を判断するために，被告人の精神鑑定を実施して，専門的な知見を得る必要があったというべきである」と判示して，弁護人の本件鑑定請求を却下した原審裁判所の措置には判決に影響を及ぼすことが明らかな訴訟手続の法令違反があるとし，原判決を破棄し差戻したものであるが，上述の趣旨に照らして妥当な判断であったといえよう[9]。

---

(6)　河上和雄ほか（編）『大コンメンタール刑事訴訟法・第3巻［第2版］』（青林書院，2010年）269頁〔中井憲治〕。大塚仁ほか（編）『大コンメンタール刑法・第3巻［第3版］』（青林書院，2015年）507頁〔島田聡一郎＝馬場嘉郎〕。

(7)　石井・前掲注(3)285頁。

(8)　三井誠『刑事手続法Ⅲ』（有斐閣，2004年）355頁。さらに，長岡哲次「鑑定をめぐる諸問題——裁判の立場から」三井誠ほか（編）『新刑事手続Ⅲ』（悠々社，2002年）118-119頁も参照。

130　事例研究②

　本件差戻し前第1審判決は，精神鑑定請求を不要としたものであるが，その理由は事実の概要に示したように，本件犯行について(1)衝動性の程度が強いとはいえない，(2)動機は了解可能である，(3)違法性の認識がある，という諸要素に加えて，(4)前頭側頭型認知症のエピソードの出現前に被告人が万引きを行っていた，という事実であった。しかしながら①事件判決が指摘する通り，(1)〜(3)の諸要素が存在するとしても，被告人の家庭が比較的裕福であり，被告人が保護観察付執行猶予中であるにもかかわらず，当日の朝から何か物を盗りたいという気持ちが生じ，短時間に4回も（うち2回は同じ店舗で）万引きを行ったことは，精神の障害を疑わせるものであり，(4)についても，その事実のみでは今回の行為に対する同認知症の影響を否定ないし減殺する理由とはならない。したがって，本件は被告人に犯行に影響を及ぼした精神の障害があることをうかがわせる具体的な事情が存在し，精神鑑定が実施されるべき事例であって，差戻し前第1審判決における精神鑑定請求の却下を違法とした①事件判決の判断は適切であったと思われる。

3　認知症と責任能力

(1)　従来の判例

　まず，高齢者による窃盗被告事件について，判例データベースで知り得た範囲で，認知症に罹患していた被告人の責任能力の有無・程度が争われた判例を概観する[10]。

(a)　心神喪失を認めた判例[11]

　［判例①］大阪地判平成29・3・22（LEX/DB 25546119）は，被告人（当時70歳）

---

(9)　なお，公判前整理手続において，弁護人からなされた鑑定請求を却下することが裁判所の裁量の範囲内であるとした事例として東京高判平成23・6・16判タ1395号379頁（殺人被告事件）があるが，捜査段階で精神鑑定が実施され，検察官が当該鑑定に係る鑑定書を証拠請求したところ，弁護人が被告人の責任能力を争って鑑定書を不同意とした上で，再鑑定の請求をした事案である。

(10)　従来の裁判例については，緒方あゆみ「認知症と刑事責任能力」中京ロー28号（2018年）1頁以下。裁判例に対する精神医学の立場からの批判的検討として，村松太郎『認知症の医学と法学』（中外医学社，2018年）215頁以下。

(11)　なお，現住建造物放火罪等被告事件について，認知機能の低下により故意が否定されるとして無罪を言い渡した裁判例として，広島地判平成30・1・31 LEX/DB 25560911がある（控訴審の広島高判平成30・7・3 LEX/DB 25560910もこの判断を維持した）。

が店舗において食品2点（価格合計500円）を窃取したという事案（執行猶予中〔判決から約2か月後〕の同種再犯）であり，被告人が前頭側頭型認知症に罹患し，買い物をして帰宅するという過去の習慣的行動が自動化した状態に陥り，執行猶予期間中であるとの現状認識を持てない状態になっているとの鑑定意見を採用して，動機，犯行態様，犯行前後の行動，認識内容を踏まえつつ，「直近前科の懲役刑の執行猶予期間中にあり……当日も妻が家で昼食の準備をしている中で，老夫婦二人分をはるかに超える量のステーキ肉や漬物を盗むという本件当日の被告人の行動は，同認知症の影響を考慮しないと合理的な説明ができず，同認知症が発症した可能性のある時期以前の被告人には本件のような万引き等の問題行動はみられず……本件当時の被告人につき，事理弁識能力ないし行動制御能力が著しく減弱していたのはもとより，これらの能力を欠いていた疑いは合理的に否定できない」として，被告人が当時心神喪失であったことについて合理的な疑いが残ることから，これを無罪とした（求刑：懲役10月）。

(b)　心神耗弱を認めた判例[12]

　〔判例②〕新潟地判平成27・4・15（LEX/DB 25561018）は，店舗において菓子等14点（価格合計1,810円）を窃取したという事案について，被告人は神経性無食欲症および低酸素脳症による認知症に罹患し，それにより（動機の了解可能性，犯行態様，違法性の認識，元来の人格との異質性等からみて善悪の判断能力は障害されていないが衝動に抵抗困難であったとする鑑定意見を是認しつつ）行動制御能力が著しく障害され，心神耗弱状態にあったと認めながら，計画性・常習性・被害額からみて有利な事情を考慮しても罰金刑が相当な事案とはいえないとして，懲役7月に処した（求刑：懲役1年）。他方，〔判例③〕横浜地判平成27・10・15（LEX/DB 25561019）は，店舗において文具等32点（価格合計4,798円）を窃取したという事案について，被告人は前頭側頭型認知症（ピック型認知症）に罹患しており，事理弁識能力については，犯行当時の態度などからみて著しく減退してはいなかったものの，行動制御能力については「物を欲しいとい

----

(12)　窃盗被告事件以外で心神耗弱を認めた裁判例として，東京地判平23・3・14 LEX/DB 25482206〔殺人・アルツハイマー型〕，福岡地判平成24・3・16 LEX/DB 25481182〔殺人未遂・血管性認知症およびアルツハイマー型の混合型〕，名古屋地判平成28・3・16 LEX/DB 25544236〔強制わいせつ致傷等・前頭側頭型〕などがある。

132　事例研究②

う欲求のためにその手段として窃盗という行動に至る過程については，やや飛躍があるといわざるを得ず，被告人が前頭側頭型認知症のため欲求を自制することが困難な状態になっていたということを考慮して初めて合理的な説明が可能といえる」との動機の了解可能性の程度に加え，犯行態様，発症前の人格との異質性からみて「著しく減退していた」として心神耗弱を肯定し，被告人を懲役8月・執行猶予2年に処した（求刑・懲役1年）[13]。

　(c)　完全責任能力を認めた判例[14]

　窃盗事件において認知症の被告人の責任能力が問題となり，完全責任能力を認めた裁判例では，他方で認知症に罹患しているという事情を量刑上有利に考慮したものが多い[15]。そのうち審級により判断が異なったものとして，[判例④] 神戸地判平成25・10・22（LEX/DB 25561016）は，店舗における食品（価格3,990円）の窃盗事件（執行猶予中［判決の約8か月後］の同種再犯）について，被告人が前頭側頭型認知症に罹患していることを認めつつ，本件犯行動機が了解可能であり，同認知症の特徴とされる性格の変化，対人関係の障害，行動の異常性等は，仮にあったとしてもさしたるものではなかったと推認されることなどから，是非弁別能力及び行動制御能力は著しく減退してはいなかったとして，被告人を懲役7月に処した（求刑：懲役10月）。その控訴審である［判例⑤] 大阪高判平成26・3・18（LEX/DB25561228）は，弁護人からの量刑不当の主張に対して，被告人は原審審理中に，クレプトマニア（病的窃盗）兼摂食障害と診断され，その後入院治療を受けていた際の被告人の行動状況

────────────

(13)　本判決は，同種事犯の前歴についても認知症の影響がうかがわれることを理由に，当該前歴を，責任非難を高める事情として量刑上重視すべきではないとしている。

(14)　窃盗被告事件以外の裁判例として，東京高判平成20・5・15判時2019号127頁［現住建造物放火等・前頭側頭型認知症の疑い］，岐阜地判平成26・12・17 LEX/DB 25505660［殺人・前頭側頭型］，富山地判平成27・10・29 LLI/DB L07050556［殺人・アルツハイマー型］，宮崎地判平成30・1・19 LLI/DB L07350003［過失運転致死傷罪・前頭側頭型］などがある。これらのうち，岐阜地判平成26・12・17は，認知症の影響により「自己の行為を抑制する能力が低下していたと認められる上，衝動的な行動に出やすくなっていた可能性もある」としてその他の事情と併せて量刑上有利に考慮し，懲役5年6月（求刑：懲役10年）を言い渡している。

(15)　なお，被告人の責任能力の有無・程度が争点となっていない裁判例であっても，認知症に罹患しているという事情を量刑上考慮したものも多い。最近の窃盗被告事件例として，那覇地判平成28・10・12 LEX/DB25561207，東京高判平成30・3・27 LEX/DB 25561234，越谷簡判平成30・7・9 LEX/DB 25561087 など。

が前頭側頭型認知症の症状と合致するものであることに照らすと，「被告人の是非弁別能力及び行動制御能力自体は著しく減退するには至っていなかったとしても，前頭側頭型認知症の影響により自己統制力が低下したために本件犯行に及んだという可能性をたやすく否定できないから，この点を量刑上有利に考慮するのが相当である」として原判決を破棄し，懲役10月・保護観察付執行猶予4年を言い渡した。

　また，［判例⑥］東京簡判平成26・9・4（LEX/DB 25505278）は，店舗における食品（価格450円）の窃盗事件について，被告人は軽度のアルツハイマー型認知症に罹患しているが，犯行時およびその後の言動，窃取方法，動機の了解可能性に照らして，責任能力が欠けていたり，著しく減退していた状態にはなかったとしつつ，「被告人のような認知症患者は，刑務所内で矯正教育を受けさせることよりも，認知症による能力の低下を適切に判断し，更に高血圧等の内科的疾患にも配慮しつつ，安定した地域生活を送れるように福祉支援を得ながら，再犯の防止を図ることが適当であると考えられる」として，罰金50万円に処した（求刑：罰金50万円）。次に，［判例⑦］東京高判平成27・11・10（LEX/DB 25561231）は，店舗における食品（価格600円）の窃盗事件（執行猶予中［判決約11か月後］の同種再犯）について，原審が被告人について特段の疾病を認定せず，懲役7月の実刑に処したことについて，その言渡しの時点においては重すぎて不当であるとはいえないとしつつ，原判決後に提出された精神科専門医の意見書を踏まえてなされた受診の結果，被告人は前頭側頭型認知症の一種であるピック病と診断されたことからすると，その疾病性が直ちに責任能力に影響するとまではいえないものの，「本件犯行は，前頭側頭型認知症による疾病性に影響され，行動制御能力がある程度低下していた下で行われたものと考えられる」と指摘し，原判決後，家族の協力によって同認知症の治療と再犯防止に取り組む姿勢が相当程度整えられたことも考慮して懲役7月・保護観察付執行猶予4年を言い渡した。さらに，［判例⑧］東京地立川支判平成30・3・16（LEX/DB 25561096）は，店舗における接着剤1個（価格409円）の窃盗事件（執行猶予中［判決から約1年3か月後］の同種再犯）について，被告人が前頭側頭型認知症に起因する心神喪失状態であったとする弁護人の主張に対して，被告人は同認知症に罹患していたものの，診断にあたっ

た医師の証言内容，犯行動機，犯行態様，自己防衛的行動等に照らすと，「本件犯行当時の被告人の事理弁識能力や行動制御能力が完全に欠けていたとみる余地がないのはもとより，著しく障害されていたとの疑いが生じるものではない」とする一方で，「犯行動機に酌み得る部分は見受けられないが……被告人がり患していた前頭側頭型認知症が脱抑制という点で行動制御能力等に影響を与えた可能性は否定できず，非難の度合いは相当程度抑えられるといえる」として，懲役1年・保護観察付執行猶予4年を言い渡した（求刑・懲役1年6月）。

　以上のように，特に心神耗弱を認めた事例では，認知症が弁識能力ではなく制御能力を著しく障害していたことに言及するものが目立つ[16]。また，完全責任能力を認めつつ量刑上有利に考慮した事例でも，制御能力の一定程度の低減に基づく責任減少を根拠としているものが多く，それと並行的に，認知症に罹患しているという事情が，行為者の再犯防止のための環境整備の契機となっていることを根拠として，特別予防の必要性判断（特に施設内処遇に付すべきか否か）に際して考慮されているということができる。

(2)　②事件判決の位置づけ

　②事件判決（以下，「本判決」とする）で，B医師による精神鑑定が行われ，B鑑定は，(1)被告人には，前頭側頭型認知症やピック病の可能性は否定されること，(2)平成23年頃からアルツハイマー型認知症を発症しており，平成28年12月頃から平成29年1月にかけて行った鑑定時には軽度，本件犯行の時点では軽度ないしごく軽度であったこと，(3)被告人には同認知症による記憶障害があり，自分がどこで盗んだかも分かっておらず，また，自分の身を守るという判断能力，社会的動物としての予見性，判断力が低下していたと考えられ，そのために窃盗が悪いことであると答えられる能力は有しているが，

⒃　八木深「認知症・器質性精神障害」五十嵐禎人（責任編集）『刑事精神鑑定のすべて』（中山書店，2008年）184頁は，前頭側頭型認知症の一種であるピック病による性格変化による問題行動の場合，意図・計画が認められない場合は行動制御能力が少なくとも著しく減弱されていると判断される可能性があると指摘する。なお，生物学的要素および認識能力のみを基準とするマクノートン・ルールの下では，前頭側頭型認知症に罹患した者は精神障害の抗弁を主張し得ないことを指摘するものとして，Janine Diehl-Schmid et al, Guilty by Suspicion? Criminal Behavior in Frontotemporal Lobar Degeneration, *Cognitive and Behavioral Neurology*, Vol. 26, No. 2, 2013, p. 77.

Ⅲ　検　討　135

実際に自分の行動を制御する能力は著しく落ちていたと考えられること，を指摘して，同認知症による記憶障害や判断能力の低下が，本件犯行に大きく影響したと考えられるとした。これに対して本判決は，(1)および(2)を採用し，(3)については，(i)判断能力の低下および予見性，判断力の低下の部分を（被告人の本件当日の無軌道ともいえる行動をよく説明できるものであることから）採用する一方で，(ii)記憶障害，場所に関する認知能力の低下の部分は（犯行後間もない時期に行われた取調べの状況を録音・録画した DVD における被告人の供述状況と整合しない〈鑑定人はそれを視聴しなかった〉ことから）直ちにそのまま採用することはできないとして，その上で犯行態様，犯行後の事情等を考慮して被告人の責任能力について検討している。

　このように本判決が，B 鑑定の一部を採用しつつ，他の事情と総合考慮することによって被告人の責任能力の有無・程度を判断したことは，最決平成21・12・8（刑集 63 巻 11 号 2829 頁）が「裁判所は，特定の精神鑑定の意見の一部を採用した場合においても，責任能力の有無・程度について，当該意見の他の部分に事実上拘束されることなく，上記事情等［引用者注：被告人の犯行当時の病状，犯行前の生活状態，犯行の動機・態様等］を総合して判定することができるというべきである」との判示を踏まえたものである。同決定は，生物学的要素（統合失調症の罹患）については鑑定の診断を採用しながら，心理学的要素については，疾患が犯行に与えた影響の程度（統合失調症が犯行を直接的に支配したか否か）を判断するに際して，前提資料の検討が十分ではなく，結論を導く推論過程に疑問がある[17]として，鑑定の結論を採用しなかった事例である。本判決も生物学的要素については鑑定の診断を採用し，心理学的要素については必ずしもそれに従わなかった点では基本的に同様であるが，心理学的要素については，鑑定人の捉えた基礎事情が証拠関係（DVD の供述状況）にそぐわない部分があることを明示的に指摘した点に特徴がある[18]。

　本判決は，被告人の具体的な責任能力の有無・程度については，(ア)違法性の認識があり，また万引きの目的に照らして合理的な行動を取っていること，

───────
[17]　この点について，任介辰哉「判解」最判解刑事篇・平成 21 年度（法曹会，2013 年）652頁参照。このような「一部採用」自体が認められることについては，林美月子「判批」論ジュリ 2 号（2012 年）260 頁。

(イ)警察官の取調べに対して，それなりの自己防御行動も取っていること，(ウ)対象物が何であるかを認識した上で窃取したと認められること，を踏まえれば，犯行当時，事理弁識能力又は行動制御能力を喪失していなかったことは明らかであり，他方で，アルツハイマー型認知症による判断能力，社会的動物としての予見性・判断力の低下が両能力に「相当大きな影響を与えていた疑いを払拭することはできない」が，「これらの能力の減退の程度は，著しいものまで至っていなかった」と結論づけている。ここでは，近時の裁判例で参照されることの多い，いわゆる「7つの着眼点」の主な項目に沿った判断が行われているといってよいが，「他にくらべて総合的評価における比重が大きくなることが多い」[19]とされる「動機の了解可能性」の検討が十分ではないように思われる。①事件判決は被告人の比較的裕福な家庭環境等からみた犯行の「無軌道さ」を指摘しており，窃盗に至る動機ないしその形成過程の内容を明らかにすべき必要性は高かったといえるだろう。

　このように，従来の判例の中では，本判決は(c)の類型に属し，罰金刑を選択した理由にも，(i)認知症により「責任を相当減じて考慮しなければなら」ず，(ii)家族によって「手厚い再犯防止措置が取られていること」（現に約1年8か月にわたって犯行を防止できていること）が挙げられている。(c)に属する裁判例には，［判例⑦］および［判例⑧］のように，執行猶予中の同種再犯であって，前刑言渡しからの期間が本判決の事案よりも長く，また被害額が少ないにもかかわらず（保護観察付執行猶予の付された）懲役刑に処された事案もあること，さらに本判決が「本来，懲役刑の実刑を以て臨むのが相当である」としつつも，執行猶予付懲役刑ではなく罰金刑を選択したことから見て，本判決における(i)および(ii)の考慮の比重は大きなものであったと推測される。こうした判断は，従来の判例でも示されたように，窃盗事犯において認知症に罹患した行為者に施設内処遇は適さず，社会内での支援を通じた再犯防止が相応し

---

(18)　なお，仙台高秋田支判平成28・9・27高刑速（平28）284頁は，執行猶予期間中に同種窃盗に及んだ被告人が前頭側頭認知症に罹患しているという弁護人請求の意見書について，DSM-5の掲げる必須項目について検討した形跡がなく，MRI画像についても全く言及がないなどとして，その信用性を否定し，再度の執行猶予判決を求めた弁護人の主張を排斥した。

(19)　他害行為を行った者の責任能力鑑定に関する研究班（編）『刑事責任能力に関する精神鑑定書作成の手引き平成18～20年度総括版（ver. 4.0）』（2009年）19頁。

いとの認識を踏まえたものとして支持できる[20]。

なお，本判決では弁識能力「又は」制御能力の一定程度の減退が示されているが，従来の判例では，例えば当該認知症の罹患が弁識能力には影響を与えないものの制御能力には影響を与えていると明言しているもの（例えば上記(b)に属する横浜地判平成27・10・15および(c)に属する東京高判平成27・11・10など）もあることと比較して，本判決のいう「判断能力」あるいは「予見性・判断力」が，弁識能力または制御能力とどのような対応関係にあったのかは必ずしも明らかではないという問題が残る。ただしこの点は，近時，実務家から主張されているように，「精神障害がこの二つの判断能力それぞれにどのような影響を及ぼしているのかを別個に判断するのは困難であり，あえてそれをしようとすると，根拠の乏しい恣意的な判断につながりかねない」ことから「善悪判断能力を『善悪』のみならず行動の前提となる事項全般に係る『判断』の能力と位置づける」べきである，とする見解[21]からは，むしろ上記のような関係を示すこと自体に意味がないということになろう。学説からも，「弁識能力と制御能力はその本質において重なり合う」がゆえに，実体論レベルにおいて，実質化された弁識能力へと一元化される[22]との見解，さらには，責任能力においては「犯罪を思いとどまる能力という意味での行動制御能力は不要である」とする見解[23]が主張されている。これらについての評価は，責任能力概念の根幹に関わるだけに，今後の検討に委ねざるを得ないが[24]，従来の判断基準への適用プロセスを明確化するために，個々の判例ごとに，当

---

[20] 平成18（2006）年の窃盗罪への罰金刑導入の趣旨を，処遇の多様化ないしは段階的処遇に求める見解（原田國男『裁判員裁判と量刑法』〈成文堂，2011年〉70頁）からも，このような方向性は支持されるであろう。

[21] 髙嶋智光「責任能力と精神鑑定」同（編集代表）『新時代における刑事実務』（立花書房，2017年）65-66頁。同様の問題意識として，例えば山口雅高「責任能力の認定手法に関する試論」『植村立郎判事退官記念論文集 現代刑事法の諸問題 第3巻』（立花書房，2011年）402-403頁参照。

[22] 竹川俊也『刑事責任能力論』（成文堂，2018年）85頁以下，特に157頁。

[23] 樋口亮介「責任能力の理論的基礎と判断基準」論ジュリ19号（2016年）192頁以下，199頁。

[24] なお，近時の諸見解に対する批判的分析として，安田拓人「責任能力の意義」法教430号（2016年）17-18頁，箭野章五郎「責任能力の意義と責任非難の構造について」高橋則夫ほか（編）『長井圓先生古稀記念 刑事法学の未来』（信山社，2017年）83頁注(13)参照。

138 事例研究②

該被告人の症状と弁識能力・制御能力の対応関係を示すことにはなお一定の意義が認められよう。最近，精神医学の立場から，認知症については症状（認知機能障害）と「弁識能力・制御能力の距離が近い」（＝医学的な認知機能と法的な弁識能力・制御能力は別次元にあるものの，共通する部分もあり，殊に認知機能は測定可能であることから，責任能力判断の客観化に資する要因となりうる）[25]という特徴があるとの指摘がなされていることも，こうした理解を支えるものであるように思われる。

[25] 村松・前掲注[10]233-234頁。「責任能力の構成要素としての制御能力」と「一般的な意味での制御能力」の差異と関連性については，同308頁以下参照。

第 2 部

罪数論の課題

第6章

混合的包括一罪の再検討

I　はじめに

わが国の判例においては，異なる罪名にあたる複数の行為について，各行為の間に密接な関係が認められるときに，これを包括一罪として扱う場合があり，その中には特に「混合的包括一罪」とよばれる類型がある。こうした類型は実務上定着し，学説によっても承認されつつあるといわれる[1]。もっとも，その内実についての理解は一様ではなく，混合的包括一罪という概念を肯定すること自体に批判的な，あるいは慎重な見解もみられる[2]。そもそも包括一罪に何を含めるかということ自体についても議論が続いており[3]，最近では「包括一罪の『本質』を提示して，そこから演繹するスタイルの議論は，包括一罪の一部しか説明し得ない」[4]という指摘すら存在する。しかしながら，こうした指摘の存在は，却って，本来であれば包括一罪として扱われるべきではない事案が，実際には包括一罪として処理されているのではないかという疑念を生じさせるといえよう。本章は，これまで混合的包括一罪

---

(1)　只木誠「罪数論・量刑論」法時81巻6号（2009年）48頁。

(2)　たとえば，中山善房「混合的包括処罰犯」司研1997-Ⅲ（創立五十周年記念特集号・第3巻刑事編）（1997年）82頁以下，内田文昭「混合的包括一罪について」寺崎嘉博＝白取祐司（編）『激動期の刑事法学（能勢弘之先生追悼論集）』（信山社，2003年）341頁以下，浅田和茂「罪数論と刑事手続」三井誠ほか（編）『鈴木茂嗣先生古稀祝賀論文集〔下巻〕』（成文堂，2007年）519頁など。

(3)　包括一罪についての総合的な研究書として，虫明満『包括一罪の研究』（成文堂，1992年）が重要である。

(4)　今井猛嘉ほか『刑法総論［第2版］』（有斐閣，2012年）430頁〔島田聡一郎〕。なお，橋爪隆「包括一罪の意義について」法教419号（2015年）110頁参照。

142 第6章 混合的包括一罪の再検討

を肯定してきた諸判例を概観しながら，罪数論上，果たして混合的包括一罪が必要なのか，あるいは理論的に基礎づけられるのかについて再検討を試みるものである[5]。

Ⅱ 前 提

(1) 本来，包括一罪は，複数の法益侵害の事実が存在するが，1個の罰条の適用によってそれを包括的に評価する場合をいうものとされている。複数の法益侵害事実が存在する点においては科刑上一罪と同様であり，科刑上一罪はそれらの事実に複数の罰条を適用した上で，処断刑の形成段階において一罪として扱うのに対して，包括一罪は，複数の罰条の適用そのものを否定するところに相違がある[6]。事実認定および罰条の適用について，科刑上一罪では「明示的方法」が採られ，包括一罪では「黙示的方法」が採られるのにすぎないといわれるのもこうした理由に基づく[7]。

従来，包括一罪については，単純一罪と同様の本来的一罪に属するのか，それとも本来的数罪に属するのか（科刑上一罪に近い性格を有するのか）をめぐっ

---

[5] 混合的包括一罪については，上掲の文献のほか，虫明満「いわゆる混合的包括一罪について」香法14巻3＝4号（1995年）603頁以下，中谷雄二郎「罪数——刑法犯における罪数」龍岡資晃（編）『現代裁判法大系30〔刑法・刑事訴訟法〕』（新日本法規出版株式会社，1999年）218頁以下，小林充「包括的一罪について」判時1724号（2000年）8頁以下，只木誠「混合的包括一罪論の前提」同『罪数論の研究［補訂版］』（成文堂，2009年）164頁以下などを参照。

[6] 西田典之ほか（編）『注釈刑法・第1巻』（有斐閣，2010年）715頁〔山口厚〕。したがって，包括一罪を構成する複数の法益侵害事実のうちの1つを独立して処罰の対象とすることも可能となる。

[7] 平野龍一『刑法総論Ⅱ』（有斐閣，1975年）413頁。この点に関して，小林・前掲注[5] 7頁は，たとえば（「居直り強盗」のような）窃盗と強盗の包括一罪の場合，法律構成としては，(1)双方につき事実摘示および罰条の適用が示される，(2)双方につき事実摘示がされるが罰条は強盗のそれのみが示される，(3)強盗についてのみ事実摘示および罰条の適用が示される（窃盗は強盗に吸収され，強盗の刑で処断する），という3つの類型が考えられ，このうち(2)が妥当であるとされる（なお，その後，平野龍一「包括一罪についての若干のコメント」判時1733号（2001年）5頁（同『刑事法研究 最終巻』（有斐閣，2005年）22頁所収）は，上記(3)は「強盗の事実摘示のなかで，強盗に至る経過として窃盗の事実摘示をすればよい」という趣旨であると指摘された。これを受けて，小林充「罪数論の基本」現刑6巻4号（2004年）54頁注[31]は，(2)と(3)との間に「実質的な差はないことになろう」とされる）。ただし，本章のⅣで後述するように，判例の「法令の適用」においては必ずしもそうした構成になっていない場合もある。

て議論があり，最近では，上記のような理解を前提として，科刑上一罪に近いものとして捉える見解が多い[8]。もっとも，次に見るように包括一罪には多様な類型があることから，一律にいずれかに属するとみるのではなく，包括一罪を「単純一罪に近い類型」と「科刑上一罪に近い類型」とに区別しようとする立場も有力であり[9]，それが基本的には妥当であると思われる。

(2)　包括一罪においては，複数の法益侵害の事実が存在するにもかかわらず，併合罪としてではなく，「一罪」としての取り扱いがなされるのはなぜか[10]。従来から，罪数決定の基準としては，いわゆる構成要件基準説[11]が通説とされてきたが，構成要件該当性の回数としては数罪であっても，法的評価としてはなお「一罪」として扱われる（実体刑法上の）理論的根拠がここでは問われることになる。現在では，そうした「一罪」性は①法益侵害の一体性，および②行為の一体性に基づくとする見解が有力に主張されている。包括一罪においては，①法益侵害の一体性により，複数の法益侵害を個別・独立に惹起した場合に比して違法性を全体として軽く評価することが可能となり，さらに②行為の一体性により，複数の意思決定・行為により法益侵害を惹起した場合に比して有責性を全体として軽く評価することが可能となるとするのである[12]。ここでは，①によって科刑上一罪との異質性が，②によってそれとの同質性が示されている。換言すれば，包括一罪では，複数の法益侵害事実

---

(8)　平野・前掲注(7)413頁，西田ほか（編）・前掲注(6)715頁［山口］のほか，山火正則「包括的一罪」西原春夫ほか（編）『判例刑法研究・第4巻』（有斐閣，1981年）273，304頁，同「特別刑法と罪数」伊藤榮樹ほか（編）『注釈特別刑法』（立花書房，1982年）551頁，丸山雅夫「いわゆる『狭義の包括一罪』における『一罪』性（下）──判例を中心として」判評361号（1989年）12頁，奈良俊夫「いわゆる『包括一罪』の再検討序説」研修471号（1987年）11頁など。なお，この点は，包括一罪における「一罪」性の内容を，「犯罪の吸収」（一方の罪が他方の罪により包括的に評価される）と解するか，「刑の吸収」（数罪が成立し一方の刑が他方の刑に吸収される）と解するかという対立にも反映する（只木・前掲注(5)169頁以下参照）が，現在では，少なくとも吸収一罪については，刑の吸収（正確には，処断刑の吸収）と解する立場が有力であるといえよう（林幹人『刑法総論〔第2版〕』（東京大学出版会，2008年）456頁参照）。

(9)　小林・前掲注(5)49頁以下，今井ほか・前掲注(4)430頁以下〔島田〕，佐伯仁志「連続的包括一罪について」「植村立郎判事退官記念論文集」編集委員会（編）『植村立郎判事退官記念論文集　現代刑事法の諸問題・第1巻』（立花書房，2011年）42頁参照。

(10)　丸山・前掲注(8)10頁注(1)は，包括一罪が条文上の根拠をもつものでないことから，包括的評価の究極的根拠は，岡野光雄「判批」判評312号（1985年）59頁の指摘のように，併合罪として加重すべきではないという消極的なものに求めざるをえないとする。

(11)　たとえば，団藤重光『刑法綱要総論〔第3版〕』（創文社，1990年）437頁。

144 第6章 混合的包括一罪の再検討

が「包括」されない場合（「数罪」とされる場合）と比較すると，違法性および責任が減少していることになり，そのために「一罪」としての評価が可能になるものであるが，違法減少の点では科刑上一罪と異なり，責任減少の点ではそれと共通することになる[13]。こうした見解は，犯罪の個数を，構成要件的評価（の回数）を前提としつつも，犯罪の実質によって決定するものとして支持することができる[14]。

(3)　包括一罪は，同じ数個の罪を包括して一罪とする「狭義の包括一罪」（接続犯・集合犯）と，軽い罪が重い罪の刑に吸収される場合である「吸収一罪」（随伴行為（附随犯）・共罰的〔不可罰的〕事前行為・共罰的〔不可罰的〕事後行為）に分類されるのが一般的である[15]。「同質的包括性」が認められる場合と「異質的包括性」が認められる場合[16]（あるいは「同一構成要件を充足するもの」と「異なる構成要件を充足するもの」[17]）とに分類する見解も──細部では相違があるもの

---

[12]　西田ほか（編）・前掲注(6)715-716頁〔山口〕。かつて改正刑法準備草案71条が提示した「日時及び場所の近接，方法の類似，機会の同一，意思の継続その他各行為の密接な関係」という（同一罪名間の）包括一罪の要件も，法益侵害の一体性ないし行為の一体性の判断資料と解することができる。なお，城下裕二「判批」西田典之ほか（編）別ジュリ『刑法判例百選Ⅰ総論（第6版）』（有斐閣，2008年）205頁参照。

[13]　その意味で，包括一罪は，科刑上一罪よりも（違法減少が伴う点で）一罪性が強いことになる（西田ほか（編）・前掲注(6)715頁〔山口〕）。ただし，佐伯・前掲注(9)42頁注54は，このことは科刑上一罪に近い包括一罪には妥当しないとされる。

[14]　林幹人「罪数論」芝原邦爾ほか（編）『刑法理論の現代的展開・総論Ⅱ』（日本評論社，1990年）272-273頁，278頁参照。なお，これに対して，大塚仁ほか（編）『大コンメンタール刑法・第4巻〔第3版〕』（青林書院，2013年）206頁〔中山善房〕は，包括一罪は「数行為＝一処罰」の場合であって，「数罪＝数処罰」の場合である併合罪とは異なり，刑罰適用・科刑上，法的安定の要請と行為者の利益の両面から速やかに処断すべきものと解され，一回の処罰でまかなうことができるという点にその根拠を求める（さらに，中山・前掲注(2)92頁以下参照）。しかし，ここで問題とすべきことは，なぜ「処罰の一回性」があるときには一罪とすべきなのかという実質的理由であり，それについては犯罪の成立要件に還元された説明が必要であろう（小林・前掲注(5)4頁は「処罰の一回性ということは，むしろ一罪であるということから導かれるべきものであり……一回の処罰で足りるから一罪であるというのでは，論理が逆である」と批判する）。

[15]　西田ほか（編）・前掲注(6)716頁〔山口〕，平野・前掲注(7)『刑法総論Ⅱ』412頁。なお，鈴木茂嗣『刑法総論〔第2版〕』（成文堂，2011年）278頁以下は，「評価上一罪」の1つとしての包括一罪を，行為競合的包括一罪（随伴行為はこれに属する）・行為継続的包括一罪・行為連鎖的包括一罪（共罰的事後行為・接続犯はこれに属する）に分類される。

[16]　団藤・前掲注(11)439頁以下，井田良『講義刑法学・総論〔第2版〕』（有斐閣，2018年）586頁〔同質的包括性が認められる場合のなかに，集合犯，接続犯とは区別して「狭義の包括一罪」を含める〕，大谷實『刑法講義総論〔新版第5版〕』（成文堂，2019年）480頁以下〔「同質的包括一罪」を，集合犯と「狭義の包括一罪」に区別する〕。

の——ほぼこれに対応しているということができる。

(4) 以上のような包括一罪の一般論に照らすならば，混合的包括一罪は，罪名の異なる複数の犯罪を包括評価して一罪と扱うという点において「吸収一罪」ないし「異質的包括性」の認められる場合であって，かつ，随伴行為・共罰的 (事前・事後) 行為のいずれにも該当しない場合ということになる。もっとも，包括一罪の理論的根拠との整合性に関しては——従来，同様の類型に属する随伴行為・共罰的 (事前・事後) 行為が，一定の視点から理論的に説明されてきたのに対して——混合的包括一罪の場合には十分な基礎づけがなされてきたわけではなく，むしろ「包括一罪の成立を肯定することには疑問の余地がある」[18]との指摘が存在するほどであった。それにもかかわらず，この概念が用いられてきたのは，それが「具体的妥当性を探究する実務家のバランス感覚から生じたものである」[19]ことに着目する必要がある。すなわち，「併合罪にするには行為が混然として相当程度重なり合うために躊躇され，観念的競合にするには行為が重なり合わずはみ出る部分が相当あり，また，包括一罪とするには複数の罪名に触れるため，伝統的なその概念に大きな変更を加えることになるような場合」[20]の解決法として採用されたというのである。そうであるとすれば，混合的包括一罪の概念に依拠することに，理論的根拠の不十分さを凌駕するだけの具体的・個別的妥当性が認められるのかという点こそが検討されなければならない[21]。

---

(17) 虫明・前掲注(3)227 頁以下〔同一構成要件を充足するものと異なる構成要件を充足するものの両者について，行為が 1 個の場合・行為が接続する場合・行為が数個の場合の各類型を認める〕。

(18) 西田ほか (編)・前掲注(6)716 頁〔山口〕。

(19) 的場純男「実務における罪数論の意義」刑法 37 巻 1 号 (1997 年) 101 頁。

(20) 太田茂「判批」警論 50 巻 11 号 (1997 年) 221 頁。さらに，只木・前掲注(1)48 頁参照。

(21) なおドイツにおいては，複数の行為を一罪とする場合の 1 つとして自然的行為単一 (natürliche Handlungseinheit) 概念を認める見解があり，その際に異なった構成要件間でこれを肯定すべきか否かをめぐって議論がある。肯定する立場からは，時間的・場所的近接性，意思的一体性といった包括評価のための基準が提示されている。Vgl. Ingeborg Puppe, Idealkonkurrenz und Einzelverbrechen, 1979, S. 263ff.; Günter Warda, Funktion und Grenzen der natürlichen Handlungseinheit, Festschrift für Dietrich Oehler, 1985, S. 248ff.; SK-Erich Samson/Albert Günther, 6. Aufl., 1995, Vor § 52, Rn. 33ff. さらに，仲道祐樹「ドイツにおける罪数論の思考方法」刑ジャ 48 号 (2016 年) 17 頁以下参照。

146　第6章　混合的包括一罪の再検討

Ⅲ　判例の状況

　以下では，従来の判例において，異なる罪名にあたる複数の行為について混合的包括一罪を認めた（と解されている）ものを，1〜3に分類し，いずれにも属さない判例を4としてそれぞれ概観する。

1　暴行を手段とする結合犯（に準じる犯罪）において傷害結果が発生した類型——強盗罪（または恐喝罪）と傷害罪・(旧)強姦罪と傷害罪

(1)　判例において混合的包括一罪が問題になったリーディングケースとされるのは，［判例①］仙台高判昭和34・2・26（高刑集12巻2号77頁）である。Xが，Y・Zと共謀の上，Aに対して暴行・傷害を加えているうち，Aの腕時計を奪取しようと決意し，さらに暴行を加え，犯行を抑圧して時計を強取した直後，ZがAの頭部を強打して転倒させ，転倒したAを，さらにXが蹴り続け，顔面・頭部・背部に約10日間の打撲傷を負わせたが，このうち背部打撲傷は強盗の犯意発生後のXの暴行により生じたものであるという事案について，(ⅰ)Xの関係においては，強盗の犯意発生前の共謀による単純傷害罪（Zの暴行による単純傷害を含む）と強盗傷人罪とは併合罪ではなく，「社会的現象として観るときは，その評価の対象たる二群の傷害は，一個の身体侵害の意思に基き，時を接して引続き行われるのであるから，これを一連不可分的のものとみるべきで，しかも後の傷害は強盗行為に伴うもので，これと結合一体の関係にあるのであるから，これらすべてを全体的に包括的に観察して，一連一個の行為と解するのが相当であ」り，「罪数的には，それは一種の接続犯的な傷害と強盗傷人との混合した包括一罪であって，重い強盗傷人罪の刑をもつて処断すべき一罪と解する」と判示した。さらに傍論として，(ⅱ)「傷害が，強盗の犯意を生じた時期を境として，その前後二群の暴行のいずれによって生じたか不明の場合を考えれば，傷害が強盗の犯意を生じた後の暴行に基因することの証明がない限り犯人を強盗傷人罪に問擬することは許されないから，前後の暴行は強盗傷人にはならないけれども，前後の暴行は一体として観察されるから，結局単純傷害の責を犯人が負わねばならないので

あって，傷害と強盗との混合した包括一罪である」と述べている。

　本事案自体は，傷害の結果が強盗の犯意発生前後に生じたものであり，［判例①］の(i)は，その場合に傷害罪と強盗傷人罪との混合的包括一罪が成立するとしたものである。［判例①］の第1審（仙台地判昭和33・10・6高刑集12巻2号84頁）では，強盗の犯意発生前の暴行による傷害と，犯意発生後の暴行による強盗傷人とを併合罪の関係にあるとしていたのに対して，［判例①］は，(ii)において，そのように解すると，仮に傷害が強盗の犯意発生前後のいずれの暴行によるものかが不明の場合には「傷害の結果を前後いずれの暴行にも帰せしめられない以上，暴行と強盗の併合罪となり，犯人に傷害の責を負わしめることができなくなるのであって，一連の暴行によって生じた傷害の結果を，刑法上評価できないのは，明らかに不当である」と論難したのであった。
(2)　この傍論中の「傷害が強盗の犯意発生前後のいずれの暴行によるものかが不明の場合」についての判断が，以下に見るように，その後の判例において引き継がれることになる[22]。それらは，いずれも強盗致傷罪として起訴された事案に対して「強盗罪と傷害罪の混合した包括一罪としての強盗罪」によって処断すべきものとしたのである。

　まず［判例②］新潟地判昭和42・1・13（下刑集9巻1号31頁）は，XおよびYが，深夜，共謀してAの顔面・頭部を殴りつけ（第1暴行），さらにXはAの手提げ鞄を強取しようと考え，Yと相謀り，Aに暴行・脅迫を加え（第2暴行），抵抗を抑圧して鞄を強奪し，Aに5週間の傷害を負わせたが，Aの傷害は第1暴行と第2暴行のいずれによるものか判明しなかったという事案である。これについて本判決は「本件傷害が被告人らの強盗の犯意発生後の暴行に起因するものと明確に断定し得るに足りる充分な証拠はない」ことから，「本件については，被告人らに対し，もはや強盗致傷罪をもって問擬することはできず，判示暴行の時間的，場所的一連性ないしは接着性に着目して，強盗罪と傷害罪の混合した包括一罪として強盗罪の刑で処断すべきが相当である」との結論に至っている。また，［判例③］福岡地判昭和47・3・29（刑月4巻3号615頁）も，同様の事案について，「被告人らの強盗の犯意発生前後の各

―――――――――――
[22]　中山・前掲注(2)86頁は，［判例①］の(i)は処罰一回性の要請に基づく混合的包括処罰犯を，(ii)は事実認定上の問題処理としての混合的包括処罰犯を肯認したものであるとする。

148　第 6 章　混合的包括一罪の再検討

暴行の方法，程度および態様を検討すると，そのいずれによっても判示のような傷害を右 A に与えるのは不可能でないこと，本件が比較的短時間の接続した一連の暴行によるものであること等を考え合わせ」た結果として，［判例②］と同一の説示により「強盗罪と傷害罪の混合した包括一罪」を認めている。

　さらに［判例④］名古屋高金沢支判平成 3・7・18（判時 1403 号 125 頁）は，X が，路上で信号待ちをしていた A の自転車の前籠から現金入りの手提げバックを窃取したが，これに気付いた A に左手首を掴まれたため，これを振りほどこうとして左手首を強く引いたことにより，自転車に跨っていた A を路上に転倒させ（第 1 暴行），さらに付近に停車中の自分の貨物自動車で逃走しようとしたところ，起き上がった A が車の前方に立ちふさがり逃走を阻止しようとしているのを知りながら，敢えて車を発進させて再び A を路上に転倒させ（第 2 暴行），頸部に 3 週間の傷害を負わせたが，この傷害が，第 1・第 2 暴行のいずれによるものか不明であったという事案について，「本件傷害は，不可分的に一連の両暴行に起因して生じた単純傷害とする限度で認定することができ」，「同時に，第 2 の暴行とのみ結合する事後強盗罪の成立も認められるのであって，その両者の関係は，暴行途中で強盗の犯意を生じてそのまま暴行を継続し，その一連の暴行によって相手に傷害を負わせたが，その傷害が，犯意を生じた時期の前後いずれの暴行によったのかが不明である場合とほぼ同視してよいものと考えられ（仙台高判昭和 34 年 2 月 26 日……参照），結局，全体的に観察して，前記のような前後一連の暴行に起因する単純傷害罪と第 2 の暴行による事後強盗罪とが混合した包括一罪が成立するものと解され，その処断は重い事後強盗罪の刑に従うべきものとする」とした[23]。本判決では，傷害罪と事後強盗罪とが「混合した包括一罪」となりうる点について，直接的な論拠が示されているわけではない。ただ，ここで［判例①］が参照され，上記のような判示がなされていることから推測すると，［判例②］

---

[23]　第 1 審（富山地判平成 3・2・12 公刊物未登載）は，傷害結果は 2 個の暴行の競合以外による結果ではないことは明らかなのであるから，「疑わしきは被告人の利益にの鉄則に従い，このような場合は，第 1 の暴行により全部の結果が発生したものと認めるべき」であるとして，両罪を併合罪とした。これについて，前田雅英「判批」判評 402 号（1992 年）63 頁参照。

および［判例③］と同様に，傷害の原因となった暴行と，事後強盗との「時間的，場所的一連性ないしは接着性」を重視したものとも考えられる。

その後，同様に被害者に暴行を加えている途中で強盗の犯意を生じ，財物を奪取するとともに暴行を継続し，一連の暴行により傷害を与えた事案について，［判例⑤］神戸地判平成 14・4・16（LEX/DB 28075231）および［判例⑥］東京高判平成 22・6・16（東高刑時報 61 巻 1＝12 号 125 頁）は，いずれも強盗罪と傷害罪の混合的包括一罪を認めている。

なお判例には，以上とは異なり，傷害の発生時期が明らかである事案についても同様の判断を行ったものがある。［判例⑦］福岡地小倉支判昭和 62・8・26（判時 1251 号 143 頁）は，財物強取の意思なしに暴行を加え傷害を負わせた後，財物強取の犯意を生じ，財物を強取した場合について，特に理由を示さずに強盗罪と傷害罪の包括一罪とした。また，［判例⑧］仙台地判昭和 39年 7 月 17 日（下刑集 6 巻 7＝8 号 865 頁）および［判例⑨］新潟地判昭和 45・12・11（刑月 2 巻 12 号 1321 頁）は，傷害の結果が，強盗の犯意発生前の恐喝の意思による暴行から生じた場合についても，強盗と傷害の混合的包括一罪の成立を認めている。

(3)　強盗致傷罪のような結果的加重犯規定のない恐喝罪についても，傷害罪との罪数関係をめぐって，強盗罪と傷害罪の場合と同様の判断がなされているものがある。［判例⑩］東京地判平成 8・4・16（判時 1601 号 157 頁）は，暴力団員 X および Y が，A に対して長時間にわたり暴行・脅迫を加え，さらに途中で現場に到着した Z および W が加わり，X ら 4 名は恐喝の意思を相通じてさらに A に対する暴行を加え，2 回に分けて現金を喝取したが，その一連の暴行によって X に加療 4 週間の傷害を負わせたという事案について，「本件恐喝と傷害は，被害者が同一であって，時間的，場所的に共通あるいは近接している上，恐喝の犯意形成前の暴行が実質的にみて恐喝の手段となっている関係が認められるから，両者の混合した包括一罪と認めるべきである」と判示した[24]。

----

[24]　これに対して，横浜地判平成 10・10・13 判タ 1009 号 283 頁は，同様の事案について両罪を観念的競合とした。ここでは，法定刑の長期（当時）に差異がない点に着目して，恐喝罪によって傷害罪を包括評価することに対して否定的な立場が採られている。

⑷　財産犯以外では，結合犯ではないものの強盗罪と同様に暴行を手段とする強姦罪（平成29年の刑法一部改正前のもの。以下に引用する刑法177条，181条関係の判例についても同様である）と，その際に生じた傷害罪の関係について混合的包括一罪を認めるものがある。

　［判例⑪］東京地判昭和44・5・14（判タ235号201頁）は，Ｘ・Ｙ・Ｚが，Ａ女を自動車に乗せて連行し，車内で共謀してＡ女に暴行を加え，その後さらにＡ女を強姦しようと意思相通じ，Ａ女に暴行を加えて姦淫するとともに，全治約10日間の傷害を負わせたが，各傷害が，Ｘらの強姦の犯意を生じた前後のいずれの暴行によるものか明らかではなかったという事案について，「被告人らの強姦の犯意を生ずる前後にわたる一連の暴行は一人の被害者に向けられた身体侵害の意思に基づき，同一場所において時を接してなされたものであるから一体不可分のものとみるのが相当でありしかも傷害の結果についても強姦の犯意発生以前以後いずれの暴行によって生じたか不明だとして被告人らに傷害罪の罪責を帰せしめ得ないとすることはこれまた極めて不合理であるし更に後の暴行は強姦行為の手段としてなされたものでこれと結合一体の関係にあるのでこれらすべてを全体的包括的に観察して傷害罪と強姦罪の包括一罪として（仙台高裁昭和34年2月26日……参照。）重い強姦罪の刑で処断するのが相当である」と判示した。

　また，［判例⑫］東京高判平成13・10・4（東高刑時報52巻1＝12号66頁）は，Ｘが，Ａ女に対して手拳で多数回殴打するなどの暴行を加え（第1暴行），さらに同女を強姦しようとして暴行を加え（第2暴行）反抗を抑圧して姦淫し，その後に重ねて暴行し（第3暴行），翌日，再びＡ女に対して殴打するなどの暴行を加えた（第4暴行）結果，同女に加療3週間を要する傷害を負わせたが，傷害が第1～第4いずれの暴行によって生じたのかが明らかではないという事案について，第1審が傷害罪と強姦罪の併合罪を認めたのに対して，「原判決は，強姦の手段である暴行を，強姦罪を構成する行為の一部であり，かつ，傷害罪を構成する行為の一部でもあると評価した上，強姦罪と傷害罪を併合罪関係にあるとしていることになるが，原判決のこのような罪数判断は，同じ暴行を二重に評価することになり，首肯することができない」とし，本件における傷害罪と強姦罪は「第2暴行を共通の構成要素としており，いわば

第 2 暴行の部分で不可分的に接合しているのであるから，両罪は全体として
やはり本来的一罪であると解するのが相当であり……包括して傷害罪と強姦
罪に該当するいわゆる混合的包括一罪であって，重い強姦罪の刑で処断すべ
きことになる」と判示した。さらに「原判決のように，本件のような関係に
ある傷害罪と強姦罪を併合罪と解すると，傷害罪と強姦罪とを 2 回に分けて
訴追処罰すること（親告罪である強姦罪の告訴が得られない段階で傷害罪で訴追処罰
し，告訴が得られた後に強姦罪で訴追するというようなこと）も可能ということにな
るが，その妥当性は甚だ疑問というべきであろう」と付言している。

2　財物詐取（盗取）後の暴行により代金支払を免脱した類型──詐欺罪（窃　　盗罪）と 2 項強盗罪

(1)　［判例⑬］最決昭和 61・11・18（刑集 40 巻 7 号 523 頁）は，暴力団員 X およ
び Y が，対立抗争関係にある A から覚せい剤を取得してその後殺害するこ
とを共謀し，まず X において，ホテルの一室にいる A から理由をつけて覚
せい剤の交付を受けてこれを取得して逃走した後，Y が A の部屋に赴き，覚
せい剤の返還または代金の支払いを免れる目的で A に向けて拳銃を発射し
たが殺害するに至らなかったという事案について，「本件事実関係自体から，
Y による拳銃発射行為は，A を殺害して同人に対する本件覚せい剤の返還な
いし買主が支払うべきものとされていたその代金の支払を免れるという財産
上不法の利益を得るためになされたことが明らかであるから，右行為はいわ
ゆる 2 項強盗による強盗殺人未遂罪に当たるというべきであり……先行する
本件覚せい剤取得行為がそれ自体としては，窃盗罪又は詐欺罪のいずれに当
たるにせよ……本件は，その罪と（2 項）強盗殺人未遂罪のいわゆる包括一罪
として重い後者の刑で処断すべきものと解するのが相当である」と判示した。
本決定では，「混合的包括一罪」という表現は用いられていないものの，調査
官解説においては「『本件の事実関係』としては，おそらく，覚せい剤の取得
とその返還等を免れることの法益面での密接な関連性，2 つの行為の時間的
場所的近接性のほか」，Y らが「当初からこのような 2 つの行為に及ぶ意思
であったことなどが考慮されたものと思われる」とされ（ただし当初からの意思
については，これが欠けていても包括一罪を認めてよいとする），「本決定が異なる構

152　第6章　混合的包括一罪の再検討

成要件にまたがる包括一罪を認めた点も重要な先例的意義を有する」[25]と指摘されていたこともあり，実質的には一種の混合的包括一罪を認めたものと理解するのが一般的である[26]。実際にも本決定は，混合的包括一罪を認めたと解されるその後の諸判例によっても引用されることとなった[27]。

　その後，［判例⑭］大阪地判平成18・4・10（判タ1221号317頁）は，(i)Xが友人らと共謀の上でガソリンスタンド店員Aを欺いてガソリンを詐取し，(ii)その代金支払いを免れるためにAに暴行を加えて反抗を抑圧し傷害を負わせたという事案について，(i)については1項詐欺罪が成立し，(ii)については「これによってほぼ確定的に代金支払を免れるという利益を得ようとしたものであるから，ガソリン詐取とは別個の財産的保護の侵害があったと評価すべきである」として強盗致傷罪が成立するとした。その上で，「ガソリンの取得とその代金の支払を免れるという利益が法益面で密接に関連していることも明らかであり……両行為の時間的場所的接着性があり，同一の機会になされたこともまた明らかである」として「本件は……両行為間に密接な関係があることが明らかな場合であるから，1回の処罰をもって臨むことが相当であり，重い強盗致傷罪の刑で処断すべきである」とした。

(2)　従来の判例には，財物を詐取した後に，その代金支払いを免れる目的で暴行を加えた場合，特に無銭飲食の後に，代金請求を受けこれを免れるために暴行（又は脅迫）を行った場合について，①財物について財産犯の成立を認めるのであれば，それで財産犯としての評価が尽くされているから，その返還請求権等について別個の財産犯の成立を認めるべきではないとするものも見られる[28]。しかし，多くの判例は，②先行する無銭飲食について1項詐欺

---

[25]　安廣文夫「判解」最判解刑事篇・昭和61年度（法曹会，1988年）310頁。なお，［判例⑬］の谷口意見も，同一場所・同一機会に継続してなされたこと，社会現象としても1個の事象をして評価されることを，包括一罪性の根拠としている。

[26]　内田・前掲注(2)349頁，中山・前掲注(2)83頁参照。

[27]　ただし本事案では，先行する財産犯の客体が覚せい剤という禁制品であることから，被害者にその返還請求権を認めることはできないとして，本決定の結論自体に疑問を呈する見解もある（町野朔『犯罪各論の現在』（有斐閣，1996年）144頁，林幹人『刑法各論（第2版）』（東京大学出版会，2007年）156頁など）。これに対して，中森喜彦「判批」判評342号（1987年）57頁は，「本件は，単純に不法な債務の履行を免れたという事案ではなく，奪取罪によってそのような債務を負う状態を作り出したのであるから，暴行・脅迫によるその免脱に強盗利得罪の成立を認めることは許されるであろう」とする。

[28]　神戸地判昭和34・9・25下刑集1巻9号2069頁〔1項詐欺罪と殺人罪の併合罪とした〕。

罪が成立する場合でも，騙取した財物の代金支払い義務は存在することから，これを暴行又は脅迫によって免れる行為は別個の財産的法益の侵害に当たるとして，2項強盗（致傷）罪の成立を認め，両者は併合罪の関係に立つとしてきた[29]。［判例⑬］は2項強盗（殺人未遂）罪による包括一罪の成立を認めることにより，①の判例が有する，財物とは別の客体たりうる代金支払請求権の侵害の軽視という難点と，②の判例における実質的に同じ財産の二重評価という難点を，いずれも回避しうるものと位置づけられている[30]。同様の評価は，［判例⑭］に対しても妥当しよう。

3　手段・目的の関係にある二罪において目的にあたる行為が先行した類型──詐欺罪と偽造有印私文書行使罪

(1)　［判例⑮］東京地判平成4・4・21（判時1424号141頁）は，A銀行東京営業部次長のXが，(1)Yと共謀の上，2回にわたって，またZと共謀の上，同様に2回にわたって，ノンバンク4社に融資を申し込み，借り受ける資金をいったんはA銀行に定額預金として預け入れるものの，真実はその預金についてA銀行が4社のために質権設定承諾手続をとることはなく，後にこれを解約して他社からの借入金の返済等にあてる意図であるのにこれを隠して，あたかも4社のための定期預金に対する質権設定をA銀行において承諾し，右貸付金についてはその回収が確実であるように思いこませて，4社から4回にわたり合計40億円ずつをA銀行の口座に振り込ませ，(2)さらにA銀行東京営業部次長名義の質権設定承諾書を偽造して，ノンバンク4社の各部長代理らに，これを真正に成立したものとして交付して行使したという事案について，「本件の偽造した各質権設定承諾書の行使は，いずれも各詐欺における被害者の処分行為の後に行われており，中には詐欺の既遂後になされたものも存することからも明らかなように，これらが詐欺罪の手段になっている

---

[29]　札幌高判昭和32・6・25高刑集10巻5号423頁，高松高判昭和30・4・27裁特2巻10号443頁，大分地判昭和52・9・26判時879号161頁〔ただし理由づけとしては，先行する詐欺罪が既遂に達していても，財産上の利益の奪取が完成していないと評価できる点を重視する〕，東京高判昭和52・11・9刑月9巻11＝12号798頁。なお，強盗致傷罪でのみ起訴した事例として，大阪地判昭和57・7・9判時1083号158頁。

[30]　岩間康夫「判批」西田典之ほか（編）別ジュリ『刑法判例百選Ⅱ各論［第6版］』（有斐閣，2008年）77頁。

154　　第6章　混合的包括一罪の再検討

とはいいがたく，牽連犯の関係にあるものということはできない」が，「各預金に対する質権の設定は融資の必須の条件となっていて，銀行がこれを承諾しないのであれば直ちに融資は取り消される関係にあるから，その承諾を内容とする偽造有印私文書の行使と詐欺とは，本来同時的・一体的に行われることが予定されているものといえること，現に，両者は時間的・場所的にも並行・近接して行われていることからすると，両者は，科刑上一罪としての包括一罪の関係にあると解するのが相当である（最高裁判所昭和61年11月18日第1小法廷決定……参照）」と判示した。［判例⑮］と同一の合議体によって同年に出された［判例⑯］東京地判平成4・7・7（判時1435号142頁）も，A銀行の課長Xとその取引先のB社の代表取締役Yが共謀の上，銀行預金に対する架空の質権設定承諾を欺罔手段として，ノンバンクC社から10億円の融資を受け，さらに，A銀行支店作成名義の質権設定承諾書を偽造し，C社の担当者に交付して行使したという事案について，［判例⑮］とほぼ同様の判断を示している。

　その後，［判例⑰］東京高判平成7・3・14（高刑集48巻1号15頁）は，株式会社3社の代表取締役であるXが，A銀行の支店長代理であるYと共謀の上，⑴ノンバンクB社から，同銀行の協力預金の名目で融資を受ける際に，実際はその協力預金に質権を設定する意思がないのにこれを偽って10億円の融資を受け，その後⑵A銀行支店長名義の質権設定承諾書を偽造し，これをB社の担当者に対して，真正に成立したもののように装って交付し行使したという事案について，「本件の事実関係においては……詐欺が既遂に達してから偽造質権設定承諾書を行使していることが認められるから，偽造有印私文書行使が詐欺の手段となっているとはいい難く，両者を牽連犯とするのは相当でない」としつつ，「元々（偽造）質権設定承諾書の交付は，融資金の入金（騙取）につき必要不可欠なものとして，これと同時的，一体的に行われることが予想されているのであって，両者の先後関係は必ずしも重要とは思われ」ず，実際にも「事務処理の都合等から融資金の入金前に預金通帳等を作成して質権設定承諾書を偽造し，これを交付するのと引き換えに不正融資金が振込入金された」場合には牽連犯が認められ，「右の場合と偶々その担当者の事務処理の都合等から偽造質権設定承諾書の交付と振込入金との時間的先後が

逆になった本件のような場合とで罪数処理に関する取扱いを異にすべき合理的な理由を見い出し難いことからすると，偽造有印私文書行使罪と詐欺罪との法益面での関連性が必ずしも強くないことを考慮に入れても，両者は包括一罪として処断す」べきものとした。

これらの判例においても「混合的包括一罪」という表現は用いられていないものの，偽造有印私文書行使罪と詐欺罪という，全く異質の構成要件間で包括一罪を認めたことから，一般に「混合的包括一罪」を肯定した判例として位置づけられている[31]。

(2) 従来の判例において，詐欺（未遂）罪の実行を目的として，その手段として偽造（変造）私文書行使罪が行われた場合については，牽連犯の成立が認められてきた[32]。ただし一般的に，牽連犯の成立には，数罪の間に，罪質上，通例その一方が他方の手段又は結果となる関係が認められること（抽象的牽連性）と，具体的に当該行為者がかかる関係においてその数罪を実行したこと（具体的牽連性）が必要であるとされ[33]，後者の具体的牽連性が存在しない場合には，複数の行為の間の牽連性が失われることから，併合罪となる可能性が生じる[34]。すなわち，①詐欺の事実が発覚した際に，その犯行を隠蔽するために，文書を予め偽造しこれを行使した場合[35]，②偽造（変造）文書の行使が（財産的処分行為をなしうる者に向けられていない点で）欺罔手段とはなっていない場合，たとえば，変造借用証書を代書人に提示行使して立替金返還請求の訴状を作成させ，裁判所に詐欺訴訟を提起した場合[36]などがこれにあたる。こ

---

(31)　中山・前掲注(2)110頁以下，内田・前掲注(2)363頁以下参照。さらに，［判例⑮］につき只木誠「判批」判評411号（1993年）52頁以下，［判例⑰］につき稲葉一生「判批」研修572号（1996年）25頁以下，丸山治「判批」判評477号（1998年）54頁以下参照。

(32)　大判明治43・12・16刑録16輯2227頁，大判大正4・3・2刑録21輯221頁，仙台高判昭和26・9・17判特22号69頁。

(33)　最大判昭和24・12・21刑集3巻12号2048頁，最判昭和32・7・18刑集11巻7号1861頁，最大判昭和44・6・18刑集23巻7号950頁。

(34)　大塚ほか（編）・前掲注(14)340-341頁〔中谷雄二郎〕。

(35)　東京高判昭和29・1・30判特40号12頁。

(36)　大判大正2・3・27刑録19輯387頁。さらに，Aから金員の交渉方を依頼されたXが，依頼額よりも多額の金員を借り受け差額を自己において着服しようとして，A名義の改印届および同届の委任状を偽造し，これを役場吏員に提出（行使）した後，A名義でBに借用方を申し出て金員を騙取しようとした場合の私文書偽造行使罪と詐欺未遂罪を併合罪としたものとして，大判昭和9・6・22刑集13巻857頁。

156 第6章 混合的包括一罪の再検討

れに対して［判例⑮］ないし［判例⑰］では，偽造有印私文書行使が詐欺の既遂後に行われたことから，具体的牽連性が否定されたものであるということができるが，いずれも併合罪の成立は認められなかった。②のような場合とは異なり，偽造有印私文書の行使が財産的処分行為をなしうる者に対して直接的に行われていることが併合罪とは判断されなかった理由であるとする指摘[37]もある。もっとも［判例⑱］の第1審は，「質権設定承諾書の行使は……詐欺の犯行発覚を防ぐために行われたものであって，両者を包括して一罪と評価することは相当でない」として，①と同様の理由から詐欺罪と偽造有印私文書行使罪を併合罪の関係に立つとしていたことに注意を要しよう。

4 その他

⑴ 以上の類型には属さないが，明示的に混合的包括一罪の成立が認められた判例には次のようなものがある。［判例⑱］東京高判平成19・5・21（東高刑時報58巻11＝12号29頁）は，Xが，通行中の女性Aから手提げバッグをひったくろうとして，Aを路上に転倒させて傷害を負わせた後，Aに対してペティナイフを示すなどして脅迫し，Aおよびその連れの女性Bから，それぞれ現金を強取したという事案について，「被告人がAから手提げバッグを強取しようとして同女に傷害を負わせた行為は，同女のみに向けられた行為であるから，Aに対する強盗致傷罪とBに対する強盗罪が観念的競合の関係に立つものでないことは明らかであるが，他方，Aからの現金の強取とBからの現金の強取は，同一の機会に行われた密接に関連するものであり，重要な脅迫行為であるペティナイフを示すなどした点において実行行為の一部を共通にしているのであるから，所論が主張するように，Aに対する強盗致傷罪とBに対する強盗罪の併合罪が成立すると解することもできない。結局，上記のような事実関係に照らすと，本件においては，Aに対する強盗致傷罪とBに対する強盗罪のいわゆる混合的包括一罪が成立すると解するのが相当である」と判示した。また［判例⑲］前橋地判平成24・9・12（LEX/DB 25482972）は，Xが，A株式会社が所有する建造物（クラブハウス）内に置かれていたゴミ箱に点火し，その火力によりカウンターを変色させるとともにカウンター下

---

[37] 只木・前掲注[31]54頁。

の外壁タイルを剥離させ，さらに廊下のコルクボードに留めてあった紙に点火し，コルクボードの一部を焼損したという事案について，「器物損壊の点は刑法 261 条に該当するが，これは建造物損壊罪との混合的包括一罪になると解される」として，刑法 260 条前段を適用している。さらに［判例⑳］東京高判平成 22・11・16（東高刑時報 61 巻 1 = 12 号 282 頁）は，強姦致傷罪が認定できない事案について強姦罪と強制わいせつ致傷罪の混合的包括一罪を肯定し，［判例㉑］宇都宮地判平成 24・11・30（LLI/DBL 06750629）は，強制わいせつ行為に連続して強姦未遂行為が行われ，その際，一連の強制わいせつ行為から傷害が発生した事案について，強制わいせつ致傷罪と強姦未遂行為は混合的包括一罪の関係に立つとしている。

(2)　刑法典上の犯罪と特別刑法上の犯罪との混合的包括一罪を認めたものとしては，［判例㉒］東京地判平成 15・1・22（判タ 1129 号 265 頁）がある。X が，かつて交際していた A 女に対する好意の感情又はそれが満たされなかったことに対する怨恨の感情を充足する目的で，㋑平成 13 年 11 月 6 日，A 女を駅構内で待ち伏せてつきまとい，㋑平成 14 年 1 月 28 日，同女を路上で追尾してつきまとい，㋫同年 3 月 20 日から 4 月 5 日までの間，合計 121 回にわたり，同女の勤務先の会社に設置された同女の直通電話に連続して電話をかけてファックスを送信し，もってストーカー行為をし，また㋭同年 4 月 18 日から 24 日までの間，同会社の代表電話に合計 249 回にわたり電話をかけて同社の業務を偽計により妨害したという事案について，検察官が，当初起訴状に㋫に関する公訴事実（以下〔1〕）を提示した後，追起訴状に㋭に関する公訴事実（以下〔2〕）を提示したことは，両者を併合罪としたものと解されるとしつつ，「〔1〕の内容を成す行為と〔2〕の内容を成す行為とは，並行して行われていたものであり，換言すれば，被告人は，一時期を境として，〔1〕の内容を成す行為と〔2〕の内容を成す行為とを意識的に区別して実行したのではなく，〔2〕の期間内にも〔1〕の内容を成すのと同種の行為は継続されていたものと認められるし，逆に，〔1〕の期間内にも〔2〕の内容を成すのと同種の行為は継続していたものと認められるのである」として，「検察官が 2 通の（追）起訴状の公訴事実で別々に構成した〔1〕の行為（ストーカー行為）と〔2〕の行為（業務妨害）とは，期間的には重ならないものの，それだけで両者が併

158　第6章　混合的包括一罪の再検討

合罪の関係に立つと解するのは相当でなく，むしろ，本件の事案に即して考えると，両者は，ストーカー法違反の罪と業務妨害罪とを混合した包括一罪の関係にあると解すべきであ」るとした。さらに，(ｱ)および(ｲ)に関する公訴事実（以下〔3〕）に示された行為と，〔1〕の行為は「ストーカー法違反の罪の一部を成すものとして包括一罪の関係にあるから，結局，被告人に対しては，同罪（〔1〕及び〔2〕の各行為）と業務妨害罪（〔3〕の行為）とを混合した包括一罪の成立を認めるのが相当である」と判示した[38]。

IV　検　討

(1)　以上見てきたように，判例において混合的包括一罪が肯定されてきた類型は，必ずしも相互に関連性があるわけではなく，各々の類型でそのような処理が必要とされた理由も一様ではない[39]。以下においては，類型ごとに理論的妥当性を検討することにしたい。

(2)　まず，III 1の類型のうち，強盗罪と傷害罪の混合的包括一罪を肯定した諸判例[40]にほぼ共通しているのは，強盗行為と傷害（暴行）行為の「時間的，場所的一連性ないしは接着性」である。これは，強盗行為と傷害（暴行）行為が，同一の場所で連続的に行われたという意味において，本章IIで確認した，包括一罪の根拠としての「行為の一体性」を基礎づけようとするものであるということができる。もっとも，「行為の一体性」が必要とされるのは，行為責任の基礎となる意思決定の一回性を確認するためであるとすれば，複数の行為が単に同一の場所で連続的に行われたというだけで十分であるのかは，

----

(38)　もっとも，甲斐行夫「判批」警論57巻3号（2004年）184頁以下は，従来の判例では，同種事案について併合罪または観念的競合が認められたことからすれば，本判決の結論を安易に一般化すべきではないとする（同所では，いずれも判例集未登載であるが，併合罪とした判例として東京地判平成15・10・1が，また観念的競合とした判例として東京地判平成14・9・20が紹介されている）。

(39)　なお香城敏麿『刑法と行政刑法』（信山社，2005年）142頁は，［判例④］［判例⑬］［判例⑰］について，いずれも「（同種の犯罪について）個々の構成要件該当行為を確定しがたい場合の包括一罪」の考え方を，異種類の犯罪に適用したものとする。

(40)　初期の学説において，これらの判例と同様の見解を採るものとして，中野次雄「強盗致死傷罪・強盗強姦罪」佐伯千仭＝団藤重光（編）『総合判例研究叢書・刑法⑽』（有斐閣，1958年）239頁，下村康正「判批」判評16号（1959年）23頁がある。

IV 検討 159

なお問題となる。仮にこの点を措くとしても，これらの判例においては，同じく包括一罪の根拠としての「法益侵害の一体性」を認めることができない。いうまでもなく，財産的法益に対する侵害行為である「強盗」によって，身体的法益に対する罪である「傷害」を包括的に評価することには無理があるからである[41]。これに対しては，「強盗罪が財産犯としては格別に重く処罰されるのは身体の安全・自由に強く配慮したためであって，両罪の保護法益には共通性があるし，いかに傷害結果が重くても（致死に至った場合を考えても），強盗一罪で処断する場合の有期懲役刑の上限……を超えて量刑すべき場合がそうあるとも思われない」[42]との反論もある。しかし，強盗罪が身体の安全を保護しているのは，手段としての「暴行」を通じてであって，傷害結果が生じている場合に，これを強盗によって評価し尽くすことはできない。このことは，異質的包括性が問題となる事例においては，両罪に法益の共通性があっても，「包括評価する罪」と「包括評価される罪」の間に法益の大・小の関係がなければ「法益侵害の一体性」が認められないことを意味しているといえよう。この点について［判例⑥］は，「強盗と傷害は……強盗の犯意発生後の暴行を共通の構成要素としているから，これを強盗罪と傷害罪の併合罪と評価するのは相当でなく，全体として一罪として評価するのが相当であ」るとしている。しかし，「共通の構成要素」を内包しているからといって，両者をいわばその「外延」においても一体として評価できることにはならない。「暴行を共通の構成要素としている」点を強調することは，むしろ（本判決がその成立を否定する）観念的競合を基礎づける方向に近づくことになるものと思われる。このように考えるならば，両者の関係は包括一罪としてではなく，併合罪と解するのが妥当である。

これに対しては，「一連の行為が密接な関係で結びついていて十分に類型的な社会的事実であると認められるならば，数個の構成要件にまたがる包括的一罪を認めることに特段支障があるとは思われない」[43]との指摘もみられる。この見解は，混合的包括一罪の多くは，密接な関係にある一連の行為に

---

[41]　大塚ほか（編）・前掲注(14)212頁〔中山〕。

[42]　川端博ほか（編）『裁判例コンメンタール刑法・第1巻』（立花書房，2006年）452頁〔木山暢郎〕。

[43]　小林・前掲注(5)8頁。

160　　第6章　混合的包括一罪の再検討

よって数個の法益侵害の結果を生じた場合であるために，牽連犯との対比においてその一罪性が検討されるべきであるとする。そして牽連犯は「行為が目的・手段ないし原因・結果という密接な関係で結びついており，全体的に一個の行為であって，同じく一個の行為があるとされている結合犯に近い性質があること」が一罪性の根拠であり，このことは，強盗罪と傷害罪の場合についてもほぼそのまま妥当するとされる[44]。しかし，こうした理解によれば，包括一罪の一罪性は結局「行為の一体性」のみによって基礎づけられることになり，科刑上一罪との区別が不分明とならざるを得ない。また，「類型的な社会的事実」という判断基準そのものも，必ずしも明確ではない。その内容は，結局は「社会的にみて（複数の犯罪が）連鎖的・同時的に生じやすいか否か」ということに帰着し，違法の一体性に代わり得る内実を保証することにはならないと思われる。

　他方，判例の主張する「包括評価」を支える実質的な根拠の1つとしては，併合罪を認めた場合との刑の均衡論が考えられる。すなわち，有期懲役に関する限り，強盗致傷ですら処断刑の上限が20年であるのに対し，強盗罪と傷害罪の併合罪では処断刑の上限が30年となることから，本来，傷害と強盗との間に因果関係が立証できないために強盗致傷の成立が認められない事案であるのに，これを上回る量刑が可能となる点が問題視されうるのである。もっとも，強盗致傷には無期懲役も法定されていることからすれば，右の不均衡は決定的なものとはいえないように思われる。むしろ，強盗の犯意発生後の傷害であればもとより無期または7年以上の懲役（刑240条）で処断されるところ，傷害の発生時点が不明であることを理由に強盗罪で5年以上の懲役（刑236条）で処断されることにより，処断刑の差が大きく，実質的には傷害が不問に付されてしまう[45]との批判すら存在するのである。また，言うまでもなくこの実質的根拠は，結果的加重犯が法定されていない恐喝罪と傷害罪の事案については妥当しない。

　実質的な根拠のもう1つとしては，暴行（傷害）の二重評価の問題がある。すなわち，強盗罪と傷害罪の併合罪とする場合には，強盗の犯意が生じた後

---

[44]　小林・前掲注(5)8頁。
[45]　大塚ほか（編）・前掲注(14) 206-207頁〔中山〕。

の暴行が，傷害罪としても，また，強盗罪の手段としても，二重に評価され
ていることになり，これを回避するためには強盗罪による包括一罪とするこ
とが必要であるとするのである[46]。「暴行が二重に評価された結果，傷害罪
に引き続いて強盗罪が行われた場合と同様の結論となるという点で，実務家
のバランス感覚にそぐわない」[47]との指摘もある。恐喝罪と傷害罪の場合に
ついても同様の批判がありえよう。しかし，ここで前提とされている事案で
は，強盗の犯意が生じた後の暴行から傷害が生じたことは確定されていない
のであるから，必ずしも二重に評価されているとはいえない[48]。実務家の立
場からも，「傷害の結果については強盗罪との関係では余剰部分であり，強盗
罪においては評価され尽くしていないのであるから，時間的には暴行行為の
一部が強盗の犯意発生後の行為と重なる部分があるとしても，強盗罪と傷害
罪とを併合罪として認定することは，不当に二重の処罰評価をすることには
ならないという理論付けもあり得る」[49]との指摘がなされている。また，強
盗罪による包括一罪を肯定する見解においては，強盗罪の量刑にあたって傷
害の事実を考慮することになると思われるが，それが可能となるのはせいぜ
い手段としての暴行の程度を推認することが限界であって，それを超えて（た
とえば傷害の程度が重大である場合に）傷害の事実を強盗罪の加重事情として評
価することは，強盗罪では保護されていない法益の侵害を理由に刑を重くす
る結果となるだけでなく，当該事案が強盗致傷罪を構成しない場合の処理と
して主張されていることと矛盾するともいえよう。

(3)　Ⅲ1の類型のうち，強姦罪と傷害罪の混合的包括一罪についても，強盗
罪（恐喝罪）と傷害罪の場合に生じる問題点が基本的に当てはまるといえよう。
性的自由に対する侵害によって，身体的法益に対する法益侵害を包括的に評
価することには無理があり，「法益侵害の一体性」を認めることはできない。
また，混合的包括一罪を認めるための実質的根拠として考えられる刑の均衡
論については，強盗致傷罪と同様に強姦致傷についても無期懲役が法定され
ていることから，十分な説得力をもたないであろう。また，［判例⑫］が指摘

---

(46)　池田耕平「判批」研修 534 号（1992 年）22 頁。
(47)　的場・前掲注⒆ 100 頁。
(48)　虫明・前掲注(5)139 頁。
(49)　太田・前掲注⒇ 223 頁。

162 第6章 混合的包括一罪の再検討

するように，強姦罪と傷害罪が第2暴行で不可分に接合しているとしても，第2暴行から傷害が発生したことが証明されていない以上，両罪の関係を併合罪と解したからといって二重評価にあたるとはいえない。他方，[判例⑫]は，併合罪を肯定した場合に，親告罪である強姦罪の告訴が得られない段階で傷害罪で訴追処罰し，告訴が得られた後に強姦罪で訴追するといったことが可能になることを危惧しており，たしかにそうした事態は予想されるものの，親告罪であることに伴う弊害を理由として罪数判断を修正するという方向性には，罪数論が訴訟政策的視点から決定されうるという点で疑問が残る。ここでも，強姦罪と傷害罪の併合罪とするのが妥当であると思われる[50]。

(4)　Ⅲ 2 の類型において，詐欺罪（または窃盗罪）と，2項強盗（殺人未遂）罪との包括一罪を肯定した［判例⑬］のような事案については（以下，先行する行為を詐欺罪とする），たしかに，1項詐欺罪が成立した後に，詐取した財物の代金支払いを暴行・脅迫により免脱した場合，代金債権は財物とは別個の客体であることから，1項詐欺罪のほかに2項強盗罪の成立を認めることができる[51]。他方，実質的には，当該財物の取得と代金免脱（返還免脱）の利益は，

[50]　これに関して，近時，強盗罪と傷害罪の併合罪を認めることを二重評価であるとしつつ，共通している要素は暴行であって，両罪における第一次的な保護法益ではないことから，この場合の二重評価は許されるとする指摘がある（十河太朗「二重評価の禁止について」井上正仁＝酒巻匡（編）『三井誠先生古稀祝賀論文集』（有斐閣，2012年）378頁）。注目すべき見解であるが，第一次的法益以外の副次的法益については二重評価が許される理由が，「副次的な保護法益は，当該犯罪の不法・責任の程度や法定刑を基礎づける決定的な要素とまではいえない」という説明については，なお不明確な点があるように思われる。

[51]　最高裁は，先行する犯罪が詐欺罪あるいは窃盗罪のいずれになるのかは断定せず，客体に関しては覚せい剤の代金請求権だけでなく，覚せい剤自体の返還請求権についても2項強盗罪が成立するとしている。これに対して，代金債権は財物とは別個の保護に値するが，返還請求権については，先行する窃盗罪において「追求可能性の侵害」としてすでに考慮されており，財物とは別個の保護に値するかは疑問の余地もあるとして，窃盗罪の成立と2項強盗罪の成立を択一的に捉える見解もある（町野・前掲注⒄143頁。さらに，古田佑紀「判批」研修464号（1987年）68頁以下，深町晋也「財産上の利益」西田典之ほか（編）『刑法の争点』（有斐閣，2007年）161頁，伊藤渉「不可罰的（共罰的）事後行為の法的性格について」刑ジャ14号（2009年）33頁参照）。また，山中敬一『刑法各論（第3版）』（成文堂，2015年）312-313頁は，窃盗罪が先行する場合は，それによって生じる返還請求権・損害賠償請求権については，事後強盗罪の成立する範囲で2項強盗罪の成立を排除するとする。ただ，事後強盗罪には2項強盗に該当しないものも含まれることから（たとえば返還請求権を有しない者に対して暴行・脅迫を加える場合），事後強盗罪の存在が2項強盗罪の財産上の利益の範囲を制限するものではないというべきである（林美月子「判批」法教80号（1987年）128頁参照）。

被害者の財産権侵害という点において表裏一体をなすものとみることが可能
であり，詐欺罪と2項強盗罪を——従来の多くの判例のように——常に併合
罪の関係に立つとすることは，同一の法益侵害を二重に評価するという問題
を孕んでいる[52]。そこで，両罪の法益に共通性・包摂＝被包摂関係があるこ
とから法益侵害の一体性が肯定され，かつ，両行為の一体性も認められる場
合には，2項強盗罪により詐欺罪を包括的に評価するという方向性が導かれ
ることになり，こうした視点から［判例⑬］の結論を支持する見解が多いこ
とも理解できよう[53]。これに対して，先行する詐欺罪と後行する2項強盗罪
との間に「実行行為の発展的結合性」が認められることを重視して，全体と
して「一個の行為」であるとみなして観念的競合とすべきとの見解もある[54]。
行為の一体性が肯定されるのは指摘のとおりであるが，他方で法益侵害の一
体性も肯定されることから，観念的競合よりも一罪性の強い包括一罪とすべ
きであろう。財物詐取後に強盗の意思が生じた事案である［判例⑭］につい
ては，意思決定の1回性という意味での行為の一体性が否定される余地も生
じる。しかし後述するように，牽連犯における行為の一体性が，数罪として
併合罪加重するに足りるだけの反対動機の形成を期待できないことに基づく
とするならば，詐取後に強盗の意思が生じ，先行する行為をいわば利用しつ
つ発展させる形で連続的に後行する行為を行った［判例⑭］のような場合に
も同様の視点から責任減少を肯定し，（法益侵害の一体性とともに）行為の一体性
を認めて包括一罪とすることができるように思われる[55]。

　学説には，こうした場合の両罪の関係について，「異種類の接続犯」という
類型によって捉えようとするものもある[56]。ただ従来から，接続犯は同一の

[52]　内田文昭『刑法概要・中巻』（青林書院，1999年）644頁は，両者の関係を併合罪と解
されていたが，内田・前掲注(2)360頁では［判例⑬］における包括一罪との結論に賛意を
表されている。なお，後出注(57)参照。
[53]　西田ほか（編）・前掲注(6)719頁〔山口〕，今井ほか・前掲注(4)437頁〔島田〕，林幹人・
前掲注(27)214頁，西田典之（橋爪隆補訂）『刑法各論（第7版）』（弘文堂，2018年）190
頁など。中谷・前掲注(5)229頁は，「同一の機会に行われた数個の行為によって一体性の
ある被害法益を1回侵害し又はその危険を生じさせた場合」は同一構成要件内の包括一
罪に近似するという視点から本判決の結論を支持する。
[54]　大塚ほか（編）・前掲注(14)214頁〔中山〕。
[55]　山口厚『刑法各論［第2版］』（有斐閣，2012年）225-226頁注(71)も，詐欺罪成立後に
代金免脱の意思が生じた場合についても，「2罪の密接な関連性から，やはり包括一罪と
するのが妥当であろう」とされる。

164 第6章 混合的包括一罪の再検討

構成要件に該当する数個の接続する行為に関して用いられてきた概念である
ことからすれば，むしろ，重い罪の刑に軽い罪の刑が包括評価されるところ
に着目して，「吸収一罪」としての包括一罪として理解することが妥当であろ
う[57]。先に述べたように，吸収一罪における異質的包括性の典型例としては，
共罰的事前・事後行為が挙げられる。そこでは，「一罪」性の根拠として，A
罪とB罪が同一の法益を保護しており，A罪による処罰を認めることによ
り，同時にB罪の行為による法益侵害も評価し尽くせると解されてきた[58]。
詐欺罪と2項強盗罪の関係は，両罪の保護法益に共通性があり，2項強盗罪
の処罰により，詐欺罪（窃盗罪）から生じた財産上の利益としての代金請求権
（返還請求権）を包括的に評価できることに着目するならば，この類型に準じ
るものということができる。この場合，先行する詐欺罪（窃盗罪）を共罰的事
前行為とすることが考えられ，現にそうした見解も存在する[59]。ただし，一
般に共罰的事前行為の例とされている，既遂行為に対する未遂行為の場合と
比較すると，未遂・既遂の場合は論理的に既遂が必ず未遂段階を通過するも
のであるのに対して，詐欺罪に対する2項強盗罪はそうした関係にはなく，
事実として行われた場合にはじめて両者の間に発展的結合性が認められるに
すぎない点が異なる[60]。

　このような理解は，すでに見た［判例①］の(i)において，暴行による傷害

---

[56] 虫明・前掲注(5)617頁。さらに，同・前掲注(3)253頁以下参照。

[57] 内田・前掲注(2)360頁および362頁注(5)は，このような場合を吸収一罪としての包括
　　一罪とされつつ，先行する窃盗ないしは詐欺とその後の2項強盗が「違法内容の一体性」
　　を有するとする見解（虫明・前掲注(5)613頁以下）を批判され，違法性を「包摂」すると
　　いうべきであるとされるが，「違法内容の一体性」を主張する見解においても，一定の場
　　合に2項強盗罪が窃盗または詐欺の事実を「共に評価できる」（虫明・同617頁）とされ
　　ていることから，「包摂」と同様の視点に基づくものと思われる。

[58] たとえば，井田・前掲注(16)587頁参照。逆に，ここでは，同じく異質的包括性の典型
　　例である随伴行為についての説明（主たる法益侵害惹起に随伴する従たる法益侵害惹起
　　を，前者の処罰に吸収して評価する）は妥当しないであろう。

[59] 西田（橋爪補訂）・前掲注(53)177頁，同（橋爪隆補訂）『刑法総論（第3版）』（弘文堂，
　　2019年）449頁参照。

[60] なお，判例の「法令の適用」では，こうした場合に吸収される犯罪についても罰条の
　　適用が示される場合があり（たとえば［判例⑭]），包括一罪の本質からみれば本来は不
　　要なはずであるが，処断刑形成過程を明示するという意味においてのみ認められるとい
　　うべきであろう。この点に関連して，町野朔＝安村勉「特別刑法と罪数」上法39巻1号
　　(1995年) 283頁参照。ただし本文で後述するように，これを包括一罪について「科刑上
　　一罪の一種」としたものと解するのは適切ではない。

結果発生後に強盗の犯意を生じ，さらに暴行を継続して財物を強取するとともに傷害を与えた行為について「罪数的には，それは一種の接続犯的な傷害と強盗傷人との混合した包括一罪であって，重い強盗傷人罪の刑をもって処断すべき一罪と解する」と判示した部分にも妥当し，この場合も強盗傷人の吸収一罪と解することができるだろう。これらの場合には，たしかに「異なる罪名にあたる複数の行為」についての包括一罪ではあるが，各犯罪の法益に共通性があり，一方の法益侵害の事実によって他方の法益侵害の事実を包摂して評価することが可能である点において（すなわち行為の一体性とともに法益侵害の一体性が肯定される点において），それ以降の一の類型に属する事案，あるいはⅢ3ないし4(2)の事案で「混合的包括一罪」とされた場合とは明らかに異なっている。その意味では，［判例①］(i)において，「混合的包括一罪」という表現が用いられたことは現在からみればミスリーディングであり，また，［判例⑬］［判例⑭］を「混合的包括一罪」の場合として扱うことも却って混乱を招くように思われる[61]。現に，従来の判例においても，同様の場合について，単に「包括一罪」として処理してきたものが存在するのである[62]。

(5)　Ⅲ3の類型における偽造有印私文書行使罪と詐欺罪の間には，「法益侵害の一体性」を認めることはできないから，すでにその点において包括一罪を肯定することには疑問が生じる。他方，「行為の一体性」については検討の余地がある。

　一般に牽連犯が観念的競合と同様に科刑上一罪とされるのは，複数の行為が存在するが，それらが目的・手段または原因・結果の関係にある場合には，

---

[61]　小林・前掲注(5)8頁は，混合的包括一罪は，一連の行為が必ずしも罪質を同じくしない数個の構成要件に該当する場合にも包括一罪が認められるかという問題であるとされつつ，広義においては，［判例⑬］のように，一連の行為が罪質を同じくするが同一構成要件に属しない場合を含んだ問題であるとされる。

[62]　たとえば，高松高判昭和28・7・27高刑集6巻11号1442頁（他人の住居に侵入して窃盗を行った後，家人に発見され，同人から財物を強取した場合は，強盗罪の包括一罪が成立する），大阪高判昭和62・9・10判時1297号145頁（現金を窃取した後で被害者を強姦し，さらに被害者を脅迫して現金を奪おうとしたが奪取できなかった場合に，窃盗と強盗未遂の両罪は包括一罪となり，強盗未遂罪の刑で処断される），東京地判平成1・10・30判時1363号158頁（同一の被害者に対して強制わいせつ行為を行った後に，接着して強姦行為が行われた場合に，強姦罪の包括一罪が成立する）など。

　なお，以上の結論は，平成29年の刑法一部改正以降の第177条（強制性交等罪）にも妥当しよう。

166　第6章　混合的包括一罪の再検討

1個の意思決定に準じる場合であることから，行為の一体性が肯定され，責任減少が認められるためであると解されている[63]。すなわち，複数の行為に上記の関係がある場合には，（本来であれば行為ごとに反対動機形成の機会があるはずであるが）一方の犯罪を行う以上は他方の犯罪を行わないように期待することが，上記の関係がない場合ほどには期待できないという意味において，数罪として併合罪加重をする必要がなく，責任が減少する[64]というのが具体的牽連性の実質である。

　［判例⑮］は，「偽造有印私文書の行使と詐欺とは，本来同時的・一体的に行われることが予定されているものといえること，現に，両者は時間的・場所的にも並行・近接して行われていること」を指摘しており，［判例⑯］も同様である。こうした要因は，両罪の間には，時間的先後関係はないものの，手段・目的の関係はあったことを裏づけている。そうであれば，行為者の意思決定には1個性に準じる性質があることから行為の一体性を肯定することが可能であり，具体的牽連性を認めて両罪を牽連犯とすることができるように思われる[65]。［判例⑰］においても，「（偽造）質権設定承諾書の交付は，融資金の入金（騙取）につき必要不可欠なものとして，これと同時的，一体的に行われることが予想されているのであって，両者の先後関係は必ずしも重要とは思われない」としながら，両罪が手段・結果の関係にある場合と，「偶々その担当者の事務処理の都合等から……時間的先後が逆になった本件のような場合とで罪数処理に関する取り扱いを異にすべき合理的な理由を見い出し難い」としているのであって，そこから結論的に牽連犯を否定して包括一罪としたのは（刑の均衡を考慮したためと推測されるが）却って一貫しないように思われる。ここでも，行為の一体性が認められる限りで，具体的牽連性を肯定

---

[63]　西田（橋爪補訂）・前掲注[59] 452頁，山口厚『刑法総論［第3版］』（有斐閣，2007年）407頁。

[64]　町野＝安村・前掲注[60] 266頁。これに対して，井田・前掲注[16] 592-593頁は，違法要素としての量刑事情の重なり合いから生じる部分的な二重処罰の危険の回避に一罪性の根拠を求める（違法減少説）が，西田ほか（編）・前掲注[6] 759-760頁〔鎮目征樹〕は，責任減少説との間に本質的な相違はないとする。科刑上一罪と併合罪は，複数の法益侵害事実が存在するという点においては同等であることからすれば，責任減少説が妥当である（松原芳博『刑法総論［第2版］』（日本評論社，2017年）480，483頁参照）。

[65]　只木・前掲注[31] 54頁参照。

し，牽連犯とすることが可能だったのではないだろうか[66]。本件では，承諾書が交付されなければ融資をしないことが前提となっており，騙取を実現するためには偽造文書の交付が不可欠な場合であること，通知預金の取り崩しは預金取組後1週間以上経過した時期に行われることが予定されており，財物の交付を受けてもすぐには利用できないこと，偽造文書の行使は振込送金と同時に振込先で行われていることも，こうした判断を支えるものと思われる。

　なお，［判例⑮］および［判例⑯］では，「科刑上一罪としての包括一罪」という判示がなされており，そこでは［判例⑬］が引用されている。［判例⑬］が「包括一罪として重い後者の刑で処断すべきもの」としていることについては，「判文からすると……法令の適用は科刑上一罪の場合のそれに近いもの」と解されてきた[67]。たしかに，1個の行為で同一の被害者に対して複数の同じ法益侵害を惹起した場合のように，「科刑上一罪に近い包括一罪」を想定することは可能である。しかし，だからといって包括一罪が「科刑上一罪の一種」になるわけではなく，そこに刑法54条1項が適用されるわけでもない。本稿のⅡで確認したように，科刑上一罪は，法益侵害の一体性が要件とされない点において包括一罪とは異なるものであり，刑法54条1項によってはじめて一罪性を付与されるものである[68]。包括一罪が科刑上一罪に接近するのは，現行法が後者について重い刑で処断することとしているために「たまたま生じる帰結」[69]であって，両者の相違が看過されてはならない。その意味では，「科刑上一罪としての包括一罪」という理解には疑問がある[70]。

[66]　稲葉・前掲注(31)31頁，丸山（治）・前掲注(31)56頁，中谷・前掲注(5)228頁参照。なお，只木・前掲注(5)172頁は「判例は，異なる構成要件にまたがる包括一罪か否かで区別して，異なる構成要件にまたがる包括一罪であればこれを科刑上一罪であると解していると理解することができる」と指摘する。
[67]　安廣・前掲注(25)310頁，林（美）・前掲注(51)128頁参照。中谷・前掲注(5)229頁は，［判例⑬］は「科刑上一罪の新たな類型を認めたもの」とされる。
[68]　林（幹）・前掲注(8)457頁。この点について，松原芳博「罪数論は何のためにあるのか——只木誠『罪数論の研究［補訂版］』(2009年，成文堂) を読む」川端博ほか編『理論刑法学の探究③』(成文堂，2010年) 215頁参照。さらに，虫明・前掲注(5)143頁参照。
[69]　林（幹）・前掲注(8)457頁。
[70]　只木・前掲注(5)173頁は，「科刑上一罪としての包括一罪」とは，「罪数判断としては包括一罪としつつもその法的効果の点では科刑上一罪の効果を意図したものである」とされる。

168　第6章　混合的包括一罪の再検討

⑹　Ⅲ4で掲げた判例のうち，[判例⑱]は，被害者の異なる強盗致傷罪と強盗罪を包括一罪としたものであるが，共有財産ではない財産的法益は原則として個人に専属的に帰属していると解するならば，常習特殊窃盗罪・常習累犯窃盗罪（盗犯等防止法2・3条）のような例外的な取扱いの場合を除いて法益侵害の一体性は認められず，併合罪とすべき事案であったように思われる[71]。これに対して[判例⑲][判例⑳][判例㉑]については，[判例⑬]および[判例⑭]と同様に，各罪の保護法益に共通性があり，かつ一方の法益侵害（に対する処罰）により他方の法益侵害を包括的に評価することが可能であること，また行為に一体性があることから，吸収一罪としての包括一罪を認めることができよう。これらも，法益侵害の一体性が見られない異質の構成要件間の包括一罪を「混合的包括一罪」とした従来の他の判例とは異なるものであり，敢えて「混合的包括一罪」の名称を用いるべきではない。

　[判例㉒]は，では，〔1〕被害女性の直通電話にファックス送信を行うことによるストーカー行為と，〔2〕会社の代表電話に電話をかけて会社の業務を妨害したことを「同種の行為」としているが，そもそも被害者が異なるものである上，ストーカー規制法違反の罪の法益は「被害者の身体，自由，名誉」および「国民の生活の安全および平穏」と解されている[72]のに対して，偽計業務妨害罪の法益は「人の業務」であるから，「法益侵害の一体性」を認めることはできない。また，「被告人は，一時期を境として，〔1〕の内容を成す行為と〔2〕の内容を成す行為とを意識的に区別して実行したのではなく，〔2〕の期間内にも〔1〕の内容を成すのと同種の行為は継続されていたものと認められるし，逆に，〔1〕の期間内にも〔2〕の内容を成すのと同種の行為は継続していたものと認められる」と判示しているが，すでに指摘されているように[73]，〔1〕の行為については起訴されていない偽計業務妨害罪に該当することを前提とし，〔2〕の行為についても起訴されていないストーカー規制法違

⑺　虫明・前掲注⑶231頁参照。もっとも，この「例外」がどこまで及ぶかは（特に近時のいわゆる「連続的包括一罪」と関連で）別個に検討されなければならない。これに関しては，本書第7章を参照。

⑺　同条1条参照。なお，檜垣重臣『ストーカー規制法解説』（立花書房，2000年）7頁参照。

⑺　甲斐・前掲注㊳192頁。

反の罪に該当することを前提としている点で，問題を含んでいる。この点を
措くとしても，同時期に2種類の行為を並行して行っていたということから，
ただちにその全体について「行為の一体性」を認めることもできない。本判
決のいう被告人が「意識的に区別して実行したのではな」いという事情の意
味するところは必ずしも明らかではないが，少なくともファックス送信と直
接的な電話という態様の異なる行為が並行することは，「意思決定の1回性」
を基礎づけるほどの内容をもつものではないと考えられる。以上のことから，
〔1〕と〔2〕について包括一罪の関係を肯定することには無理があり，併合罪
として処理すべきであったように思われる(74)。

V おわりに

　本章のⅢで概観した，従来の判例上，混合的包括一罪として扱われてきた
諸類型のうち，1の暴行を手段とする結合犯（に準じる犯罪）において傷害結果
が発生した類型（強盗罪（または恐喝罪）と傷害罪・強姦罪と傷害罪）については，
結合犯（等）と傷害罪の併合罪を認めるべきである。同様のことは，4(2)で取
り上げたストーカー規制法違反の罪と偽計業務妨害罪についてもあてはま
る。また，2の財物詐取（盗取）後の暴行により代金支払（返還請求）を免脱し
た類型（詐欺罪（窃盗罪）と2項強盗罪）については，後行する犯罪により先行す
る犯罪を包括した吸収一罪を認めることになる。これは，4(1)で見た判例の
うち法益侵害の一体性と行為の一体性が認められるものについても妥当す
る。さらに3の手段・目的の関係にある二罪において目的にあたる行為が先
行した類型（詐欺罪と偽造有印私文書行使罪）に関しては，行為の一体性が肯定さ
れるかぎりで牽連犯を認めるべきである。
　以上のように，判例上，混合的包括一罪とされた事案は，いずれも併合罪
もしくは牽連犯として処理すべきもの，あるいは（敢えて「混合的」包括一罪とい
う概念によることなく）従来からの「吸収一罪」として処理すべきものであっ

---

(74)　電話によるストーカー規制法違反の罪と脅迫罪について，併合罪を認めた判例として，
　　徳島地判平成13・10・31公刊物未登載がある（北島孝久「ストーカー行為等の規制等に
　　関する法律違反の各種判決，関連する法律上の問題点」研修644号（2002年）9頁参照）。

170　第6章　混合的包括一罪の再検討

た[75]。その意味で，これまで肯定されてきた異質的包括性の領域を超えて，新たに混合的包括一罪という「異なる罪名間の包括一罪」を導入する必要性は乏しいといえよう。特に，法益侵害の一体性を肯定しがたい数罪であるにもかかわらず，（それ自体にも疑問のある）「具体的妥当性」を根拠として，明文上は特別の規定がない包括一罪の範疇に取り込んでいくことには，「一罪」の成立範囲と限界を一層不明確にするおそれがあるように思われる。

［補　論］

本章の基となった論稿を公刊した後に，それに対するいくつかの批判がなされた。

1つは，混合的包括一罪を併合罪もしくは牽連犯，吸収一罪に解消することは「二重処罰の回避と明示機能の要請という点からは，疑問である」[76]とするものである。ここでいう「二重処罰」が，本章Ⅳ(2)で取り上げた二重評価の問題をその前提としているとすれば，同所で述べたように，必ずしも決定的な難点ではないように思われる。また，「明示機能」については，それが例えば本章Ⅲ1で類型化した強盗罪と傷害罪の事例（傷害結果の発生時期が未確定の場合）に関して，「発生した傷害という事実を不当にも罰条による評価から漏れることのないようにすべきである」[77]との「要請」であることからみて，（［判例①］が第1審の論理に関して言及したように）強盗罪と暴行罪の併合罪とするといった見解には妥当するとしても，本章のように強盗罪と傷害罪の併合罪とする立場に対する批判とはならないであろう。

もう1つは，同じく上記の強盗罪と傷害罪の事例に関して「混合的包括一罪が成立する場合，複数の罰条が明示され，それらにより評価されるのであり，たとえ処断刑形成の際にはそのうちの一つを基準にするとしても，単一

---

[75]　只木・前掲注(5)182頁は，混合的包括一罪の射程範囲を限定的に解しつつ，他方では，科刑上一罪をもって併合罪にあたらないすべての数罪を処理することの限界も認識すべきであるとされる。本章の立場は，むしろ併合罪とすべき場合もあることを考慮しつつ，科刑上一罪を含むいくつかの罪数形式に解消する方向を妥当と解するものである。

[76]　只木誠「包括一罪の現状と課題」刑ジャ48号（2016年）9頁注(39)。

[77]　只木・前掲注(76)9頁。さらに，同「罪数論・競合論・明示機能・量刑規範」安廣文夫（編著）『裁判員裁判時代の刑事裁判』（成文堂，2015年）460頁以下参照。

の罰条のみで犯行全体を評価しようとしているわけではない」[78]とするものである。しかしながら，たとえ複数の罰条が明示されているとしても，最終的には単一の罰条のみが「適用」されるのが包括一罪である。本章の立場が疑問視しているのは，法益が異なる犯罪間での（法益侵害の一体性という）包括評価が不可能であるならば，単一の罰条の適用自体もできないのではないかという点である。「複数の罰条の明示」は，あくまでも当該行為に対する罰条の「適用可能性」を意味するにすぎず，最終的な「適用」は1つの罰条によるものである。論者の前提には，「混合的包括一罪は，通常の包括一罪には直接含まれない独立の罪数形態として理解する必要がある」[79]との考え方があるが，「通常の包括一罪には直接含まれない」要素が認められるのであれば，敢えて包括一罪概念を拡張することによってそれに対処すべきではないように思われる。

---

[78]　青木陽介「混合的包括一罪についての一考察」上法59巻3号（2016年）157頁。
[79]　青木・前掲注[78] 133頁。

第7章

連続的包括一罪の限界

I 問題の所在

近時,「連続的包括一罪」と呼ばれる包括一罪の類型が議論の対象となっている。連続的包括一罪について確立した定義があるわけではないが, 講学上一般に, 接続犯, すなわち同一の機会に連続して行われた同種の複数の行為によって, 同一の法益が侵害されたときに包括一罪を認める場合 (例えば, 同一の被害者に対して, 暴行犯人が立て続けに数回殴打したときに, 暴行罪の包括一罪として評価する場合) に比べて, 時間的・場所的な連続性が弱いにもかかわらず, なお包括一罪と認めるべき類型を指すものと理解されており[1], 本章においてもそれに従うことにする。学説においては, すでに 1950 年代から「連続一罪」[2]あるいは「新連続犯」[3]という名称も用いられてきた。

前章において確認したように, 包括一罪では, ①法益侵害の一体性により, 複数の法益侵害を個別・独立に惹起した場合に比して違法性を全体として軽

---

[1] 橋爪隆「包括一罪の意義について」法教 419 号 (2015 年) 107 頁。そこでは, 削除された刑法旧 55 条の連続犯に対応する事例について, 限定された形で包括一罪性が認められたものが念頭に置かれている。その意味では, 旧・連続犯に比べて「時間的」連続性の弱さが主たる構成要素であり,「場所的」連続性の弱さは二次的・付随的な要素とみるべきであろう。さらに, 佐伯仁志「連続的包括一罪について」「植村立郎判事退官記念論文集」編集委員会 (編)『植村立郎判事退官記念論文集 現代刑事法の諸問題・第 1 巻』(立花書房, 2011 年) 24 頁は,「ある程度の期間にわたって連続して行われた複数の行為を包括一罪として扱う場合」とする。

[2] 伊達秋雄「連続一罪論」判タ 41 号 (1954 年) 411 頁, 虫明満『包括一罪の研究』(成文堂, 1992 年) 202 頁参照。

[3] 山火正則「包括的一罪」西原春夫ほか (編)『判例刑法研究・第 4 巻』(有斐閣, 1981 年) 271 頁, 小林充「包括一罪について」判時 1724 号 (2000 年) 5 頁参照。

く評価することが可能となり，さらに②行為の一体性により，複数の意思決定・行為により法益侵害を惹起した場合に比して有責性を全体として軽く評価することができる，という特徴がある。①は刑法上一罪との異質性を，②はそれとの同質性を示すものであった[4]。接続犯が包括一罪とされるのも，①同一の被害者に対して数個の同じ法益侵害を惹起していることから法益侵害の一体性が肯定され，かつ，②行為は複数ではあるものの，連続して行われていることにより，1個の意思決定に基づく場合，またはそれに準じる場合として，行為の一体性が肯定されるからである[5]。以下に見るように，連続的包括一罪の場合には，例えば同種の行為が数か月にわたって反復・継続されるといったように，時間的・場所的な連続性は必ずしも十分とはいえないような場合であっても，それが①及び②の要件を充足するのであれば，理論的には包括一罪として評価することは可能であり，そうした判例・裁判例も一定数，蓄積されてきた。

　そのような状況の中で，最近の議論の契機となったのは，周知のようにいわゆる街頭募金詐欺に関する最高裁平成 22 年 3 月 17 日第二小法廷決定（刑集 64 巻 2 号 111 頁）である。同決定の事案においては，不特定多数の者に対して，複数の場所で欺罔行為が行われ，現金の交付を受けたことから，通常であれば各詐欺罪は併合罪の関係に立つと解されるところ，包括一罪の成立が認められた。そこでは，被害法益の単一性という意味での法益侵害の一体性を充足しない新たな類型の連続的包括一罪が付加されたのか，あるいは付加するべきなのかが問われているのである。本章においては，こうした包括一罪を認めるべき必要性・妥当性があるかどうかを批判的に検討しつつ，連続的包括一罪の限界について考察する。

Ⅱ　従来の判例

(1)　1947（昭和 22）年改正前の刑法 55 条は，「連続シタル数箇ノ行為ニシテ同一ノ罪名ニ触ルル時ハ一罪トシテ之ヲ処断ス」と規定していた。この「連続

---

(4)　本書第 6 章Ⅱ参照。
(5)　山口厚『刑法総論［第 3 版］』（有斐閣，2016 年）405 頁参照。

174　第7章　連続的包括一罪の限界

犯」は，観念的競合・牽連犯と同様に，科刑上一罪としての性格を有するものと理解されていた[6]。連続犯は，行為の個数を特定することが必ずしも求められず[7]，また，財産犯では被害総額だけを特定すれば足りる[8]など，手続上の利便さが重視されるとともに，次第にその成立要件が緩和されたことにより，社会的事実としての一体性を欠く事例まで対象とされるに至り[9]，日本国憲法施行に伴う刑法改正の際に削除された。その背景には，被告人に不利益な再審制度（旧刑訴法486条）の廃止によって，（例えば軽微な犯罪について刑の確定した者について，これと連続関係にある重い犯罪についての事実を後で発見したとしても，後者にも一事不再理効が及ぶことになり）再審による不合理の是正が不可能となったこと，被疑者の身柄拘束が短期間に制限され（刑訴応急措置法8条），予審も廃止された（同9条）ことにより，連続犯のような広範囲にわたる犯行を一挙に捜査ないし起訴することができなくなり余罪も発覚しにくくなったため，そのような状況下で連続犯を存続させるならば審判に漏れる犯罪行為を頻出させるおそれがあること，という理由があるとされる[10]。

(2)　判例においては，連続犯の規定の削除後も，上述した接続犯に属する類

---

(6)　小野清一郎「連続犯と包括一罪」同『刑罰の本質について・その他』（有斐閣，1955年）307頁，314参照。

(7)　例えば最判昭和25・5・16刑集4巻5号807頁は，物価統制令違反事件について「連続犯は結局有罪として処断さるべきものであるから，その行為の内容が同一罪質を有する複数のものであることが分る程度に具体的に判示され、ば十分であ」り，「原判決の事実摘示をみるに，それが複数の行為であることは明瞭であり，唯その回数が明示されていないのみである」としても「行為の特定，法令の適用に些さかの支障を来していない」とした。

(8)　例えば大判大正4・3・2刑録21輯194頁は，「刑法第二百五十二條ノ普通横領罪ト同法第二百五十三條ノ業務上横領罪トヲ連続実行セル場合ニ於テハ一箇ノ連続犯トシテ重キ業務上横領罪ノ刑ヲ以テ之ヲ処断スヘキヲ以テ其横領シタル金品ノ数額ニ各別ニ判示スルノ要ナレハ……」とした。

(9)　例えば，窃盗と強盗未遂の連続犯を認めたものとして，大判大3・2・3刑録20輯101頁。

(10)　中野次雄『逐条改正刑法の研究』（良書普及会，1948年）76-79頁。
　なお，ドイツにおいては，すでに19世紀から，明文の規定は欠くものの判例によって連続犯（fortgesetzte Handlung）が認められてきたが，実体法上ならびに訴訟法上の両面からの批判を受け，1994年の連邦通常裁判所大刑事部決定（BGHSt 40, 138）によって，事実上これが否定されることになり，それに代わる罪数処理のあり方が議論されている。Vgl. Schönke/Schröder/Sternberg-Lieben/Bosch, 30 Aufl., 2019. Vor §52ff., Rn. 31ff.；LK-Rissing-van Saan, 12. Aufl., 2008, Vor §52, Rn. 62ff. 同決定については，虫明満「ドイツにおける連続犯の解体」香川15巻2号（1995年）367頁以下参照。

型については，包括一罪が肯定されていた。例えば，［判例①］最判昭和24・7・23（刑集3巻8号1373頁）は，被告人等が午後10時から翌日の午前零時頃までの間，3回にわたって，同一の倉庫から米3俵ずつを窃取したという事案について，「右三回における窃盗行為は僅か二時間余の短時間のうちに同一場所で為されたもので同一機会を利用したものであることは挙示の証拠からも窺われるのであり，且ついずれも米俵の窃取という全く同種の動作であるから単一の犯意の発現たる一連の動作であると認めるのが相当であつて……それが別個独立の犯意に出でたものであると認むべき別段の事由を発見することはできないのである」から「これを一罪と認定するのが相当」であると判示した。ここでは，短時間であること，同一の場所であること，同一の機会の利用，同種の動作という要因から「単一の犯意の発現たる一連の動作」であることを一罪の根拠としているのが特徴である。また，［判例②］最判昭和29・7・2（刑集8巻7号991頁）は，特定の密輸入貨物全部の運搬保管について依頼を受け，まずその一部をある倉庫まで運搬寄蔵し，次に同時刻ころ引き続き残りの貨物を付近の別の倉庫まで運搬したという関税法違反事件に関して「被告人の判示第一及び第二の密輸入貨物の運搬及び寄蔵行為は包括して単純一罪を構成するものと解すべきである」として，「原判決が判示第一の運搬寄蔵と判示第二の運搬寄蔵とはその行為の客体と時及び場所を異にするから，この両者は刑法第四五条の併合罪であるとして併合罪加重をしたことは法令の適用を誤つたものといわねばならない」と判示している。その理由は必ずしも明らかではないが，2度の運搬寄蔵（保管）行為が，同一機会に反復・継続して行われたことを重視したものとみられる。学説においても，これらの判例は接続犯を認めたものと理解されている[11]。他方で，［判例③］最判昭和25・12・19（刑集4巻12号2577頁）は，同一の場所で異なる観客に対して2日間，計7回にわたって行われた公然わいせつ行為について，「前後7回各異なる多数の観客の前に別個独立の演劇行為をしたのであるから7個の独

----

[11] 虫明・前掲注(2)183，190頁。もっとも，判例は「接続犯」概念を必ずしも明示的に用いていない。因みに，昭和24年判決の翌年に出された最判昭和25・12・19刑集4巻12号2577頁は，24年判決を連続一罪の例として引用した弁護人の上告趣意に対して，「所論判例は単一犯罪を認めたのであつて所論のような連続犯の理論を認めたのではない」と判示している。

176　第7章　連続的包括一罪の限界

立の犯罪があったものというに差支えない」として包括一罪を否定し、また、[判例④] 最判昭和 26・5・8（刑集5巻6号1012頁）は、1個の現在しない者の配給通帳を係員に提示し、その者が実在し配給を請求するかのように装って同係員を誤信させ、約5か月間に33回にわたり不正受給を受けたという詐欺行為について、「各受配の度毎にそれぞれ別個の欺罔行為が認められる以上、たといそれが一個の配給通帳に基き、継続した意図の下にくりかえされたものであつても、各受配行為ごとに一個の詐欺罪が成立するものといわなければならない」として、各詐欺罪を併合罪とした原判決を是認している。さらに [判例⑤] 最判昭 30・10・14（刑集9巻11号219頁）は、市税務課職員として勤務していた被告人らが、納税者より受領した金員を多数回にわたり着服して横領したという事案について、原判決が「2年余の長期間に亘るのにその犯行の回数は50回余りに過ぎず、その間の各個の犯行と犯行とは必ずしも甚だ近接しているものとは認められない」こと、共犯者は犯行ごとに異なり「行為の態様は必ずしも同一であるとはいい得ない」こと、「当初からこれを一括して着服横領しようとする包括的犯意の存した事跡は到底これを認めることはできない」ことを理由として包括一罪を否定したことは正当であるとしている。

　その後、従来の接続犯に比べて時間的な連続性が弱く、厳密な意味では接続犯に該当するとはいい難い類型について、いわば「接続犯に比べて緩やかな基準による包括一罪」、すなわち本章の冒頭で述べた連続的包括一罪を認めるものが判例上、散見されるようになった(12)。例えば、[判例⑥] 最判昭和 31・8・3（刑集10巻8号1202頁）は、医業を営み麻薬施用者として免許を受けていた被告人が、麻薬中毒患者である A に対し、(1)昭和23年6月15日頃から同年9月30日頃までの54回にわたり、また(2)昭和26年8月10日頃より同年10月16日頃までの35回にわたり、その中毒症状緩和の目的をもって、

──────────
(12)　このような接続犯概念の拡張ともいうべき現象が起こることは、連続犯規定廃止と同時にある程度予想されていたことにつき、中野・前掲注(10)92頁参照。そもそも、接続犯概念は、連続犯規定が削除される以前から、学説上主張されていた（その嚆矢として、大場茂馬『刑法総論・下巻』（中央大学、1917年）895頁以下参照）。同規定の削除後、小野・前掲注(6)313頁以下は、その間隙を接続犯の適用による包括一罪で埋めるべきことを提唱していた。なお、佐伯千仭「連続犯」同『刑法における違法性の理論』（有斐閣、1974年）325頁以下も参照。

麻薬塩酸モルヒネ注射を施用し，施用の都度麻薬の施用量等を麻薬受払簿に記録せず，A を麻薬中毒患者と診断しながら，その住所氏名等を厚生大臣に届け出なかった事案について，「それぞれ各行為の間に時間的連続と認められる関係が存し，同一の場所で一人の麻薬中毒患者に対しその中毒症状を緩和するため麻薬を施用するという同一事情の下において行われたものであること原判決が有罪の言渡をした右事実につき挙示している証拠からも窺われ，かつ，いずれも同一の犯罪構成要件に該当し，その向けられている被害法益も同一であるから，単一の犯意にもとづくものと認められるのであって右一，二の各所為は，それぞれ包括一罪であると解するのが相当であり，独立した各個の犯罪と認定すべきではない」として，各所為を併合罪と解して①の事実について公訴時効の成立を認め免訴を言い渡していた原判決を破棄した[13]。さらに，［判例⑦］最判昭 31・9・11（刑集 10 巻 9 号 1331 頁）は，約 6 か月にわたって 18 歳未満の児童に不特定多数の客を相手に売淫させることによって児童に淫行させたという児童福祉法 60 条 3 項違反の罪の事案について，「第一審が本件を併合罪とせず一罪として処断したことは正当であつ」たと判示し[14]，また，［判例⑧］最決昭 41・6・10（刑集 20 巻 5 号 429 頁）は，約 10 か月の間に，継続して，ウィスキー等を指定商品として登録されている本件商標と同一の商標を標示したラベルを付した空瓶に和製洋酒等を詰め，これを販売のために展示し，本件商標の 16 名の権利者らが有する商標権を侵害したという事案について，「商標法違反の犯行が，本件のように継続して行なわれた場合には，各登録商標一個につき包括的に一個の犯罪が成立」するとしている。

　これらの判例においては，特段の理由づけが示されなかったものを除いて，

---

[13]　同様に，最判昭和 32・7・23 刑集 11 巻 7 号 2018 頁も，麻薬施用者免許を受けている医師が，同一の麻薬中毒患者に対して，約 4 か月間に数日おきに 38 回にわたって麻薬を交付した事案について，「このような態様の所為はこれを包括一罪として麻薬取締法 27 条 3 項，65 条 1 項の罪に当るものと解するのが相当である」と判示して，前掲最判昭和 31・8・3 を引用している。

[14]　同様の判例として，すでに最判昭和 30・12・26 刑集 9 巻 14 号 3018 頁が，同一の児童に約 3 か月間のうちに数回売淫させた行為について，児童福祉法 60 条 1 項，同 34 条 1 項 6 号（児童に淫行をさせる行為）に当たると判示していたが，罪数が争点になったものではなかった。

178 第7章 連続的包括一罪の限界

各々の行為間に「時間的連続と認められる関係」「継続して行われた場合」といった要因が肯定されている。実際には、犯行の場所は同一であるものの、時間的な幅は［判例⑥］の約2か月から［判例⑧］の約10か月にわたっており、一罪とされる犯行全体の長期化の点において、すでに従来の接続犯の範疇に収まらないといいうる。こうした傾向は、特に業務上横領罪・窃盗罪・詐欺罪を中心に下級審裁判例でも見られるようになった。判例・裁判例の集積からは、連続的包括一罪において一罪性が認められるのは「同一の構成要件にあたり、単一の法益に向けられた、数個の行為が、同一の地位、同一の継続関係又は同一の事情を基礎として、連続的に行われたとき」[15]であることが導かれると指摘されている。これは、冒頭に確認したように、包括一罪の特徴である①法益侵害の一体性、および②行為の一体性を、個別的な判断要素に還元されたものとみることができる。そして、犯罪類型による若干の変化を伴うものの、これらの判断要素自体は接続犯にも基本的に妥当するということが可能である。その意味では、接続犯と連続的包括一罪の相違はある程度相対化しており、各行為の時間的な接着性をどこまで厳格に考えるかの問題であるともいえよう[16]。

(3) 近時、［判例⑧］最決平成26・3・17（刑集68巻3号368頁）は、同一被害者に対し一定の期間内に反復累行された一連の暴行によって種々の傷害を負わせた事実について、包括一罪とする判断を示した。本件では、〔Ⅰ〕被告人は、かねて知人のA（当時32歳）を威迫して自己の指示に従わせた上、同人に対し支給された失業保険金も自ら管理・費消するなどしていたものであるが、同人に対し、(1)平成14年1月頃から同年2月上旬頃までの間、当時のA方等において、多数回にわたり、その両手を点火している石油ストーブの上に押し付けるなどの暴行を加え、よって、同人に全治不詳の右手皮膚剥離、左手創部感染の傷害を負わせ、(2)Dと共謀の上、平成14年1月頃から同年4月上旬頃までの間、上記A方等において、多数回にわたり、その下半身を金属製バットで殴打するなどの暴行を加え、よって、同人に全治不詳の左臀部挫

---

(15) 虫明・前掲注(2)217頁。

(16) 団藤重光『刑法綱要総論［第3版］』（創文社、1990年）443頁は、一個の人格態度のあらわれとみられる一連の行為といえるか否かを一罪性の基準とする立場から、すでにこの点を指摘していた。

創，左大転子部挫創の傷害を負わせたというa事件，および〔II〕被告人は，
かねてE（当時45歳）に自己の自動車の運転等をさせていたものであるが，平
成18年9月中旬頃から同年10月18日頃までの間，路上を走行中の普通乗
用自動車内，同所に駐車中の普通乗用自動車内及びその付近の路上等におい
て，同人に対し，頭部や左耳を手拳やスプレー缶で殴打し，下半身に燃料を
かけ，ライターで点火して燃上させ，頭部を足蹴にし，顔面をプラスチック
製の角材で殴打するなどの暴行を多数回にわたり繰り返し，よって，同人に
入院加療約4か月間を要する左耳挫・裂創，頭部打撲・裂創，三叉神経痛，
臀部から両下肢熱傷，両膝部瘢痕拘縮等の傷害を負わせたというb事件の
各々について，その罪数関係が問題となった。最高裁は，「検察官主張に係る
一連の暴行によって各被害者に傷害を負わせた事実は，いずれの事件も，約
4か月間又は約1か月間という一定の期間内に，被告人が，被害者との上記
のような人間関係を背景として，ある程度限定された場所で，共通の動機か
ら繰り返し犯意を生じ，主として同態様の暴行を反復累行し，その結果，個
別の機会の暴行と傷害の発生，拡大ないし悪化との対応関係を個々に特定す
ることはできないものの，結局は一人の被害者の身体に一定の傷害を負わせ
たというものであり，そのような事情に鑑みると，それぞれ，その全体を一
体のものと評価し，包括して一罪と解することができる」とし，さらに「い
ずれの事件も……訴因における罪となるべき事実は，その共犯者，被害者，
期間，場所，暴行の態様及び傷害結果の記載により，他の犯罪事実との区別
が可能であり，また，それが傷害罪の構成要件に該当するかどうかを判定す
るに足りる程度に具体的に明らかにされているから，訴因の特定に欠けると
ころはないというべきである」と判示した。

　調査官解説においても指摘されているように[17]，本件では被害者が同一で
あって被害法益の単一性が認められ，傷害の発生状況という点でも，後の暴

───

(17)　辻川靖夫「判解」最判解刑事篇・平成26年度（法曹会，2017年）91-95頁。なお，本
　　決定については，丸山雅夫「判批」ジュリ臨増・平成26年度重判解（2015年）161頁以
　　下，松澤伸「判批」判評679号（2015年）12頁以下，小野晃正「判批」刑ジャ42号（2014
　　年）85頁以下，山本雅昭「判批」判例セレクトI（2015年）31頁，吉川崇「判批」警論
　　68巻3号（2015年）165頁以下，西山卓爾「判批」研修800号（2015年）77頁以下，岡
　　田志乃布「判批」捜研776号（2015年）2頁以下などを参照。第1審の評釈として，城
　　下裕二「判批」速報判例解説vol. 8（2011年）187頁以下がある。

180　第7章　連続的包括一罪の限界

行によって従前の傷害とは別の傷害を負わせただけでなく，後の暴行によっ
て従前の傷害を悪化・拡大させた面が強いことからみても，法益侵害の一体
性が強度な事案である。他方，行為の機会は同一ではなく，約4か月ないし
は約1か月という期間にわたることから日時の近接性が弱く，断続的に反復
された犯行という面を有するものの，被告人と被害者との特殊な人間関係を
背景とした状況の中で，その関係性にかかわる日常的な行動圏内の各場所で
犯行がなされたという共通性から，行為の一体性が基礎づけられていると
みられる。また，犯意の発現も断続的であるとはいえ，共通の動機から生じ
たものであることから，基底において意思が継続しているということが可能
であり，行為の一体性と相俟って責任評価の一体性を導いていると解される。
本決定も，後述する詐欺罪に関する平成22年決定とともに，最高裁が連続し
た同種行為の反復累行に着目した包括一罪すなわち連続的包括一罪を認めた
ものとして，事例判例としての意義があるとされている[(18)]。

(4)　ここで，これまで連続的包括一罪の成否が問題となった各犯罪類型のう
ち，本章の検討対象である詐欺罪に関する事例を見ておくことにする。詐欺
罪について連続的包括一罪が認められた類型を2つに大別すると，犯行の期
間は比較的長期に及んでおり，「同一機会」とはいえないものの，(i)欺罔行為
が1個の場合，及び(ii)複数回の欺罔行為は存在するが実質的に1個と判断さ
れた場合に分類される[(19)]。両者は，それぞれ行為態様の形式的・実質的な一
個性を具体化したものということができる。(i)に属する［判例⑨］東京高判
昭和33・11・15（東高刑時報9巻11号287頁）は，架空の土地売買契約を締結さ
せて，その売買代金名下に，12回にわたって分割受領した金員の騙取行為に
つき，「犯意，欺罔行為及び被害法益も単一であり，たとえ分割代金受領期間

---

(18)　丸山・前掲注(17)162頁。［判例⑧］以前に，ある程度の長期間にわたる複数の暴行によ
　る傷害が（包括）一罪と判断された先例として，横浜地判平成23・4・18（LLI/DB
　06650226）［約1か月半］，横浜地判平成24・1・20（LLI/DB 06750027）［半月余り］，大
　阪地判平成24・7・4（LEX/DB 25482241）［約5日間］などがある。
(19)　佐伯・前掲注(1)34-35頁参照。事実関係は必ずしも明らかではないが，①に属するとみ
　られる先例として，すでに最決昭和35・6・16裁判集刑134号87頁は，被害者の子女を
　真実一流歌手として世に出しうる社会的地位背景なくその見込もないのに，その旨欺罔
　して金員を騙取しようと企て，種々術策を弄してその旨誤信させ，よって右運動費等の
　名目で昭和33年9月30日から10月24日までの間，5回にわたって金銭の交付を受け
　てこれを騙取した場合は，包括一罪を構成すると判示している。

が約1年にわたりその回数が12回であつたとしても，右分割代金受領の度毎に新たな欺罔行為が施されたものでない本件においては，右12回にわたる行為は詐欺の包括一罪と認むるを相当とする」と判示している。また，(ⅱ)に属する［判例⑩］東京高判平成19・8・9（東高刑時報58巻1＝12号58頁）は，同一の被害者に対して3日間連続で5回行われた振り込め詐欺の事案について，「同一被害者に対して連続した3日間にわたり敢行された類似手口の詐欺であると認められる上，実行グループにおいては，『再取り』として金を振り込んだ相手に詐欺を繰り返すことがマニュアル化されており，原判示第2ないし第5の行為も，第1の行為に続く『再取り』として行われたもので，犯行に係る意思の継続も認められる」ことから，「第1ないし第5の行為は，包括して1個の詐欺罪を構成すると解すべきであって，これを併合罪とした原判決には，法令適用の誤りがあ」るとした。さらに［判例⑪］東京高判平成19・9・18（高刑集60巻3号8頁）は，保険金詐欺目的で故意に交通事故を起こし，保険会社から治療費，休業損害等として約1年間に71回にわたって合計1433万円余りを振込入金させた事案について「これらの行為は，同一の偽装事故に基づく同一の被害会社に対する一連の保険金請求として，社会的な事実関係及び被害法益が同一であり，被告人及び共犯者らが事前の共謀に基づきその犯意を持続させて繰り返したものであるから，全体として包括して一罪を構成するものと解すべきである」とした。(ⅰ)及び(ⅱ)の両者の類型においては，欺罔行為の形式的・実質的単一性に加えて，主観面では犯意の継続性，客観面では被害法益の同一性（法益帰属主体の同一性）が包括一罪を肯定する主な要因として考慮されているといえる。

　他方，(ⅱ)とは異なり実質的にも複数の欺罔行為が認められる場合には，被害法益が同一であっても連続的包括一罪が否定される傾向にある[20]。また，連続的な出資詐欺・投資詐欺に関する判例では，上述の諸要因の中で，特に被害法益の同一性が認められないことから包括一罪を否定され，併合罪とされているものがある[21]。まず［判例⑫］名古屋高判昭和34・4・22（高刑集12巻6号565頁）は，昭和28年7月1日ころから同29年1月19日ころまでの間，合計3751回にわたって虚偽誇大の広告宣伝および勧誘によって1348名の者を欺罔し，合計1億8343万7230円等を騙取したという事案について，「連続

犯的数個の犯罪を包括一罪として処断すべき要件をどう考うべきか」について「学説または判例等を総合考察すると，その最少限度の要件として，㈠犯意が同一であるかまたは継続すること，㈡行為が同一犯罪の特別構成要件を一回ごと充足すること，㈢被害法益が同一性または単一性を有することの三つが必要であると解する」との一般論を前提として，「本件詐欺事犯は，犯意の継続性，行為の前記構成要件充足性は認められるが，全犯罪事実について被害法益の同一性または単一性を認めることはできないから（財産的被害法益でその数は多数であるが，同一被害者に対する数個の行為に限り被害法益の同一性ありとしてこれを包括一罪と認むべきである。）本件を包括一罪として処断することは許されない」と判示している。また，［判例⑬］東京高判昭和 63・11・17（判時1295 号 43 頁）［投資ジャーナル事件］は，投資顧問営業等を行う会社の幹部である被告人らが，共謀のうえ，甘言を用いて株式投資家を誘い，株式買付資金の融資，株式の売買，その取次を仮装し，株式買付資金の融資保証金または株式買付資金等名下に約 5 か月の間に 113 回にわたって，33 名の投資家から約18 億円余りを騙取したという事案について，「具体的場合において，犯罪構成要件を数回充足する行為を包括して一罪と評価するのを相当とすることもあるが，詐欺罪のような個人の財産を保護法益とする罪にあっては，共同の財産を対象としたような場合を除き，被害者の数と，構成要件を充足する行為及び結果が社会通念上同一と目されるか否かを基準にして決するのが相当

---

⑳　例えば 1 枚のクレジットカードを用い，同一のビルディング内で営業している 2 店から，49 日間に前後 17 回にわたって 3 種類の商品（カメラ 9 台，ビデオデッキ 7 台，ステレオ 1 台）を詐取した事案について，東京高判昭和 59・10・31 判タ 550 号 289 頁は，「被害者を同一にする原判示第一の各犯行及び同第二の各犯行についても，同種犯行を繰り返しているものの，時間的に同一機会に接続しているとはいえず，被告人及び共犯者 A において金銭がなくなる都度犯行を共謀し，犯意を新たにしてそれぞれ商品の購入を申込み，各別の購入契約を締結し，かつその都度各別の欺罔手段を講じ，欺罔の相手方も，応待に出た店員が同一人である場合もあつたが，必ずしも一定の人物に限られていたわけではないことなどの事実関係に照らすと，本件各犯行は，単一かつ継続した犯意のもとに同一機会に相接続して行われた事案と態様を異にし，各別の行為がそれぞれ詐欺罪を構成するものと解せられる」として，本件犯行を併合罪とした原判決を是認した。なお，本判決では同時に，被害者の異なる 2 店への各犯行について「両者が包括一罪たり得ないことは明らかである」として，被害法益が単一ではない場合には併合罪になるとしている。

㉑　以下の 2 判例は，いずれも次に検討する平成 22 年決定の上告趣旨においても引用されている。

であって，この観点からすると，原判決のした罪数区分に誤りとすべきところは見当たらない。なるほど，被告人らの本件各犯行は，投資ジャーナルグループに属する被告人らが資金集めのため相協力しつつ，同グループの営業行為として継続的に実行したものと認められるが，このような状況を考慮に入れても，本件の全犯行を包括して一罪と評価するのは相当ではない」と判示した。

　このように，従来の諸判例において連続的な詐欺行為がなされた事案では，包括一罪を根拠づける他の要因は充足していても，被害法益の同一性が充足されないことを理由にあえて包括一罪が否定されているものがあることが注目される。判例の一般的な傾向としては，被害法益の同一性は包括一罪としての詐欺罪のまさに「要件」と解されてきたといってよい。

Ⅲ　最高裁平成 22 年決定とその評価

1　事実の概要

　被告人は，難病の子供たちの支援活動を装って，街頭募金の名の下に通行人から金をだまし取ろうと企て，平成 16 年 10 月 21 日ころから同年 12 月 22 日ころまでの間，大阪市，堺市，京都市，神戸市，奈良市の各市内及びその周辺部各所の路上において，真実は，募金の名の下に集めた金について経費や人件費等を控除した残金の大半を自己の用途に費消する意思であるのに，これを隠して，虚偽広告等の手段によりアルバイトとして雇用した事情を知らない募金活動員らを上記各場所に配置した上，おおむね午前 10 時ころから午後 9 時ころまでの間，募金活動員らに，「幼い命を救おう！」などと大書した立看板を立てさせた上，黄緑の蛍光色ジャンパーを着用させるとともに 1 箱ずつ募金箱を持たせ，「難病の子供たちを救うために募金に協力をお願いします」などと連呼させるなどして，不特定多数の通行人に対し，NPO による難病の子供たちへの支援を装った募金活動をさせ，寄付金が被告人らの個人的用途に費消されることなく難病の子供たちへの支援金に充てられるものと誤信した多数の通行人に，それぞれ 1 円から 1 万円までの現金を寄付させて，多数の通行人から総額約 2480 万円の現金をだまし取った。

184 第7章 連続的包括一罪の限界

　本件における公訴事実の要旨は，「不特定多数の通行人等に対し募金を呼び掛けさせ，9名の者から総額約2万1120円の交付を受けたほか，多数人から応募金名下に現金の交付を受け，合計2493万円余りの金員を詐取した」というものであった。

　第1審の大阪地裁は，このような詐欺の事実について，包括して1つの詐欺罪を構成するとして，被告人を懲役5年及び罰金200万円に処した。被告人は控訴したが，第2審の大阪高裁は第1審判決を是認して控訴を棄却した。被告人は上告し，弁護人は上告趣意において，詐欺罪は個人的法益に対する罪であり，本件街頭募金詐欺については，募金に応じた者ごとに犯罪が成立し，それらを併合罪とすべきであり，また訴因も不特定であるなどと主張した。

2　決定要旨

　「この犯行は，偽装の募金活動を主宰する被告人が，約2か月間にわたり，アルバイトとして雇用した事情を知らない多数の募金活動員を関西一円の通行人の多い場所に配置し，募金の趣旨を立看板で掲示させるとともに，募金箱を持たせて寄付を勧誘する発言を連呼させ，これに応じた通行人から現金をだまし取ったというものであって，個々の被害者ごとに区別して個別に欺もう行為を行うものではなく，不特定多数の通行人一般に対し，一括して，適宜の日，場所において，連日のように，同一内容の定型的な働き掛けを行って寄付を募るという態様のものであり，かつ，被告人の1個の意思，企図に基づき継続して行われた活動であったと認められる。加えて，このような街頭募金においては，これに応じる被害者は，比較的少額の現金を募金箱に投入すると，そのまま名前も告げずに立ち去ってしまうのが通例であり，募金箱に投入された現金は直ちに他の被害者が投入したものと混和して特定性を失うものであって，個々に区別して受領するものではない。以上のような本件街頭募金詐欺の特徴にかんがみると，これを一体のものと評価して包括一罪と解した原判断は是認できる。そして，その罪となるべき事実は，募金に応じた多数人を被害者とした上，被告人の行った募金の方法，その方法により募金を行った期間，場所及びこれにより得た総金額を摘示することをもっ

Ⅲ　最高裁平成22年決定とその評価　185

てその特定に欠けるところはないというべきである。」

　なお，本決定には2名の裁判官による補足意見がある。須藤雅彦裁判官は，「詐欺罪において，複数の被害者がある場合には，各別の瑕疵ある意思が介在するから，一般的にはこれを包括評価するのは困難であり，個々の特定した被害者ごとに錯誤に基づき財物の交付又は財産上の利益の移転がなされたことが証明されなければならず，個々の特定した被害者ごとに被告人に反証の機会が与えられなければならないのであるが，犯意・欺もう行為の単一性，継続性，組織的統合性，時や場所の接着性，被害者の集団性，没個性性，匿名性などの著しい特徴が認められる本件街頭募金詐欺においては，包括評価が可能であり，かつ，相当であると考えられる。しかし，被告人が領得した金員の額が詐欺による被害金額であるというためには，その金員は欺もう行為による被害者の錯誤に基づき交付されたものでなければならず，本件の場合も，原判決が認定した約2480万円が被害金額であるというためには，その全額が，寄付者が被告人の欺もう行為によって錯誤に陥り，そのことによって交付した金員でなければならない。そうすると，不特定多数であるにせよ，個々の寄付者それぞれに錯誤による金員の交付の事実が合理的な疑いを差し挟まない程度に証明された場合にのみ，その交付された金員の額が被害金額として認定されるというべきである。本件のように包括一罪と認められる場合であっても，被害金額については可能な限り特定した被害者ごとに，錯誤によって交付された金員の額が具体的に証明されるべきであって，それによって他の被害者の寄付も錯誤によってなされたとの事実上の推定を行う合理性が確保されるというべきである。したがって，例えば，一定程度の被害者を特定して捜査することがさして困難を伴うことなく可能であるのに，全く供述を得ていないか，又はそれが不自然に少ないという場合は，被告人が領得した金員が錯誤によって交付されたものであるとの事実の証明が不十分であるとして，被害金額として認定され得ないこともあり得ると思われる」とした。また，千葉勝美裁判官は，「多数人に対し欺もう行為を行ったという詐欺罪について考えると，通常の犯行態様を念頭に置く限り，複数の被害者ごとに法益侵害があり，被害法益が一個とはいえないので，これを包括一罪として扱うことはできないということになろう」が「しかし，上記の被害法

益が一個であること等は，包括一罪として扱うための『要件』とまで考えるべきではなく，あくまでも，包括一罪としてとらえることができるか否かを判断するための重要な考慮要素と考えるべきであり，これらのどれか一つでも欠ける場合は，それだけで包括一罪としての評価が不可能であるとまで言い切る必要はない」のであり，「本件街頭募金詐欺の犯行態様，特に，その被害者の被害法益に着目してみると，被害者は，自分が寄付した金額について，明確な認識を有しなかったり（例えば，ポケットに在った小銭をそのまま金額を確認せず募金箱に投入したケースなどが考えられる。），あるいは，認識を有していても，街頭で通りすがりの際の行為であるから，寄付の金額自体に重きを置いておらず，その金額を早期に忘却してしまうこと等があることが容易に推察されるところである。そして，募金箱に投入された寄付金は，瞬時に他と混和し，特定できなくなるのである。このように，本件においては，被害者及び被害法益は特定性が希薄であるという特殊性を有しているのであって，これらを無理に特定して別々なものとして扱うべきではない」ことから，「欺もう行為が不特定多数の者に対して行われる詐欺は，本件のような街頭募金詐欺以外にも存在するところであり……このような犯罪は，欺もう行為が不特定多数に対してされたとしても，被害者は，通常は，その出資金額（多くの場合，多額に及ぶものであろう。）を認識しており，その点で，被害者を一人一人特定してとらえ，一つ一つの犯罪の成立を認めて全体を併合罪として処理することが可能であるし，そうすべきものである」が「他方，本件は，前述したように，被害者ないし被害法益の特殊性があり，それを被害者単位に犯罪が成立していると評価して併合罪として処理するのは適当でないと思われる」としている。

3 検 討

本決定では，本件詐欺行為について，①「同一内容の定型的な働き掛けを行って寄付を募るという態様のもので」あること，②「被告人の1個の意思，企図に基づき継続して行われた活動で」あること，③「被害者は……名前も告げずに立ち去ってしま」い，「現金は……特定性を失うものであって，個々に区別して受領するものではない」ことを挙げて，包括一罪を構成すること

を根拠づけている。①は「行為態様の同一性」，②は「犯意の一個性」，③は「被害者・被害金の非特定性」を表したものということができる[22]。これらのうち，①及び②は従来から判例・裁判例において見られたものであるが，③は本件の特殊性を示した新たな要因であり，これまでの「被害法益の同一性・単一性」に代わるものとして位置づけられている。調査官解説では，「本件街頭募金詐欺の被害者は，自分が寄付した金額について，明確な認識を有しなかったり，あるいは，認識を有していても，街頭で通りすがりの際の行為であるから，寄付の金額事体に重きを置いておらず，その金額を早期に忘却してしまうこと等があることが容易に推察されるし，募金箱に投入された寄付金は，瞬時に他と混和し，特定できなくなるのであるから，被害者及び被害法益は特定性が希薄であり，これらを無理に特定して別々なものとして扱い，被害者単位に犯罪が成立していると評価して併合罪として処理するのは適当でないと思われる」[23]と説明されている。

　他方で，本決定の結論を支持する学説は，大別すると以下の2つのアプローチに分かれている。

　第1のアプローチは，本決定を従来の連続的包括一罪の議論のいわば延長上において捉え，包括一罪を認めるための実体法上の積極的根拠を示すべきであるとする立場によるものである。ここでは，すでに見た包括一罪の一罪性を支える法益侵害の一体性・行為の一体性という特質，特に法益侵害の一体性との関係が問題となる。そのうち有力に主張されているのは，(1)被害金額の軽微性を根拠とする。財産犯においては，法益侵害の程度が軽微である場合に限って，異なる被害者に生ずる法益侵害であっても，個別の法益侵害がその個性を失うとして，全体を一体的に評価する余地が認められるとするのである[24]。このほかに，(2)被害者の匿名性・没個性を根拠とするものもある。これによれば，被害金額が少額かどうかではなく，現代的な経済活動・社会活動においては，匿名性が保たれるからこそ成り立ち得る取引があるのであれば，匿名を保ったままの詐欺も認められるべきであり，匿名の者につ

---

[22]　只木誠「判批」山口厚＝佐伯仁志（編）別ジュリ『刑法判例百選I総論［第7版］』（2014年）205頁。なお，間接正犯の形態による詐欺罪に関して，佐久間修「第3者を利用した詐欺—間接正犯の個数をめぐる諸問題—」研修750号（2010年）3頁以下参照。

[23]　家令和典「判解」最判解刑事篇・平成22年度（法曹会，2013年）41頁。

188 第7章 連続的包括一罪の限界

いては個別に評価するのではなく，包括して評価するのが匿名者の意思にも合致し，社会通念上も妥当であるとされている[25]。学説には，この(1)(2)の両者を併用するものもみられる[26]。

　第2のアプローチは，「かりに個々の犯行を特定・立証しえれば併合罪や科刑上一罪となしうる事案であったとしても，そのような特定・立証が不可能（ないし，一部につき可能であっても犯情の評価として不十分）である場合の救済概念として，特別な包括一罪の観念が承認されるべきである」との視点から，本件の特殊性，すなわち複数の詐欺行為の一部については立証可能であったものの，それらを併合罪として処断するだけでは被害総額の大きさ等に鑑み十分な刑を科し得ない事案であることを考慮して，従来の連続的包括一罪とは全く異なるものとして位置づける立場によるものである。そこでは，「本件では……単一の不法としての評価に収めきることができない」ことを自認しつつ，第1のアプローチに対しては，「はじめから挫折を余儀なくされた試みで

[24] 佐伯・前掲注(1)44頁，橋爪・前掲注(1)113頁（ただし，「このような理解は，本来は法益主体（被害者）の同一性が必要であるとする原則を変更するものではな」いとする。さらに，後掲注(29)での引用箇所も参照）。青木陽介「被害者が複数に及ぶ場合の包括一罪の成否（2・完）」上法62巻1＝2号（2018年）53頁は，極めて軽微な財産侵害が問題となるケースでは，被害者からすれば痛くも痒くもない程度の被害であるという意味で，被害者と財産被害との関係が，単に財産以外の個人的法益の侵害の場合と比較してだけでなく，通常の財産犯の場合と比較しても希薄であり，このような「二重の希薄性」が存在するからこそ，ことさらに個別の被害者との関係で詐欺罪の併合罪の成立を認める必要がなく，全体を量的に加算することが許されるとする。なお，島田聡一郎「判批」ジュリ1429号（2011年）148頁も，被害法益の軽微性を一罪性の一要件とする。

[25] 渡辺咲子「判批」ジュリ臨増・平成22年度重判解（2011年）207頁。そこでは，本決定では募金箱に入れると他の現金と混和して特定性を失うとされていることに対して，同様の虚偽募金を現金以外の品物を集めて行った場合も同様であろうから，「混和」という民法の概念に限定する必要はないとされている。

[26] 例えば，丸山雅夫「連続的包括一罪」同『刑法の論点と解釈』（成文堂，2014年）142頁は，「本件事案は……定型的な方法……により，不特定多数の者に対して詐欺行為を行ったものであり，被害法益の単一性以外の考慮要素との関係では，包括的な評価が十分に可能なものであった。また，個々の具体的な財産的被害も，募金に応じた不特定の者から得た軽微な現金であり，それらは募金箱への投入によって混和し即座に特定性を失うもの（無個性）である一方，被害総額としては莫大なものであった。こうした事情のもとでは，詐欺罪の成立にとって重要なのは，誰にどのような被害が具体的に生じたかではなく，不特定多数の者から全体として多額の金額を詐取したことであり，包括的評価の考慮要素としての法益の単一性の重要度は相対的に低下すると言うことができる」とする。さらに，古江頼隆「判批」刑ジャ25号（2010年）86頁，小野晃正「判批」阪法60巻2号（2010年）194頁を参照。

あろう」との指摘がなされている[27]。「本決定の趣旨をいかに理解しようとも，そこには，一個の法益侵害の単なる量的な増加という包括一罪に関するこれまでの判例理論には収まらない一罪性の根拠が内在している」との認識から，本決定は，公益的見地に立って，上記の「行為態様の同一性」，「犯意の一個性」，「被害者・被害金の非特定性」の要件のもと，被害者を異にする新たな包括一罪の類型を承認したものとする立場[28]も第2のアプローチに属するといえよう。

　それでは，どのように解すべきであろうか。まず，第1のアプローチのうち，特に(1)を主張する見解が，その前提として，「包括一罪の成立を認めることは（併合罪加重を免れるという意味で）実体法上は被告人の利益になるとしても，実際の手続においては，具体的には証明されていない個別の行為も包括的に処罰対象になり得るという意味において，被告人に不利益になる場合がある」との考慮から，実体法上の積極的根拠を示すべきであると指摘していることは，それ自体正当であろう[29]。第2のアプローチのように，包括一罪とするには実体法的な根拠づけが不十分であることを認めつつ，訴訟法上の必要性を重視して，本来は併合罪あるいは科刑上一罪とすべき事例を包括一罪として評価することは，解釈論の域を超えることになるのではないだろうか。これに対しては，包括的な処断の可否は罪数に関する解釈論の問題であり，条文上に包括の契機が明示されていない職業犯や接続犯などの包括的評価を一律に否定しない限り，こうした批判は当たらないとの反論がある[30]。ただ，包括一罪の一罪性の根拠が「法益侵害の一体性」と「行為の一体性」

---

[27]　小林憲太郎『刑法総論の理論と実務』（判例時報社，2018年）733頁。なお，検察官の適法な訴追裁量の行使という側面から平成22年決定の結論を肯定する見解として，滝沢誠「判批」専修ロー6号（2011年）306頁参照。

[28]　只木・前掲注(22)205頁。

[29]　橋爪・前掲注(1)112頁。そこでは，本件のような事例では，検察官が併合罪加重の要件を立証できない事情があるときに，いわば縮小認定として包括一罪が認められるという指摘（香城敏麿「罪数概論」同『刑法と行政刑法』（信山社，2005年）144頁以下，林幹人「罪数論」同『刑法の基礎理論』（有斐閣，1995年）222頁等）が批判の対象となっている。ただし，橋爪・同114頁は，他方で「罪数はもっぱら実体法の議論であり，一定の事実関係については，一定の罪数評価が導かれると解されてきた。もちろん，原則的にはこのように考えるべきであろう。しかし，実際には，訴訟法上の必要性や検察官の訴因構成などによって，罪数判断が影響を受ける場面があり得るように思われる」としている。

190　第7章　連続的包括一罪の限界

にあることが共通認識になっているときに，それによっては十分に説明でき
ない部分をいわば補充的に訴訟法の必要性で埋め合わせることは，解釈論と
しては認めるべきではない。「科刑を合理的ならしめるため，あるいは，訴訟
法上の要請の面から罪数を考慮するという態度をとることは，便宜的・恣意
的な罪数論におちいる危険がある」[31]という警告は，今なお意義を失ってい
ないものと思われる。

　そこで問題となるのは，第1のアプローチが主張するような積極的根拠を
示し得るかどうかである。詐欺罪における保護法益はいうまでもなく個人の
財産であり，複数の個人の法益を侵害した場合にそれらを一体的に評価でき
る根拠として，⑴が指摘する被害金額の軽微性という要因は，異なる法益主
体に対する侵害に基づく違法性を一体評価できる根拠にはなりえない。「個
別の法益侵害がその個性を失う」といっても，当該法益主体が不存在となる
わけではなく，まして「個性を失った」とされる法益侵害どうしを合体する
ことができるものではないことも明らかである。これに対しては，「仮に，包
括一罪を認めるために違法の一体性が必要だという前提を承認しても……そ
こにいう『一体性』は，必然的に，1つの構成要件該当事実が予定する不法内
容を越える内容を持たざるを得ないはずである」から，「『違法の一体性』を
要求したとしても，法益帰属主体の同一性が必要だという結論が必然的に導
かれるわけではない」[32]との反論がある。確かに，いわゆる随伴行為の事例
に見られるように，例えば器物損壊罪の事実が殺人罪の刑に吸収されると
いった場合には，複数の構成要件該当事実が予定する不法内容に基づいて「違
法の一体性」が肯定されている。ただ，この場合でも法益主体の同一性は維

(30)　丸山・前掲注(26) 141 頁。この反論は，本件事案における特殊性は，「街頭募金詐欺とい
う不特定かつ多数の被害者を対象とする集合的な詐欺危険罪を立法すべき根拠にすぎな
い」ものであり，平成 22 年決定の立場は「解釈に名を借りた立法」であるとする批判（松
宮孝明「詐欺罪の罪数について」立命 329 号（2010 年）25 頁）に対してなされたものであ
る。

(31)　中山善房「罪数論の現状」団藤重光＝斎藤壽郎（監修）『刑事裁判の課題　中野次雄判
事還暦祝賀』（有斐閣，1972 年）170 頁。只木誠「罪数論・競合論・明示機能・量刑規範」
安廣文夫（編）『裁判員裁判時代の刑事裁判』（成文堂，2015 年）451 頁は，「罪数判断が
訴訟法上の諸問題に影響を及ぼすことは贅言を要せずとも，訴訟法上の必要性から実体
法上の罪数判断が論じられることの当否とその限界とは絶えず検証されるべきであろ
う」とされる。

(32)　島田・前掲注(24) 147 頁。

Ⅲ　最高裁平成 22 年決定とその評価　　191

持されており，それが違法の一体性を根拠づけているのであるから，必ずし
も十分な批判にはなっていないように思われる。

　また，「連続的包括一罪は，複数の意思決定に基づく複数の行為がある点で，
観念的競合と比べて一罪性は弱い」ものの「行為と結果の一体性を総合的に
考慮すると，観念的競合や牽連犯に準じた違法・責任の減少を認めることが
でき，一罪として処断することが適当だと考えられる場合がある」[33] ことを
前提に，「観念的競合の存在が示しているように，被害法益の単一性は，処断
上の一罪を認めるための不可欠の要素ではない」との理解から「被害法益の
単一性は，あくまで違法・責任の総合評価のための一要素であるから，被害
法益が単一でなくても，一方で，個々の行為の一体性が強く，他方で，個々
の法益侵害性が軽微で，これを別個に評価する必要性が少ない場合には，包
括的に評価して違法の一体性を肯定することも不可能ではない」[34] との説明
もなされている。平成 22 年決定の千葉裁判官の補足意見も同様に，「被害法
益が一個であること等は，包括一罪の『要件』とまで考えるべきではなく
……これらのどれか一つでも欠ける場合は，それだけで包括一罪としての評
価が不可能であるとまで言い切る必要はない」としていた。確かに，観念的
競合においては，被害法益の単一性は，一罪とされるための必須要件ではな
い。ただそれは，観念的競合の場合は，複数の異なる法益侵害が惹起されて
いても，1 個の行為（意思決定）によるものであるから，複数の行為（意思決定）
によるときに比べて相対的に責任が減少するためである。「接続犯は単純一
罪に近いが，これと区別された連続的包括一罪は科刑上一罪に近い」[35] とさ
れるが，仮にそうであるとしても，連続的包括一罪が科刑上一罪そのものに
属することにはならないから，連続的包括一罪において（複数の法益侵害が惹起
されているにもかかわらず法益侵害の一体性を肯定しうる前提となる）被害法益の単一
性が欠如してよい理由になるとはいえない。先にも確認したように，むしろ

---

(33)　佐伯・前掲注(1)42 頁。
(34)　佐伯・前掲注(1)44 頁。
(35)　佐伯・前掲注(1)40 頁。そこでは，小林・前掲注(3)9 頁の参照が求められているが，同
　　　所では，「科刑上一罪との類似性からその一罪性を説明したほうが理解容易なもの」とさ
　　　れているのは，集合犯・観念的競合類似の包括的一罪・混合的包括一罪であり，（新）連
　　　続犯は単純一罪との類似性が指摘されている。

192　第7章　連続的包括一罪の限界

行為の一体性という点では接続犯も連続的包括一罪もともに科刑上一罪に近い性質を有しているのである。

他方，(2)の主張する被害者の匿名性・没個性という根拠も，既に(1)の見解の論者からも指摘されているように，包括一罪の正当性を積極的に根拠づけるものというよりも，むしろ被害者・被害金額を特定して個別の行為を立証することが不可能であること，すなわち包括一罪として処理する実務的な必要性を示すものであって[36]，それ自体が法益侵害の一体性を説明するほどの説得性を有していないといえよう。これが，包括一罪とすべき実務上の必要性を主張するものであるとすれば，実質的には第2のアプローチと異ならないことになる。

以上のように，いずれのアプローチに依拠するにしても，本決定の結論を支持することは困難である。そこで掲げられている論拠は，従来，被害法益の同一性を連続的な詐欺行為の包括一罪における「要件」としてきた判例の一般的傾向を覆すほどの説得力を有していないように思われる[37]。

IV　結　語

平成22年決定の事案のように，複数の定型的な行為を一定期間，反復することによって，複数の被害者に対する詐欺罪を実行した場合について，従来の判例が認めてきた連続的包括一罪の一類型として扱うことは適切ではな

---

(36)　橋爪・前掲注(1)113頁参照。

(37)　平成22年決定に対する批判として，松宮・前掲注(30)1頁以下，玄守道「判批」速報判例解説 vol. 9（2011年）159頁以下，高橋則夫『刑法各論［第3版］』（成文堂，2018年）353頁，松原芳博『刑法総論［第2版］』（日本評論社，2017年）477-478頁などがある。

　なお，亀井源太郎「判批」判例セレクト2010［I］（2011年）33頁は，従来の出資詐欺ないし投資詐欺に関する裁判例（前掲名古屋高判昭和34・4・22，東京高判昭和63・11・17）との整合性を重視して，平成22年決定に関しては，「被害者が特定できたケースを個別に訴因とした上で，不特定多数者への侵害を訴因外の余罪として量刑上考慮する方法をとるべきであった」と指摘する。被害法益の単一性を要件としない連続的包括一罪を認めることに慎重である点では妥当であるが，他方で，新たに，周知のような「余罪と量刑」に関する問題性への対処が必要となる点では検討の余地がある。

　その他，本決定については前掲注(22)～(27)の文献のほか，早渕宏毅「判批」研修743号（2010年）13頁以下，中山一郎「判批」同747号（2010年）87頁以下，前田雅英「判批」警論63巻11号（2010年）144頁以下などを参照。

い。個別の被害者ごとに詐欺罪が成立し，それらが併合罪の関係に立つと解すべきである。平成22年決定の結論を支持する見解も，あくまでも「本件事実関係の特殊性に基づく例外的な修正」[38]であるとして，こうした結論を一般化することには消極的な態度を示してきた。しかしながら，例外とはいえ，被害法益の単一性を前提とする法益侵害の一体性が不十分な状態で包括一罪を認めることは，包括一罪の「限界」を超えているといわざるを得ない。判例が，すでに混合的包括一罪として異なる構成要件にまたがる一罪を創設したこととの同質性を指摘する見解[39]もみられるが，混合的包括一罪という概念自体に問題があることは前章で検討した通りである。もとより連続的包括一罪には，接続犯に比べて緩やかな基準によって一罪を肯定するという側面があった。そうした側面をさらに拡張しようとする方向性には，やはり慎重さが求められるように思われる。

---

(38) 橋爪・前掲注(1)113頁。山口・前掲注(5)404-405頁も，本決定は「事案の特殊性に応じた解決を与えるという観点から理解されるべきで，ここに示された考えを一般化して，包括一罪を拡張することは適当ではない」とする。
(39) 只木・前掲注(22)205頁。

194　事例研究③

事　例 研　究 ③	確定判決前後の犯行にそれぞれ懲役 24 年と懲役 26 年の刑を言い渡し，両者を併科した事例

（強姦致傷，窃盗，強盗被告事件，東京高裁平成 24 年(う)第 45 号，平成 24 年 6 月 27 日第 5 刑事部判決，有罪（確定），東高刑時報 63 巻 1 = 12 号 130 頁）

I　事実の概要

　被告人は，平成 13 年 10 月から平成 20 年 11 月までの間に，計 7 件の強姦致傷，窃盗，強盗を行い（以下「第 1 群の犯行」という），その間（平成 20 年 6 月及び 8 月）に行った窃盗により平成 21 年 3 月 2 日に沼津簡易裁判所で懲役 1 年，執行猶予 4 年の有罪判決を言い渡され，この裁判は同月 17 日確定した（以下「本件確定裁判」という）。さらにその後，被告人は同年 7 月から平成 22 年 7 月までの間に計 6 件の強姦致傷，強盗を行った（以下「第 2 群の犯行」という）。

　原判決の静岡地沼津支判平 23・12・5（LEX/DB 25480380）は，第 1 群の罪について，本件確定裁判に係る窃盗罪と刑法 45 条後段の併合罪であるとして，50 条により更に処断することとし，45 条前段，47 条本文，10 条及び平成 16 年法律第 156 号附則 4 条ただし書を適用して，併合罪の加重をした懲役 5 年以上 30 年以下の刑期の範囲内で被告人を懲役 24 年に処し，これとは別に，第 2 群の罪について，同様に併合罪の加重をした懲役 5 年以上 30 年以下の刑期の範囲内で被告人を懲役 26 年に処した。

　これに対して弁護人は，次の(1)(2)に関して法令適用の誤りを主張し，さらに事実誤認及び量刑不当の点と併せて控訴した。(1)併合罪に対する科刑について加重単一刑主義を採用する刑法において，45 条後段は被告人から併合の利益を奪う不合理な規定であって，被告人に責任以上の刑を科す危険があるから，合理的な限定解釈をする必要がある。同条後段が被告人から併合の利益を奪う根拠が，警告理論（行為者が有罪宣告によって警告されたにもかかわらず，それを無視して新たな犯罪行為を実行する場合，行為責任の加重とそれに伴う処罰の加重が生じる）にあると解されることからすると，禁錮以上の確定裁判と新たな犯

罪行為との間に，同種・同質・同事情という内的関連性があり，その者が以前の禁錮以上の確定裁判を警告として役立てなかったという場合にのみ限定的に同条後段を適用しなければ，法の実体的適正の要請まで包含した罪刑法定主義（憲法 31 条）に反する。(2)仮に 45 条後段を適用して有期懲役刑を併科するとしても，その刑期の合計が刑法 14 条 2 項所定の 30 年を超えるような量刑は，加重単一刑主義を採用する刑法の基本原則に反する。

Ⅱ　判　旨

　控訴棄却。判決は，弁護人の主張する法令適用の誤りの点について以下のように判示し，理由がないとした。

　「刑法は，47 条において，併合罪のうちの 2 個以上の罪について有期の懲役又は禁錮に処するときは，原則としてその最も重い罪について定めた刑の長期にその 2 分の 1 を加えたものを長期とすることとして，いわゆる加重単一刑主義を採用しており，これは一般に併合の利益を被告人に与えたものと解されるが，その前提として，45 条で併合罪の範囲を定めており，論理的に 45 条の適用が 47 条の適用に先行することは明らかである。そうすると……47 条所定の場合に被告人に併合の利益を与える加重単一刑主義が採用されているからといって，併合罪の関係に立たない独立の数罪を処断する場合にも当然に併合の利益が与えられるべき筋合いのものではない。」「……立法の経緯に照らすと，刑法は，数罪の処断方法については併科主義を原則とした上で，47 条所定の場合に限って，併科主義による苛酷な結果を回避し，将来の犯罪を防止するために必要にして十分な刑罰を科すという観点から，特別に加重単一刑主義を採用して併合の利益を被告人に与えたものと解するのが相当である。したがって，確定裁判前後の罪の刑は原則どおり単純に併科されることとなるが，確定裁判前の罪については確定裁判時に同時審判を受けて清算できたこと（裁判後確定前の罪についてもこれと同視できる。），確定裁判後の罪については，弁護人が主張する警告理論を援用するまでもなく，確定裁判を経たにもかかわらず更に罪を重ねた点で既に厳しい非難を免れないことからすると，確定裁判後の罪について併合の利益を与えないことにも相応

の理由があるというべきである。……弁護人が主張する限定解釈は，併合罪の範囲を不明確にして，法的安定性を著しく害することが明らかである。」「弁護人は，刑法45条後段を適用して有期懲役刑を併科するとしても，その刑期の合計が刑法14条2項所定の30年を超えるような量刑は，加重単一刑主義を採用する刑法の基本原則に反し，他の刑法規定との整合性を欠く不合理な量刑であり，合計刑期の上限を30年としなければ，残虐な刑罰を禁止した憲法36条に違反すると主張する。しかし，既に述べたように，刑法の基本原則が加重単一刑主義であることを前提とする弁護人の主張は採用することができない。」

Ⅲ　検　討

(1)　本判決の原審は，第1群の犯行につき懲役24年，第2群の犯行につき懲役26年を言い渡し，これらを併科したため，被告人は合計すると懲役50年の刑を科せられることになり，社会的にも注目を集めた。併合罪関係にない数罪すなわち単純数罪（独立数罪）の場合，単に刑を併科すべきことは，大審院判例（大判明44・9・25刑録17輯1560頁）以来の解釈であった。ただ本件において，仮に窃盗罪による執行猶予付きの有罪判決という「禁錮以上の刑に処する確定裁判」（刑法45条後段）がなければ，有期懲役刑としては，いかに長期になっても刑法14条2項により30年となるところであった。弁護人は，この点に着目して，(i)刑法45条後段の限定解釈を主張するとともに，(ii)仮に有期懲役刑の併科を認めるとしても，刑法14条2項の上限を超えることは許されないと主張した。しかしながら本判決は，このいずれの主張についても理由がないとしたのである。

(2)　成立した数個の犯罪の間に，他の犯罪についての確定裁判が介在する場合に，その裁判確定時を境として，その前後の犯罪の間に併合罪関係は認められなくなる。このように，確定裁判の介在によって，併合罪関係が遮断される（実体刑法上の）理論的根拠について，かつては，①人格責任論の立場から，同時審判の可能性のある（あった）数罪については，一連の人格形成につながるという意味で包括して評価されるべきであるが，国家からいったん刑

罰的評価（有罪判決の確定）を受けたときは，それ以降は新たな人格態度が期待され，人格の一連性は遮断されるからとする見解[1]が主張されていた。しかし，そうであれば「確定判決を得た」という現行法の規定は，判決言渡の時点を標準と解すべきところ，実際には判決確定時と解さざるを得ないこと，さらには人格責任論自体への疑問から，②確定判決は，その確定時までの背景事情を考慮して刑を量定しているので，それ以後は一応区切りをつけて量刑を明らかにするものであるという説明[2]もなされた。しかし現在では，より実質的な観点から，③確定判決後に遂行された罪については，国家による刑の宣告という感銘を行為者が受けながら，新たな罪の遂行に及んだものとして責任評価を受けなければならないのに対し，それ以前に遂行された罪についてはかかる感銘を受けることなくなされているのであるから，これらは別個に処断されるべきであるとの見解[3]が有力である。この見解は，以前の有罪判決をその後の行為の際の反対動機形成における重要な抑制要因として位置づける点で，累犯の加重根拠として従来から援用されてきた，いわゆる「警告理論」と軌を一にするものと解される。

　この「警告理論」に対しては，かつてドイツにおいて一般的累犯加重規定が存在していた際に，行為責任論との矛盾を回避するための限定解釈が主張されていた[4]。それによれば，以前の有罪判決を警告として役立てなかったことが非難されるのは，前犯行為と新たな行為との間に内的関連性・犯罪的連続性がある場合に限られ，同種類の累犯のほか，異種類の累犯の場合でも行為間に法益，実行行為の種類・方法，動機などの点において類似性があることが必要とされていた。法律上の要件を充足する限りですべての前犯行為の存在を累犯の加重理由とするのは，単に以前の犯行の存在自体を根拠にして非難を重くするという点で行為責任の原則に反し，また，行為者が新たな

---

(1)　団藤重光『刑法綱要［第3版］』（創文社，1990年）449頁。
(2)　平野龍一『刑法総論Ⅱ』（有斐閣，1975年）434頁。
(3)　植松正『再訂刑法概論Ⅰ（総論）』（勁草書房，1974年）425頁。さらに，西原春夫『刑法総論（上巻）［改訂版］』（成文堂，1998年）383頁，野村稔『刑法総論［補訂版］』（成文堂，1998年）460頁など。
(4)　これについては，阿部純二「累犯加重の根拠」『岩田誠先生傘壽祝賀　刑事裁判の諸問題』（判例タイムズ社，1982年）77頁以下参照。ドイツ刑法48条の累犯加重規定は，1986年に削除されている。さらに，本書事例研究⑧のⅢを参照。

198　事例研究③

行為をする際に前の判決を想起するのは，前犯行為と新たな行為との間に一定の共通性がある場合に限定される，との考慮がその背景にある。

(3)　今回の弁護人の主張(i)は，こうした議論に示唆を得て，刑法45条後段の限定解釈を展開したものと思われる。これに対して本判決は「弁護人が主張する警告理論を援用するまでもなく，確定裁判を経たにもかかわらず更に罪を重ねた点で既に厳しい非難を免れないことからすると，確定裁判後の罪について併合の利益を与えないことにも相応の理由があるというべきである」と指摘している。ここでは，確定裁判による併合罪関係の遮断効の根拠を，一応は警告理論類似の見解に求めつつも，弁護人の主張するような「内的関連性」までは必要とせず，単に確定裁判を経たという事実があれば（反対動機形成の抑制要因としては）足りるという立場を採ったものと解される。たしかに，前刑による警告機能を広義において理解するならば，前犯行為がどのような種類であっても，更に罪を重ねたことについて，一般的な規範意識の低下・遵法精神の鈍麻といったレベルでの非難は可能となる。また，「内的関連性」の有無を刑法45条後段の適用基準とするにしても，「同種・同質・同事情」という内容を更に具体化しなければ，関連性判断が一義的にはならないおそれもありうる。本判決が「弁護人が主張する限定解釈は，併合罪の範囲を不明確にして，法的安定性を著しく害することが明らかである」と論難するのは，このことを意味するものと思われる。

　他方で，「確定裁判を経たにもかかわらず更に罪を重ねた点で既に厳しい非難を免れないことから……併合の利益を与えないことにも相応の理由がある」とする本判決の立場についても，検討の余地がある。そもそも（併合罪関係にある複数の犯罪を併合して処断する場合の方が，個別に処断して併科した場合よりも軽くなるという）「併合の利益」が認められる理論的根拠は，従来から(a)動機，態様・手口等の重複する違法要素を二重に評価することになる，(b)重複する責任要素を二重に評価することになる，(c)一般予防，（前科その他の行為者側の事情等）特別予防に関する要素を二重に評価することになる，(d)自由刑においては個々の犯罪行為に相応しい刑を加算した以上の苦痛を被告人に与えてしまうことになる，といった説明[5]が行われてきた。本判決のいう「併科主義による苛酷な結果を回避し，将来の犯罪を防止するために必要にして十分な

刑罰を科すという観点」は，これらのいずれとも結びつきうるが，どの立場に与するにせよ，「確定裁判を経たにもかかわらず更に罪を重ねた点で既に厳しい非難を免れない」からという理由で，(a)ないし(d)を考慮すべき必要性が一律に排除されるとはいえないと思われる[6]。「更に罪を重ねた」場合であっても，確定裁判前後の罪における違法評価・責任評価の重複は依然として存在し，予防評価・刑罰の効果にしても，常に減軽方向での判断を否定すべきとの結論に至るわけではないであろう。

　このような観点からは，確定裁判が存在しなかった場合に言い渡される刑罰を想定し，それとの均衡を考慮しながら，事案ごとの個別事情に応じた量定が行われる必要がある。単純数罪の場合も，併科ではなく，併合罪に準じた処理を行うべきことは，立法論としては1960年代から主張されている[7]が，解釈論としても，たとえば仮に確定裁判が存在しなかった場合の全体の刑の重さを（併合罪事例と同様に）導出した上で，それを科刑の上限として確定裁判の前後に分配する[8]といった方法が考えられる。

(4)　弁護人の主張(ii)は，(i)の点を措くとしても，刑法45条後段を適用して（上記の例でいう第1グループと第2グループの各々の併合罪からなる）有期懲役刑を併科する場合も，刑法14条2項に定められた30年がその上限になるとするものである。弁護人は，本件においても30年を上限としなければ加重刑単一主義を採用する刑法の基本原則に反するとしたが，本判決はこれに対して，刑法の基本原則を加重単一刑主義と解すること自体が適切ではないとした[9]。いずれが「原則」であるにせよ，ここでの問題は，単純数罪について，弁護

---

(5)　司法研修所（編）「裁判員裁判における量刑評議の在り方について」司法研究報告書63輯3号（2012年）73-74頁参照。さらに，長井秀典「数罪と量刑」大阪刑事実務研究会（編著）『量刑実務大系・第1巻　量刑総論』（判例タイムズ社，2011年）281頁以下参照。

(6)　確定裁判を経たにもかかわらず罪を重ねたことが非難の根拠であるとするなら，禁錮以上に限る必要はないであろう。因みに，昭和43年の法改正により，それまでは単に「確定裁判アリタルトキハ」と規定されていたところに「禁錮以上ノ刑ニ処スル」という限定が付されたという経緯が，理論的考慮によるのではなく，道交法違反処理の円滑化など，多分に実際上の便宜によるものであることについて，団藤重光（編）『注釈刑法(2)-II』（有斐閣，1969年）584-585頁［高田卓爾］参照。

(7)　戸田弘「併合罪と確定裁判」判タ150号（1963年）220頁。

(8)　内田文昭『改訂刑法I（総論）[補正版]』（青林書院，1997年）353頁は，こうした方向性を示唆する。さらに，浅田和茂『刑法総論［第2版］』（成文堂，2019年）509頁参照。

人が主張するような限定解釈による併合罪処理を行わない場合であっても[10]，刑法14条2項の制限が及ぶと解することができるのか否かである。現行法上は，否とせざるを得ない。加重単一刑主義は，（それが刑法の基本原則か否かは別にして）併合罪そのものを前提とした考え方であり，併合罪関係にない単純数罪のための処理方法として導入されたものではない。刑法14条2項も，処断刑形成過程における制限であり，宣告刑形成過程（以降）を対象としていない。例外は，刑法51条2項に基づく併合罪に係る数個の裁判による刑の執行における制限であるが，もとより単純数罪には適用されない。

単純数罪における刑期の過酷さを避けるためには，検察官による刑の執行順序の変更（刑訴法474条ただし書）に依拠するほかはないであろう。たとえば，重い刑の仮釈放条件期間の経過後，その刑の執行を停止して軽い刑の執行に着手し，軽い刑の仮釈放条件期間が経過したときは，両方の刑について同時に仮釈放を行うことができると解されており[11]，これを前提とした裁判例[12]も存在する。本判決が「なお，本件各懲役刑の執行については，もとより仮釈放の制度（刑法28条）の適用があり，検察官による刑の執行順序の変更（刑訴法474条）もなされる余地があることを付言しておく」と述べているのも，こうした事後的措置を念頭に置いたものと解される。

----

(9)　中野次雄「併合罪」日本刑法学会（編）『刑事法講座　第7巻』（有斐閣，1953年）1374頁は，現行刑法の立法者はドイツ系の併科主義を採用したとする。これに対して，曽根威彦『刑法総論［第4版］』（弘文堂，2008年）285頁は，現行刑法は加重（単一）主義を原則とするとしている。

(10)　当然のことながら，仮に併合罪として処理するのであれば，刑法51条2項に該当し，その場合には刑法14条2項が適用されて執行期間の上限は30年となる。西田典之ほか（編）『注釈刑法・第1巻』（有斐閣，2010年）739頁［伊藤渉］参照。

(11)　西田ほか（編）・前掲注(10)231頁［金光旭］参照。

(12)　東京高判昭31・1・31東高刑時報7巻1号25頁。

事 例 研 究 ④	労働基準法 32 条 1 項（週単位規制）違反の罪と同条 2 項（日単位規制）違反の罪との罪数関係

（道路交通法違反，労働基準法違反被告事件，最高裁平成 22 年(う)1130 号，平成 22 年 12 月 20 日第三
小法廷決定，刑集 64 巻 8 号 1312 頁）

I 事実の概要

本件公訴事実のうち労働基準法 32 条 1 項違反及び 2 項違反に関わる部分
は，次の通りである。被告人は，石油製品の保管及び運送等を営む A 株式会
社の代表取締役としてその業務全般を統括していたものであるが，同社の統
括運行管理者と共謀の上，同社の業務に関し，同社が，同社の労働者の過半
数を代表する者との間で，書面により，平成 17 年 4 月 16 日から平成 18 年 4
月 15 日までの時間外労働及び休日労働に関する協定を締結し，自動車運転
者に対して，法定労働時間を超えて延長することができる時間は，1 日につ
き 7 時間，1 か月につき 130 時間などと定め，平成 17 年 4 月 15 日，大津労働
基準監督署長に届け出ていたのであるから，上記各協定時間の範囲を超えて
労働させてはならないのに，労働者 B をして，同社の事務所等において，(1)
1 日 7 時間を超えて，同年 12 月 15 日，17 日，22 日，23 日，29 日及び 31 日
にそれぞれ 30 分から 1 時間 30 分の時間外労働をさせ，(2)①平成 17 年 11 月
16 日から同年 12 月 15 日の 1 か月につき 130 時間を超えて，同月 7 日から同
月 13 日までの週につき 15 分の，同月 14 日から同月 20 日までの週につき 15
時間 15 分の，②同年 12 月 16 日から平成 18 年 1 月 15 日の 1 か月につき 130
時間を超えて，同月 4 日から同月 10 日までの週につき 15 時間の，同月 11 日
から同月 17 日までの週につき 23 時間 15 分のそれぞれ時間外労働をさせた
（なお(2)については，第 1 審判決（京都地判平成 18・11・15 刑集 63 巻 6 号 687 頁参照）が
当初「1 か月 130 時間を超えて，同年 11 月 16 日から同年 12 月 15 日までの間に 15 時間 30
分，同月 16 日から平成 18 年 1 月 15 日までの間に 38 時間 15 分の合計 53 時間 45 分の時
間外労働をさせた」旨を認定したところ，第 1 次第 2 審判決（大阪高判平成 19・9・12 刑集

202　事例研究④

63巻6号698頁参照）が，検察官の予備的訴因変更請求を不許可とする一方で，月単位の
時間外労働については労働基準法が規定を設けていないとして破棄自判し，上記認定事実
につき無罪としたのに対して，予備的訴因変更を許可すべきであったとして第1次上告審
判決（最判平成21・7・16刑集63巻6号641頁）が破棄差戻をし，これを受けて第2次第
2審判決（大阪高判平成21・12・17刑集64巻8号1333頁参照）が新たに認定したもので
ある）。

　原審（第2次第2審判決）は，上記(1)につき労働基準法32条2項（日単位の時
間外労働の規制）違反の罪が，(2)につき同法32条1項（週単位の時間外労働の規制）
違反の罪がそれぞれ成立し（罰則はいずれも同法119条1項），両罪は併合罪の関
係にあると判示した。これに対して被告人が上告し，両罪の構成要件につい
ては，いずれも労働者の福祉や労働者の疲労の回復を図るという同一の趣旨
に基づくものであること，1つの超過労働行為が日単位の時間外労働規制違
反と週単位の時間外労働規制違反との2つの法律的評価を受けて処罰の対象
とされるのは不当であることから，週単位の時間外労働規制違反が成立する
限り，同違反が成立する週の各日に関する日単位の時間外労働規制違反は，
いわゆる法条競合の一場合として，別罪を構成しないと主張した。

II　判　旨

　上告棄却。
　「労働基準法32条1項（週単位の時間外労働の規制）と同条2項（1日単位の時間
外労働の規制）とは規制の内容及び趣旨等を異にすることに照らすと，同条1
項違反の罪が成立する場合においても，その週内の1日単位の時間外労働の
規制違反について同条2項違反の罪が成立し，それぞれの行為は社会的見解
上別個のものと評価すべきであって，両罪は併合罪の関係にあると解するの
が相当である。これと同旨の原判断は正当である。」

III　検　討

(1)　労働基準法（以下，労基法とする）32条1項は，「使用者は，労働者に，休

憩時間を除き 1 週間について 40 時間を超えて,労働させてはならない」とし,同条 2 項は,「使用者は,1 週間の各日については,労働者に,休憩時間を除き 1 日について 8 時間を超えて,労働させてはならない」と規定している。前者の週単位の時間外労働規制,または後者の日単位の時間外労働規制に違反した場合は,同法 119 条の 2 により 6 か月以下の懲役又は 30 万円以下の罰金に処される。本件では,被告人の行為が,前者および後者の双方に該当する場合に,両者の罪数関係をどのように解すべきかが問題となった。すなわち,前者を原則としてそれが成立する限りその単位内の日単位の規制違反は別罪を構成せず,法条競合となるのか,あるいは両罪が共に成立し,併合罪となるのかが争われ,最高裁は,併合罪とする立場を初めて明らかにした。ここに本決定の意義がある。

(2)　1987 (昭和 62) 年の改正前,労基法 32 条 1 項は「使用者は,労働者に,休憩時間を除き 1 日について 8 時間,1 週間について 48 時間を超えて労働させてはならない」と定めていた。この規定の下では,判例は「労働時間規制の原則規定である労働基準法第 32 条第 1 項が労働時間を 1 日単位で規制したうえ,更に 1 週単位で規制していることからすると,同法は労働時間を第 1 次的に 1 日単位をもって規制し,1 週単位の規制はただ第 2 次的なものであることが看取され,また,1 日の超過労働をさせた行為が 1 日と 1 週との二重の法律的評価を受け,重ねて処罰の対象とされることはもとより不当である」として,日単位の規制違反罪が成立する限り,週単位の規制違反罪は別途成立しないと判示していた (東京高判昭和 42・6・5 東高刑時報 18 巻 6 号 175 頁。同旨,大阪高判昭和 45・1・27 高刑集 23 巻 1 号 17 頁〔両者は法条競合の関係に立つとする〕)。ここでは,改正前の規定の文言が両罪の罪数関係を決定する主要な根拠とされているが,「労働時間を第 1 次的に 1 日単位をもって規制し,1 週単位の規制はただ 2 次的なものである」との理解は,労働省 (当時) の通達が示すように「労働時間の規制は 1 週間単位の規制を基本として 1 週間の労働時間を短縮し,1 日の労働時間は 1 週間の労働時間を各日に振り分ける場合の上限として考える」[1]という趣旨の下に改正された現行労基法 32 条 1 項には

---

(1)　昭和 63 年 1 月 1 日基発第 1 号。改正の意義につき,東京大学労働法研究会編『注釈労働基準法・下巻』(有斐閣,2003 年) 516 頁以下 [野川忍] 参照。

当てはまらない。ただそうすると，改正後は週単位の規制が1次的なものということになり，逆に週単位の規制違反罪が成立する限り，日単位の規制違反罪は別途成立しないという解釈が可能となる。弁護人の上告趣意もこうした考え方に基づくものといえよう。しかし本決定は，そのような解釈を採用しなかったのである。

(3)　原審は，(a)労基法32条1項は，1週を通じた総労働時間を規制することで疲労の累積を少なくし，その回復等を図る趣旨，同条2項は，1日の労働時間を規制することで過度の疲労の防止等を図る趣旨と解され，それぞれ別個の意義を有すること，(b)規定ぶりに照らしても，同条1項による週単位の時間外労働の規制は，同条2項による日単位の時間外労働の総和を規制しているものではなく，ある週を構成する労働日のすべてが同条2項に違反しない場合であっても，同条1項に違反する場合があること，を主な根拠として，両罪は併合罪の関係にあるとした。本決定が「(両罪の) 規制の内容及び趣旨等を異にすることに照らすと」と判示しているのも，基本的に同様の立場を採ったものと思われる。

　このうち(a)の点は，改正前から指摘されていたものであった[2]。労働時間を規制する立法の目的が労働者保護にあることは明らかであるが，そのためには，まず1日という短期間の単位で労働時間を規制するだけではなく，1週間という区切りによって日単位では回復されなかった肉体的・精神的疲労の蓄積ないし増大を解消する目的での規制を行うことには一定の合理性があるといえよう。その意味で，週単位の規制と日単位の規制を二者択一的なものと解する必要はなく，労働時間の規制方法として各々独立した意義を有し，かつ並存しうるものと捉えることが可能となる[3]。法条競合は，一般に，複数の刑罰法規が1個の事実に外見上適用可能であり，数個の犯罪が成立するように見えるにもかかわらず，罰条の「相互関係」から1つの罰条のみの適用が可能であって一罪しか成立しない場合と定義されるが，そこでいう「相互関係」の内容については，一方の罰条が定める構成要件が他方の構成要件

---

(2)　香城敏麿「年少者の労働時間の基準規定」ひろば21巻1号 (1968年) 44頁，同『行政罰則と経営者の責任』(帝国地方行政学会，1971年) 192-193，291-292頁参照。

(3)　藤永幸治 (編)『刑事裁判実務大系第7巻・労働者保護』(青林書院，1998年) 147頁 [都甲雅俊] 参照。

を包摂する場合（特別関係・補充関係），および両者が部分的に交差する場合（択一関係［の一部］）に認められるとする見解が有力である[4]。上記のような週単位規制と日単位規制に関する理解を前提とするならば，労基法 32 条 1 項および 2 項が，こうした「相互関係」を充足しうるものとして規定されたとみることはできないであろう。

　(b)の点については，たとえば月曜日から土曜日までの各労働時間がいずれも 8 時間の場合のように，事案として労基法 32 条 1 項には違反するが同条 2 項には違反しないことがありうるので，そこから「同条 1 項違反の罪が成立するときには法条競合により同条 2 項違反の罪が成立しない」とするのは不合理である，というのが原審の説明である。この指摘は，同時に上記のような罰条の「相互関係」の不存在を示す例証になっているとも解されよう。これに対して上告趣意では，「ある罪が成立する場合に必ず他の罪が成立する場合でなくとも，法条競合に該当すると解される場合はある」として，「殺人罪とその被害者が着ていた衣服に関する器物損壊罪について，殺人罪が成立する場合に必ずしも衣服の器物損壊罪が成立するわけではないが，これも講学上は吸収関係といわれる法条競合の一場面である」との反論がなされている。しかし，すでに学説上指摘されているように，殺人罪の過程で行われた器物損壊行為（いわゆる「随伴行為」）は，殺人罪の罰条評価により器物損壊の事実が包括的に考慮されるという意味で，法条競合ではなく包括一罪の一種として理解されるべきである[5]。また，この点を別にしても，複数の犯罪「成立」を前提とするものではない法条競合を「ある罪が成立する場合に必ず他の犯罪が成立する場合」として理解するという前提自体に問題があるように思われる。

(4)　本決定は「それぞれの行為は社会的見解上別個のものと評価すべきであ」るとしたうえで，併合罪との結論を導いている。これは，上告趣意でも指摘

---

(4)　山口厚『刑法総論［第 3 版］』（有斐閣，2016 年）393 頁以下参照。町野朔「法条競合論」内藤謙ほか（編）『平野龍一先生古稀祝賀論文集・上巻』（有斐閣，1991 年）411 頁は，これらの複数の罰条を適用して処罰することは憲法 39 条の二重処罰の禁止に反すると指摘する。

(5)　平野龍一『刑法総論Ⅱ』（有斐閣，1972 年）409 頁以下，町野・前掲注(4)423 頁，山口・前掲注(4)400 頁以下参照。これに対して，只木誠「判批」刑ジャ 34 号（2012 年）120 頁は，両者を観念的競合と解すべきものとする。

されているように，日単位の規制違反罪と週単位の規制違反罪について，違法な時間外労働に当たる部分の重なり合いにより観念的競合となる可能性があること（本件の事実関係では，平成17年12月15日の日単位の規制違反，および平成17年12月14日から20日までにおける週単位の規制違反）から，刑法54条1項にいう「1個の行為」とは「法的評価をはなれ構成要件的観点を捨象した自然的観察のもとで，行為者の動態が社会的見解上1個のものとの評価を受ける場合をいう」とする従来の最高裁判例（最大判昭和49・5・29刑集28巻4号114頁）を前提としつつ，両罪が観念的競合の関係に立つことを否定したものとみられる[6]。原審では，その根拠として，それぞれ違法となる時間外労働の始期が異なること（具体的には，前者については平成17年12月15日の労働時間が15時間を経過した時点，後者については同月14日の労働時間が8時間を経過した時点。詳細は，刑集64巻8号1354頁以下に掲載されている表を参照）が挙げられているが，この点は，学説上，観念的競合の一罪性（の判断基準）を実行行為の重なり合いに求める見解[7]からはもちろんのこと，「意思決定（意思活動）の1回性」に求める見解[8]によっても同様の結論が導かれるであろう。

---

[6] 入江猛「判解」最判解刑事篇・平成22年度（法曹会，2013年）300頁は，「社会的事象（行為者の動態）としてみて…週単位の労働時間管理と1日単位の労働時間単位とはいわば線と点の関係にあって社会見解上別個のものと評価すべきであるから，併合罪として処断するのが相当と解される」とし，「これを観念的競合とすると，本来1日単位の時間外労働の規制違反が複数あり，併合罪であったものが，週単位の時間外労働の規制違反の罪があることで，それぞれと観念的競合となって，結局すべてが1罪になるという不合理な場合を生じることがある」と指摘する。さらに，滝谷英幸「判批」法時84巻6号（2013年）120頁参照。

[7] 井田良『講義刑法学・総論［第2版］』（有斐閣，2018）534頁。

[8] 西田典之（橋爪隆補訂）『刑法総論［第3版］』（弘文堂，2019年）452頁，山口・前掲注(4)407頁参照。

第 3 部

量刑論の展開

第**8**章

量刑をめぐる近時の動向

I　はじめに

　量刑（刑の量定）とは，法定刑の範囲内において（刑の加重・減軽事由がある場合にはそれによる修正を経て導かれた処断刑の範囲内において），被告人に言い渡される具体的な刑罰（宣告刑）の内容を決めることをいう。第1審で公判審理を受ける被告人の約90％が公訴事実のすべてについて自白しており，また有罪率も極めて高いわが国においては，被告人はもちろんのこと，検察官も量刑の結果に向けて有する関心が強く，控訴理由を見ても「量刑不当」（刑訴法381条）が上位を占めている[1]。量刑は，刑事政策的には「司法的処遇」の1つとされるが，そこで言い渡される刑罰は，その後の施設内処遇ないし社会内処遇の内容を（もちろん仮釈放等の可能性はあるにせよ）規制するという意味において，同時に「行刑の出発点」としての重要性も有している。

　わが国におけるここ10年ほどの量刑の新動向を振りかえるならば，やはり2009年から開始された裁判員制度の下での量刑判断が大きなトピックスである。本章では，この問題を中心に論じながら，2018年6月から施行された改正刑訴法による「合意制度」に基づく求刑との関係についても検討す

---

(1)　最高裁判所事務総局刑事局「平成29年における刑事事件の概況(上)」曹時71巻2号（2019年）263頁以下によれば，平成29年の通常第1審において，自白事件の割合は88.2％（同305頁），終局人員中の有罪の人数は97.2％（同334頁），控訴理由中の「量刑不当」は被告人側では71.8％（第1位），検察官側では16.9％（第3位であるが，平成25年は「事実の誤認」と同数の第1位，平成28年は第2位）（同320頁）となっている。

る[2]。最初に前提として，量刑のあり方を考えるにあたって不可避となる，量刑基準の構造をめぐる議論について述べておくことにする。

II　量刑基準の構造

わが国の刑法典は，法定刑の幅が広く，法定の任意的な減免事由も多いことから，量刑において裁量が働く余地が大きい。他方で，量刑の一般的原則ないし判断基準に関する規定は存在しない。そのため，量刑基準を理論上いかに構築すべきかが議論されてきた。

量刑基準の構造については，刑罰の正当化根拠に関する「相対的応報刑論」を背景にしつつ，大別すると2つのアプローチが主張されている。1つは，刑法学の基本原則である「(行為)責任主義」を中心とするものであり，もう1つは刑罰目的論，すなわち一般予防・特別予防という予防的考慮によるものである。前者は「相対的/応報刑論」の「応報刑論」の部分に由来する，「行為責任に応じた刑罰」が正しい刑罰であるとの考え方に基づいており，後者は，「応報刑論」の「相対化」した内容，換言すれば (単なる「行為責任に応じた刑罰」ではなく) 犯罪予防目的に資する刑罰が正しい刑罰であるとの考え方 (目的主義ないし予防的考慮) に基づいている。ただ，この両者の関係をどのように理解するのかが重要となる。それは，例えばある行為者について「行為責任に応じた刑罰」という観点からは重い刑が適当であるが，再犯の可能性が少ないために，特別予防の観点からは軽い刑で足りるといった場合に，最終的にはどのような刑罰を導くべきかといった問題が生じるからである。つまり，2つのアプローチの結論が必ずしも一致しない場合があり，その際の調整ないし解決法が問われるのである。

わが国の実務においては，一般に，量刑判断について次のような考え方が採られてきた。それは，量刑においては，まず「犯情」，すなわち犯行の動機，手段・方法，結果などの犯罪行為自体に関する要素によって，「刑 (ないし責

---

[2]　なお，2016年から導入された刑の一部執行猶予については多くの文献があるが，特に，太田達也『刑の一部執行猶予 [改訂増補版]』(慶応義塾大学出版会，2018年)，金澤真理「執行猶予」法教454号 (2018年) 115頁以下，小池信太郎「刑の一部執行猶予制度の施行」法教434頁 (2016年) 42頁以下などを参照。

任）の大枠」を決めた上で，次に，犯情以外の要素で，主として一般予防・特別予防に関する事情である「一般情状」を考慮して，最終的な宣告刑を決めるというものである。ここでは，犯情が主たる要素，一般情状は二次的・副次的な調整要素として位置づけられている[3]。後述するように，このような考え方は裁判員裁判の下でも維持されている。

　実務における，「犯情」を前提に「刑（ないし責任）の大枠」を決め，その範囲内で一般予防・特別予防目的に基づいて宣告刑を導くという考え方は，上述の行為責任主義と予防的考慮とを調和させるための1つの解決法であるようにも見える[4]。ただ，注意が必要なのは，「犯情」に属するとされる要素が広範囲にわたってしまうと（例えば，本来は行為責任とは無関係と解される「犯罪の社会的影響」あるいは「被害感情」をも「犯情」に含むとすると），当然のことながら「行為責任」を超える刑罰を導く結果となり，責任主義（消極的責任主義）の本質である行為責任による「刑罰限定機能」が無意味となるおそれが生じることである。また，同様に「一般情状」についても，必ずしも一般予防・特別予防には還元されない「刑事政策的要素」が含まれるといわれることがあるが[5]，そのように解した場合に適切な限界を設定できるのかという疑問がある。なぜならば，一定の分量をもつ刑罰を科すことで何かを達成しようとするとき，そのすべてが「刑事政策的目的」に適うという評価が成り立ちうるからである。例えば，裁判例の中には，捜査機関が違法捜査を行ったという事実を，量刑上の減軽事情とするものが存在する[6]が，仮にそうした事情を

---

(3)　岡田雄一「量刑——裁判の立場から」三井誠ほか（編集委員）『新 刑事手続Ⅱ』（悠々社，2002年）486頁，河原俊也「量刑——裁判の立場から」三井誠ほか（編）『刑事手続の新展開 下巻』（成文堂，2017年）549頁等を参照。もっとも，河原・同550頁は，「一般情状が刑量を調整する第二次的な要素であるということは，最終的な結論に与える影響が常に小さいということではない」と指摘する。

(4)　なお，従来，行為責任には関係しない（予防的考慮ないし一般情状に関係する）と解されることの多かった事情を，行為責任に影響を与える要素として捉え直す試みとして，樋口亮介「行為責任論を基礎にした前科の位置づけ」高橋則夫ほか（編）『刑事法学の未来（長井圓先生古稀記念）』（信山社，2017年）179頁，同「不遇な生育歴と責任非難」慶應ロー40号（2018年）177頁以下。さらに，同「責任非難の意義」法時90巻1号（2018年）6頁以下も参照。なお，この見解については，本書事例研究⑨の［追記］を参照。

(5)　原田國男『裁判員裁判と量刑法』（成文堂，2011年）117頁参照。

(6)　例えば，大阪地判平成20・3・24 LEX/DB 28145276，大阪地判平成23・7・20 LEX/DB 25471944［本書事例研究⑥参照］，東京高判平成27・10・8判タ1424号168頁など。

212　第 8 章　量刑をめぐる近時の動向

「一般情状」として考慮し，「違法捜査の（将来に向けての）抑止」という政策を被告人に対する刑罰の寛大さによって実現しようというのであれば，それは量刑の本来の任務を超える可能性がある。

　このように「犯情」と「一般情状」に基づく判断基準を採用する場合には，「犯情」の範囲を明確化するとともに「一般情状」の内容をも「精選」することによって，行為責任主義を維持し，かつ刑罰の予防効果を適度に（行為責任の程度を超えない範囲で）発揮しつつも，刑罰の担うべき機能が過重とならないように配慮することが重要であると思われる。

Ⅲ　裁判員裁判における量刑

1　概　況

　2009 年 5 月から導入された裁判員裁判では，裁判員は，事実の認定，法令の適用のほかに，「刑の量定」について判断する権限を有する（裁判員法 6 条 1 項）。裁判員制度の意義は，「裁判官と裁判員が責任を分担しつつ，法律専門家である裁判官と非法律家である裁判員とが相互のコミュニケーションを通じてそれぞれの知識・経験を共有し，その成果を裁判内容に反映させる」ことにあるとされるが，これが「犯罪事実の認定ないし有罪・無罪の判定の場面にとどまらず，それと同様に国民の関心が高い刑の量定の場面にも妥当する」[7]ものとして具体化されたのである。制度施行から平成 31（2019）年 1 月末までの裁判員裁判の実施状況[8]を見ると，終局人員は総数で 11,831 人に及んでいる。

　裁判員裁判の一般的傾向については，これまでいくつかの分析がなされているが，特に興味深いのは，裁判官のみの裁判の場合との比較である。これによれば，主要犯罪類型ごとの量刑分布を，刑期の最頻値（最も多い人数の刑期）を基準として，平成 20（2008）年 4 月 1 日から平成 26（2014）年 5 月末まで

---

(7)　司法制度改革審議会『司法制度改革審議会意見書──21 世紀の日本を支える司法制度』（2001 年）103 頁。
(8)　最高裁判所・第 29 回裁判員制度の運用等に関する有識者懇談会配布資料 2「裁判員裁判の実施状況について（制度施行～平成 31 年 1 月末・速報）」（http://www.courts.go.jp/saikosai/vcms_lf/80832002.pdf）による。

の裁判官裁判と，制度施行から平成26年5月末までの裁判員裁判とで比べ
てみると，①殺人既遂・殺人未遂・傷害致死・強盗致傷では，裁判官裁判よ
りも重い方向に移動すると共に，執行猶予の割合が増加しており，「量刑の幅
の広がり」が見られること，②（準）強姦致傷（罪名は当時），（準）強制わいせ
つ致傷では，いずれも裁判官裁判よりも重い方向に移動しており，これらは
制度施行以前からの傾向が施行後も維持されていると見られること，③現住
建造物等放火では，全体的に裁判官裁判よりも軽い方向に移動していること，
④覚せい剤取締法違反（営利目的輸入）では量刑傾向がほぼ一致すること，等
が指摘されている[9]。裁判員裁判における（特定の犯罪類型での）執行猶予率，
さらには保護観察付執行猶予率の割合が裁判官裁判に比べて上昇しているこ
とは当初から指摘されており[10]，上記の制度施行から平成29（2017）年7月
末までの実施状況全体においても同様の傾向は続いている。これは，裁判員
の（一般情状としての）特別予防的考慮，特に更生可能性ないし更生の実効性へ
の関心の高まりを示すものとも考えられる。

2　平成21年度司法研究

裁判員裁判における量刑については，裁判官および研究者による検討に基
づいて公刊された平成21年度司法研究『裁判員裁判における量刑評議の在
り方について』[11]が系統的・具体的な提言を行っており，実務においても参
考にされている。同研究の「量刑の考え方について」という項目では，量刑
とは「被告人の犯罪行為に相応しい刑事責任を明らかにすること」にあると
され，上述のように犯情事実によって量刑の大枠を決定し，その中で一般情
状事実を（微）調整させる要素として被告人に有利ないし不利に考慮して最

---

(9)　小島透「裁判員裁判による量刑の変化─統計データから見た裁判員裁判の量刑傾向─」
中京49巻3＝4号（2015年）169頁以下。制度施行から平成24（2012）年までの裁判員
裁判の傾向について同様の分析を行うものとして，原田國男「裁判員裁判における量刑
傾向：見えてきた新しい姿」慶應ロー27号（2013年）161頁以下。さらに，本書第10章
Ⅱも参照。

(10)　最高裁判所事務総局「裁判員裁判実施状況の検証報告書」（2012年）（http://www.
saibanin.courts.go.jp/vcms_lf/hyousi_honbun.pdf）23頁参照。さらに，本書第10章Ⅳも
参照。

(11)　司法研修所（編）『裁判員裁判における量刑評議の在り方について』司法研究報告書63
輯3号（2012年）。

214 第8章 量刑をめぐる近時の動向

終的な量刑を決定するという従来の量刑実務の方法と基本的には同様である
としている[12]。

また,同研究の「裁判員裁判における量刑判断の在り方」という項目では,
(1)量刑に国民の視点,感覚,健全な社会常識等を反映させるという視点を導
入すること,(2)量刑の本質に依拠した量刑判断を行うこと,(3)事案の社会学
的類型(刑事学的類型)を前提にした判断を行うこと[13],(4)当事者の主張・立証
を踏まえた評議を行うこと,(5)刑の数量化を意識した評議を実施すべきこと,
が掲げられている。

この(1)〜(5)は各々が重要な意義を有しているが,ここでは,後述する判例・
裁判例との関係で,特に(5)に言及しておくことにしたい。(5)では,「裁判員に
とって,何らの量刑資料もないまま刑の量定をすることは雲をつかむに等し
い作業であり……刑の数量化のためには何らかの資料は必要不可欠である」
との認識の下に,裁判員裁判では,量刑資料として裁判員量刑検索システム
に基づく量刑分布グラフが用いられており,これは「拘束力がないという点
では量刑判断に当たっての参考にすぎないものではあるが……一定程度は量
刑(責任の枠)の目安として尊重されるべきもの」と位置づけられ,ただ裁判
員制度の趣旨に鑑みると「これまでの量刑傾向を絶対視することはできず,
合理的な理由があれば,従来の量刑傾向と異なる量刑判断がなされることも
許容される」と論じられていた[14]。こうした説明は,従来の量刑傾向を「目
安」としつつも,「合理的な理由」によるそこからの離脱が比較的広く肯定さ
れているように解釈することも可能なものであった。

3 平成26年判決

その後,最判平成26・7・24(刑集68巻6号925頁)〔寝屋川市児童虐待致死事

---

[12] 司法研修所(編)・前掲注[11]5-8頁。

[13] これは,例えば強盗致傷について,路上強盗・金融機関強盗・店舗狙い強盗・タクシー
強盗などの類型化をすることにより,裁判員に,法定刑の広い幅(この場合は刑法240
条前段)の中における当該事件の相対的な位置づけ(犯罪行為の重さ)に関する大まか
なイメージをもってもらうことを意味するとされる(司法研修所(編)・前掲注[11]18頁
以下)。したがって,これは「犯情」に基づく量刑の大枠を決定する際に意味をもつもの
と解される。

[14] 司法研修所(編)・前掲注[11]25-26頁。

件〕（以下「平成 26 年判決」とする）は，被告人両名を求刑各懲役 10 年に対して各懲役 15 年に処した第 1 審判決，及びこれを維持した控訴審判決を量刑不当として破棄し，被告人両名にそれぞれ懲役 10 年及び 8 年を言い渡した。

　平成 26 年判決は，まず「裁判においては，行為責任の原則を基礎としつつ，当該犯罪行為にふさわしいと考えられる刑が言い渡されることとなるが，裁判例が集積されることによって，犯罪類型ごとに一定の量刑傾向が示されることとなる。そうした先例の集積それ自体は直ちに法規範性を帯びるものではないが，量刑を決定するに当たって，その目安とされるという意義をもっている」との前提に立ち，「裁判員裁判といえども，他の裁判の結果との公平性が保持された適正なものでなければならないことはいうまでもなく，評議に当たっては，これまでのおおまかな量刑の傾向を裁判体の共通認識とした上で，これを出発点として当該事案にふさわしい評議を深めていくことが求められている」とした。さらに，「これまでの傾向を変容させる意図を持って量刑を行うことも，裁判員裁判の役割として直ちに否定されるものではない」が「そうした量刑判断が公平性の観点からも是認できるものであるためには，従来の量刑の傾向を前提とすべきではない事情の存在について，裁判体の判断が具体的，説得的に判示されるべきである」と判示している。

　事案に即して見ると，第 1 審判決は，本件のような行為責任が重大と考えられる児童虐待事犯に対しては，今まで以上に厳しい罰を科すことが法改正や社会情勢に適合するとしていた。これに対して平成 26 年判決は，「指摘された社会情勢等の事情を本件の量刑に強く反映させ，これまでの量刑の傾向から踏み出し，公益の代表者である検察官の懲役 10 年という求刑を大幅に超える懲役 15 年という量刑をすることについて，具体的，説得的な根拠が示されているとはいい難い」と結論づけた。ここでは，「第 1 審判決の犯情及び一般情状に関する評価について，これらが誤っているとまではいえないとした原判断は正当である」としつつ，第 1 審判決のような各量刑事情に対する厳しい評価が，従来の量刑傾向から「具体的，説得的な根拠」なく離脱している点が問題視されたのである[15]。

　平成 26 年判決は，第 1 審判決（及びそれを是認した控訴審判決）が，量刑検索

────────────

[15]　楡井英夫「判解」最判解刑事篇・平成 26 年度（法曹会，2017 年）286 頁参照。

216　第8章　量刑をめぐる近時の動向

システム及びそこから導かれる量刑傾向にかなり懐疑的な立場を示していたのに対して,「目安」であるとしつつも「裁判体の共通認識」であり「出発点」であると捉えており，量刑傾向に一定程度の拘束力を認めようとしているようにも思われる。さらに，従来の量刑傾向からの離脱は，裁判員裁判の役割として「直ちに」否定されるものではないとしながら，そうした量刑判断が公平性の観点から「も」是認できるためには「具体的，説得的な根拠」を示すべきであるとしている点において，前述の平成21年度司法研究よりも，量刑における公平性の維持を重視する立場を推し進めたものと解される。

　もっとも，平成26年判決では,従来の量刑傾向からの離脱が是認されるための「具体的，説得的な根拠」がどのようなものであるかは明らかにされていない。ここから読み取れるのは，第1審判決が指摘するような，児童虐待に対する社会情勢等の変化を提示するだけでは，そうした根拠とはいい難いということのみである。また，そこでは事案の性質上，従来の量刑傾向からの「重い方向」への離脱が問題となっており「軽い方向」への離脱に際しても同様の根拠が必要とされるのかについては，この時点では明確ではなかった[16]。

4　その後の動向と検討

　平成26年判決後，東京高判平成28・6・30（判時2345号113頁）は，強盗致死，強盗事件の被告人両名に対して，各懲役3年・5年間保護観察付き執行猶予を言い渡した原判決を量刑不当として破棄し，懲役6年6月，懲役6年にそれぞれ処した。本判決は，原判決について「これまでの量刑傾向の大枠から外れる量刑判断を行ったものといわざるを得ない」とした上で，平成26年判決の参照を求めつつ，これまでの量刑傾向を変容させる意図をもって行う量刑判断が公平性の観点からも是認されるためには「従来の量刑傾向を前提とすべきでない事情の存在について，裁判体の判断が具体的，説得的に判示される必要があるところ……原判決がそのような意図をもって本件量刑を判

(16)　原田國男「裁判員裁判の量刑の在り方—最高裁平成26年7月24日判決をめぐって—」刑ジャ42号（2014年）53頁は，量刑判断の公平性の観点を理由としていることからすれば，平成26年判決は軽い方向についても「具体的，説得的根拠」を要するとしたものと解している。

断したとしても，その理由は何ら説明されておらず……原判決の量刑を是認することもできないといわざるを得ない」と判示した。ここでは，軽い方向への量刑傾向からの離脱に関しても，「具体的，説得的な証拠」が要求されるに至っている[17]。

　以上のように，判例・裁判例は，基本的に従来の量刑傾向を踏襲することを重視し，未だにその内容が明らかにはされていない「具体的，説得的根拠」が提示されない限りは先例から離脱することに消極的な立場を採っている。確かに量刑判断における公平性は重要な原則であるが，それを過大視するあまり，事案の個別性に応じた刑種・刑量の導出が蔑ろにされるのであれば本末転倒である。実際問題として，従来の量刑傾向から踏み出すということは，当該事案の例外性を強調して「犯情」評価を相当程度変更するか，それとも「犯情」評価はそのままにして（あるいはそれを変更するとともに）「一般情状」の特殊性を理由として「犯情」による責任の枠を離れるという手法を採ることになるが，本来，「一般情状」によって責任を超える重い評価を行うことは行為責任主義に反することを意味するから，後者の場合の離脱は軽い方向に限定される必要がある[18]。また，後者に関する「具体的，説得的根拠」の提示は，前者に比してより困難が伴うことが予想される。殊に，特別予防的考慮に関する事情の場合，諸外国のような判決前調査（pre-sentence investigation）制度が存在しないわが国の場合には，被告人の経歴・環境等の個人的事情に関する資料が十分に整わない可能性もある。当座は，現在，一部の裁判で実施されている情状鑑定のように，経験科学の知見を援用したその代替策の充

---

[17]　平成26年判決後，最高裁は，裁判員裁判による死刑判決を破棄して無期懲役を言い渡した控訴審判決を維持する決定を，同日に2件言い渡している（最決平成27・2・3刑集69巻1号1頁［南青山マンション強盗殺人事件］及び最決平成27・2・3刑集69巻1号99頁［千葉大学女子学生殺人事件（松戸事件）］）。そこでは，死刑選択基準に関する同一の一般論が示されており，「裁判例の集積から死刑の選択上考慮されるべき要素及び各要素に与えられた重みの程度・根拠を検討」した結果を共通認識として議論すべきこと，また，「死刑の科刑が是認されるためには，死刑の選択をやむを得ないと認めた裁判体の判断の具体的，説得的な根拠が示される必要があ」ることが指摘されている。ただ，ここでの「具体的，説得的根拠」は，（平成26年判決では先例を前提としない場合についての「根拠」を意味していたのに対して）先例に従った場合でも，死刑選択それ自体について提示される必要があるものとされている点が異なる。これについては，本書第12章を参照。

[18]　本書第11章Ⅲ(2)を参照。

実が急務である[19]。

Ⅳ 「合意制度」の導入による検察官の求刑との関係

2016年5月に成立した刑事司法改革関連法に基づき，2018年6月1日より「刑事訴訟法等の一部を改正する法律」（平成28年法律第54号）が施行され，わが国でも「捜査・公判協力型」の合意制度（いわゆる「司法取引」の一類型）が実施されることになった[20]。これによれば，検察官は，特定の財政経済犯罪と薬物銃器犯罪の刑事事件について，被疑者又は被告人が当該事件の真相解明に役立つ協力行為をすること（取調べ・証人尋問に際して真実の供述をし，証拠物を提出するなど）と引き換えに，その事件について有利な取扱いをすることを内容とする「合意」をすることができる（刑訴法350条の2以下）。合意内容を形成する有利な取扱いの1つとして「第293条第1項の規定による意見の陳述において，被告人に特定の刑を科すべき旨の意見を陳述すること」（刑訴法350条の2第1項2号ホ）が含まれており，これは検察官が論告の際に，より寛大な宣告刑，例えば執行猶予付きの懲役刑を求刑することなどを意味している。もっともこの合意に基づく求刑は，裁判所を拘束するものではなく，「裁判所がその刑より重い刑の言渡しをしたとき」（刑訴法350条の10第1項2号ロ）には，被告人は合意から「離脱」できるものとされている。

このように，拘束力がないとはいえ，「他人の刑事事件の真相解明に対する貢献」が減軽事情となりうるのはなぜであろうか。被告人の協力行為が反省の情に基づいているものであれば，特別予防的考慮に影響を与える「犯行後の態度」として，一般情状の1つに含めて説明することも可能であるが，必ずしもそうした被告人ばかりではないであろう。確かに，刑法42条における自首の規定のように，捜査・訴追の容易化への貢献が減軽事情となることは

---

(19) これに関する最近の研究として，須藤明ほか（編著）『刑事裁判における人間行動科学の寄与——情状鑑定と判決前調査』（日本評論社，2018年）参照。

(20) 酒巻匡「刑事訴訟法等の改正——新時代の刑事司法制度（その1）」法教433号（2016年）46頁以下参照。なお諸外国の立法例では，被疑者又は被告人が自分自身の犯罪事実を認めることと引き換えに有利な取扱いを受ける「自己負罪型」の合意制度もみられるが，今回の改正では，こうした類型の立法は見送られた。

ありうるが，そこでは，あくまでも当該被告人自身の刑事事件に関する協力が前提となっていた[21]。本制度は，「新時代の刑事司法制度」という標語の下，「手続の適正を担保しつつ組織的犯罪等の事案解明に資する証拠を得ることを可能にする新たな証拠収集手段」として登場したものであるが[22]，そうした司法政策自体は尊重されるべきものの，それを量刑の任務の１つとして負わせるべきかどうかについては，議論の余地が残されている。

　合意制度に基づく求刑の下での量刑判断には，理論的問題のほかに，実際上のジレンマも予想される。もともと検察官の求刑は「参考意見」であり，上述のように合意制度からの離脱があり得るのもそのことを前提としたものと解されるが，あえて合意制度における有利な取扱いの１つとして「特定の（軽い）刑を科すべき旨の陳述」を規定したということは，従来，求刑が量刑に対して一定の影響力を与えてきたことを前提として，やはり量刑において有利に考慮されることを「期待」したものといわざるを得ないであろう[23]。仮に，こうした「期待」に裁判所が応じない（あるいは応じたとしても，ごく僅かな減軽事情としてしか考慮しない）という事例が多く生じるとすれば，本制度を設けた意味が失われるという批判を招きかねない。他方で，だからといって「他人の刑事事件の真相解明への貢献」を必要以上に斟酌することは，犯情と一

---

[21]　被告人自身のみならず，他人の刑事事件の解明への貢献も量刑事情となりうることの例証として，東京地判平成 10・5・26 判時 1648 号 38 頁が引用されることがある（例えば，佐藤隆之「平成 28 年刑事訴訟法改正による『合意制度』の導入について」東北ロー 5 号（2018 年）58 頁注㉕参照）。ただ，同判決の説示を見る限り，同判決ではあくまでも「被告人の真摯な反省の態度」を裏付ける一要素として，（被告人の属する集団の行った）犯罪の解明に対する貢献が考慮されたものと解すべきように思われる。

[22]　酒巻・前掲注⑳46 頁。さらに，川出敏裕「協議・合意制度および刑事免責制度」論ジュリ 12 号（2015 年）65 頁以下参照。

[23]　これについて，立案担当者からは，「求刑は，実務上，裁判所の量刑判断に当たって重要な判断資料となるものである上，実際にも，求刑より重い刑が言い渡されることはまれであることからすると，求刑合意……は，被疑者・被告人に他人の刑事事件の捜査・公判への協力の動機付けを与え得るものであり，十分実効性を持ち得ると考えられる」と説明されている（吉川崇＝吉田雅之「刑事訴訟法等の一部を改正する法律（平成 28 年法律第 54 号）について(3)」曹時 70 巻 1 号（2018 年）98 頁）。もっとも，求刑に一定の意義を認める論拠として，既述の平成 26 年判決が「求刑を大幅に超える……量刑をすること」について具体的，説得的根拠を求めている点を挙げている（同 110 頁）ことに対しては，同判決の文脈上，従来の量刑傾向からの乖離の大きさを示すという意味で言及されたと解する余地もあることから，異論も予想される（なお，小池信太郎「判批」論ジュリ 18 号（2016 年）226 頁参照）。

般情状を基軸とした量刑基準の構造を揺るがすという事態を生じさせる。制度趣旨に反せず，かつ，量刑の基本原則にも違背しない，「適度」な考慮というのがどのようなものかは，相当の難問であるように思われる（このことは，検察官の求刑の内容にも妥当しよう）。その意味でも，元刑事裁判官による「裁判で取引の経過を可能な限り明らかにし，判決で，量刑の理由を十分に説明する姿勢が欠かせない。司法取引が定着するかどうかは，裁判官にかかっている」との指摘[24]は，まさに正鵠を射たものというべきであろう。裁判例において量刑理由として提示される内容を含めて，今後の具体的な運用状況が注目される。

---

[24] 朝日新聞 2018 年 6 月 6 日付朝刊掲載の木谷明弁護士によるコメント。なお，原田國男「量刑の基本的考え方」指宿信ほか（編集委員）『裁判所は何を判断するか（シリーズ刑事司法を考える・第 5 巻）』（岩波書店，2017 年）78 頁以下参照。

第9章

犯罪被害者と量刑

I　問題の所在

　従来から，量刑理論において提示されてきた一般的な量刑事情は，当然の
ことながら，刑罰を科す対象者，すなわち行為者の一身的・主観的事情，あ
るいは行為者の行為自体に関わる事情が中心であった。その意味で，行為者
の年齢，性格，経歴及び環境，犯罪の動機，方法，結果などは，いずれも行
為者を主体とする犯罪関連要素，「行為者関係的事情」であるということがで
きる。他方，裁判例においては，たとえば被害者が行為者の行為を宥恕して
いるという事実，逆に被害者が行為者に対して厳しい処罰感情を有している
という事実が，量刑事情となることがある。こうした，いわゆる「被害感情」
は，行為者の行為に起因するものではあるが，被害者の主観的事情であり，
行為者の行為を被害者がどのように受け止めたのかに重点があるという意味
において，被害者を主体とする量刑事情ということができる。このような事
情を，「行為者関係的事情」と対比して，「被害者関係的事情」とよぶことが
可能であろう。

　もちろん，「被害者関係的事情」といっても，「被害者」という存在そのも
のが「行為者」の存在を前提とし，「行為者の行為」を契機として考慮の対象
となるものである以上，広い意味では「行為者関係的事情」に属するという
ことにもなりうる。その意味では，両者の区別には相対的な面があることは
否定できないが，これまで行為者の視点から説明されることが中心であった
量刑事情について，被害者を主体として捉えた場合に，どのような事情を，

222　第9章　犯罪被害者と量刑

どのような根拠から，どの程度まで考慮することが可能であるのかを，検討することにしたい[1]。

II　前提的考察

　個別的な問題の検討を行う前に，いくつかの前提となる概念または原則について確認しておきたい。

1　「被害者」の意義

　ここでいう「被害者」が，まずは「法益の主体」，すなわち，主として個人的法益に対する犯罪類型において，当該構成要件該当行為によって侵害される法益の主体を意味することは問題がないであろう。また，本来的な「法益の主体」と並行して，構成要件の内容となっている手段ないし行為の客体もここに含まれると考えられる。たとえば，強盗罪において，暴行を受けた者と財産の帰属主体が異なる場合，被暴行者も「被害者」にあたると解することができる。

　それでは，これ以外に，当該被害者の家族ないし遺族らを含めることによって，実体刑法上，被害者概念の拡大を図る必要はあるのであろうか。たしかに刑事手続では，たとえば被害者の意見陳述制度（刑訴法 292 条の2），被害者参加制度（同 316 条の2）において，本来の被害者の法定代理人，さらに（被害者が死亡した場合もしくはその心身に重大な故障がある場合に）配偶者・直系の親族または兄弟姉妹が主体に含まれている[2]。しかし，これらは，手続の関与者として，被害者本人に特別な事情がある場合にその代行を認めたものであって，法益概念と直接の関係はない。死者に対する名誉毀損罪のような特殊な犯罪類型においては，遺族が法益主体であるとの見解もありうるが[3]，その

---

(1)　本章のテーマに関する包括的な研究として，横田信之「被害者と量刑」大阪刑事実務研究会（編著）『量刑実務大系・第2巻　犯情等に関する諸問題』（判例タイムズ社，2011年）1頁以下がある。また，被害者による司法参加が量刑に与える影響について法社会学的に検討したものとして，佐伯昌彦『犯罪被害者の司法参加と量刑』（東京大学出版会，2016年）が注目される。

(2)　現行法上の「被害者」の用例および意義については，横田・前掲注(1)124頁の「表1」を参照。

当否は別として，こうした例を一般化することは適当ではないであろう[4]。以下においては，「当該構成要件における保護法益の主体」を被害者関係的事情にいう「被害者」として理解しておきたい。

2 「被害者関係的事情」の類型化

これまで，裁判例において考慮されてきたとみられる「被害者関係的事情」は，大まかに分類するならば，次の2つに類型化できるように思われる。

第一に，行為者関係的事情と同様に，被害者自身の行為に由来する事情が，量刑上考慮されることがある。これは，次の第二の類型と比較すると，より直截的な意味において，被害者を主体とする量刑事情ということができるだろう。

第二に，被害者の行為そのものではなく，「行為者の行為が，被害者に与えた影響ないし効果」という点から捉えることが適切と解される事情がある。先に述べたような「被害感情」は，ここに分類することが適当であろう。従来，量刑理論において「構成要件外の結果」とよばれてきた諸事情のうち，被害者の受けた影響が問題となる。さらに，行為者によって事後的に被害回復がなされた場合も，ここに含めることができる。

3 量刑事情の範囲確定に関する一般的原理

被害者関係的事情の検討を行う前提として，量刑事情の範囲を確定するための原則について確認しておく。量刑事情の範囲は，端的にいえば，量刑基準の一般原則によって確定されるということができる。これまで量刑基準の構成原理として主張されてきたものは，責任主義と予防的考慮であり，量刑事情の法的性格という面からは，第一に，行為者の有責性，およびその前提となる行為の違法性に関する事情が考慮され，第二に，一般予防および特別予防に関する事情が考慮されるべきことになる[5]。もっとも，一般予防は責

---

(3) たとえば，中森喜彦『刑法各論［第4版］』（有斐閣，2015年）87頁。

(4) 被害者概念の拡大に対する批判的見解として，松原芳博『被害者保護と「厳罰化」法時75巻2号（2003年）20頁参照。

(5) この点については，城下裕二『量刑理論の現代的課題［増補版］』（成文堂，2009年）3頁以下参照。

224 第9章 犯罪被害者と量刑

任に応じた刑罰を科すことで達成されると解する立場からは，重ねて一般予防に関する事情を考慮する必要はないことになるが，ここではこの点は一応措いておくことにする。問題は，以上の2つの観点以外から根拠づけられる量刑事情が認められるかどうかである。近時，わが国では，責任にも予防にも関連しないが，刑事政策的合目的性，または刑の必要性ないし刑に対する感銘性に関する事情を量刑上考慮すべきであるとの見解が有力に主張されている[6]。また，わが国の実務においては，従来から，量刑事情を，犯罪行為自体に関する事情である「犯情」と，主として予防に関する事情である「一般情状」に区別したうえで，まず犯情によって量刑の大枠を決定し，その枠のなかで一般情状を考慮して宣告刑を導いている，との説明がなされることがある[7]。とりわけ裁判員裁判導入後においては，判決書にそのような判断過程が明示されることも多くなっている[8]。ここでいう「一般情状」にも，一般予防および特別予防に関する事情を中心としつつもそれに解消されない「刑事政策的要素」が含まれると説明されることが多い[9]。こうした，責任にも予防にも関連しない事情を認めるべきかどうか，認めるとしてその具体的な内容に何を求めるかによって，被害者関係的事情の範囲も変化するものと考えられる。この点については後に検討する。

Ⅲ　個別的検討

1　被害者自身の行為に由来する事情

　実体刑法上，被害者の承諾，被害者による危険の引受けといった事象にみられるように，被害者自身の行為が犯罪の成立を阻却する事由となることがある。同時に，犯罪成立阻却に至らないまでも，犯罪の「程度」に影響を及ぼす場合があり，裁判例においても量刑事情として考慮されてきた。たとえ

---

(6)　井田良「量刑理論の体系化のための覚書」法研69巻2号（1996年）304頁以下。
(7)　岡田雄一「量刑——裁判の立場から」三井誠ほか（編）『新刑事手続Ⅱ』（悠々社，2002年）486頁。
(8)　たとえば，横浜地判平成22年11月16日 LEX/DB 25470446，大阪地判平成23年2月24日 LEX/DB 25442642 など。
(9)　原田國男『裁判員裁判と量刑法』（成文堂，2011年）115，117頁参照。

ば被害者に挑発行為があったこと，あるいは犯罪を誘発するような日常的な言動があったこと，といった事情が，その典型例といえよう。比較的最近の例では，いわゆる量的過剰防衛の成否が問題となった最決平成 21 年 2 月 24 日の第 1 審判決（大阪地判平成 20 年 6 月 16 日刑集 63 巻 2 号 8 頁参照）——傷害行為につき正当防衛の成立を否定し，単なる違法行為として被告人を懲役 10 月に処したものである——が，有利な事情の 1 つとして，被害者による挑発行為があったことを挙げている。これは，行為者の動機形成過程に影響を与える責任減少的事情として，あるいは法益の要保護性を減弱させる違法減少的事情として考慮されたものであろう。こうした事情は，これまで，行為者の行為の可罰性評価に影響を与えるものと解されてきたが，その実質は被害者を行為主体とする事情である。その意味で，実務および学説では，行為者関係的事情について違法・責任判断を行う際に，すでに被害者自身の行為に由来する事情をも考慮してきたということができる。

　ただし，判例上，特に過失犯の事案において言及されることのある「被害者側にも過失があった」という事情については，挑発行為のような違法・責任減少事由と同列には扱えないとの指摘が，すでに実務家による論稿においてなされている[10]。たとえば自動車運転過失致死罪の事案において，被害者である歩行者も信号無視をしていたという場合がある。そのような事案で量刑が比較的軽くなることがあるのは，そもそも行為者の過失自体がさほど大きくないからであり，逆に，行為者の過失が大きい事案においては，被害者の過失が介在していても，量刑は行為者の過失に応じて重くなる傾向があるとするのである。すなわち，被害者の過失というのは，重い結果が発生した原因を示す事情として用いられており，いわば「見せかけの量刑事情」であって，行為者の行為そのものの可罰性評価に直接影響を及ぼす要素ではない，と解されている[11]。

---

[10]　坪井祐子「被害者・関係者・第三者の落ち度と量刑」大阪刑事実務研究会（編著）・前掲注(1)297 頁以下。

[11]　坪井・前掲注[10] 310 頁。たとえば，横浜地判平成 14 年 8 月 30 日 LEX/DB 28085087 は，業務上過失傷害・道路交通法違反の事案につき，「本件交通事故はむしろ，被害者の赤色信号無視の横断に主たる原因があり，被害者の落ち度が大きく，被告人の過失は軽い」と判示している。

226 第9章 犯罪被害者と量刑

　たしかに，実行行為後に，被害者の過失が介在することによって被害が拡大しているような場合には，量刑上はあくまでももともとの行為者の過失の大小が重要である，という例はありうるだろう。たとえば，上記の論稿でも挙げられているように[12]，被害者および第三者の介在行為による因果関係の存否が問題になった判例として知られる夜間潜水訓練事件（最決平成 4 年 12 月 17 日）の第 1 審判決（大阪地判平成 3 年 9 月 24 日刑集 46 巻 9 号 689 頁参照）では，実行行為と結果との因果関係を肯定しつつ，業務上過失致死罪につき量刑を罰金 15 万円にとどめている。量刑理由においては，有利な事情として「本件は，被告人の過失の外に，指導補助者や，被害者自身の過失も重なることによって生じたものであり，被告人が受講生らから離れ，見失ったことに気付いて引き返すまでの距離や時間が僅かであったことを考えると，多分に不運な面が存することを否定できない」との指摘がなされている。これは，行為者の過失の程度を評価するにあたって被害者らの過失が影響を及ぼしたものではなく，行為者の過失が本来それほど重くない（被害者らを見失ったことにすぐに気づいて元の場所に戻っている）ことを示したものと理解することが可能である。もっとも，行為者にとって単なる「不運」を超えて「帰責可能」な（被害者側の）事情があった場合には，行為者の過失の程度を重く評価しうる余地を残したものとみることもできる。また，少なくとも（実行行為後ではなく）実行行為時に被害者の過失が競合する場合には，それが行為者の予見可能性ないしは回避可能性に影響を与えうることは，従来からの「信頼の原則」をめぐる議論を見ても明らかである。このように考えるならば，「被害者の過失」も，常に「見せかけの量刑事情」にすぎないというわけではなく，状況によっては行為者の行為の違法・責任評価の大小に関係する量刑事情になりうるということができるであろう。

2　行為者の行為が被害者に与える影響に関する事情

(1)　被害回復

　行為者が事後的に被害回復を行った場合，これを有利な量刑事情として考慮すること自体は広く認められてきた。問題は，その理論的根拠にある。こ

---

[12]　坪井・前掲注[10] 314 頁。

れについては，被害回復行為の法的性格といった側面からの検討が行われてきた[13]。①まず，被害回復により，行為者に帰責可能な結果の違法性が事後的に減少するという見解，あるいは非難が減少することにより責任が事後的に減少するとみる見解がある。しかし，違法性・有責性は既遂によって確定するという原則を貫く限り，採用することは困難であろう。これをクリアーするためには，犯罪の成否と量刑とでは，違法・責任概念が異なる，あるいは「既遂時期」が異なる，という前提を採る必要があるが，そのように解すべき理由はないように思われる。それは，犯罪の成否と量刑を別個の原理に服させるべきではないことに基づく。「成立」を肯定されながら「程度」を観念されない犯罪はありえず，犯罪の成否とその程度（刑罰の重さ）の問題が不可分一体であることは，量刑も刑法の基本原則によって規制されるべきであると解する場合には，極めて重要な意味をもつ。可罰的違法性・可罰的責任といった概念が主張されたのも，こうした認識のうえに立つといえよう[14]。

　これに対して，②被害回復行為が行為者の反省に基づいてなされた場合には，特別予防的考慮に影響を与える事情となることにはほぼ異論がないであろう。もっとも最近では，これとは別に③刑事政策的に意義があるという視点から，被害回復を量刑上考慮しようとする見解（刑事政策説）が主張されている。この見解と，特別予防説との相違点は，特別予防説によれば，被害回復が行為者の自発的なものであることを必要とするのに対して，刑事政策説によれば，行為者の動機・意図を詮索する必要がなく，軽い刑を期待して打算的に行った場合でも刑事政策的に望ましいことには変わりがないから減軽事情としてよいという点にあると思われる[15]。しかし，ここでいう「刑事政策」の意味は，実は必ずしも明確ではない。おそらく，この場合の「刑事政策」とは，「被害者保護のために望ましい行動に対して，刑の軽減というインセンティヴを与えて奨励する」という考慮を量刑を通して実現しようとするものであろう。もとより，国の政策ないしは社会政策としての犯罪被害者保護の重要性は改めて強調するまでもないが，被害者支援は，行為者の処罰そ

(13)　議論の詳細については，横田・前掲注(1)49頁以下で紹介・分析されている。
(14)　可罰的違法性論の採用が，必然的に既遂後の事情の考慮につながるわけではない。可罰的責任論に関するものであるが，城下・前掲注(5)121-122頁参照。
(15)　井田・前掲注(6)304頁。

のものとは異なる次元で，心理的・物理的なケアを中心とする諸施策によってこそ行われるべきことは，従来から指摘されてきたことでもある[16]。個々の量刑において減軽事情として考慮することにより，将来に向けて一般的な被害回復促進の効果を図ろうというのは極めて間接的・付随的な方法であり，これを敢えて「刑事政策」の一環として位置づけることの実質的な意味は改めて問われるべきではないだろうか。

そもそも，「刑事政策的要素」に関連する量刑事情，というとき，そこに何らかの限定の論理が伴っているかどうかは慎重に考慮すべきであるように思われる。刑事政策＝犯罪防止（政策）と解するなら，それは一般予防・特別予防を意味するのであって，それ以外の犯罪防止政策の内実は何か，ということについては論者からは必ずしも明らかにされていない。およそ刑罰を量定し，宣告・科刑すること自体に「刑事政策的機能（ないし効果）」が伴うとするなら，量刑に際して考慮する事情はすべて「刑事政策的要素」である，ということにもなりかねず，逆にそこから排除される事情を特定することは困難であろう。

なお，近時の学説には，刑罰の目的を「法的平和の回復」，すなわち被害者・加害者・コミュニティ相互の再生に求める立場から，量刑を基礎づける諸事情も，これら三者の関係修復に影響を与えるものでなければならないとする見解もある[17]。この見解からも，一見，行為者の動機・意図とは関係なく被害回復行為がありさえすれば，法的平和の回復が図られ，量刑上軽い刑を科すことに反映されるべきである，との結論が導かれるようにも思われる。しかし，たとえば行為者が打算的に被害弁償を行った場合，被害者との関係が真の意味で修復されたといえるのであろうか。被害者，さらにはコミュニティとの関係が回復されるためには，行為者が，自己の犯罪行為に対する否定的価値判断を前提として，規範意識に基づいて弁償を行うなど，特別予防的に

---

[16] 奥村正雄「被害者支援の現状と問題点」宮澤浩一＝國松孝次（編）『講座被害者支援・第1巻・犯罪被害者支援の基礎』（東京法令出版，2000年）251頁は，被害者支援について，経済的支援，刑事手続上の保護，精神的・実際的支援の3つを三位一体として発展させていくことの重要性を指摘される。

[17] 高橋則夫『刑法総論［第4版］』（成文堂，2018年）544-546頁，565-566頁。包括的研究として，吉田敏雄『法的平和の恢復』（成文堂，2005年）がある。

みて減軽に値する動機によって行為に出たことが求められるように思われる。法的平和の回復を重視する立場においても、特別予防的考慮と切り離された、単なる被害回復行為そのものを減軽事情とする結論は導かれないであろう。

(2) 被害感情

被害感情という概念も多義的であるが、ここでは、わが国ですでに行われている分類にしたがい、被害者に生じた精神的被害と、被害者（側）の処罰感情・科刑に関する意見とに区別する[18]。

(a) 被害者に生じた精神的被害については、当該犯罪類型の保護法益に還元できる限りで、これを量刑上考慮できることに異論はないだろう。たとえば脅迫罪・強要罪において、被害者の畏怖状態は、違法性の程度を判断する要素となる。また、傷害罪における「傷害」結果のなかに、被害者が受けたPTSDの症状を含めることも、裁判例において認められている[19]。近時、「量刑においては、個々の被害感情の強さそのものを重視すべきではなく、犯罪被害の結果生じた被害者側の客観的な被害状況ないし影響を量刑の基礎として採り入れ」るべきであるとする「被害感情の客観化」が有力に主張されている[20]が、以上のように保護法益との関連で理解するかぎりにおいて正当であると思われる。これに対して、学説では、生命・身体を侵害する罪においては被害者本人さらには遺族の感情・精神的ダメージも副次的な法益として保護されている、との立場から、当該法益の侵害に類型的に付随し、行為者に客観的・主観的に帰属可能な被害感情は、量刑上考慮することが可能であると主張するものもある[21]。「構成要件外結果（構成要件の結果以外の結果）」であっても、実質的被害として、個々の構成要件要素の悪質さを示す事情となりうるとする見解[22]も、同様のものといえよう。たしかに、生命・身体に対

---

[18] 小池信太郎「コメント」大阪刑事実務研究会（編著）・前掲注(1)127頁以下参照。

[19] この点については、城下・前掲注(5)10頁参照。なお、最決平成24年7月24日刑集66巻8号709頁は、監禁致傷罪における「傷害」にPTSDの発症を含める判断を示した。

[20] 原田國男『量刑判断の実際［第3版］』（立花書房、2008年）145頁。

[21] 本庄武「危険運転致死傷罪の量刑」交通法科学研究会（編）『危険運転致死傷罪の総合的研究』（日本評論社、2005年）205-206頁。

[22] 伊藤寿「構成要件的結果以外の実質的被害の発生と量刑」大阪刑事実務研究会（編著）・前掲注(1)247頁以下。

する罪において，被害者あるいはその周囲の者に精神的苦痛ないしダメージが伴うことは，ある意味では不可避ともいいうる。しかし，そのことと，当該犯罪構成要件が，保護の対象としてそのような精神的被害をも想定しているかどうかは別問題である。ここで重要な点は，あくまでも，当該犯罪類型固有の法益侵害として精神的被害が含まれるか否かであって，「副次的」法益であるから，あるいは「類型的に付随」するからというだけでは，そうした包含関係を肯定するための十分な根拠づけにはならないように思われる。むしろこれらの見解は，「当該犯罪類型固有の法益の侵害ではないものの，そこから派生した利益侵害」を考慮しようとするものと解されるが，なぜ，当該犯罪類型固有の法益ではない利益侵害を理由として刑罰を科すことが許されるのかは明らかでない。このことは，「実質的被害」という観点から，個々の構成要件要素の悪質さを示す事情として，「間接的」に考慮するにとどめたからといって解消される問題ではないであろう。

　これに対しては，犯罪被害者の受ける被害の実態が広く認識されるに至った現在の解釈論としては，少なからぬ構成要件が，精神面を含んだ被害者の生活への具体的支障をその保護範囲内においていると解することが妥当であろう，との見地から，たとえば窃盗罪あるいは詐欺罪の量刑において，被害者に生じた屈辱的な感情や気味の悪さを考慮することは許されるとする見解もある[23]。しかし，現実の社会における被害の実態と，立法者が各構成要件に託した保護の対象とは必ずしも一致するものではない。こうした見解は，財産犯を，一部であっても「感情に対する罪」として捉え直すことを意味し，本来の規範の保護範囲を逸脱することは避けられないように思われる。

　(b)　被害者（側）の処罰感情，科刑さらには処遇に関する意見は，量刑上考慮されうるであろうか。これを肯定する見解があるとすれば，それはおそらく処罰感情の充足・宥和が図られるから，という理由に基づくものであろう。たしかに，従来から，刑罰の機能ないし目的の１つに，「報復感情宥和機能」（報復機能）を掲げる見解は存在し[24]，それを一般的量刑基準に包摂するとい

─────────

[23]　小池信太郎「量刑における構成要件外結果の客観的範囲について」慶應ロー７号（2007年）72頁以下，79-80頁。

[24]　たとえば，西原春夫『刑法総論・下巻［改訂準備版］』（1993，成文堂）487頁，大谷實『刑法講義総論［新版第５版］』（2019年，成文堂）45-46頁。

う解釈も不可能ではない。しかし，個人の内面における処罰感情の宥和といっ
た被害者側の私的な利益は，刑罰という公的な手段が，公的な目的として追
求すべき利益には属さないというべきである。犯人の処罰によって，事実上，
処罰感情が宥和されることはあるとしても，それは一般予防・特別予防のた
めに科された刑罰に伴う反射的効果にすぎないのであって，最初からそれを
自覚的に，独立した目的として掲げるということとは次元が異なる[25]。因み
に，被害者参加制度に基づいて参加人等による意見陳述が実施された最初の
2例のうちの1例である東京地判平成21年2月20日（LEX/DB 25450448）は，
［平成25年の刑法一部改正前の］自動車運転過失致死の事案について，被告人に
執行猶予付きの禁錮刑を言い渡すにあたって，「社会内において，被害者の冥
福を祈らせるとともに，被害者遺族等の被害感情宥和に向けて努力させ，更
生を促すことが相当である」と量刑理由の中で判示している[26]。これも，被
害感情の宥和が，特別予防に伴う反射的効果であることを考慮したものと解
することができるだろう。

Ⅳ　おわりに

　以上，本章においては，被害者関係的事情を2つの類型に大別して，各々
が量刑上有しうる実体刑法的な意味について考察してきた。第一の，被害者
自身の行為に由来する類型については，行為者の行為の違法性ないしは有責
性の程度を判断する際に，すでに考慮の対象とされている事情があることが
確認された。第二の，行為者の行為が被害者に与える影響のうち，被害回復
に関しては，特別予防の必要性と関連するかぎりで考慮すべきであり，被害
感情に関しては，精神的被害という要素が法益侵害性に解消できるかぎりで
量刑事情になりうるとした。

　特に，第二の類型に対する本章の立場は，一般的な理解に比して，被害者
関係的事情をかなり制限的に考慮しているということになるかもしれない。

---

[25]　なお，佐伯仁志「犯罪被害者等基本計画について」罪罰43巻2号（2006年）6-7頁参
　　照。
[26]　本判例については，本書事例研究⑤を参照。

232　第9章　犯罪被害者と量刑

しかしながら，実体刑法の視点からは，量刑に被害者保護の視点を導入する
にしても，それは従来の理論と整合性を保つことのできる範囲においてであ
る，といわなければならない。このことは，本来の，そして今後の被害者保
護は，刑罰の種類あるいは刑罰の分量の多寡といった微視的なレベルでの実
現に矮小化されるべきではない，との考え方に連なるように思われる[27]。

---

[27]　ここで，参考のためにイギリスの状況を一瞥しておくことにする。イギリス（イング
ランド及びウェールズ）においては，2001年から被害者等による意見陳述制度（Victim
Personal Statement）が導入され，控訴院刑事部から発行された刑事法廷実務指示
（Criminal Practice Direction＝CPD）に基づいて実施されているが，量刑との関係での
制度ないしその運用の是非については今なお議論が続いている（コモン・ロー法系諸国
の賛否の議論の集約として，Julian V. Roberts, Crime Victims, Sentencing, and Release
From Prison, in：Joan Petersilia and Kevin R. Reitz（eds.），*The Oxford Handbook of
Sentencing and Corrections*, 2012. p. 107）。実体法的視点からは，CPD が，当該犯罪が被
害者に及ぼした影響に関する陳述を証拠に基づいて量刑事情とすることを認めている点
（CPD Ⅶ F. 3-b・e）について，事案の特殊性ないし付随的被害を量刑に反映させること
ができることを評価する見解（Roberts, *ibid.* pp. 108-109）が主張される一方で，被害者
の受け止め方が多様であることから，偶然の要素によって量刑判断が左右されるとして
批判する見解も有力である（Andrew Ashworth, *Sentencing and Criminal Justice*, 6th
ed., 2015, pp. 439-441）。他方で CPD は，被害者による科刑に関する意見については，被
害者に及ぼした影響とは異なり関連性がないとして量刑上の考慮を原則として認めてい
ない（F. 3-e）。もっとも判例は，被害者の家族が厳罰を望んでおらず，被告人が重く処
罰されることにより却って被害者側の苦悩が深くなるような場合において，例外的に一
定程度の減軽を肯定している（*R v Robinson*［2003］2 Cr. App. R. (S)515）。なお，損害
賠償命令（Compensation Order）を受けたという事実は，それ自体が非拘禁刑の一種で
あることから，量刑事情とは関係しない。イギリスの状況についての邦語文献として，
奥村正雄「犯罪被害者と量刑―イギリスの意見陳述制度を中心に」井上正仁＝酒巻匡（編）
『三井誠先生古稀祝賀論文集』（有斐閣，2012年）883頁以下，吉村真性「イギリスにお
ける被害者参加の位置づけに関する一考察」犯刑20号（2010年）143頁以下がある。

第10章

裁判員裁判における量刑判断

I 本章の目的

　裁判員裁判では，裁判員は，事実の認定，法令の適用のほかに，「刑の量定」について判断する権限を有する（裁判員法6条1項）[1]。裁判員制度の意義は，「裁判官と裁判員が責任を分担しつつ，法律専門家である裁判官と非法律家である裁判員とが相互のコミュニケーションを通じてそれぞれの知識・経験を共有し，その成果を裁判内容に反映させる」ことにあるとされるが，これが「犯罪事実の認定ないし有罪・無罪の判定の場面にとどまらず，それと同様に国民の関心が高い刑の量定の場面にも妥当する」[2]ものとして具体化されたのである。最高裁判所の作成した資料によれば，2009年5月の制度施行から2012年7月末までの段階で，裁判員裁判による終局人員は4,163名であり，そのうち有罪（一部無罪を含む）人員は4,041名と報告されている[3]。裁判員裁判においても，量刑判断の結果及びそこに至る過程は，被告人はもち

---

(1) 裁判員法6条1項の「刑の量定」にいう「刑」とは，主刑のみではなく，広くそれを科することが裁判所の裁量に委ねられている刑罰その他の刑事上の処分を意味する。刑の減免や付加刑などの要件の有無に係る事実認定は「事実の認定」に含まれるのに対して，要件が満たされた場合において，裁量判断をする前提となる事実の認定は，「刑の量定」に含まれることになる。この点につき，辻裕教「『裁判員の参加する刑事裁判に関する法律』の解説(1)」曹時59巻11号（2007年）102頁注33参照。
(2) 司法制度改革審議会『司法制度改革審議会意見書——21世紀の日本を支える司法制度』（2001年）103頁。
(3) 最高裁判所「裁判員制度の運用等に関する有識者懇談会配布資料（第20回・平成24年10月2日開催）配布資料・資料2・裁判員裁判の実施状況について（制度施行～平成24年7月末）」(http://www.courts.go.jp/saikosai/vcms_lf/80821003.pdf) 参照。

234 第10章 裁判員裁判における量刑判断

ろん，関係者の最大の関心事ということができよう。

本章では，これまでの判例と統計データを手がかりとして，裁判員が関与した量刑の状況を確認しつつ（Ⅱ），量刑理論との関わりで検討しておくべき若干の問題を取り上げ（Ⅲ・Ⅳ），さらにはその関連で重要性が再認識されつつある情状鑑定について検討する（Ⅴ）ことにしたい[4]。

Ⅱ　裁判員裁判における量刑の動向

裁判員裁判における量刑の動向については，犯罪類型ごとの量刑判断の結果すなわち宣告刑がどのような分布ないし傾向を示しているか，を指標とする分析が一般的に行われている。

例えば，制度開始から2010年5月までの判決を踏まえて，裁判官の立場から（本格的な量刑分析が可能となるまでのデータ蓄積には至っていないので，早計な判断はできないと留保されつつ），①強姦致傷等の性犯罪については重い刑が言い渡される傾向があり（強制わいせつ致傷事件で検察官の求刑を超えた事例もある），②殺人（特に既遂事件）については，これまでよりもやや重く感じられる刑が言い渡される例が散見される（殺人や傷害致死についても検察官の求刑を超えた事例がある）一方で，介護疲れによる親族間の殺人など，被告人に有利な情状が認められる事案では，実刑の場合でも検察官の求刑を大きく下回ったり，あるいは執行猶予が付された刑が言い渡されたりしており（もとより，従来の「量刑相場」

---

(4) 本章のⅡ〜Ⅳは，城下裕二「裁判員裁判における量刑の動向と課題」犯非170号（2011年）60頁以下に基づき，これに加筆・修正したものである。裁判員裁判における量刑の実体面・手続面での諸問題を概観するものとして，原田國男『量刑判断の実際〔第3版〕』（立花書房，2008年）333頁以下・351頁以下，同『裁判員裁判と量刑法』（成文堂，2011年），植村立郎「裁判員制度と量刑」ジュリ1370号（2009年）157頁以下，「特集・裁判員裁判と量刑」刑法51巻1号（2011年）1頁以下の諸論文，酒巻匡「裁判員制度における量刑の意義」井上正仁＝酒巻匡（編）『三井誠先生古稀祝賀論文集』（有斐閣，2012年）865頁以下，井田良「裁判員裁判と量刑」論ジュリ2号（2012年）59頁以下，司法研修所（編）『裁判員裁判における量刑評議の在り方について』司法研究報告書63輯3号（2012年）1頁以下などを参照。さらに，城下裕二『量刑理論の現代的課題〔増補版〕』（成文堂，2009年）273頁以下，同「ワークショップ・裁判員裁判における量刑」刑法51巻3号（2012年）145頁以下を参照。

なお，事実認定と異なり，量刑は裁判員が行うには必ずしも適していないとする見解として，浅田和茂「裁判員裁判の量刑の基本問題——刑法理論の観点から」刑弁66号（2011年）26頁。

の範囲内にとどまっている事例も少なくない)，③執行猶予が付されたケースについては，保護観察に付される比率が高い（約57%）が，以上に対して④強盗（強盗殺人，強盗殺人未遂，強盗致傷）や現住建造物放火，覚せい剤の輸入などについて言い渡される刑は，従来の「量刑相場」とそれほど違わないような印象を受ける，との指摘がなされている[5]。

　最高裁判所は，その後，「裁判員制度の運用等に関する有識者懇談会（第12回）」において，2008年4月1日から2011年3月31日までの判決宣告分について，裁判官のみによる裁判と裁判員裁判とに分けて主な罪名別の量刑（及び求刑）分布表とグラフを公表している[6]（表1-1〜1-3を参照）。上記の①・②・④の量刑傾向に関わる部分を見てみると，①強姦致傷については，裁判官裁判では宣告刑件数の最頻値が懲役3年超5年以下であったのに対して，裁判員裁判では懲役5年超7年以下となっており，②殺人（既遂）については，裁判官裁判では最頻値が懲役11年超13年以下，これに次いで懲役9年超11年以下であったのに対して，裁判員裁判では最頻値が同じく懲役11年超13年以下であるがこれに次ぐのが懲役15年超17年以下となっている。一方で，全件数に占める懲役3年以下の判決の割合及び執行猶予判決の割合は裁判員裁判の方が高い。また，④強盗致傷については，裁判官裁判の最頻値が懲役3年超5年以下であったのに対して，裁判員裁判では懲役5年超7年以下となっているが，全件数に占める執行猶予判決の割合は裁判員裁判の方が高い。現住建造物等放火及び覚せい剤取締法違反（営利目的輸入）では，最頻値に変化はない（前者では懲役3年超5年以下，後者では懲役7年超9年以下。ただし全件数に占める割合が前者では減少，後者では増加）。

---

(5)　中川博之「裁判員裁判と量刑」刑法51巻1号（2011年）13-14頁。
　　なお，2009年の時点における裁判員裁判の一般的な量刑の傾向については，すでに，第1号事件の判決が出された2009年8月6日から同年11月13日までの約50例を基に分析した，裁判官経験者による先行研究が存在する。これによれば，(a)保護観察付執行猶予判決が増加していること，(b)酌量減軽（刑66条）された事案が多いこと（特に強盗致傷に関して），(c)被害者ないし遺族の処罰感情を理由とする厳罰化の傾向は見られない，などが掲げられている（青木孝之『刑事司法改革と裁判員制度』（日本評論社，2013年）273頁以下参照）。
(6)　最高裁判所「裁判員制度の運用等に関する有識者懇談会（第12回・平成23年5月20日開催）配布資料・特別資料1（量刑分布）」（http://www.courts.go.jp/saikosai/vcms_lf/80804004.pdf）参照。なお，引用する統計における罪名は公表当時のものである。

236　第10章　裁判員裁判における量刑判断

表 1-1　強姦致傷

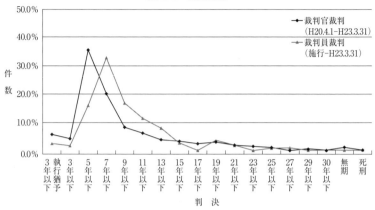

判決		裁判官裁判	裁判員裁判
3年以下	執行猶予	12	3
	実刑	9	2
5年以下		72	18
7年以下		41	37
9年以下		17	19
11年以下		13	13
13年以下		8	9
15年以下		7	3
17年以下		5	0
19年以下		6	4
21年以下		4	2
23年以下		3	0
25年以下		2	1
27年以下		0	1
29年以下		1	0
30年以下		0	0
無期		2	0
死刑		0	0
合計		202	112

　この状況の捉え方は，上記の有識者懇談会（第12回）の「議事概要」においても必ずしも一様ではなく，「強姦致傷罪は，裁判員制度施行後，量刑が重くなっている印象を受けるものの……同罪について重い求刑も増加しているので，同罪の量刑が重くなったと即断することはできないであろう」との発言，「終局した事件数は限られているが，求刑分布は，裁判官当時とそれほど変わっていないようであるから，性犯罪など特定の犯罪については量刑が重くなっているといえないか」との発言，あるいは「裁判員制度の施行後，一概

Ⅱ　裁判員裁判における量刑の動向　　237

表 1-2　殺人既遂

判決		裁判官裁判	裁判員裁判
3年以下	執行猶予	25	20
	実刑	7	12
5年以下		41	19
7年以下		48	23
9年以下		47	20
11年以下		72	25
13年以下		73	34
15年以下		62	25
17年以下		31	31
19年以下		25	16
21年以下		21	9
23年以下		12	8
25年以下		9	7
27年以下		7	1
29年以下		2	0
30年以下		10	4
無期		30	13
死刑		7	2
合計		529	269

に量刑が重くなったという感覚はないが，量刑の幅が広がったとは感じている」との発言がなされている。また，「検察庁として求刑の在り方を変更したことはなく，むしろ，各検察官には，裁判員裁判だからといってこれまでの求刑の在り方を変えることがないよう指導している」との指摘も見られる[7]。

統計資料上，求刑分布にそれほど大きな変化が見られない[8]ことを前提と

---

(7)　最高裁判所「裁判員制度の運用等に関する有識者懇談会（第12回・平成23年5月20日開催）議事概要」(http://www.courts.go.jp/saikosai/vcms_lf/808003.pdf) 4-5 頁。

表 1-3 強盗致傷

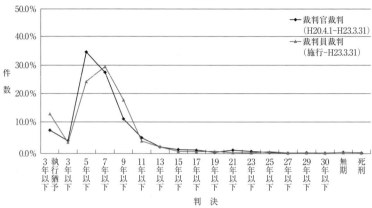

判決		裁判官裁判	裁判員裁判
3年以下	執行猶予	64	69
	実刑	34	19
5年以下		282	125
7年以下		225	152
9年以下		95	93
11年以下		43	21
13年以下		17	11
15年以下		9	2
17年以下		7	2
19年以下		1	3
21年以下		7	0
23年以下		4	0
25年以下		1	2
27年以下		0	0
29年以下		1	0
30年以下		0	0
無期		2	0
死刑		0	0
合計		792	499

するならば，2011年3月31日までの状況では，強姦致傷・殺人について上述の2010年5月までの「(やや)重い刑罰が言い渡される傾向」が依然として続いており，さらには強盗致傷についても同様の傾向が生じるようになったが，他方，殺人については執行猶予の割合が上昇するという状態も継続しており，

---

(8) 最高裁判所「裁判員制度の運用等に関する有識者懇談会（第12回・平成23年5月20日開催）配布資料・特別資料2（求刑分布）」(http://www.courts.go.jp/saikosai/vcms_lf/80804005.pdf）参照。

Ⅱ　裁判員裁判における量刑の動向　　239

それが強盗致傷にも当てはまるようになったといえる。③で指摘されていた保護観察付執行猶予についても，その後も高い比率が続いている[9]（この点については，Ⅳで改めて考察する）。こうした傾向を1つの視点から捉えることは困難であるが，少なくとも殺人・強盗致傷については，従来よりも重い方向・軽い方向の双方に宣告刑の選択の「幅」が拡張されつつあるということは可能であり，職業裁判官ではない裁判員が量刑に関与する以上，制度施行前から予測されていたことでもあった[10]。こうした経過観察はこれからも行われる必要があり，それと同時に，「裁判員裁判が実施されてからある程度の期間は，同種先例が示してきた刑の位置付けの幅よりも一段と広い量刑判断（量刑のばらつきといってもよい。）がなされることも予想されるが，それらが一定の量刑分布を形成しつつ，時間とともに国民的な評価を得ていくことが何よりも重要なことなのである」[11]との指摘にも耳を傾けるべきであるように思われる。

　なお，上記の①・②・④に関わる量刑傾向は，その後の「裁判員制度の運用等に関する有識者懇談会（第17回）」において公表された2008年4月1日から2012年3月31日までの判決宣告分に関する資料，さらに，それと大部分が重複する形で『裁判員裁判実施状況の検証報告書』に掲載された2008年4月1日から2012年5月末までの判決宣告分に関する資料においても維持されている（**表2-1～2-3を参照**）[12]。

　ただ，ここで留意しなければならないのは，制度導入前・後における単なる宣告刑の比較だけが，裁判員裁判に現れた量刑の「動向」ないし「変化」を検証する際に重要な指標となるわけではない，ということである。

　Ⅰで述べたような量刑における裁判員制度の意義は，しばしば，量刑につ

---

(9)　最高裁判所「裁判員制度の運用等に関する有識者懇談会（第12回・平成23年5月20日開催）配布資料・資料2・裁判員裁判の実施状況について（制度施行～平成23年3月末）」（http://www.courts.go.jp/saikosai/vcms_lf/80804003.pdf）参照。

(10)　例えば，井田良「量刑をめぐる最近の諸問題」研修702号（2006年）13頁参照。

(11)　司法研修所（編）『裁判員裁判における第一審の判決書及び控訴審の在り方』司法研究報告書61輯2号（2009年）73頁。

(12)　最高裁判所「裁判員制度の運用等に関する有識者懇談会（第17回・平成24年5月8日開催）配布資料・特別資料2（量刑分布）」（http://www.courts.go.jp/saikosai/vcms_lf/80818005.pdf），および最高裁判所事務総局『裁判員裁判実施状況の検証報告書』（2012年）（http://www.saibanin.courts.go.jp/vcms_lf/hyousi_honbun.pdf）参照。

表 2-1　量刑分布の比較 ((準) 強姦致傷)

凡例:
- 裁判官裁判（平成20年4月1日～平成24年3月末）
- 裁判員裁判（制度施行～平成24年5月末）

		裁判官裁判	裁判員裁判
判決人員		206	213
有期懲役	3年以下　執行猶予	12	8
	3年以下　実刑	9	5
	5年以下	72	39
	7年以下	44	63
	9年以下	19	38
	11年以下	13	18
	13年以下	8	31
	15年以下	7	7
	17年以下	5	4
	19年以下	6	5
	21年以下	4	5
	23年以下	2	3
	25年以下	2	1
	27年以下	-	3
	29年以下	1	1
	30年以下	-	-
無期懲役		2	-
死刑		-	-

いて「一般国民の健全な社会常識を反映させる」といった形で表現されることがある。制度施行前から，「裁判員が量刑判断に加わることによる影響は，本制度が施行されてみないと分からないであろうが，従来とは異なってくるであろうし，また，一般国民の健全な社会常識を反映するために裁判員の量刑への関与も認める制度を導入する以上，変わるべきであろう」[13]と指摘されてきた。それでは，量刑に「一般国民の健全な社会常識を反映させる」とは，具体的には何を意味するのであろうか。また，量刑判断のあらゆる側面

---

[13]　池田修『解説裁判員法 [第2版]——立法の経緯と課題』(弘文堂, 2009年) 37-38頁。

Ⅱ 裁判員裁判における量刑の動向　241

表 2-2 量刑分布の比較（殺人既遂）

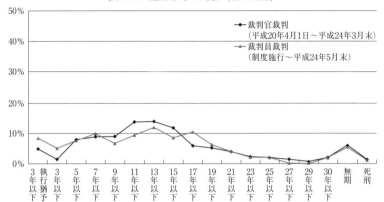

			裁判官裁判	裁判員裁判
判決人員			531	496
有期懲役	3年以下	執行猶予	25	41
		実刑	7	24
	5年以下		41	36
	7年以下		47	49
	9年以下		47	32
	11年以下		72	46
	13年以下		73	59
	15年以下		62	14
	17年以下		31	52
	19年以下		27	31
	21年以下		21	20
	23年以下		12	11
	25年以下		9	01
	27年以下		7	1
	29年以下		2	1
	30年以下		10	9
無期懲役			31	27
死刑			7	6

にわたって，「健全な社会常識」は反映されなければならないのだろうか。「裁判員裁判における量刑の動向」を考えるにあたっては，この点を明確にした上で，「本来，変わるべき部分がどのように変わっているか」が検証される必要がある。そこで，次にこの「変化」すべき部分の内実を考察することにしたい。

242   第10章　裁判員裁判における量刑判断

表 2-3　量刑分布の比較（強盗致傷）

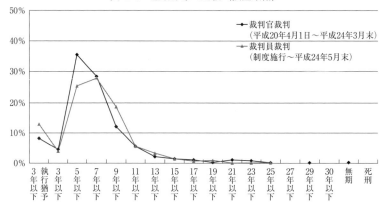

			裁判官裁判	裁判員裁判
判決人員			792	893
有期懲役	3年以下	執行猶予	64	114
		実刑	34	36
	5年以下		282	224
	7年以下		225	251
	9年以下		95	165
	11年以下		43	50
	13年以下		17	27
	15年以下		9	11
	17年以下		7	6
	19年以下		1	5
	21年以下		7	1
	23年以下		4	1
	25年以下		1	2
	27年以下		-	-
	29年以下		1	-
	30年以下		-	-
無期懲役			2	-
死刑			-	-

III　量刑判断の過程と裁判員の関与

1　量刑事情の事実認定・量刑基準の設定

　一般に，量刑判断の過程は，(a)量刑事情に関する事実認定を行い，(b)量刑事情の評価に論理的に先行すべき量刑基準を設定し，(c)その基準にしたがって個々の量刑事情の評価・衡量を行い，(d)それを「懲役○年」といった特定の具体的刑量に置き換える，といった段階に論理的に区別することができ

る[14]。

　このうち，(a)の量刑事情に関する事実認定の段階においては，犯罪事実（及びその立証のために必要な間接事実，刑の加重減免事由をなす事実など）に関する事実認定と同様に，論理法則と経験則に基づいて行われるべきものであることから，当然のことながら，裁判員の社会常識が重要な意味をもつことになる。

　それでは，(b)の量刑基準の設定についてはどうか。量刑基準は，法定刑から（処断刑を経て）適切な宣告刑を導くための一般原理であり，従来から，刑罰の正当化根拠についての「相対的応報刑論」を背景にしつつ，刑法の基本原則である「行為責任主義」と，刑罰目的である一般予防・特別予防という「予防的考慮」の関係が議論されてきた領域に他ならない[15]。こうした量刑基準として何を設定するかは，刑法理論ないし刑法解釈学における基本問題であり，裁判官の専権事項に属する「法令の解釈」と同質的なものということができる[16]。したがって，原則的に，裁判員の社会常識を反映させる対象ではなく，裁判官が量刑判断の前提として裁判員に説明し，理解してもらうべき事項になると考えられる。そもそも，量刑基準の問題は，刑罰の本質・目的と密接不可分な関係にあるが，裁判員制度が導入されたからといって，従来から考えられてきた刑罰の本質・目的までもが変容したというわけではない。その意味でも，量刑基準の内容自体は，制度導入後においても変更はないと解すべきである。もちろんこのことは，量刑基準の内容についておよそ変更がありえないということを意味するものではない。理論の深化，あるいは時代の要請などによって，将来的に量刑の一般的な考え方が変化することは十分に予想される。ここで重要な点は，そうした考え方が——個々の裁判員の「社会常識」の反映の結果として——裁判体によって異なる，という状況は理論上も実際上も望ましくないということであり，換言すれば，量刑評議の前提として「量刑に関する基本的考え方と量刑判断の枠組みに関する職業裁判

⒁　小池信太郎「裁判員裁判における量刑評議について——法律専門家としての裁判官の役割」法研82巻1号（2009年）603頁以下・609頁参照。さらに，井田良「量刑をめぐる理論と実務」司法研修所論集113号（2005年）208頁以下も参照。

⒂　量刑基準の構造をめぐる議論については，城下・前掲注⑷（『量刑理論の現代的課題[増補版]』）3頁以下及び本書第8章Ⅱを参照。

⒃　小池・前掲注⒁608頁参照。

官の間での合意とその平易な客観化」[17]を実現しておくべきである，ということに尽きる。

　因みに最高裁は，裁判員制度の施行に先立ち，全国の裁判官に「量刑の基本的な考え方」と題する資料を配布し，そこでは(1)犯罪行為を確定することによって法定刑という第一次的な刑の枠組みを導き，(2)次に，当該行為が行為としてどのような社会的類型に属するかを明らかにすることによって，法定刑の幅の中で例えば上限に近いところに分布する事案なのか，あるいは下限に近いところに分布する事案なのか，その位置づけを定めて一定の幅に絞り込み，(3)最後に，行為の社会的類型に比べれば周辺的・付随的な事情を考慮することによって，一定の幅の中から宣告刑を決定する，といった基本構造が示されているとのことである[18]。このような「考え方」は，現在の学説・実務における量刑の標準的な枠組みである行為責任主義及び相対的応報刑論と整合的である[19]との指摘がすでに存在するが，こうした最高裁の対応も，量刑基準を裁判員裁判における「共通の前提」として位置づける試みと評することができよう。また，裁判官（当時）の立場から，従来の実務が採用してきた量刑の基本的な判断過程を裁判員に説明するにあたって，犯情（犯罪行為自体に関する情状）に応じて量刑の大枠を決定し，その枠の中で事案に応じた個別的な一般情状（一般予防・特別予防に関する情状を中心とするが，これに限られない）を考慮して（1ランクないし2ランク程度被告人に有利ないし不利に考慮して）最終的な量刑を決定するというプロセスを示すべきであるという主張[20]がなされたことも，これに連なるものといえる。

2　量刑事情の評価・衡量

　次に，(c)の量刑事情の評価・衡量は，(b)の量刑基準の設定と関連する。たとえば，ある事情を量刑判断に際して考慮するか否か，考慮するとしてそれ

---

[17]　井田良「わが国における量刑法改革の動向」慶應ロー7号（2007年）17頁。

[18]　青木・前掲注(5)252頁以下参照。なお，伊藤雅人＝前田巌「裁判員との量刑評議の在り方」原田國男判事退官記念論文集刊行会（編）『原田國男判事退官記念論文集・新しい時代の刑事裁判』（判例タイムズ社，2010年）372-373頁参照。

[19]　青木・前掲注(5)254-255頁。

[20]　原田・前掲注(4)（『裁判員裁判と量刑法』）115-116頁。なお，この考え方については，本書第8章・第12章も参照。

を有利に評価するか不利に評価するか，さらには各事情を相互にどのように関連づけるかは，量刑基準として何を前提とするかによって決定される。したがって，(b)と同様に，量刑事情の評価・衡量も，裁判員の社会常識の反映の対象ではないという見解も導かれよう。ただ近時，「量刑基準の設定」と「量刑事情の評価」の関係は，裁判官のみの専権事項である「法令の解釈」と裁判官と裁判員の合議事項である「法令の適用」の関係に類似しているとの指摘がなされている[21]ことは傾聴に値する。たとえば，被告人が経済的困窮を原因として犯罪行為に至ったという事情について，それが期待可能性の一資料として行為責任と関連するものであるという判断は「法令の解釈」であるが，当該事案において，それをどの程度有利ないし不利に考慮するか，あるいは全く考慮に入れないか，といった判断は，解釈によって導かれた基準を具体的事案に当てはめるという意味において「法令の適用」と共通の性質を有する。このように解するならば，後者の場面では，裁判員の知識・経験を働かせることは十分に可能であり，裁判官との「相互のコミュニケーション」を図りつつ検討すべきこととなろう。

　もちろん，裁判員の判断が，刑法理論から導かれる量刑基準のあり方から見て問題を含む場合には，裁判官はそれを適切な方向に修正しなければならない。2005 年 8～9 月に司法研修所によって全国で実施された平成 15 年度司法研究「刑のあり方に関する意識調査」によれば，一般国民では，被告人が未成年者であることを刑を重くする事情（「やや重くする」を含む）として考慮すべきであるとした者が 25.4％に上ることが明らかにされている[22]が，仮に，量刑評議において被告人が未成年者であることをことさらに不利な情状とする意見が裁判員から提示されたときには，裁判官は，少年法の原則，あるいは刑事責任年齢規定の存在に遡って，そうした考慮が妥当ではないことを説明し，納得を得る必要がある[23]。

---

[21]　小池・前掲注[14] 623-624 頁。

[22]　司法研修所（編）『量刑に関する国民と裁判官の意識についての研究──殺人罪の事案を素材として』（法曹会，2007 年）11 頁。

[23]　原田・前掲注[4]（『裁判員裁判と量刑法』）130 頁以下，中川・前掲注[5] 18 頁参照。

3 刑種・刑量への変換

最後に(d)においては，量刑事情を総合的に評価した結果としての抽象的な「重さ」を具体的な刑種・刑量に変換することとなる。これが，本来の刑の「量定」の中心をなす作業であり，(c)の段階を現実化するものとして，裁判員の社会常識を反映させるべきものであることに異論はないであろう。ただ，制度施行前の模擬裁判の経験の中でも，「量刑を決めるという作業は，一般国民からするとまさに非日常的な世界にかかわることであり，その拠って立つ基盤がそもそも形成されていない」として，刑量の具体化の段階においては「適切な量刑資料を用いることが必要不可欠となろう」との指摘もある[24]。刑量を具体化するための方法（論）については，法定刑を標準として，犯罪の相対的な重さを法定刑の幅の中の一点に位置づけることにより宣告刑を決定すべきであるとする「量刑スケール論」[25]も存在するところであるが，わが国の現行の法定刑は，一般的に量刑の実際よりもかなり重めに設定されており，スケールとしての機能を十分に果たすようには構成されていない。そこで周知のように，以前から，いわゆる「量刑相場」とよばれる過去の膨大なデータの集積を資料として用いる方向が採られてきた。

現在，量刑評議においては，裁判員対象事件の量刑データを最高裁判所に集約した「裁判員量刑検索システム」に基づいて，そこから検索抽出した数十件程度のデータに関する(ア)量刑傾向を示す棒グラフと，(イ)棒グラフに表された各事件の概要をまとめた事例一覧表の２種類の量刑資料が用いられているとのことである。(ア)は，たとえば「金融機関強盗」，「住居侵入強盗」などの類型について，それが単独犯か共犯か，計画的犯行か偶発的犯行か，被害者の落ち度の有無といった，代表的ないくつかの量刑要素で検索することにより，実刑か執行猶予か，刑期としては何年程度の事例が多いかというような大まかな量刑傾向を示すものであり，(イ)は，刑量の具体化に関する評議がある程度進んだ段階で，量刑レンジの上限・下限に位置する事件がどのよう

---

[24] 中川・前掲注(5)19頁。
[25] これについては，杉田宗久「平成16年刑法改正と量刑実務の今後の動向について」判タ1173号（2005年）6頁以下，村越一浩「法定刑・法改正と量刑」大阪刑事実務研究会（編著）『量刑実務大系・第1巻　量刑総論』（判例タイムズ社，2011年）221頁以下，原田・前掲注(4)（『裁判員裁判と量刑法』）24頁以下などを参照。

Ⅲ　量刑判断の過程と裁判員の関与　　247

な内容か，執行猶予が付されているのはどのような事件かを把握したいとの
要望が生じた際に，個々の事件の概要あるいは被害弁償の有無などを把握で
き，量刑傾向について裁判員がいま少し具体的なイメージをもつことができ
るようにするための資料とされている[26]。これらの量刑資料には，刑量を具
体化するに際して一定程度の有用性があることは一般に認められているとい
えよう。問題は，こうした量刑資料にどこまでの拘束力を認めるべきかであ
る。これについては，裁判員が適切な量刑を導くに際して，あくまでも参考
のために提示するものに過ぎないのであって，むしろ「押付け」とならない
よう，その活用の仕方に配慮すべきである[27]との見解が有力であり，裁判員
制度導入の趣旨に鑑みれば，それが基本的に妥当であるように思われる。

　もっとも，他方で，次のような興味深い指摘も見られる。すなわち，責任
能力に関する平成20年の最高裁判決が，「鑑定」と「責任能力」の関係につ
いて「生物学的要素である精神障害の有無及び程度並びにこれが心理学的要
素に与えた影響の有無及び程度については，その診断が臨床精神医学の本分
であることにかんがみれば，専門家たる精神医学者の意見が鑑定等として証
拠となっている場合には……これを採用し得ない合理的な事情が認められる
のでない限り，その意見を十分に尊重して認定すべきものというべきであ
る」[28]と判示したこととパラレルに捉えて，「量刑判断に対して，『量刑検索
システム』がここでの『専門家の鑑定』に相当する。これは裁判所を拘束す
るものではないとしても，十分に尊重されるべきものである。したがって，
専門家の鑑定なしに責任能力の判断をすることがありえないのと同様に，『量
刑検索システム』ないし従来の量刑傾向を顧みることなく量刑判断をするこ

---

[26]　中川・前掲注(5)20頁。さらに，遠藤邦彦「量刑判断過程の総論的検討」大阪刑事実務
　　研究会（編著）・前掲注(25) 171頁以下，伊藤＝前田・前掲注(18) 376頁以下参照。
[27]　たとえば，原田・前掲注(4)（『裁判員裁判と量刑法』）82-84頁参照。なお，量刑資料の
　　「積極的な活用」を主張するものとして，室橋雅仁「裁判員裁判における行為責任をベー
　　スにした量刑評議について」「植村立郎判事退官記念論文集」編集委員会（編）『植村立
　　郎判事退官記念論文集　現代刑事法の諸問題・第3巻』（立花書房，2011年）528頁。弁
　　護士会におけるデータベース構築の取り組みとそれによる分析の成果として，金岡繁裕
　　「裁判員裁判における量刑理由の検討——主として公平性の観点から」刑弁64号（2010
　　年）82頁以下，同「裁判員裁判の量刑と弁護士会の取り組み」刑法51巻1号（2011年）
　　29頁以下参照。
[28]　最判平成20・4・25刑集62巻5号1559頁。

とは，極端な場合には適正手続違反の虞れさえあるといってよいだろう」[29]とするのである。この立場は，過去の量刑傾向にかなりの重要度を認め，量刑判断における量刑資料の事実的な拘束力を肯定するものといえよう。ただ，過去の量刑判断にどの程度理論的な根拠が伴っていたのかは不明確な部分もあり，精神医学的な裏づけが伴う鑑定意見と対比するならば，量刑資料にそこまでの科学的根拠に基づく（evidence-based）性質を付与することには慎重であるべきだろう[30]。

　また，さらに一歩進んで，量刑資料に「判例の拘束力」に準じた効力を認めようとする見解もある。これによれば，「裁判員裁判の裁判所は，従来の裁判所との組織的連続性まで失うものではない以上，量刑相場，すなわちそれまで自分達がしてきた判断の傾向を『全く知らず』あるいは『およそ無視して』事件処理にあたることが——結果的にどのような判断に至るかは別論として——許されるべきではない。そして，この量刑相場は，それ自体としては法規範的な拘束力を持たないとはいえ，それに沿った判断をすべきであるとの職務上の義務は，判断者の法的地位に基づくもので法的性格を有するから，結局，量刑資料を示すなどして，裁判員に量刑相場をよく理解させ，——自分の正当と思う量刑水準であるかはともかくとして——そこから逸脱しない判断をするように働きかけるのは，法律専門家としての裁判官の役割ということになる」[31]とされる。この見解が前提とする，従来の裁判所との組織的連続性に関する指摘は，正鵠を射ているといえよう。しかし，そうした組織的連続性に起因する「無視されるべきではない」過去の量刑判断とは，上記（1）で述べた「量刑基準」に関わる部分を意味するのではないだろうか。ここでいう「量刑相場」ないし「量刑水準」が，過去の同種事案における刑量ないしその平均値を指しているとするならば，制度導入以降は「それに沿った判断をすべき」対象であるとまではいい難いように思われる。現にこの見解も，一方で「これまでの裁判官だけの判断の積み重ねにより形成されてき

(29) 岡上雅美「裁判員制度の下における量刑をめぐる諸問題——学問としての量刑法の展望と課題」刑法 51 巻 1 号（2011 年）44 頁。

(30) 山名京子「裁判員裁判と量刑——共同研究の趣旨と課題」刑法 51 巻 1 号（2011 年）3-4 頁参照。

(31) 小池・前掲注(14) 635 頁。

た量刑相場は，——刑事裁判制度の連続性自体が否定されるわけではないから，全く効力を失うものではないとしても——『実務の趨勢』としての拘束性を減弱させられた状態にあると評価すべきである。したがって，裁判員制度施行後の裁判所は，これまでの量刑相場を参照し，それを念頭に置きつつも，裁判所全体としてあるべき量刑水準は必ずしもその通りとは限らないという認識の下に，ある程度は自由な量刑判断をすることが許容されるというべきである」[32] とも述べている。そうであるとすれば，裁判員には，過去の実務の趨勢を理解してもらうにしても，それはまさに「参考資料」としてであって，「従来の量刑傾向を認識することなく（あるいはその適否を検討することなく），独断的に刑量を決定すること」が排除されるべきであるという限度での「拘束力」を肯定すべきではないかと考えられる。

4 要 約

以上見てきたように，量刑に「一般国民の健全な社会常識を反映させる」ことは，量刑基準の設定を前提として，①量刑事情に関する事実認定を行い，②その量刑事情を量刑基準に当てはめることにより，有利・不利の評価方向を決定するとともに相互の事情を衡量して当該事案の抽象的な「重さ」を導き，③その「重さ」を具体的刑量に置き換えるというプロセスの中で実現されるべきことになる。すなわち，裁判員裁判による量刑に期待される「変化」は，①から③までの量刑判断の諸段階で，一般国民の社会常識が反映されることによって生じるべきものである[33]。もっとも，多くの場合，そうした「変化」の徴表は最終的な宣告刑そのものの重さ・軽さに求められがちである。しかしながら，むしろ宣告刑に至るまでの（判決書において①から③までの具体的内容が記述されるであろう）「量刑の理由」の中にこそ，社会常識の反映が求められるべきであり，今後の評価研究も，この「量刑の理由」の分析を中心にな

---

(32)　小池・前掲注(14) 636 頁。

(33)　なお，遠藤・前掲注(26) 172 頁は，裁判員裁判における具体的な数値としての量刑判断を担保するものとして，①行為責任主義を基調とする量刑事情に関する十分な議論，②同種事案における量刑傾向に関する適切な量刑資料を踏まえた各判断者の量刑意見の形成，③具体的な数値に関する裁判員，裁判官の議論，④裁判員法 67 条 2 項の多数決による量刑判断，を挙げる。

されることが望ましいと考えられる[34]。

IV　保護観察付執行猶予の増加

　裁判員裁判の開始時より，執行猶予判決に保護観察付の事例が多いことが指摘されてきた。最高裁判所の資料によれば，2008年4月1日から2010年3月31日までの判決宣告分を総合すると，裁判官のみによる裁判における執行猶予付判決中，36.6%（383件中140件）が保護観察に付されたのに対して，裁判員裁判における執行猶予付判決中，59.2%（71件中42件）が保護観察に付されている[35]。また，上記の制度施行から2012年7月末までの裁判員裁判における終局人員の有罪人員4,052名中，執行猶予が付された者は642名，そのうち保護観察に付された者は384名で59.8%となっており，罪名別に見ると強盗致傷罪で69.7%，（準）強制わいせつ致死傷罪で69.3%，（準）強姦致死傷罪で66.7%，現住建造物等放火罪で65.7%，殺人罪で41.3%となっている[36]。

　こうした現象が裁判員裁判における量刑傾向の1つであるとすると，それは何を意味しているのであろうか。新聞報道等によれば，保護観察に付された事件では，被告人質問において，裁判員から被告人の更生意思を確かめる質問が多く出されたり，あるいは評議において，執行猶予になった場合に被告人の予後に関して不安を抱く意見が裁判員から出されたりして，何か方法はないかと尋ねたところ，裁判長から保護観察制度についての説明があり，それに賛意が示されたとのことである[37]。推測の域を出ないが，裁判員が，被告人の更生可能性を考慮しようとするだけでなく，更生自体に実効性が伴

---

[34]　そのような例として，岡慎一「裁判員裁判における量刑判断——日弁連での判決分析から」刑弁66号（2011年）34頁以下，日本弁護士連合会裁判員本部（編）『裁判員裁判の量刑』（現代人文社，2012年），同（編）『裁判員裁判の量刑II』（現代人文社，2017年）が参考になる。

[35]　最高裁判所「裁判員制度の運用等に関する有識者懇談会（第7回・平成22年4月16日開催）配布資料・資料6・量刑分布等について」（http://www.courts.go.jp/saikosai/vcms_lf/80809013.pdf）参照。

[36]　前掲注(3)の統計資料を参照。

[37]　青木・前掲注(5) 290-291頁参照。

うことに関心を有していることの現われと見ることができよう。

　実際の裁判例を見てみると，たとえば大津地判平成 21・11・13（LEX/DB 25460272）（住居侵入，強姦致傷被告事件）では，被告人が，たまたま同じホテルに宿泊していた被害者の女性に対し，性的ないたずらをする目的で，深夜，同女の部屋に侵入し，就寝していた同女の姿を見て，同女を強姦しようと考え，その両肩を押さえつけ，脇腹を殴りつけるなどの暴行を加え，同女を強姦しようとしたが，同女に激しく抵抗されたため，強姦の目的を遂げず，その際，同女に傷害を負わせたという事案について，「以上の事情を総合的に検討した結果，本件においては，確かに，犯行動機，態様は悪質で，被害者が受けた被害結果も軽くはなく，そのために被害者は今なお厳しい処罰を求めていることが認められるものの，幸いにも姦淫は未遂に終わったこと，被告人と被害者との間で示談が成立していること，被告人にこれまで同種前科がないことなどの被告人に有利な事情を重視し，被告人には相応の重い刑事責任があることを明らかにした上，酌量減軽の上，社会内で更生する機会を与えるのが相当であると判断した。なお，被告人の両親は他界しており，内縁の妻の監督だけで不十分であると考え，被告人の再犯防止と更生保護の観点から，被告人に対し保護観察に付することとした」と判示し，懲役 3 年・保護観察付き執行猶予 5 年に処したものである（求刑は懲役 6 年）。ここでは，行為者の「責任」の程度は軽いものではないが，主として特別予防の必要性に関わる有利な諸事情が実刑を回避すべき方向に作用し，さらには十分な更生を期待するために保護観察に付されたものと見ることができる。

　他方では，弁護側から保護観察付執行猶予が求められながら，判決ではこれが認められなかった裁判例もある。さいたま地判平成 22・2・19（LEX/DB 25442308）（強姦致傷被告事件）では，路上でたまたますれ違った被害者の女性を姦淫しようとして跡をつけ，同女にカッターナイフを突き付けて脅迫し，顔面を手拳で数回殴打し，両手で頚部を絞め付けるなどの暴行を加え，その反抗を抑圧した上，強姦しようとしたが，同人に激しく抵抗されるとともに，通行人に発見されたためその目的を遂げず，その際，前記暴行により，同女に当初診断全治約 10 日間の見込みの右手関節部切創，頚部・顔面挫傷の傷害を負わせたという事案について，弁護人が，被告人を酌量減軽の上，保護観

察付執行猶予にするよう主張し，裁判所も「弁護人が中心となって，被告人の再犯を防止するために必要不可欠とされる上記問題点（引用者注：自身の責めに帰すことのできない幼少期に受けた性的虐待などその不遇な生育歴に端を発すると思われる認知の歪みなどの心理的な問題）の改善を目的とした，精神科医師，精神保健福祉士，社会福祉士及び弁護士らで構成されるチームが既に用意されており，その一員が情状証人として当公判廷に出席して，今後の支援態勢について供述するなど，被告人を更生させるための支援者が現におり，被告人自身も更生の意欲を示している」ことを被告人の有利な事情の１つとして認めながら，結論的には「犯情の悪さに照らし，本件は酌量減軽すべき事案ではないと判断するが，被告人に有利な事情，殊に，被告人の更生に向けられた環境調整及び被告人の今後の更生の意欲を考慮し，量刑は法定刑の最下限に止めるのが相当である」として懲役５年の実刑に処した（求刑は懲役６年）。ただ裁判所は，判決の最後の部分で「当裁判所は，被告人が，服役中に罪と罰の意識を涵養するとともに，今ある更生の意欲を維持して，性犯罪防止プログラムなどを受け，また，出所後も弁護人の推奨する保護観察と支援のためのNPOなどの社会的資源を活用して更生への道を歩むことを期待」するとも述べている。

　たしかに本判決においても，被告人の更生可能性，さらにはそれが確実に進められるための環境が整っていることが相当程度考慮されてはいる。また，前掲大津地判平成21・11・13と同様に，本判決の事案でも強姦自体は未遂である。しかし，本判決は犯行の結果について「被害者は，被告人の暴行によって……右手関節部切創，頚部・顔面挫傷の傷害を負ったものであり，その部位及び被害者の年齢を考慮すれば，けして軽微なものということはできない」とし，犯行態様についても，被害者にカッターナイフを突き付けて「偶々騒ぎを聞きつけた通行人が駆けつけるまでの約20分もの間，同女と性交をするために暴行，脅迫を続けたものであり，本件態様は，粗暴で危険かつ執拗であって，悪質というべきである」としている。ここでは，犯行の結果及び態様から見て行為者の「責任」が一定の重さ以上であるために，更生可能性を考慮したとしても，実刑を回避し，あるいは保護観察に付すべき程度にまで刑を軽減することは適切ではない，と判断されたものと見られる。

量刑判断の過程に当てはめるならば，こうした傾向は，量刑事情の評価・衡量のレベルにおいて把握されるべきであろう。すなわち，個々の量刑事情に基づいて導かれた当該行為者の「責任」の程度，及び特別予防の必要性の程度を相互にどのように比較し，最終的にどのような「重さ」をもつものとして位置づけるべきか，という判断の段階において，裁判員の社会常識が反映されたものと見るべきであり，上記の裁判例にもそうしたプロセスが示されているということができる。換言すれば，保護観察付執行猶予の増加が——たとえば「責任主義」よりも「特別予防」を重視すべきである，という方向で——「量刑基準」そのものが変更されたことを意味する，と解するのは適切ではない。上述したように，そもそも裁判員の関与によって「量刑基準」自体が変化するということは理論的にも実際的にも問題を孕んでいるからである。もちろん，保護観察付執行猶予は，再度の執行猶予に付すことができない (刑法25条2項ただし書) という点で，通常の執行猶予と比べれば法的には被告人に不利益な措置であり，また，その効果についても実証がなされているわけではないのであって，評議に際してもこの点が十分に理解されなければならない[38]。また，保護観察付執行猶予率が増加することは，同時に，通常の執行猶予率が減少していることを示していると考えるならば，「同制度の見直しの端緒を我々に与えているようにも思われる」[39]との指摘は重要であろう。今後，この傾向が維持されるのか，あるいは新たな変化が生じるのかは予断を許さないが，継続的な検証が必要であると思われる。

V　情状鑑定と量刑判断

1　これまでの状況

「情状鑑定」とは，一般に，「訴因事実以外の情状を対象とし，裁判所が刑の量定，すなわち被告人に対する処遇方法を決定するために必要な知識の提供を目的とする鑑定」[40]であるとされてきた。鑑定事項としては，人格調査・

---

[38]　青木・前掲注(5) 291頁注[86]では，裁判員裁判における保護観察付執行猶予の第1号事件に関する横浜地判平成21・10・18の後，被告人が1度も保護観察所に出頭しないまま再犯を犯し，実刑判決を受けるに至ったことが紹介されている。

[39]　岡上・前掲注(29) 50頁。

環境調査・犯行動機・再犯予測ないし予後判定・処遇意見があり，これらは
また，①被告人の知能・性格などの資質，②犯行の動機・原因に関する心理
学的あるいは社会学的分析，③処遇上参考とすべき事項，に大別されること
もある[40]。主たる鑑定の方法としては，面接（被告人面接，家族面接，関係人面
接）・社会調査（犯行場面の調査，生活環境の調査，学校職業状況，友人等対人関係につ
いての調査），行動観察（鑑定期間中の行動）が挙げられる[42]。

　わが国では英米などで制度化されている判決前調査制度（pre-sentence in-
vestigation）を導入することの是非をめぐる議論が昭和30年代からなされて
おり，手続が事実認定と量刑に二分されていないこと，あるいは専門調査官
設置の困難さなどから実施には至らなかったものの，その代替的機能を情状
鑑定に求めようとする立場も有力となってきた[43]。特に，昭和44年に刑事
部裁判官有志と家裁調査官有志の間に，情状鑑定に関する協議が行われたこ
とを契機として，調査官に対する鑑定命令が増加し，昭和60年ころから，退
職した家裁調査官の知識・経験を社会に還元し情状鑑定を活用しようという
機運が徐々に生まれたといわれる。また，すでに昭和35年最高裁判所事務総
局刑事局通達「被告人に対する処遇方法を決定するため鑑定を命じた事例の
報告について」において，「刑の量定に科学性を付与して，被告人に対し適切
な処遇方法を決定することについて，被告人の素質，経歴，家庭その他の環
境，犯行前後の心理状態を総合的に把握することが必要である」との指摘が
あり，「医学，心理学，社会学その他の専門的知識を有する家庭裁判所調査官

---

(40)　兼頭吉市「刑の量定と鑑定——情状鑑定の法理」上野正吉ほか（編）『刑事鑑定の理論
　　と実務』（成文堂，1977年）114-115頁。
　　　本来，「情状」という概念は多義的であって，広義では，犯情（直接または間接的な犯
　　罪事実の内容に属するもの＝構成要件該当性・違法性・有責性に関する事情），及び狭義
　　の情状（被告人の年齢・性格・前科・前歴・生活環境などの主観的事情ならびに被害回
　　復の有無などの客観的事情）からなり，このうち狭義の情状の中の主観的事情が情状鑑
　　定の対象になるとの見解もある（上野正雄「情状鑑定」菊田幸一ほか（編）『社会のなか
　　の刑事司法と犯罪者』（日本評論社，2007年）360頁）。ただし，例えばここで「主観的
　　事情」に含まれている「生活環境」は，犯情（有責性に関する事情）の判断に際して考
　　慮されうる場合もあり，必ずしも一義的に区別されるわけではない点に注意を要する。
(41)　佐藤學「情状立証と情状鑑定——弁護活動についての若干の感想等」日本弁護士連合
　　会（編）『平成14年版・現代法律実務の諸問題』（日本評論社，2003年）93頁。さらに，
　　萩原太郎「情状鑑定について」日法60巻3号（1994年）205頁以下参照。
(42)　岡本吉生「情状鑑定の方法と課題」青少年問題647号（2012年）19頁。
(43)　守屋克彦「情状鑑定について」刑弁30号（2002年）41頁参照。

その他の者に鑑定を命じた事例」を紹介して執務の参考に供してきたとされている[44]。

　学問的にその重要性が認識された契機も比較的古いことであり，1977（昭和52）年に，刑事鑑定研究会による『刑事鑑定の理論と実務——情状鑑定の科学化をめざして』が刊行されている。しかしながら，その後は，学界において情状鑑定をめぐって格別の動きがあったわけではない。実務上も，時間と費用の問題はもとより，実際の効果に対する疑問，量刑における犯罪事実重視の傾向，量刑上個別的事情を考慮することへの不公平感などを理由として，むしろ消極論が一般的であったとの指摘も見られる[45]。

　他方で，裁判員裁判が導入されたことにより，近時，情状鑑定の意義が見直されつつある。特に，時間的な制約の中で，裁判員に対して量刑上考慮すべき不足のない情報を提供し，適正な判断へと至るための前提を構築するためには，情状鑑定が有益であるとの見方も増えてきている[46]。そこで以下においては，裁判員裁判の量刑における情状鑑定の意義について若干の検討を行うこととする[47]。

2　死刑求刑第 1 号事件 （東京地判平成 22・11・10 LEX/DB 25470396）

　本判決は，裁判員裁判における死刑求刑第 1 号事件として，社会的にも注目を集めた事例に関するものである。

　被告人は，客として通っていた A 店の従業員である B を殺害する目的で，平成 21 年 8 月 3 日午前 8 時 52 分ころ，B 方に無施錠の玄関から侵入し，①同所 1 階 8 畳和室にいた B の祖母である C（当時 78 歳）に見つかるや，B 殺害の目的を遂げるため，とっさに C も殺害しようと決意し，同人に対し，その

---

[44]　以上の経緯については，兼頭・前掲注[40] 119-121 頁参照。

[45]　佐藤・前掲注[41] 89 頁以下参照。

[46]　たとえば，安藤久美子「裁判員制度における情状鑑定の利用——精神鑑定の視点から」青少年問題 647 号（2012 年）30 頁以下，須藤明「裁判員制度における経験科学の役割——情状鑑定事例を通して」駒沢女子大学研究紀要 18 号（2011 年）152 頁，上野・前掲注[40] 365-366 頁など。

[47]　なお，フランス法との比較検討として，白取祐司「刑事司法における心理鑑定の可能性」浅田和茂ほか（編）『村井敏邦先生古稀記念論文集・人権の刑事法学』（日本評論社，2011 年）577 頁以下，特に 591 頁。

256　第 10 章　裁判員裁判における量刑判断

頭部等をあらかじめ用意していたハンマーで数回殴り，頸部等をあらかじめ
用意していた果物ナイフで多数回突き刺すなどし，よって C を頸部刺創によ
る右内頸静脈切破に基づく失血により死亡させ，②引き続き，同所 2 階東側
6 畳和室において，B（当時 21 歳）に対し，殺意をもって，その頸部等をあらか
じめ用意していたペティナイフで数回突き刺すなどし，よって，同年 9 月 7
日午前 5 時 14 分ころ，病院において，B を気管断裂による窒息及び頸部刺創
による出血性ショックに基づく低酸素脳症により死亡させたものである。

　被告人は，住居侵入，殺人，殺人未遂，銃砲刀剣類所持等取締法違反で起
訴された（訴因変更後の罪名は住居侵入，殺人，銃砲刀剣類所持等取締法違反）。本件を
担当した弁護人によれば，「責任能力を争うよりも，情状として，被告人が心
理的に追い込まれて犯行に至った状況を克明に出し，被告人にやむをえない
事情，同情すべき事情があったことを主張する」との方針の下に情状鑑定が
実施され[48]，鑑定人は，被告人について「犯行に至る経緯の困惑感から意識
狭窄が徐々に始まっており，犯行前日には殺害を考えるようになり，意識狭
窄ゆえに，殺害を実行するかどうかは逡巡していたが，殺害以外の選択肢が
考えられない状態に陥っていった。犯行時は，意識狭窄状態で，被害者祖母
が予測外に登場するという事態では，パニック状態となり，被害者祖母を殺
害し，その際の記憶は欠損している。さらに，被害者殺害時は，怒りの感情
のみに支配されている状態で，その際にも記憶の欠損が認められ」，「本件の
場合の，彼が被害者との関係について自分を追い込むほどに考え困惑感を強
めていくダイナミックな過程は，彼自身が自らの内面に必要以上に真剣に向
き合っていることを示している」という趣旨の意見を述べた[49]。検察側が死
刑を求刑したのに対して，弁護側は無期懲役が相当であると主張した。

　東京地裁は，「何の落ち度もない被害者 2 名を身勝手な動機から連続して
惨殺した被告人の刑事責任は極めて重大であり，本件で有期懲役刑を選択す
る余地はなく，死刑か無期懲役刑かの選択が問われている」として，永山基
準に依拠しながら判断することを明らかにした上で，①本件被告人の犯行に

---

[48]　その経緯については，山本剛「耳目を驚かし，死刑判決が予想された事件で無期懲役
　　となった事例（裁判員裁判レポート）」刑弁 66 号（2011 年）84 頁以下参照。
[49]　木村一優「意識狭窄及び情動行為と情状鑑定」精神医療 66 号（2012 年）83-86 頁。

至る経緯及び動機について「本件は，誠に身勝手で短絡的な動機に基づく犯行といわなければならないが，他方，当時の被告人は，Bに対して恋愛に近い強い好意の感情を抱いていたからこそ，同人から来店を拒絶されたことに困惑し，抑うつ状態に陥るほど真剣に思い悩み，もう同人に会えないとの思いから絶望感を抱き，抑うつ状態をさらに悪化させ，結局，同人に対する強い愛情が怒りや憎しみに変化してしまったことから殺害を決意するに至ったと認められる（本件が，相手が自分の意に沿わなくなったから，その相手を殺害した事件であるとする検察官の要約は不適当である。）。そして，このような被告人の心理状態の形成には，約1年間にわたって店に通い詰めていた当時の被告人とBとの表面上良好な関係が，少なからず影響していることも否定できない」として，「被告人が本件犯行に至った経緯やB殺害に関する動機は，極刑に値するほど悪質なものとまではいえない」と指摘した。また，②本件におけるC殺害の計画性に関して，「被告人はBにもう会えないとの絶望感から，抑うつ状態を悪化させ，同人に対する憎しみを募らせ，ついには殺意を抱くに至ったと認められるところ，犯行のころには，その思いにとらわれ，家族のことまで具体的に想定していなかったとしても不自然とは思われない。また，被告人がCを殺害したのは，同人を黙らせて，B殺害の目的を遂げるためであったとしか考えられないところ，被告人は，Cの頸部等を少なくとも16回突き刺すなどしている。同人を黙らせるために，これほどの回数突き刺す必要がなかったことは明らかであり，にもかかわらず，被告人が何の恨みもないCに対してこれほど執拗かつ残虐な攻撃を加えてしまったのは，被告人が，Bに対する殺意にとらわれている心理状態において，Cに遭遇するという想定外の出来事によって激しく動揺した結果であり，C殺害後，そこで犯行を思い止まることなく，Bの殺害を実行しているのも，それほどBの殺害にとらわれていたからと考えられる。被告人が，C殺害後，Bの殺害を実行する一方で，同人の母親や兄に対して何ら攻撃を加えていないことはこれを裏付けるものである」として，「Cの殺害には計画性が認められないだけでなく，被告人にとっても想定外の出来事であったというべきであるから，Cの殺害が，計画に伴う必然的な結果であるとする検察官の主張は採用できない」と述べた。さらに，③被告人の反省の態度について「被告人が，正面から事

実と向き合い，本当の意味での反省を深めているとは認められ」ず，「本件犯行に至ってしまった最も大きな原因は，相手の立場に立って物事を見ようとしない被告人の人格・考え方にあるのに，公判の最後に至ってもなお，そのことに気付かない，あるいは気付こうとしない被告人の言動には許し難いものがある」としながらも，「被告人の言動や態度は，被告人の人格の未熟さ，プライドの高さなどに起因するものであって，ことさらBの名誉を傷付けたり，遺族を傷付けたりしようとする意図があったとまでは認められない。また，今現在被告人が置かれた立場からすれば，被告人は必要以上に防御的になるのは理解できないことではない」とした。

　以上のことから本判決は，「被告人に対しては，この裁判を契機に，B及びCの無念さや遺族の思いを真剣に受けとめ，人生の最後の瞬間まで，なぜ事件を起こしてしまったのか，自分の考え方や行動のどこに問題があったのかについて，常に強くそれを意識し続け，苦しみながら考え抜いて，内省を深めていくことを期待すべきではないかとの結論に至った」として，被告人を無期懲役に処したものである。

3　情状鑑定のあり方

　本判決は，①犯行の動機，②計画性，③反省の態度の点から見て，死刑を回避した事例であるが，このいずれの点に関しても，情状鑑定において指摘された内容が反映されていることが特徴的である。すなわち判決文からは，①意識狭窄状態が動機形成過程に作用し，②予測外の事態によるパニック状態から犯行計画にはなかったC殺害を行い，③困惑感を強める中で，犯行後も必要以上に防御的態度を示したものと理解されたことが看取できる。量刑基準の構造から見るならば，①及び②は主として「責任」判断（あるいは「犯情」の判断），③は「特別予防」判断（あるいは「一般情状」の判断）に関係するものであるが，情状鑑定は，この（責任と予防の）両者にわたって影響を与えていることになる。視点を変えていえば，本判決においては，情状鑑定の項目と，量刑基準（さらには量刑事情）との関連性が明確に示されているということができる。

　近時，現役裁判官の立場から，情状鑑定を念頭に置きつつ「鑑定を行うか

どうかの判断においては，対象事項が……刑の量定に不可欠な事情に関するものなのか，そしてその認定において……裁判所に知識経験が不足し専門家の調査報告が必要となる事項なのか，という分析・検討が必要である。もちろん裁判所が自らの知識経験の不足に関して真摯に向き合い，必要な鑑定が行われるべきは当然である。しかし，一方で，前記の分析・検討を経ない鑑定の実施は，何が裁判所に不足し自らが補充すべきなのか，リクエストされた専門家にも明確にならず，その結果，調査・報告も問題となっている事実認定との関係が曖昧になるおそれがあるし，それを提示された裁判所も，目的的な活用をなし得ない，といった事態を招致することにもなりかねない。これは回避すべきであろう」との傾聴すべき指摘がなされている[50]。ここでの「分析・検討」の一部を構成する，「刑の量定に不可欠な事情に関する事項か否かの判断」も，（実体法的な量刑理論から見れば）まさに「情状鑑定項目と量刑基準・量刑事情との関連性」ということに帰着する。この関連性が明らかにされていなければ，情状鑑定の結果を，量刑において「活用」することは不可能である。公判前整理手続において，当該鑑定項目によって，責任判断，あるいは予防判断のどの要因を説明しようとしているのかを予め明確にしておき，それに沿った形で鑑定が実施され，量刑評議に生かされることが重要であろう。

　また，情状鑑定が責任判断に影響を及ぼす場合は，精神鑑定と共通の性質を有することになる点にも留意が必要である。精神鑑定は，責任能力の有無ないし程度に関するものであり，当然のことながら犯罪の成否のみならず犯罪の程度（ひいては刑罰の程度＝量刑）についても意味を有する。責任能力の有無ないし程度は，刑法上規定された，いわゆる法律上の減軽・不処罰事由であるが，量刑理論的には，法律上の減軽・加重事由は，実質的には「立法者の定めた量刑事情」なのであり，通常の（裁判上の）量刑事情＝情状と法的性格を共通にする。すなわち，何が法律上の減軽事由であり，何が裁判上の減軽事情となるかは，立法政策上の問題に還元される。その意味で，責任能力の有無・程度に関わる精神鑑定と情状鑑定には連続性が認められる。従来の判例においても，精神鑑定の結果が（仮に責任能力の不存在を否定するものであっ

---

[50]　河本雅也「情状の性質と鑑定の意義から」青少年問題647号（2012年）10-11頁。

260 第10章 裁判員裁判における量刑判断

ても）量刑事情としては考慮されているものもあり[51]，裁判員制度導入後の判例でも，弁護人が公判前整理手続において精神鑑定の請求を行う際に，責任能力の有無のみならず，情状鑑定を含めての請求であることを明らかにして，情状鑑定の結果を量刑事情とすることが想定されていたことを判示しているものがある[52]。裁判官経験者からも，精神鑑定と情状鑑定の両立可能性を示唆する見解が主張されており[53]，本来の情状鑑定と並行して，こうした方法論を追求していくことも，情状鑑定の活発化という点から見て考慮に値しよう[54]。最近，裁判員に対する精神鑑定のあり方が，特に鑑定書・鑑定期間・鑑定人尋問・裁判官による説示などの工夫・改善を中心に議論されているが[55]，こうした議論の成果は，当然のことながら，情状鑑定においても生かされる必要がある。

　さらに，情状鑑定の結果を，刑罰の執行過程（行刑）に生かしていくことが

---

[51]　たとえば，東京地判平成12・6・6判時1740号109頁，京都地判平成18・1・23 LEX/DB 28115133。

[52]　東京高判平成22・4・14 LLI/DBL 06520209は，「被告人が本件各犯行当時，心神耗弱ではなかったとしても責任能力が相当程度減弱していたから，いかに事案が重大で，被害が甚大であっても，減軽されるべきである」との弁護人の主張に関して，「原判決は，量刑の理由としては……『被告人は，精神遅滞であるのに，両親の認識不足等の理由によりこれまで適切な手当がなされてきておらず，それが被告人の鬱憤を高めた根本原因となっている。そのようなハンディを背負いながらも，被告人は，これまで前科前歴はなく，職を転々としてはきたものの，就労を続け，本件時も右手を負傷するまでは板金工として真面目に勤務してきたのであり，反社会的性格や犯罪的傾向は格別認められない。』と説示するのみで，精神遅滞という事情を，被告人にとって有利なあるいは酌むべき事情として，特に考慮した指摘はされていない」としつつ，「原審において，弁護人は，第3回公判前整理手続期日において，『犯行当時の被告人の精神状態及び被告人の知能程度・精神疾患並びにそれらが本件犯行に与えた影響（本件犯行に至った被告人の心理的メカニズム）』を立証趣旨として精神鑑定……を請求し，第4回公判前整理手続期日において，『精神鑑定については，刑事責任能力の有無のみならず，情状鑑定も含めての請求である』旨釈明し，第1回公判期日の冒頭陳述においても，被告人の責任能力に関する事実は情状酌量の対象になる旨主張している」と指摘し，さらに「原審裁判所も，第2回公判期日において，弁護人申請の上記精神鑑定を，その立証趣旨を変更することなく，検察官の異議申立てを却下した上で採用しているから，精神鑑定の結果を被告人の量刑上の資料とすることは，原審の審理上からも想定されていたとみられる」とした上で，「被告人が精神遅滞にあるという事情は，生育歴の一環として考慮すれば足りる（原判決はこのように見たのかもしれない。）ものではなく，被告人にとってより強く酌むべき事情に当たるものと解される」ことを認め，この限度で上記弁護人の主張には理由があり，「被告人の精神遅滞について量刑の理由として上記程度の説示をするにとどまっている原判決の判断は，支持できない」と結論づけている。

[53]　佐藤・前掲注[41] 94-95頁。

V 情状鑑定と量刑判断 261

提案されている。2005年に成立した「刑事収容施設及び被収容者等の処遇に関する法律」では,「受刑者の処遇は,その者の資質及び環境に応じ,その自覚に訴え,改善更生の意欲の喚起及び社会生活に適応する能力の育成を図ることを旨として行うものとする」(30条)と規定し,また「矯正処遇は,処遇要領(矯正処遇の目標並びにその基本的な内容及び方法を受刑者ごとに定める矯正処遇の実際の要領をいう……)に基づいて行うものとする。」(84条2項)としている。同条3項においては,処遇要領は,刑事施設の長が受刑者の資質及び環境の調査の結果に基づき定めるものとしており,5項では,矯正処遇は,必要に応じて,医学・心理学・教育学・社会学その他の専門知識・技術を活用すべきものとされている。処遇要領を適正かつ有効なものとするためには,資料的な裏づけが不可欠とされるが,施行規則43条により,処遇要領は,開始時指導が終了するまでに作成することとされていることと併せて,刑事施設における人的資源の実態を考慮すると,現実問題として十分な処遇要領を作成するのは困難である。そこで,当該受刑者について情状鑑定が実施されて,その内容が行刑機関にも伝達されるならば,処遇要領の作成に寄与するところが大きく,矯正処遇をより一層効果的なものにすることが期待できるとするのである[56]。

本章のIVで見たように,裁判員が被告人の更生可能性だけではなく更生の実効性に関心を有しているとするならば,そして量刑が「行刑の出発点」であることを考慮に入れるならば,量刑を単なる「刑の宣告」にとどまらず,真の意味で被告人にとって(さらには社会にとって)意味のあるプロセスに変容

---

[54] ただ,精神の障害は,量刑において責任を軽減する方向に作用しうる半面で,特別予防的には(予防の必要性が高いという理由から)刑を加重し,あるいは減軽を阻止する方向に働く可能性がある(いわゆる「刑罰目的のアンチノミー」)。たとえば,精神鑑定の結果,心神耗弱が認定されて責任は軽くなっても,予防の必要性があるので刑罰は重くなるという事態も生じうるのである。

　　また,精神鑑定の利用とは逆に,情状鑑定を実施した場合に,その結果を責任能力などの事実認定資料として心神耗弱などを認定することの当否については,消極的に解する立場が有力である(米山正明「被告人の属性と量刑」大阪刑事実務研究会(編)『量刑実務大系・第3巻　一般情状等に関する諸問題』(判例タイムズ社,2011年)154頁参照)。

[55] たとえば,岡田幸之「裁判員制度と精神鑑定」五十嵐禎人(責任編集)『刑事精神鑑定のすべて』(中山書店,2008年)63頁以下,司法研修所『難解な法律概念と裁判員裁判』司法研究報告書61輯1号(2009年)32頁以下参照。

[56] 上野・前掲注[40] 367頁以下参照。

させていくことは極めて重要である。その意味で，情状鑑定と行刑の連携を推進する方向性は，十分な検討に値するものと思われる[57]。

［補　論］

裁判員制度施行 10 周年を迎えた 2019（令和元）年 5 月，最高裁判所事務総局より，『裁判員制度 10 年の総括報告書』が公刊された[58]。量刑分布に関しても，本章の表 2 で示した，制度施行後 3 年後の検証報告書に掲載されたデータ（平成 24 年 5 月末まで）と併せて，その後のデータ（平成 24 年 6 月～平成 30 年 12 月末）が明らかにされている[59]（その一部について，**表 3-1～3-3** を参照）。上記総括報告書においても指摘されているように，殺人既遂については量刑のピークが「13 年以下」から「15 年以下」にシフトしており，強制性交等致死傷（強姦致死傷）については，ピークは「7 年以下」で変わらないものの，より重い刑の割合が多くなっている。また，制度導入前と比較して，殺人既遂・強盗致傷については執行猶予率が増加し，さらに全体を通じて保護観察付執行猶予の割合が増加するという傾向も維持されている[60]。基本的には，これまで本書においても述べてきたように，裁判員裁判では軽重の双方向で量刑の「幅」が拡がりつつあるという特徴が続いているということができる[61]。もっとも，それがいかなる要因に基づくのかを探ることは，少なくとも判決文の「量

---

[57]　森武夫「情状鑑定について――実務経験から」専修大学法学研究所紀要 36『刑事法の諸問題Ⅷ』（2011 年）64 頁以下は，少年事件における少年調査記録と同様に，成人についても，情状鑑定の結果を処遇に活かせるシステムを導入すべきことを指摘する。
　　なお，情状鑑定をはじめとして，刑事司法制度の中で人間行動科学の知見を導入することの可能性を追求した近時の業績として，須藤明（編著）『刑事裁判における人間行動科学の寄与』（日本評論社，2018 年）が注目される。

[58]　最高裁判所事務総局『裁判員制度 10 年の総括報告書』（http://www.saibanin.courts. go.jp/vcms_lf/r1_hyousi_honbun.pdf）。

[59]　報告書に付された図表編（http://www.saibanin.courts.go.jp/vcms_lf/r1_diagram.pdf）の 49 頁以下を参照。

[60]　最高裁判所事務総局・前掲注[58]17 頁参照。執行猶予言渡人員における保護観察言渡人員の割合は，裁判員裁判（平成 20 年 4 月～平成 24 年 3 月末）では 35.0％であったのに対して，施行後 3 年間の裁判員裁判（制度施行～平成 24 年 5 月末）では 55.7％，その後 16 年間の裁判員裁判（平成 24 年 6 月～平成 30 年 12 月末）では 55.3％となっている（図表編 57 頁）。

[61]　裁判員裁判における量刑傾向については，本書第 8 章Ⅲの注に掲げた諸文献をも参照。

[補論]

表 3-1 量刑分布の比較（(準)強姦致死傷・(準)強制性交等致死傷）

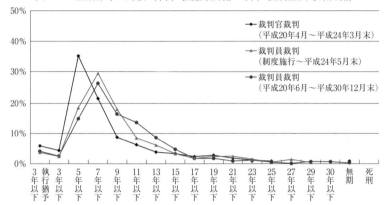

		裁判官裁判	裁判員裁判 (制度施行～平成24年5月末)	裁判員裁判 (平成24年6月～平成30年12月末)
判決人員		206	213	503
有期懲役	3年以下 執行猶予	12	8	21
	実刑	9	5	13
	5年以下	73	39	75
	7年以下	44	63	133
	9年以下	18	38	82
	11年以下	13	18	68
	13年以下	8	13	43
	15年以下	7	7	24
	17年以下	5	4	9
	19年以下	6	5	9
	21年以下	4	5	5
	23年以下	2	3	7
	25年以下	2	1	3
	27年以下	-	3	1
	29年以下	1	1	4
	30年以下	-	-	4
無期懲役		2	-	2
死刑		-	-	-

(注)1 刑事通常第一審事件票による実人員であり、速報値である。
2 実刑には、刑の一部執行猶予が言い渡された人員を含む。
3 平成29年移行の数値には(準)強制性交等致死傷を含む。

刑の理由」の分析に依拠するといった方法による限りは困難であり、量刑評議の実態調査等を含めて、経験科学的な検証が不可欠であると思われる[62]。

---

[62] 量刑評議のあり方に関する学際的研究として、三島聡（編）『裁判員裁判の評議デザイン』（日本評論社、2015年）、三島聡ほか「裁判員裁判の量刑評議のあり方を考える」法と心理16巻1号（2016年）62頁以下参照。裁判官による検討として、國井恒志「裁判員裁判における評議の現状と課題」指宿信ほか『裁判所は何を判断するか（シリーズ刑事司法を考える・第5巻）』（岩波書店、2017年）172頁以下、名古屋地方裁判所刑事プラクティス検討委員会「量刑評議の標準的進行イメージ」判例タイムズ1423号（2016年）5頁以下がある。

第10章 裁判員裁判における量刑判断

表 3-2 量刑分布の比較（殺人既遂）

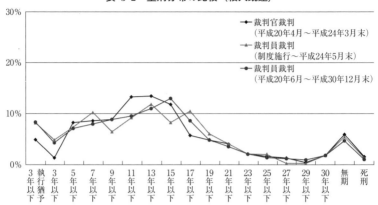

			裁判官裁判	裁判員裁判 （制度施行～平成24年5月末）	裁判員裁判 （平成24年6月～平成30年12月末）
判決人員			543	498	1,033
有期懲役	3年以下	執行猶予	27	41	86
		実刑	7	24	44
	5年以下		45	37	74
	7年以下		47	51	83
	9年以下		48	32	92
	11年以下		72	46	99
	13年以下		73	59	114
	15年以下		64	41	134
	17年以下		31	52	89
	19年以下		27	30	50
	21年以下		22	20	36
	23年以下		12	11	21
	25年以下		9	10	14
	27年以下		7	1	12
	29年以下		2	1	9
	30年以下		10	9	18
無期懲役			32	27	48
死刑			8	6	10

（注）刑事通常第一審事件票による実人員であり，速報値である。

[補 論]

表 3-3 量刑分布の比較（強盗致傷）

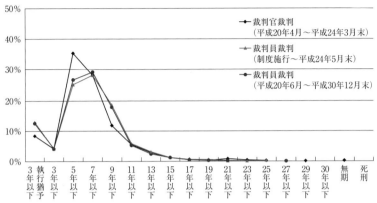

			裁判官裁判	裁判員裁判 （制度施行〜平成24年5月末）	裁判員裁判 （平成24年6月〜平成30年12月末）
判決人員			815	893	1,513
有期懲役	3年以下	執行猶予	67	114	185
		実刑	35	36	61
	5年以下		289	224	403
	7年以下		230	251	443
	9年以下		96	165	269
	11年以下		45	50	79
	13年以下		20	27	36
	15年以下		10	11	18
	17年以下		7	6	8
	19年以下		1	5	5
	21年以下		7	1	5
	23年以下		4	1	-
	25年以下		1	2	-
	27年以下		-	-	1
	29年以下		1	-	-
	30年以下		-	-	-
無期懲役			2	-	-
死刑			-	-	-

(注)1 刑事通常第一審事件票による実人員であり，速報値である。
　　2 実刑には，刑の一部執行猶予が言い渡された人員を含む。

第11章

裁判員裁判と「同種事犯の量刑傾向」

I 問題の所在

(1) 裁判員裁判による量刑において，いわゆる「同種事犯の量刑傾向」をいかに考慮に入れるべきかは，制度導入前からの1つの課題であった。裁判員制度の意義が，裁判官と裁判員相互のコミュニケーションを通じた知識・経験の共有とその成果の裁判内容への反映にある[1]ことからすれば，従来の量刑傾向に必ずしも拘束されることなく，そこから離脱することをも視野に入れた判断を行うべきとの立場もありうる。あるいは，「量刑を決めるという作業は，一般国民からするとまさに非日常的な世界にかかわることであり，その拠って立つ基盤がそもそも形成されていない」[2]との視点を強調するならば，基本的には量刑傾向への依存度を高めるべきであるとの立場も考えられる。

裁判員裁判開始後に公刊された平成21年度司法研究においては，法定刑の範囲内において被告人の行為を直ちに一定の数量に還元させて刑量を算定することは極めて困難であることから，刑の数量化のための何らかの資料は不可欠であり，裁判員裁判で用いられている裁判量刑検索システムに基づく

---

(1) 司法制度改革審議会『司法制度改革審議会意見書——21世紀の日本を支える司法制度』（2001年）103頁。さらに，最（大）判平成23年11月16日刑集65巻8号1285頁参照。なお，酒巻匡「裁判員制度における量刑の意義」井上正仁＝酒巻匡（編）『三井誠先生古稀祝賀論文集』（有斐閣，2012年）865頁以下も参照。
(2) 中川博之「量刑に関する評議・評決」大阪刑事実務研究会（編）『量刑実務大系・第4巻 刑の選択・量刑手続』（判例タイムズ社，2011年）275頁。

量刑資料（量刑分布グラフ）は「規範的な拘束力があるわけではないが……量刑の本質を踏まえ，主として犯情に関する基本的な因子を検索項目として作成され，その事件の属する社会的類型（刑事学的類型）における大まかな量刑傾向を示すものである」と指摘されている。そして，「拘束力がないという点では量刑判断にあたっての参考にすぎないものではあるが，量刑資料に示される量刑傾向は，一定程度は量刑（責任の枠）の目安として尊重されるべきものということにな」り，「量刑資料が量刑の本質に基礎を置くものであることからしても，裁判官としては，裁判員から抵抗感を示されたとしても，評議において，量刑資料を示すことをちゅうちょする必要はない」とする。ただ，「量刑の傾向も時の流れ，社会情勢の変化によって動くものである」から，「社会的な関心によって……変動する可能性があり，公平な科刑といっても絶対的なものではあり得ず，時間的・地域的な観点からは相対的な面がある」ことに注意を促している。さらに「裁判員が量刑判断に参加するということは，これまでの量刑判断とは違う結果が出ることを制度自体が想定していることを意味する」のであり，「そうだとすれば，これまでの量刑傾向を絶対視することはできず，合理的な理由があれば，従来の量刑傾向と異なる量刑判断がなされることも許容されるというべきである」と結論づけていた[3]。

　量刑傾向の性質自体に関しても，理念型としては，これを①規範的なものとみる考え方と②事実的なものとみる考え方があるとされ，後者のなかにも，(a)事実的な拘束力を強く認めるものと(b)そうではないもの（あるいは，(a)その

---

(3)　司法研修所（編）『裁判員裁判における量刑評議の在り方について』司法研究報告書63輯3号（2012年）25-27頁。ほぼ同様の立場から，裁判員裁判開始直前に公刊された平成19年度司法研究も，同種量刑先例に基づいて位置付けられた一定の刑の幅を「量刑基準」とよび，これは「長年の間に形成されてきた書かれざる緩やかな規範としての意味を持ってきているもの」であり，「裁判員裁判においても……この量刑基準を用いなければ具体的な刑の決定ができないことはこれまでの裁判官による裁判と同様であり，その意義と限界を明確に認識していれば量刑基準を用いることに格別躊躇する必要はない」としつつも，「これまでの量刑基準も，それが絶対的に正しいわけではないし，固定的なものでもな」く，「あらゆる社会的スタンダードと同様に，常時変動している」とした。そこから「現在の量刑基準自体を絶対的に正当化するなどということはできないといわざるを得」ず，「こうした絶対的な正当化が困難な問題について，国民的な評価の視点を導入することによって，その正当化の根拠を求めていくこと」が裁判員制度を導入する大きなメリットの一つであると指摘していた（司法研修所（編）『裁判員裁判における第一審の判決書及び控訴審のあり方』司法研究報告書61輯2号（2009年）70-73頁）。

268　第 11 章　裁判員裁判と「同種事犯の量刑傾向」

基準性を明確に承認する見解と(b)量刑上の参考として位置づける見解）がありうること
が指摘されており[4]，国民の意見を反映した量刑という裁判員裁判の趣旨を
重視することから，②(b)を支持する立場が有力である[5]。前掲の司法研究に
示された見解も，量刑傾向について事実的な拘束力をある程度認めつつ，場
合によってはそれを離れた判断を行うことを許容するものとみるならば，②
(a)の考え方に近いものということができるだろうが，②(b)とみることも可能
である。

⑵　「同種事犯の量刑傾向」をどこまで考慮に入れるべきかという問題は，控
訴審における，第 1 審の裁判員裁判を量刑不当とする破棄（刑訴法 381 条，397
条 1 項）のあり方にも関連する。裁判員制度の導入に際して，「量刑審査に関
する基本的な姿勢としては……裁判員制度の趣旨からすれば，よほど不合理
であることが明らかな場合……を除き，第一審の判断を尊重するという方向
性をもったものと考えてよいのではないか」[6]との提言がなされていた。統
計上も，裁判員裁判の第 1 審を量刑不当とする検察官控訴が大幅に減少する
とともに，量刑不当を理由とする被告人控訴を控訴審が是認して原判決を破
棄する場合も同様に減少しており[7]，「第 1 審判決の尊重」が浸透しつつある
ようにも思われる[8]。こうした「第 1 審判決の尊重」は，第 1 審の量刑が「同
種事犯の量刑傾向」に沿ったものである場合はもちろんのこと，そこから一
定程度離脱するようにみえても，結論的には当該量刑結果を是認する方向に
働きうる。例えば東京高判平成 22・6・29（東高刑時報 61 巻 1 = 12 号 140 頁）[9]は，

---

[4]　原田國男『裁判員裁判と量刑法』（成文堂，2011 年）80-81 頁。同書では，従来の「量
刑相場」という表現に代えて，事実的拘束力を認めつつ，あくまでも量刑上の参考資料
とすべきとの視点から「量刑傾向」という用語法が提唱されていた（82-83 頁）。この用
語法が，現在では完全に定着しているというべきであろう。

[5]　原田・前掲注[4]81-83 頁。

[6]　司法研修所（編）・前掲注[3]（『量刑評議の在り方について』）113 頁。

[7]　控訴審における終局人員中，検察官側が量刑不当を理由として控訴したものは，第 1
審が裁判官裁判である場合（控訴審の終局が平成 18〜20 年）は 3 年間で 129 名であった
のに対して，第 1 審が裁判員裁判である場合（控訴審の終局が平成 21 年〜23 年）は 3 年
間で 2 名にすぎない。また控訴審における終局人員中，量刑不当により破棄された人員
数は，第 1 審が裁判官裁判の場合（控訴審の終局が平成 18〜20 年）は 2,455 名のうち
129 名（5.3％）であったのに対して，第 1 審が裁判員裁判の場合（控訴審の終局が制度
施行〜平成 24 年 5 月末）は 804 名中 5 名であった（最高裁判所事務総局『裁判員裁判実
施状況の検証報告書』（2012 年）113-114 頁）。

殺人，銃刀法違反被告事件につき懲役17年を言い渡した第1審判決につい
て，「刑の量定に当たって，従来の量刑傾向を参考とすることは当然であるが，
同種事例における量刑傾向あるいは量刑相場（原判決のいう量刑幅）といったも
のは，あくまで参考資料にとどまるものであって，拘束性のある基準といっ
たものではないのであるから，最終的な量刑判断に当たっては，法定刑ない
し処断刑の範囲内において，個別事案における固有の量刑事情を考慮して，
宣告刑を量定すべきものである」との前提に立ちつつ，「従来の同種事案の量
刑傾向からするとやや重い部類に属するが，従来の量刑傾向からしても，そ
れを極端に外れるものではないし……本件犯行の罪質，動機，態様の冷酷さ，
結果の重大性等に照らすと，懲役17年という原判決の量刑はやむを得ない
ものであって，これが重すぎて不当であるとはいえない」と判示した。もっ
とも他方では，少数とはいえ，第1審判決における量刑事情の評価の誤りを
指摘するとともに，「同種事犯の量刑傾向」からみて著しく重い[10]，あるいは
反対に軽い（執行猶予ではなく実刑が妥当である）[11]として，これを破棄自判する
裁判例も見られた。

(3)　このような状況の中で，近時，最判平成26・7・24（刑集68巻6号925頁）
は，被告人両名を求刑各懲役10年に対して各懲役15年判決に処した第1審判
決，及びこれを維持した第2審判決を量刑不当として破棄し，被告人両名
にそれぞれ懲役10年及び8年を言い渡した（以下「本判決」という）[12]。最高裁
が，裁判員裁判による量刑を破棄したのはこれが最初である。本判決は，第
1審判決の犯情及び一般情状に関する評価について，これらが誤っていると

---

(8)　例えば，刑訴法382条にいう事実誤認の意義ならびに判示方法に関する最判平成24
年2月13日（刑集66巻4号482頁）の補足意見（白木勇裁判官）において，「裁判員の
加わった裁判体が行う量刑について，許容範囲の幅を認めない判断を求めることはそも
そも無理を強いることになるであろう。事実認定についても同様であり，裁判員の様々
な視点や感覚を反映させた判断となることが予定されている。そこで，裁判員裁判にお
いては，ある程度の幅を持った認定，量刑が許容されるべきことになるのであり，その
ことの了解なしには裁判員制度は成り立たないのではなかろうか」との指摘がなされて
いた。

(9)　なお本件は，その後上告棄却されている。

(10)　東京高判平成23年3月10日東高刑時報62巻1＝12号18頁，広島高判平成23年5
月26日LEX/DB 25443472，東京高判平成26年2月25日LEX/DB 25503239，名古屋高
金沢支判平成26年4月17日LEX/DB 25503678など。

(11)　東京高判平成24年1月11日東高刑時報63巻1＝12号1頁。

270　第11章　裁判員裁判と「同種事犯の量刑傾向」

まではいえないとした点では第2審判決は正当であるとしつつ，「同種事犯の量刑傾向」からの離脱の可否を判断することにより量刑不当の結論を導いていることから，量刑理論から見ても重要な意味を有している。本稿では，本判決の検討を中心としつつ，裁判員裁判における「同種事犯の量刑傾向」の意義と限界について若干の考察を行うこととする。

Ⅱ　最高裁平成26年判決について

(1)　事実の概要

被告人X及びYは，かねて両名の間に生まれた三女A（犯行当時1歳8か月）にそれぞれ継続的に暴行を加え，かつ，これを相互に認識しつつも制止することなく容認することなどにより共謀を遂げた上，平成22年1月27日午前0時頃，大阪府内の当時の被告人両名の自宅において，被告人Xが，Aに対し，その顔面を含む頭部分を平手で1回強打して頭部分を床に打ち付けさせるなどの暴行を加え，その結果，急性硬膜下血腫などの傷害を負わせ，同年3月7日午後8時59分頃，同府内の病院において，Aを急性硬膜下血腫に基づく脳腫脹により死亡させた。X及びYは，傷害致死罪で起訴された。

第1審判決（大阪地判平成24・3・21刑集68巻6号948頁参照）は，検察官のX及びYに対する各懲役10年の求刑に対して，各懲役15年の刑を言い渡した。量刑事情については，(1)犯罪行為自体に係る情状（犯情）に関し，①親による児童虐待の傷害致死の行為責任は重大で，②態様は甚だ危険で悪質であり，③結果は重大で④経緯には身勝手な動機による不保護を伴う常習的な児童虐

---

(12)　本判決の評釈・解説として，楡井英夫「判解」最判解刑事篇・平成26年度（法曹会，2017年）272頁以下，前田雅英「判批」捜研763号（2014年）30頁以下，土本武司「判批」同125頁以下，小池信太郎「判批」法時86巻11号（2014年）1頁以下，同・論ジュリ18号（2016年）222頁以下，原田國男「判批」刑ジャ42号（2014年）43頁以下，松宮孝明「判批」法セミ719号（2014年）111頁，笹倉佳奈「判批」同112頁，亀井源太郎「判批」判例セレクト2014-2（2015年）44頁，波床昌則「判批」刑ジャ43号（2015年）172頁以下，岩瀬徹「判批」ジュリ臨増・平成26年度重判解（2015年）99頁以下，伊藤博路「判批」名城ロー33号（2015年）103頁以下，三好幹夫「判批」別ジュリ『刑事訴訟法判例百選（第10版）』（2017年）212頁以下，城下裕二「判批」新・判例解説Watch刑法vol.17（2015年）187頁以下などがある。また，被告人Xの担当弁護人による解説として，高山巌「判批」刑弁84号（2015年）105頁以下，被告人Yの担当弁護人による解説として，間光洋「判批」刑弁80号（2014年）69頁以下参照。

待が存在し，⑤被告人両名の責任に差異なしと評価され，(2)一般情状に関し，①堕落的な生活態度，②罪に向き合わない態度，③犯行以前の暴行に関し責任の一端を被害者の姉である次女（当時3歳）になすり付ける態度を指摘した。その上で，各懲役15年の量刑とした理由としては，(1)検察官の求刑は，①犯行の背後事情として長期間にわたる不保護が存在することなどの本件児童虐待の悪質性，②責任を次女になすり付けるような被告人両名の態度の問題性を十分に評価したものとは考えられず，(2)同種事犯の量刑傾向といっても，裁判所の量刑検索システムは，登録数が限られている上，量刑を決めるに当たって考慮した要素を全て把握することも困難であるから，各判断の妥当性を検証できないばかりでなく，本件事案との比較を正確に行うことも難しいと考えられ，そうであるなら，児童虐待を防止するための近時の法改正からもうかがえる児童の生命等尊重の要求の高まりを含む社会情勢に鑑み，本件のような行為責任が重大な児童虐待事犯に対しては，今まで以上に厳しい罰を科すことがそうした法改正や社会情勢に適合すると考えられることから，被告人両名に対しては傷害致死罪に定められた法定刑の上限に近い主文の刑が相当であると判断した。

原判決（大阪高判平成25・4・11刑集68巻6号954頁参照）は，被告人両名の量刑不当の主張を以下のような理由で排斥した。第1審判決の犯情及び一般情状に関する評価が誤っているとまではいえず，第1審判決が各懲役15年の量刑をするに際し，(1)検察官の各懲役10年の求刑は，①本件児童虐待の悪質性及び②責任の一端を被害者の姉になすり付けるような被告人両名の態度の問題性を十分に評価したものとは考えられない旨説示した点が誤っているというべき根拠は見当たらず，(2)同種事犯の量刑傾向について説示した点は，量刑検索システムによる検索結果は，これまでの裁判結果を集積したもので，あくまで量刑判断をするに当たって参考となるものにすぎず，法律上も事実上も何らそれを拘束するものではないから，第1審の量刑判断が控訴趣意で主張された検索条件により表示された同種事犯の刑の分布よりも突出して重いものになっていることなどによって直ちに不当であるということはできない。第1審判決の各懲役15年の量刑も，懲役3年以上20年以下という傷害致死罪の法定刑の広い幅の中に本件を位置付けるに当たって，なお選択の余

272 第11章 裁判員裁判と「同種事犯の量刑傾向」

地のある範囲内に収まっているというべきものであって，重過ぎて不当であるとはいえない。

これに対して被告人両名は上告した。

(2) **判 旨**

最高裁は，原判決及び第1審判決を破棄し，被告人Xを懲役10年に，被告人Yを懲役8年に処した。

「1 第1審判決の犯情及び一般情状に関する評価について，これらが誤っているとまではいえないとした原判断は正当である。しかしながら，これを前提としても，被告人両名を各懲役15年とした第1審判決の量刑及びこれを維持した原判断は，是認できない。その理由は，以下のとおりである。

2 我が国の刑法は，一つの構成要件の中に種々の犯罪類型が含まれることを前提に幅広い法定刑を定めている。その上で，裁判においては，行為責任の原則を基礎としつつ，当該犯罪行為にふさわしいと考えられる刑が言い渡されることとなるが，裁判例が集積されることによって，犯罪類型ごとに一定の量刑傾向が示されることとなる。そうした先例の集積それ自体は直ちに法規範性を帯びるものではないが，量刑を決定するに当たって，その目安とされるという意義をもっている。量刑が裁判の判断として是認されるためには，量刑要素が客観的に適切に評価され，結果が公平性を損なわないものであることが求められるが，これまでの量刑傾向を視野に入れて判断がされることは，当該量刑判断のプロセスが適切なものであったことを担保する重要な要素になると考えられるからである。

この点は，裁判員裁判においても等しく妥当するところである。裁判員制度は，刑事裁判に国民の視点を入れるために導入された。したがって，量刑に関しても，裁判員裁判導入前の先例の集積結果に相応の変容を与えることがあり得ることは当然に想定されていたということができる。その意味では，裁判員裁判において，それが導入される前の量刑傾向を厳密に調査・分析することは求められていないし，ましてや，これに従うことまで求められているわけではない。しかし，裁判員裁判といえども，他の裁判の結果との公平性が保持された適正なものでなければならないことはいうまでもなく，評議に当たっては，これまでのおおまかな量刑の傾向を裁判体の共通認識とした

上で，これを出発点として当該事案にふさわしい評議を深めていくことが求められているというべきである。

3　こうした観点に立って，本件第1審判決をみると，『同種事犯のほか死亡結果について故意が認められる事案等の量刑傾向を参照しつつ，この種事犯におけるあるべき量刑等について議論するなどして評議を尽くした』と判示されており，この表現だけを捉えると，おおまかな量刑の傾向を出発点とした上で評議を進めるという上記要請に沿って量刑が決定されたようにも理解されないわけではない。

しかし，第1審判決は，引き続いて，検察官の求刑については，本件犯行の背後事情である本件幼児虐待の悪質性と被告人両名の態度の問題性を十分に評価していないとし，量刑検索システムで表示される量刑の傾向については，同システムの登録数が十分でなくその判断の妥当性も検証できないとした上で，本件のような行為責任が重大と考えられる児童虐待事犯に対しては，今まで以上に厳しい罰を科すことが法改正や社会情勢に適合するなどと説示して，検察官の求刑を大幅に超過し，法定刑の上限に近い宣告刑を導いている。これによれば，第1審判決は，これまでの傾向に必ずしも同調せず，そこから踏み出した重い量刑が相当であると考えていることは明らかである。もとより，前記のとおり，これまでの傾向を変容させる意図を持って量刑を行うことも，裁判員裁判の役割として直ちに否定されるものではない。しかし，そうした量刑判断が公平性の観点からも是認できるものであるためには，従来の量刑の傾向を前提とすべきではない事情の存在について，裁判体の判断が具体的，説得的に判示されるべきである。

4　これを本件についてみると，指摘された社会情勢等の事情を本件の量刑に強く反映させ，これまでの量刑の傾向から踏み出し，公益の代表者である検察官の懲役10年という求刑を大幅に超える懲役15年という量刑をすることについて，具体的，説得的な根拠が示されているとはいい難い。その結果，本件第1審は，甚だしく不当な量刑判断に至ったものというほかない。同時に，法定刑の中において選択の余地のある範囲内に収まっているというのみで合理的な理由なく第1審判決の量刑を是認した原判決は，甚だしく不当であって，これを破棄しなければ著しく正義に反すると認められる。

274 第11章 裁判員裁判と「同種事犯の量刑傾向」

　よって，刑訴法411条2号により原判決及び第1審判決を破棄し，同法413条ただし書により各被告事件について更に判決することとし，第1審判決の認定した罪となるべき事実に法令を適用すると，被告人両名の各行為は，いずれも刑法60条，205条に該当するので，各所定刑期の範囲内で，被告人Xについては，原判決が是認する第1審判決の量刑事情の評価に基づき検討を行って懲役10年に処し，さらに，被告人Yについては，実行行為に及んでいないことを踏まえ，犯罪行為にふさわしい刑を科すという観点から懲役8年に処することとする。」

　なお，本判決には白木勇裁判官の以下のような補足意見がある。

「1　量刑は裁判体の健全な裁量によって決せられるものであるが，裁判体の直感によって決めればよいのではなく，客観的な合理性を有するものでなければならない。このことは，裁判員裁判であろうとなかろうと変わるところはない。裁判員裁判を担当する裁判官としては，量刑に関する判例や文献等を参考にしながら，量刑評議の在り方について日頃から研究し，考えを深めておく必要があろう。評議に臨んでは，個別の事案に即して判断に必要な事項を裁判員にていねいに説明し，その理解を得て量刑評議を進めていく必要がある。

2　量刑の先例やその集積である量刑の傾向は，それ自体としては拘束力を持つものではないし，社会情勢や国民意識の変化などに伴って徐々に変わり得るものである。しかし，処罰の公平性は裁判員裁判を含む刑事裁判全般における基本的な要請であり，同種事犯の量刑の傾向を考慮に入れて量刑を判断することの重要性は，裁判員裁判においても何ら異なるものではない。そうでなければ，量刑評議は合理的な指針もないまま直感による意見の交換となってしまうであろう。

　こうして，量刑判断の客観的な合理性を確保するため，裁判官としては，評議において，当該事案の法定刑をベースにした上，参考となるおおまかな量刑の傾向を紹介し，裁判体全員の共通の認識とした上で評議を進めるべきであり，併せて，裁判員に対し，同種事案においてどのような要素を考慮して量刑判断が行われてきたか，あるいは，そうした量刑の傾向がなぜ，どのような意味で出発点となるべきなのかといった事情を適切に説明する必要が

ある。このようにして，量刑の傾向の意義や内容を十分理解してもらって初めて裁判員と裁判官との実質的な意見交換を実現することが可能になると考えられる。そうした過程を経て，裁判体が量刑の傾向と異なった判断をし，そうした裁判例が蓄積されて量刑の傾向が変わっていくのであれば，それこそ国民の感覚を反映した量刑判断であり，裁判員裁判の健全な運用というべきであろう。私は，かつて，覚せい剤取締法違反等被告事件に関する判決（最一小判平成24年2月13日刑集66巻4号482頁いわゆるチョコレート缶事件判決）の補足意見において，「裁判員裁判においては，ある程度の幅を持った認定，量刑が許容されるべき（である）」と述べたが，それは以上のような適切な評議が行われたことを前提としているのである。

3　本件では，裁判官と裁判員との量刑評議が必ずしも在るべき姿に沿った形で進められていないのではないかという疑問があり，それが本件第1審の量刑判断につながったのではないかと考えられる。裁判官としては，重要な事柄は十分に説明し，裁判員の正しい理解を得た上で評議を進めるべきであり，そうすることが裁判員と裁判官との実質的な協働につながると思われる。評議を適切に運営することは裁判官の重要な職責であり，裁判員裁判を担当する裁判官は，その点を改めて考えてみる必要があることを指摘しておきたい。」

Ⅲ　検　討

(1)　量刑傾向の拘束力について

　本判決は，前提として，裁判例の集積による犯罪類型ごとの量刑傾向は「それ自体は直ちに法規範性を帯びるものではないが，量刑を決定するに当たって，その目安とされるという意義をもって」いるとする。そして公平性の観点からは，量刑傾向を視野に入れて判断を行うことが「当該量刑判断のプロセスが適切なものであったことを担保する重要な要素」であって，評議に際しても「裁判体の共通認識とした上で，これを出発点として」検討がなされるべきであるとする。これは，白木裁判官の補足意見に示された「処罰の公平性は裁判員裁判を含む刑事裁判全般における基本的な要請であり，同種事

276　第11章　裁判員裁判と「同種事犯の量刑傾向」

犯の量刑の傾向を考慮に入れて量刑を判断することの重要性は，裁判員裁判においても何ら異なるものではない」という立場とも符合するものである。

　この点に関して，第1審判決は「同種事犯の量刑傾向といっても，裁判所の量刑検索システムは，登録数が限られている上，量刑を決めるに当たって考慮した要素を全て把握することも困難であるから，各判断の妥当性を検証できないばかりでなく，本件事案との比較を正確に行うことも難しいと考えられ」ると判示し，第二審判決は「量刑検索システムによる検索結果は，これまでの裁判結果を集積したもので，あくまで量刑判断をするに当たって参考となるものにすぎず，法律上も事実上も何らそれを拘束するものではないから，第1審の量刑判断が控訴趣意で主張された検索条件により表示された同種事犯の刑の分布よりも突出して重いものになっていることなどによって直ちに不当であるということはできない」としていた。これらの第一審・第二審判決の考え方は，直接的には量刑検索システムの限界を指摘したものとも解されるが，実際の裁判員裁判では同システムに依拠した資料により量刑傾向が示されていること[13]からすれば，そうした量刑傾向の性格として，事実的拘束力を否定した立場としてはかなり徹底したものということができる。これと比較するならば，量刑傾向について，「直ちに法規範性を帯びるものではない」し「これに従うことまで求められているわけではない」が「裁判体の共通認識」であり「出発点」であると位置づける本判決は，事実的拘束力を正面から認めるわけではないものの，実質的にはそれを肯定する立場にやや接近したようにも思われる。

　もっとも，本判決も「これまでの傾向を変容させる意図を持って量刑を行うことも，裁判員裁判の役割として直ちに否定されるものではない」ことを認めており，ただし「そうした量刑判断が公平性の観点からも是認できるも

---

[13]　量刑検索システムに基づく量刑資料は，通常，いくつかの量刑事情によって抽出された事件の類型ごとの量刑傾向を示したグラフと，各事件の概要をまとめた事例一覧表により構成されている（本書第10章Ⅲの3を参照）。もっとも，量刑検索システムの利用にあたって留意すべき点は多い。例えば，すでに指摘されているように，同システムは余罪を含めた最終的な科刑の集積であることから，余罪が特に含まれやすい犯罪類型（強盗致傷，性犯罪など）については，量刑分布グラフだけではなく，事例一覧表による修正が必要となりうる（間・前掲注[12]74頁）。さらに，司法研修所（編）・前掲注[3]27頁＊15を参照。

のであるためには，従来の量刑の傾向を前提とすべきではない事情の存在について，裁判体の判断が具体的，説得的に判示されるべきである」とする。すなわち，公平性の視点から原則として従来の量刑傾向を踏まえることの重要性を指摘しつつも，「具体的，説得的な根拠」が示されることを条件として，量刑傾向を「変容させる」ことを是認している。これは，逆にいえば，「具体的，説得的な根拠」が提示されないかぎりは，従来の量刑傾向から離脱すべきではないとの考え方に立つものと解される。こうした考え方は，「具体的，説得的な根拠」における具体性・説得性にどの程度のレヴェルを要求するかによって，上述した事実的拘束力を強く認める立場（②(a)）にも，そうではない立場（②(b)）にも接近しうる余地を残したものといいうる。これは，一方では，依拠すべき量刑傾向自体が，裁判官裁判によるものから，裁判員裁判によって形成されたものへと移行しつつあるいわば「過渡期」にあること[14]に配慮したものとも考えられる。ただ，本判決が，「具体的，説得的な根拠」の提示を「例外」に属すると解しているならば，やはり前者の立場に一歩近づいたものといえるように思われる。「これまでの傾向を変容させる意図を持って量刑を行うこと」が「公平性の観点からも是認できるものであるためには」という判示（圏点は引用者）からみても，量刑傾向からの離脱は，公平性の原則が及ぶ範囲であるべきことが前提になっているものとみられる。

　このように，量刑傾向の原則的な重要性を強調して一定の範囲での拘束力を認めるとともに，例外的にそこから離脱することの可否の判断資料として「具体的，説得的根拠」の提示を求めたことが，本判決の最も重要な意義であるといえよう[15]。本判決はこれを量刑判断の公平性から導いているが，後述するように，量刑傾向の重視が，量刑における行為責任主義の現われであるとすれば，本判決もこの原則を量刑の出発点とするものであり，そのこと自体は正当である。ただ，量刑における行為責任主義の理解にも多様な立場がありうることから[16]，行為責任から離脱することの可否ならびにその程度に関しても，各々の立場によって異なる帰結に至りうる。同時にそれは，量刑における公平性をどこまで維持すべきかという問題にも連なる。本判決は当

---

(14)　この点につき，原田・前掲注(12) 50 頁参照。さらに，小池・前掲注(12)（法時 86 巻 11 号）3 頁参照。

278　第11章　裁判員裁判と「同種事犯の量刑傾向」

然のことながらそうした理論的対立にまで言及するものではなく，量刑にお
ける行為責任主義のあり方については今後の議論に委ねられているといわな
ければならない。

(2)　量刑傾向から離脱するための「具体的，説得的な根拠」

　本判決は，「第1審判決の犯情及び一般情状に関する評価について，これら
が誤っているとまではいえないとした原判決は正当である」としつつも，「従
来の量刑の傾向を前提とすべきではない事情の存在について」の「具体的，
説得的な根拠」の提示を要求している。ここでは，第1審判決が各量刑事情
について厳しい評価を行ったこと自体ではなく，そうした厳しい評価が，「具
体的，説得的な根拠」を伴わずに，過去の量刑傾向から離脱していることが
問題視されている[17]。もっとも本判決は，そうした「具体的，説得的な根拠」
の内容については明らかにしていない。本判決からの帰結は「児童虐待を防
止するための近時の法改正からもうかがえる児童の生命等尊重の要求の高ま
りを含む社会情勢」の重視だけでは十分な根拠とはならないということのみ
であるが，同時に，第一審判決が求刑及び量刑傾向を超える判断を行った理
由として掲げた(1)犯行の背後事情，ならびに(2)被告人両名の態度の問題性，
といった要因では説得性がないということも含意されているのであろう。そ
こから，犯情そのものではない事情の存在は「具体的，説得的な根拠」の対

---

[15]　本判決の白木裁判官による補足意見において「量刑評議の在り方」が指摘されている
ことは，こうした具体的・説得的根拠の必要性という実体的要件を手続面からも担保し
ようとするものといえる。なお同様の指摘は，司法研修所（編）・前掲注(3)（『量刑評議
の在り方について』）26頁以下のほか，既に，例えば伊藤雅人＝前田巌「裁判員との量刑
評議の在り方」原田國男判事退官記念論文集刊行会（編）『原田國男判事退官記念論文集
新しい時代の刑事裁判』（判例タイムズ社，2010年）378頁が「これまでの量刑の幅の中
に収まらないことにつき，合理的な理由が示されていない場合（納得し得る理由が説明
されていない場合）には，控訴された場合に控訴審で維持されない可能性が高くなるこ
とも説明すべきであろう」としていたことにもみられる。
　なお，本判決が「これまでの量刑の傾向から踏み出し」との文言に続けて「公益の代
表者である検察官の……求刑を大幅に超える……量刑をすることについて」と述べてい
ることをどのように捉えるかは一つの問題である。少なくとも，「量刑傾向」と「検察官
の求刑」を同質のものとする趣旨ではなく，（求刑が量刑に一定の影響を与えていること
を肯定しつつも）第一審判決の量刑の不当性を強調したものとみるべきであるように思
われる。
[16]　これについては，城下裕二『量刑理論の現代的課題［増補版］』（成文堂，2009年）239
頁以下参照。
[17]　楡井・前掲注[12]286頁参照。

象とはならず，犯行態様の悪質性，行為者の主観的要素，結果の重大性など
の犯情に関する事実について，特別に非難されるべき事情の存在を示すこと
が「具体的，説得的な根拠」として本判決では想定されている[18]との見解も
ある。

　本判決の「行為責任の原則を基礎としつつ……裁判例が集積されることに
よって，犯罪類型ごとに一定の量刑傾向が示される」との判示を前提とする
ならば，ここでの「量刑傾向」とは，行為責任とほぼ同義の，すなわち犯情
を中心的要素として類型化された当該犯罪行為に対する非難可能性の程度を
表すものであると解される。前掲の平成21年度司法研究が指摘する「犯罪行
為の社会的類型（ないし刑事学的類型）」を前提とし」た量刑傾向，あるいは「量
刑（責任の枠）の目安」[19]という表現も，このことを示しているように思われ
る。その意味では，量刑傾向の重視は，量刑における行為責任主義の確認に
ほかならないことになる[20]。したがって，上記の見解が指摘するように，犯
情そのものではない事情（「一般情状」あるいは予防的考慮）を理由として従来の
量刑傾向を超える刑罰を科すことは，行為責任とは異質の要素によって行為
責任を超える量刑を導く結果となる。これは行為責任主義（消極的行為責任主
義）に反するものであり，いかなる根拠が示されても許容されるべきではな
い。

　これに対して，犯情自体に特別に非難すべき事情があることを理由として，
従来の非難可能性の程度を上回る評価を行うことには，刑罰の上限としての
行為責任そのものが変動（上昇）することを意味するため，格別の問題がない
ようにも見える[21]。そうした特別な事情が現実にどれだけ存在しうるかとい
う点はここでは措いておこう[22]。本判決との関連で重要なのは，そのような
特別な事情が仮に存在するとしても，さらに，当該事情の評価方法が「具体

---

(18)　間・前掲注(12) 73頁。

(19)　司法研修所（編）・前掲注(3)（『量刑評議の在り方について』）18-19頁。

(20)　もちろん，量刑傾向が，厳密な意味において行為責任と対応しているかどうかについ
　　ては（例えば「同種事犯」にいう「同種」とは何を意味するのかといった問題を含めて）
　　今後の検証が必要である。

(21)　原田・前掲注(12) 48頁は，「例えば強姦致傷で重い量刑判断をする場合，携帯電話等で
　　その状況を撮影して友人に送るぞなどと脅すのは，態様として極めて悪質だから，それ
　　を理由に重い刑とするのは，具体的で説得的な判示ということができる」とする。

的，説得的」であるかどうかも検討されなければならないということである。
第1審判決は，暴行の態様が「凶器の使用もなく1回手で叩いただけのもの
である」とする一方で，「本件暴行の際，被告人Xは打撲傷の可能性までし
か認識していなかったとは認められるものの，被害女児の発育状態等にかん
がみると，そのような態様で打撲傷を生じさせる可能性自体に重い死の結果
発生の高い危険性が内在していると評価できる上，仮に打撲傷に止まらない
負傷可能性の認識があったとすると，それは死亡するに至る可能性の認識と
評価すべき場合も少なくないと考えられる。そうすると，本件暴行の態様は，
殺人罪と傷害致死罪との境界線に近いものと評価するのが相当である」との
結論に至っており，まさに「傷害致死の殺人化」[23]ともいうべき評価が行わ
れている。確かに，第2審判決も述べるように，傷害致死罪が想定している
暴行の行為態様には，殺人罪の実行行為に近いものも存在しうるが，だから
といってそこから両罪の故意を同一視することはできないし，直ちにそれを
本件の行為責任に反映させることも適切ではない。ところが第一審判決は，
上記のようにXの認識が打撲傷の可能性に止まることを認定しながらも，
それに止まらない場合をあえて「仮定」することによって，暴行の態様の危
険性・悪質性を導き出している。本判決は第1審及び第2審判決の量刑事情
の評価を是認しているが，このような評価方法は，結果の重大性を重視する
あまり，犯罪の主観的要素の判断を相対化し，それを行為態様にも影響させ，
ひいては各犯罪類型間の区別ないし相互関係を軽視するものとなっていると
の批判を免れないであろう[24]。従来の量刑傾向から踏み出す場合の「具体的，
説得的な根拠」は，特別な量刑事情の存在自体のみならず，それらの評価方

---

[22] 小池・前掲注[12]（法時86巻11号）3頁は，量刑傾向から出発しつつ，それとはかけ離
れた重い刑を科すことが「具体的，説得的根拠」の提示により正当化される状況が現実
にありうるのかは疑問であるとして，量刑傾向からの「変容」は漸進的なものにとどめ
るべきこと，すなわち量刑傾向に「急進的な変更を許さない」という意味での規制機能
を認めることがということが本判決のメッセージであるとする。

[23] 原田・前掲注[12] 51頁。さらに，同「裁判員裁判における量刑傾向——見えてきた新し
い姿——」慶應ロー27号（2013年）172頁参照。

[24] 原田・前掲注[12] 51-52頁は，「傷害致死の殺人化」は，法定刑の基本的枠組みを崩す量
刑を招くおそれがあるとする。さらに，司法研修所（編）・前掲注[3]（『量刑評議の在り
方について』）11頁参照。なお，本判決の上告趣意補充書(3)の(2)を参照（刑集68巻6号
936頁以下）。

法にも伴うことが必要であると思われる。

(3) 量刑傾向を離脱する「方向」

本判決の射程範囲は，あくまで量刑傾向を重い方向で踏み出す場合についてであり，軽い方向で踏み出す場合については判断していないとの指摘[25]がある。これに対しては，量刑判断の公平性の観点を理由としていることから，軽くする場合も同様に裁判体の判断が具体的，説得的に判示されることを要求しているとの見解[26]も主張されている。

確かに，本判決の判示そのものは量刑傾向を重い方向で離脱した場合に関するものである。しかし本判決が，量刑傾向に対して「当該量刑判断のプロセスの適切さ」を担保する重要性を認める趣旨からすれば，軽い方向に離脱する場合についても具体的，説得的な根拠が必要であると解していることは明らかであると思われる[27]。ただ重要な点は，上述のようにその内容（根拠を必要とする対象）には相違が生じることである。すなわち，量刑における行為責任主義を前提にすれば，従来の量刑傾向を下回る場合には，犯情に関する事実のみならず，一般情状ないし予防的考慮に関する事実が「具体的，説得的な根拠」を要する対象に含まれることになる。そして，どこまで下回ることが許容されるべきかという問題も，量刑における行為責任主義の理解の仕方によって異なることになる[28]。

(4) 共犯者の量刑

被告人両名につき，いずれも検察官の懲役 10 年の求刑を大幅に超える[29]懲役 15 年に処した第 1 審判決およびこれを維持した第 2 審判決に対して，本判決は X を懲役 10 年に，Y を懲役 8 年にそれぞれ処している[30]。その理由は，X については「第 1 審判決の量刑事情の評価に基づき検討を行っ」た結果であり，Y については「実行行為に及んでいないことを踏まえ，犯罪行

---

[25]　間・前掲注(12) 73-74 頁，笹倉・前掲注(12) 112 頁。

[26]　原田・前掲注(12) 53 頁。

[27]　本判決後，東京高判平成 28・6・30 判時 2345 号 113 頁によって，この点は積極に解されることが示された。本書第 8 章Ⅲ4 を参照。

[28]　いわゆる「消極的行為責任主義」に立脚した場合であっても，責任を刑罰の「基礎」と理解する立場，あるいは責任による刑罰の拘束性（ないし罪刑の均衡性）を強く認める立場からは，当然のことながら量刑傾向を下回ることには一定の制限が課されることになる。

為にふさわしい刑を科すという観点から」量定したというものである。第1
審判決は，被告人両名が不保護を伴う常習的な幼児虐待を行っていたことを
重視し，「本件に至るまでの被告人Yの行動を踏まえた本件の共謀状況にか
んがみると，被告人Yの刑事責任は，被告人Xの刑事責任と差異がないと
評価するのが相当である」と判示していた。すなわち，特にYについては，
実行行為に及んでいないことは当然考慮に入れつつ，具体的な事実を挙げる
ことにより，実質的にはXと同等の量刑が妥当であると判断したものであ
る。このことからすれば，両名の刑期に差を設けたことについては，単に実
行行為に及んだか否かという点にとどまらず，さらに詳細な説明が必要で
あったといえよう[31]。

(5) 結 語

本判決で問題とされた「同種事犯の量刑傾向」をめぐる議論は，「同種事犯
における量刑判断の公平性」と「個別事犯における量刑判断の妥当性」の相
克という，量刑理論の根本問題にほかならない[32]。既に判例に現れているよ
うに，裁判員裁判の中で，2つの要請をいかに調整していくべきかは，量刑結

---

[29] 最高裁判所事務総局・前掲注[7]91頁によれば，求刑を上回る判決は，裁判官裁判（平成20年4月～24年3月）では0.1％であったのに対して，裁判員裁判（制度施行～平成24年5月末）では0.9％であった（最高裁によれば，制度施行から平成26年5月末までの裁判員裁判において求刑を上回る判決を受けた被告人は49名である［朝日新聞2014年7月25日付朝刊］）。なお，同85頁によれば，傷害致死の量刑分布に関して，裁判官裁判（同）でのピークが懲役3年超5年以下であったのに対して，裁判員裁判（同）では懲役5年超7年以下であり，また，後者において，懲役13年を超えた者は全判決人員の3.6％であった。

[30] 最高裁がこれまで刑訴法411条2号により原判決を破棄した全25件中，（破棄差戻しにしたもの，及び死刑を無期懲役に減軽したものを除いて）懲役刑を実刑のまま減軽したものは本判決のほか1件のみであり，他はいずれも実刑を執行猶予にしたものである（河上和雄ほか（編）『大コンメンタール刑事訴訟法・第9巻［第2版］』（青林書院，2011年）616-617頁［原田國男］参照）。

[31] この点につき，前田・前掲注[12]41頁注8を参照。笹倉・前掲注[12]112頁は，第一審に差戻しをせずに自判したことへの疑問を提起している。また，小池・前掲注[12]（論ジュリ18号）227頁は，量刑不当破棄の場合に自判する慣行は裁判員裁判の控訴審の実務でも維持されているとし，「本件で量刑傾向から大幅に踏み出す『具体的，説得的な根拠』にあたる事情が存在するが見落とされている余地があるというならば差戻しを検討すべきであろうが，最高裁はその可能性も見出さなかったものと思われる」と指摘する。なお，本庄武「量刑審査」刑弁68号（2011年）71-72頁参照。

[32] 例えば，1980年後半からのアメリカ合衆国における連邦量刑ガイドラインの導入は，この問題に対する（公平性を重視した）解決の試みの一つであったといえよう。これについては，城下・前掲注[16]219頁以下参照。

果（宣告刑の内容）のみならず，個々の量刑事情の評価——例えば死刑と無期懲役の限界事例における「前科」の考慮[33]——に関しても意味を有することに注意しなければならない。今後は，この両者，すなわち量刑結果自体と，それを基礎づける量刑事情の双方の面において議論が展開されていくことになると思われる。

---

[33] これに関しては，裁判員裁判による死刑判決を量刑不当により破棄した２つの控訴審判例（①東京高判平成 25・6・20 判時 2197 号 136 頁），②東京高判平成 25・10・8 高刑集 66 巻 3 号 42 頁）及びそれらを維持した２つの最高裁決定（いずれも最（二小）決平成 27・2・3 刑集 69 巻 1 号 1 頁および同 99 頁）が重要である。①について本書事例研究⑧，２つの最高裁決定について本書第 12 章を参照。

284 事例研究⑤

事 例 研 究 ⑤	被害者参加制度の下で審理が行われた自動車運転過失致死（改正前）の事案について，本件事故に係る過失の態様や被告人の供述状況等に照らすと，同種事犯に対するこれまでの量刑傾向を批判的に検討しても，被告人を実刑に処するのはいささか重きに失するといわなければならないとして，被告人に対し，執行猶予付きの禁錮刑を言い渡した事例

（自動車運転過失致死被告事件，東京地裁平成 20 年（刑わ）第 3467 号，平成 21 年 2 月 20 日刑事第 11 部判決，有罪（確定），LEX/DB 25450448）

I 事実の概要

　被告人は，平成 20 年 8 月 1 日午前 0 時 42 分ころ，中型貨物自動車を運転し，東京都千代田区の信号機により交通整理の行われている丁字路交差点を右折進行するに当たり，対向直進車両の有無およびその安全を確認しながら発進して右折進行すべき自動車運転上の注意義務があるのにこれを怠り，対向直進車両の有無およびその安全確認不十分のまま漫然発進して時速約 15 ないし 20 km で右折進行した過失により，折から対向進行してきた A（当時 34 歳）運転の普通自動二輪車に気付かず，同自動二輪車前部に自車左側部を衝突させて同自動二輪車もろとも同人を路上に転倒させ，よって，同人に胸腔内臓器損傷等の傷害を負わせ，同日午前 2 時ころ，同区所在の病院において，同人を前記傷害により死亡させた。

II 判 旨

　東京地裁は，被告人に自動車運転過失致死罪（平成 25 年の新法成立による刑法一部改正前の罪名・刑法旧 211 条 2 項）の成立を認めたが，「量刑の理由」中で次のように述べて，禁錮 1 年 6 月の求刑に対して，被告人を禁錮 1 年 6 月，執行猶予 5 年に処した。

　「量刑を検討するに当たり，まず指摘しなければならないのは，未だ 34 歳

と若い被害者の生命を奪った結果の重大性である。被害者は……順風満帆な人生を送っていた最中に，突然本件事故に遭い，その尊い命を絶たれたのである。目の前に突然現れた貨物自動車に突っ込んでいく中で被害者の感じたであろう恐怖感，衝突等による肉体的苦痛，また，最愛の子供と妻を残し志半ばで逝かなければならなかった無念さや憤りは察するに余りがある。被害者参加人である妻は，最愛の夫であり，幼い娘にとってはかけがえのない父親でもある被害者を突如奪われた悲痛な思いを涙ながらに訴えている。……被害者の母親も，親思いの息子を突然失った喪失感と，これからも決して癒えることのない母親としての深い悲しみを述べている。被害者の収入に依拠して生活していた被害者参加人妻らの，今後の経済面での不安も軽視できない。このように本件により生じた結果は誠に重大というほかない。」「本件事故は，右折に際しての対向直進車両に対する安全確認という自動車運転手にとって最も基本的な注意義務を怠ったために生じたものである。……被告人の過失の程度は大きいというべきである。被害者には全く落ち度がない。」「以上によれば，被告人の刑事責任を軽視することはできない。……被告人に実刑を強く求める被害者参加人妻の心情は，当裁判所も十分に理解できるところである。」

　「しかし，他方，本件事故は，前記のとおり過失の程度が大きいとはいえ，酒気帯び，信号無視あるいは大幅な速度超過等を伴う，いわゆる無謀運転によるものではなく，一瞬の判断ミスにより生じたものである。その意味で本件事故は，自動車を運転する誰もが犯してしまう可能性のあるもので，過失が悪質とまではいえず，被告人に加えるべき非難も自ずと限度がある。また，被告人のこれまでの被害者遺族等に対する対応は到底誠実とはいい難いものの，被告人は，事故後，被害者が倒れているのを発見すると，直ちに119番等の通報をしてその救助に努めたほか……自己の非を率直に認めている。これらに加えて，被告人は……近年は交通違反歴がなく，日ごろの運転態度に特段の問題はなかったとうかがわれること，被告人運転車両には対人無制限の損害賠償責任保険が掛けられており，将来，遺族に対しては適正な金銭的賠償がなされる見込みがあることなど，被告人に酌むべき事情が認められる。」

「以上に掲記した諸事情，とりわけ本件の結果の重大性や遺族等の心情，被告人の事故後の遺族等に対する対応等を考慮した場合，被告人を実刑に処する余地がないわけではないものの，本件事故に係る過失の態様や被告人の供述状況等に照らすと，同種事犯に対するこれまでの量刑傾向を批判的に検討しても，被告人を実刑に処するのは，いささか重きに失するといわなければならない。そこで，当裁判所は，被告人に対し，主文掲記の刑に処してその責任を明確にした上で，猶予期間を法律上最長の5年間として禁錮刑の執行を猶予し，社会内において，被害者の冥福を祈らせるとともに，被害者遺族等の被害感情宥和に向けて努力させ，更生を促すことが相当であると判断した。」

III　検　討

1　はじめに

　本判決は，東京地裁における 2009 年 1 月 23 日の初公判で，「被害者参加制度」に基づいて被害者参加人等による意見陳述が実施された最初の 2 例のうちの 1 例である[1]。刑事訴訟法の一部改正により，2008 年 12 月から，被害者参加人等による弁論としての意見陳述 (刑訴法 316 条の 38) が導入された。これまでにも 2000 年の同法改正に基づき，被害者等は，被害に関する心情その他の被告事件に関する意見の陳述をすることが認められている (刑訴法 292 条の2)。これは，被告人に対する処罰感情など，被害に関する心情を中心とする意見に限って陳述することができるものであり，事実および法律の適用についての意見を述べることは基本的に認められていない。これに対して，新たに導入された意見陳述制度は，訴因として特定された事実の範囲内で，事実または法律の適用についての意見を述べることができ (刑訴法 316 条の 38 第 1項)，量刑についての意見も，「法律の適用」についての意見に含まれるものと解されている。ただし，刑訴法 292 条の 2 による意見陳述で示された意見は，(同条第 9 項の反対解釈として) 量刑の資料とすることが許されるが，新たな制度で表明された意見は，証拠とはならない (刑訴法 316 条の 38 第 4 項)。すな

---

[1]　朝日新聞 2009 年 1 月 24 日付朝刊。

わち，被害者参加人等による意見の陳述は，証拠調べ手続が終了した後の段階で，検察官の論告・求刑あるいは弁護人の弁論と同様に，純然たる主張としてなされるものである[2]。ただ，これまで検察官による求刑が，裁判官の量刑判断に一定の影響を与え続けてきたことからも明らかなように，「被害者参加人等による求刑」が量刑において事実上考慮されることは十分にありうる。現に，本判決における「被告人に実刑を強く求める被害者参加人妻の心情は，当裁判所も十分理解できるところである」との説示は，そうした可能性を示しているといえよう。このように新制度導入後は，被害者等に由来する意見が量刑に影響を与えうる2つの類型が併存していくことになり，この両者の関係をどのように考えていくべきかは手続法的にも議論が予想される[3]。もっとも，この点に関する検討を行うにはさらなる事例の集積が必要であると解されることから，以下においては，本判決に現れた量刑判断について，主として実体法的な視点から考察することにしたい[4]。

2 本判決における量刑判断

自動車運転過失致死傷罪（改正前の業務上過失致死傷罪）の量刑動向については，裁判官経験者により，①悪質過失により重大結果（死亡またはこれに準ずる重傷）が生じたが，示談不成立・宥恕なしの場合には実刑が相場である，②悪質過失により重大結果が生じたが，示談成立・宥恕ありの場合には，実刑の原判決を破棄して執行猶予とすることが十分考えられるが，他方，過失の悪質性が高い場合にはなお実刑を維持し，刑期を短縮する傾向もある，③単純過失（平素から運転態度に格別の問題のない善良なドライバーでも一瞬犯すような過失）により重大結果が生じたが，示談不成立・宥恕なしの場合には，実刑が相場

---

(2) 以上の点につき，白木功＝飯島泰＝馬場嘉郎「『犯罪被害者等の権利利益の保護を図るための刑事訴訟法等の一部を改正する法律（平成19年法律第95号）』の解説(2)」曹時60巻10号（2008年）91-94頁参照。

(3) 山下幸夫「刑事裁判と被害者参加──被害者参加制度で実務はどう変わるのか」法セ645号（2008年）19頁参照。

(4) 因みに本事案では，被害者の妻は被害者参加人として法律の適用に関する意見を述べ，被害者の母親は心情等に関する意見陳述（刑訴法292条の2）を行ったようである（後藤弘子「被害者参加裁判と刑事司法──刑事裁判の私化をどう防ぐのか」法時81巻4号（2009年）1頁参照）。なお，後者の意見陳述に関して，城下裕二『量刑理論の現代的課題［増補版］』（成文堂，2009年）9頁以下参照。

288　事例研究⑤

になりつつある，④単純過失により重大結果が生じたが，示談成立・宥恕あ
りの場合には，現在の量刑相場でも第一審で執行猶予にするのが相当である
（実刑にすると控訴審で破棄されて執行猶予となる確率が高い）との分析が示されてい
る[5]。これらの傾向に照らした場合，本判決は単純過失の事案であり，さら
に（判決文に現れたかぎりでは）示談不成立・宥恕なしという状況にあることか
らみて③の類型に該当し，実刑も十分にありえたということになろう。しか
し，示談不成立ではあるものの対人無制限の損害賠償責任保険が掛けられて
おり，将来，遺族に対する金銭的賠償がなされる見込みがあることが実質的
な被害回復につながることを重視し，宥恕はないがそのほかの有利な事情を
最大限考慮したことが実刑回避に至ったものとみられる。ただ，「法律上最長
の猶予期間」を付した点からみて，本事案が実質的には上記の③と④の境界
線上にある事例として位置づけられた可能性も否定できないように思われ
る。

3　本判決における量刑事情

本判決では，不利な量刑事情のなかで重要な位置を占めている「結果の重
大性」が，被害者関係的な視点から構成されていることが特徴として挙げら
れよう。すなわち本判決では，「未だ 34 歳と若い被害者の生命を奪った結果
の重大性」の判断において(1)順風満帆な人生を送っていた最中に事故に遭っ
たことの精神的・肉体的苦痛，(2)被害者の妻および母親の精神的苦痛，(3)妻
らの今後の経済面での不安，が「生じた結果」の重大性を基礎づける要素と
して掲げられているのである。

このうち(1)については，具体的には被害者が事故に遭遇した瞬間から死亡
するまでに感じた精神的・肉体的苦痛と解するならば，それは自動車運転過
失致死罪という犯罪の「結果」発生に至る過程で生じるものであり，「結果」
を構成する事情に含まれると考えることができる。ただこれは，事故に遭遇
した者が必然的に感じる（であろう）苦痛であり，これが生じたことによって
「生命侵害」という結果の重さがことさらに加重されるわけではない。こうし
た苦痛をも含むものとして，そもそも「生命侵害」という事実の違法性が大

---

(5)　原田國男『裁判員裁判と量刑法』（成文堂，2011 年）252 頁。

であると捉えるべきであろう。

　次に(2)および(3)は，被害者の遺族の「被害感情」に属するものであるが，これを量刑事情に含めるべきかについては議論がある[6]。生命・身体に対する罪においては（被害者本人の感情とともに）遺族の感情も副次的な法益として保護されており，いわゆる「構成要件外結果（構成要件的結果以外の結果）」として量刑上考慮しうるとの見解も有力に主張されている[7]。構成要件外結果は，本来の構成要件的結果に付随して生じた実質的・間接的被害を意味するものであるが，従来，これが当該構成要件の保護範囲内にあり，また行為者の行為との間に因果関係が認められ行為者に当該被害（ないしその危険性）の予見可能性がある場合に量刑事情に含めることができるといった理論構成が示されている[8]。これに対して最近では，「遺族に対する精神的（および経済的）侵害を，『生の現実』に即して考慮することは，当該遺族の被害者を大切に思う気持ち（や経済的依存）の度合い，言い換えれば被害者の人格的（および能力的）価値に対する『選り好み』を，刑事裁判所が追認することにほかならず，生命価値の平等との実質的抵触が避けられない」[9]として，遺族感情を構成要件の保護範囲から除外すべきであるとする反論も提起されている[10]。

　たしかに，被害者本人に対する法益侵害という事実は，実際上，家族をはじめとする周囲の者に精神的・経済的苦痛ないし支障をもたらす。しかしながら，これらの「実質的被害」が当該構成要件の保護範囲内にあるという解釈には慎重でなければならない。例えば死者に対する名誉毀損罪（刑230条2項）の保護法益を「死者に対する遺族の敬愛の情」にも求める場合[11]（その当

---

(6)　被害者・遺族などの被害感情（後述する科刑意見も含む）に関する最近の包括的な検討として，横田信之「被害者と量刑」大阪刑事実務研究会（編著）『量刑実務大系・第2巻　犯罪等に関する諸問題』（判例タイムズ社，2011年）2頁以下および小池信太郎「コメント」同127頁以下参照。さらに，本書第9章Ⅲ参照。

(7)　本庄武「危険運転致死傷罪の量刑」交通法科学研究会（編）『危険運転致死傷罪の総合的研究——重罰化立法の検証』（日本評論社，2005年）206頁。

(8)　この問題については，小池信太郎「量刑における構成要件外結果の客観的範囲について」慶應ロー7号（2007年）3頁以下，伊藤寿「構成要件的結果以外の実質的被害の発生と量刑」大阪刑事実務研究会（編著）・前掲注(6)244頁以下，高山佳奈子「コメント」同259頁以下を参照。

(9)　小池・前掲注(6)131頁。

(10)　小池・前掲注(6)131頁。さらに，同・前掲注(8)81-84頁参照。

(11)　例えば，大塚仁『刑法概説（各論）［第4版］』（有斐閣，2008年）148頁参照。

否は別として）のように，特殊な犯罪類型においては，一定の理由により遺族が法益主体に含まれると解することはありうるが，およそ生命・身体に対する罪に関しては，遺族・家族といった被害者の周囲の者にまで法益主体の範囲を拡張することが許されないのは罪刑法定主義の要請に照らしても明らかである。これを「副次的」法益主体と表現してみても，事実上の反射的な効果（被害）が及ぶ者といったこと以上の説明にはならないように思われる。遺族のいる被害者といない被害者の差別化をもたらすという批判もさることながら，この種の犯罪類型において，法益侵害の直接的な対象となっていない者を法益主体とすることには合理性がないというべきであろう。このように，本判決が結果の重大性を(2)および(3)によって基礎づけようとした点には疑問がある。

　以上に対しては，「被害感情」を「犯罪の結果」の構成要素とするのではなく，むしろ独立した量刑事情として考慮すべきであるとの見解もありうる。実際，本判決においても，「被告人に実刑を強く求める被害者参加人妻の心情」に対する理解を示した部分は，いわゆる「処罰感情・科刑意見」[12]を量刑上斟酌したことを表しているともいえる。しかし，これについても，遺族が意見を表明した場合と表明しなかった場合（あるいは遺族がいる場合といない場合）とで量刑が異なりうることの不均衡はもとより，「処罰感情・科刑意見」といわれるものの実体が必ずしも明確ではなく，時間の経過により可変的であること，また，責任主義と予防的考慮を基軸とする量刑判断の構造と適合的ではないことを考えるならば，独立した量刑事情とするには困難が伴うというべきであろう[13]。もちろん，本判決も「被害感情宥和に向けて努力させ，更生を促すことが相当である」と述べているように，行為者に対する予防的考慮

---

[12]　小池・前掲注(6)127-128 頁は，従来論じられてきた「被害感情」には，①被害者の生活への支障の一環としての精神的被害と，②処罰感情・科刑意見という 2 つの要素があることを指摘する。

[13]　松原芳博「刑事責任の意義と限界」法時 76 巻 8 号（2004 年）7 頁，髙山佳奈子「交通犯罪と刑法改正」刑法 44 巻 3 号（2005 年）106 頁，小池・前掲注(6)131 頁以下参照。なお，原田國男「量刑をめぐる諸問題──裁判員裁判の実施を迎えて」判タ 1242 号（2007 年）78 頁は，犯行時の被害感情自体は，構成要件外の結果として犯情に含まれるが，犯行後の被害者自身の被害感情や犯行後のものである被害者の遺族感情は，時間の経過とともに可変的な性質を有するため，一般情状であって量刑の大枠を決定する際には考慮すべきではないとされる。この点について，小池・前掲注(6)128-129 頁参照。

の判断資料として，遺族らとの関係を考慮するのは望ましいことであるといえよう。しかし，そのことと，遺族らの「処罰感情・科刑意見」を直接的な形で量刑事情とすることとは区別されなければならない[14]。

以上のように，本判決がわが国初の被害者参加制度の下で言い渡されたことは，「量刑の理由」においても，量刑事情を意識的に「被害者関係的」なものとして構成するという形をとる誘因となったようにも解される。今後もこうした傾向が続くことが予想されるが，従来の量刑理論との整合性をいかに図っていくべきかが重要な課題となるであろう[15]。

4 おわりに

本判決が被害者関係人の心情に配慮しつつも実刑を回避したことは，それだけを取り上げれば被害感情を重視する「新結果主義」[16]に対して抑制的な方向を採ったものともいえるが，「法律上最長の猶予期間」を付したことには「新結果主義」的要素が看取されるとの見方もありえよう。いずれにせよ，すでに指摘されているように[17]，交通犯罪対策としては，被害感情を強調した厳罰化に頼るのではなく，矯正処遇および被害者支援との連携を考慮に入れた総合的な検討が何よりも肝要なのであり，被害者参加制度の下での量刑判断もかような視点から行われるべきことが銘記されなければならない。

---

[14] なお，佐伯仁志「犯罪被害者等基本計画について」罪罰43巻2号（2006年）12頁参照。
[15] さらに，本判決の「未だ34歳と若い被害者の生命」という指摘に対しては，「生命の価値に対する刑法的評価がとくに高いことを示す趣旨であれば容認できない」（小池・前掲注(6)130頁）との批判も予想される。
[16] 原田・前掲注(5)253頁。
[17] 原田・前掲注(5)257-258頁。

292　事例研究⑥

事　例研　究⑥	迷惑防止条例違反の事案について，長期の未決勾留に先立つ捜査機関の手続に違法があったことも考慮して，懲役4月の求刑に対して被告人を罰金50万円に処した事例

（大阪府公衆に著しく迷惑をかける暴力的不良行為等の防止に関する条例違反被告事件，大阪地裁平成22年(わ)第4713号，平成23年7月20日第3刑事部判決，有罪，LEX/DB 25471944）

I　事実の概要

　被告人は，平成22年8月22日午前11時22分ころ，大阪府八尾市所在のショッピングセンター2階通路において，対向して通行中のA女（当時23歳）の左横を通ってすれ違う際，その臀部右側を，同女着用のワンピースの上から片手で1回触った。連絡を受けて2名の警察官が臨場し，同日午前11時38分ころ，同市の路上において，被告人に対して職務質問を開始した。さらに応援要請を受けた2名の警察官が加わり，警察官らは，現行犯人逮捕ないし準現行犯人逮捕も検討したが，被告人から犯行を認める供述が得られていないことを踏まえ，任意同行の手続を選択して被告人をパトカーに乗せて警察署に運ぶこととし，警察官2名が被告人の身体を掴み，これに対し被告人が手を振り回すなどして抵抗したが，警察官らが被告人の身体を押したり引いたりし，1名の警察官がパトカー内から被告人の手を引っ張り，別の警察官が被告人を前のめりにかがませるようにしてその身体を押し，乗車させた。同日午後6時56分ころ，発付された逮捕状が執行された。

　被告人は，公共の場所において，人を著しくしゅう恥させ，かつ，人に不安を覚えさせるような方法で，衣服の上から人の身体に触れたものとして，大阪府公衆に著しく迷惑をかける暴力的不良行為等の防止に関する条例16条1項2号，6条1号に違反したものとして起訴され，検察官は，被告人が窃盗未遂による執行猶予付き判決に処されて1か月半後に本件に及んだことも考慮して，懲役4月を求刑した。弁護人は，その主張の1つとして，本件逮捕に先立って警察官らが被告人に職務質問を行った際，被告人の任意によら

ずに警察署へ連行しており，これは令状の発付なしに行われた強制処分であって違法であり，その後引き続いて逮捕，勾留がなされ，身柄拘束期間中の捜査の結果を踏まえて本件公訴提起がなされているから，その公訴自体，検察官の訴追裁量権の濫用であり，手続規定に違反した無効なものであるとして，公訴棄却の判決を求めた。

II 判 旨

　大阪地裁は，公訴棄却を求める弁護人の主張に対しては，警察官らが「被告人をパトカーに乗車させるにあたり行った有形力の行使は……およそ被告人の任意に基づいて同行を得たといえるものでなく，警察官職務執行法及び刑事訴訟法いずれの関連法令に照らしても，所定の要件を具備しない違法なものであった」として，違法な手続の介在という限度で理由があるとしつつも，「他方で，当初の連行が逮捕であったとみた場合にも，引き続く勾留請求等の一連の手続は，法の定める時間制限にも実質違反することなく，適式に行われていたと認められる。その後なされた本件公訴提起につき，これを例外的に無効ならしめる場合には該当しない」として退けた。そして，結論的に被告人は有罪であるとして，「量刑の理由」で以下のように判示し，罰金50万円に処した（さらに未決勾留日数中80日を，その1日を5,000円に換算して，刑に算入した）。「本件条例違反については6月以下の懲役刑又は50万円以下の罰金刑を選びうるところ，検察官の意見は上限に近い懲役刑を求めるものであるが，犯情面の事情を取り上げれば，本件は，この種事犯の中で抜きん出て悪質なものというには及ばない。……他方，指摘されているのは，被告人が被害女性に対する謝罪を表明していないことや，勾留請求時の押送時に傍若無人な振る舞いをしていたことであるが，この指摘は……犯情の評価を超える量刑を根拠付けるものではない。また，執行猶予期間中の犯行との指摘がなされているところ……前件の罪も著しく重い評価を受ける内容ではなく，その罪と本件とは罪種が異なり，かつ，本件は衝動的，機会的な側面を有するから，そのような単発の痴漢行為につき，法秩序違背の程度が大きいと断ずるには，慎重にならざるを得ない。ところで被告人は，喘息を有するほか，

294 事例研究⑥

統合失調症の診断を受けており，通院して投薬を受けていた。そのような疾病を抱える中，本件の未決勾留は約10か月余りに及んでいる。被告人が応訴態度を明らかにしない事情等が審理の長期化に繋がっているが，その態度に，精神障害の影響が全くなかったと断ずることもできない。被告人の母親は，被告人の予後を案じ，今後は同居して更生に助力する意向であると証言しており，この点は弁護人の指摘するとおりである。それでも被告人に対し，上記執行猶予の必要的取消しにも繋がる懲役刑の選択をするには，相応の理由が必要であるところ，すでに摘示したとおり本件では，長期の未決勾留に先立ち，捜査機関が執り行った手続に違法があった。衡平の理念にも照らし，懲役刑の選択が真にやむを得ないかどうか検討したが，検察官の意見を採用するには至らない。」

Ⅲ　検　討

1　問題の所在

　本判決では，上記の訴追裁量権濫用（公訴権濫用）の問題のほか，被告人の訴訟能力なども争点となっているが，実体刑法上の量刑理論からは，「量刑の理由」において，捜査機関の執った手続に違法があったことを減軽事情の1つとして考慮した点が示されていることが注目される。本来，量刑事情の範囲は，量刑の一般基準を構成する責任主義および予防的考慮（一般予防・特別予防）によって確定されるということができ，その意味で，当該行為に対する非難可能性ないしは科刑による一般予防・特別予防とは直接には関連しない「捜査手続の違法」を量刑上考慮しようとするためには，その理論的根拠が示される必要がある。そのような根拠がありうるのかについては，これまで学説上も議論されてきたところであり，本解説においては，この問題を概観したうえで，本判決の量刑判断について検討する[1]。

---

(1)　この問題に関する最近の包括的な検討として，小倉哲治「違法捜査等と量刑」大阪刑事実務研究会（編著）『量刑実務大系・第3巻　一般情状等に関する諸問題』（判例タイムズ社，2011年）275頁以下がある。

2　従来の判例

　捜査手続の違法を減軽事情として考慮した従来の判例としては，①東京地判昭 46・2・18 判時 622 号 113 頁（公務執行妨害），②浦和地判平 1・12・21 判タ 723 号 257 頁（覚せい剤取締法違反），③浦和地判平 3・9・26 判時 1410 号 121 頁（覚せい剤取締法違反），④大阪高判平 4・1・30 高刑集 45 巻 1 号 1 頁（覚せい剤取締法違反），⑤熊本地判平 4・3・26 判タ 804 号 182 頁（殺人・殺人未遂〔被告人 4 名のうちの 2 名〕），⑥神戸地判平 16・10・28（LEX/DB 28105053）（覚せい剤取締法違反），⑦大阪地判平 18・9・20 判時 1955 号 172 頁（覚せい剤取締法・大麻取締法違反），⑧大阪地判平 20・3・24（LEX/DB 28145276）（殺人）がある。また，一般論として捜査手続の違法を量刑上考慮しうること自体は認めながらも，当該事案においては減軽事情としなかった裁判例として，⑨東京高判平 7・8・11 判時 1567 号 146 頁（強姦致傷），⑩大阪高判平 11・3・5 判タ 1064 号 297 頁（覚せい剤取締法違反），⑪東京高判平 15・5・19（LEX/DB 28085706）（殺人，殺人未遂，武器等製造法違反）が挙げられる。これらの裁判例のうち，(a)②③④⑥⑩は，覚せい剤ないし被告人の尿を証拠として収集する手続の過程において警察官による暴行等がなされた事案，(b)⑤⑦⑧⑪は，取調べにおいて警察官による暴行がなされた事案，(c)①⑨は，逮捕後の留置ないし勾留中に警察官らによる暴行がなされた事案である。

　これらの判例のすべてにおいて，捜査手続の違法を減軽事情として考慮しうる理論的根拠が明らかにされているわけではないが，警察官が取調べ中に被告人に暴行を加え，重傷を負わせた事案である⑦では，「実体的にも手続的にも刑事上の正義を追求し体現しなければならない刑事訴追の過程において，国家機関の一員たる捜査官が自ら手続的正義に反する振る舞いに出て，これが被告人に対し現実の苦痛を与えたというのであるから，衡平の見地からも，この点は量刑事情として軽視すべからざるものと考えざるを得ないのであって，その手続的正義に反する度合い，すなわち捜査官が犯した違法の程度・深刻さや，これによって被った被告人の肉体的・精神的苦痛の程度等を総合的に考慮するとともに，他方で，この違法や苦痛を事後的にせよ消却・鎮静化させる実効的措置が既に存在し又は今後施され得る現実的可能性があるか否かの点も相関的に併せ考えた上，実体的正義実現の最終段階である量

刑判断に適宜それを考慮・反映させるべきであると考える」と説明されている。ここで示された「衡平の見地」はすでに①においても言及されており，また⑤でも，「裁判所としては，右違法行為がたとえ裁判所と別個の機関によってなされたものであるとはいえ，等しく刑事司法に携わる国家機関として，刑罰権の発動を相当程度に自制すべきである」と指摘されていた。

他方，覚せい剤事犯における証拠収集手続上の違法が争点となった②では，刑罰権実現の過程で課される不利益について「被疑者に受忍を求め得るのは，あくまで刑罰権を実現する上で必要不可欠なものとして法が許容した限度に止まると解すべきであって，右不利益が，本来法の予定する以上に著しい苦痛を被疑者に与えるものであったときは，被疑者がかかる苦痛を受けた事実は，広義の『犯罪後の状況』の一つとして，ある程度量刑に反映されるべきものと考える」とした。これは，上記の①で示された「衡平の見地」からの判断というよりも，「必要以上の苦痛を受けた」という事実自体を重視するものであり，いわば「刑罰の先取り」とでもいうべき事態を刑の軽減により解消しようとする見解ということができる[2]。同様の考え方は③にもみられ，⑨⑩に示された一般論にも看取される。こうした観点からの量刑上の考慮は，違法収集証拠であってもすべてが排除されるのではなく，令状主義の精神を没却するような重大な違法が認められる場合にのみ排除されるという最高裁判決[3]の下で，証拠排除に至らない重大ではない違法をも限定的救済の対象としようとする考え方とも通じうるものと解される[4]。

従来の量刑実務では，犯情（犯罪行為自体に関する情状）に応じて量刑の大枠を決定し，その枠の中で事案に応じた個別的な一般情状を考慮して具体的な宣告刑が導かれてきた[5]といわれるが，上記の判例においては，捜査手続の

---

(2) 同様の見解として，原田國男『量刑判断の実際［第3版］』（立花書房，2008年）167頁（「先取られた苦痛や害悪を精算しようとするものであって，特に責任主義や目的主義とは関連しない，それ自体ニュートラルな価値中立的な調整原理にすぎない」とされる）。さらに，浅田和茂「量刑事実としての前科前歴および犯行後の事情」ヴォルフガング・フリッシュ＝浅田和茂＝岡上雅美（編著）『量刑法の基本問題——量刑理論と量刑実務との対話』（成文堂，2011年）176頁参照。

(3) 最一小判昭53・9・7刑集32巻6号1672頁。

(4) 安原浩「裁判実務と違法収集証拠排除法則」渡辺修（編）『刑事手続の最前線』（三省堂，1996年）175頁参照。

違法も場合により「一般情状」に含まれると解されてきたといえよう[6]。

3　本判決の量刑判断

　本判決は，捜査手続の違法を量刑上考慮できる根拠については「衡平の理念にも照らし」と簡単に述べるにとどまる。これは，形式的には上記の①⑤⑦の裁判例に連なるものといいうるが，弁護人による公訴権濫用論の主張に対する１つの「対応策」としての側面をもつものと理解するならば，実質的には②③⑨⑩の裁判例とも共通する部分があるということも可能である。

　たしかに「衡平の見地」を重視する⑦が前提としているように，国家機関自らが手続的正義に反する結果を生じさせることは「衡平性」を害する事態であり，その際「違法や苦痛を事後的にせよ消却・鎮静化させる実効的措置が既に存在し又は今後施され得る現実的可能性があるか否か」を検討することは重要である。しかし，それを「実体的正義実現の最終段階である量刑判断」に求めることには問題があるように思われる。⑤が理由として掲げるように「等しく刑事司法に携わる国家機関」であるということから，捜査機関による手続上の瑕疵を裁判所が「承継」してその沈静化の責任を果たすべきである，とすることには，法執行機関と司法機関の機能分担を挙げるまでもなく，論理の飛躍がある。考慮されるべき量刑事情の範囲が，当該犯罪行為ないし行為者自体の評価とは関係しない捜査機関の態度・方針によって左右されるとするならば，量刑事情のあり方としても不明確・不安定なものとならざるをえないであろう。

　同様の批判は，「必要以上の苦痛を受けた」事実自体に着目する②をはじめとする判例にも妥当する。捜査手続の違法によって被告人が受けた苦痛は，国家機関により課せられた不利益という点では共通しても，犯罪予防を目的とした刑罰とは明らかに異質なものであり，刑罰を軽減することによってこれまでに受けた苦痛が解消されたとみることはできない[7]。具体的な刑量の決定に際して，すでに行われた違法捜査の程度と，将来の被告人に対する科

---

(5)　岡田雄一「量刑——裁判官の立場から」三井誠ほか（編）『新刑事手続Ⅱ』（悠々社，2002年）486頁。
(6)　死刑の適用基準に関する文脈においてであるが，原田國男『裁判員裁判と量刑法』（成文堂，2011年）149頁参照。

刑の必要性の程度が相関関係に立つとみること自体，困難を伴うのではないだろうか[8]。

このように，捜査手続の違法を減軽事情とすることには基本的な疑問があるが[9]，最後に本判決の量刑判断過程の全体を（上述した「犯情→一般情状」の順に従って）検討しておくことにする。まず本件では，検察官の求刑は法定刑の上限に近い懲役刑であった。しかしながら，本件の犯情からみれば，そこまでの非難可能性を基礎づける事情はなく，執行猶予中の犯行であることも犯情を重くする事情とはならない。すなわち犯情に応じた量刑の大枠として，すでに罰金刑の選択を含む比較的軽い程度の懲役刑が想定されたものとみられる。次に一般情状としては，被告人に精神障害があること，（そのような障害の影響もあって）未決勾留が約10か月余りに及んでいること，母親が被告人の更生に助力する意向を有していること，そして捜査手続に違法があったことが挙げられているが，懲役刑と罰金刑の選択に際しては被告人自身に対する刑の特別予防的効果を重視しなければならないことからすると[10]，本件の減軽事情としては被告人の精神状態に重要度が与えられたものと推測され，捜査手続の違法自体が減軽方向に作用した部分は限定的なものであった（他の減軽事情によって罰金刑が相当であると判断され，捜査手続の違法はこれを懲役刑の方向に加重することを阻止する意味をもつにとどまった）と思われる。その意味では，近時，量刑上の考慮を基本的に肯定する裁判官の立場からなされている「単なる苦痛として考慮するよりも有意な影響を及ぼすべきであるが……その他の事情を踏まえた量刑傾向から大きくはみ出すような下げ方をすべきではな

---

(7) なお，畑山靖「被告人が自己の犯罪により自ら多大の不利益を被ったことと量刑」大阪刑事実務研究会（編著）・前掲注(1)216頁以下参照。

(8) これに対して，捜査手続の違法における「非難としての性格と害悪の程度」に応じて量刑上考慮すべきものとする見解として，小池信太郎「量刑における犯行均衡原理と予防的考慮（3・完）」慶應ロー10号（2008年）39頁以下，45頁注88参照。

(9) 従来の判例および学説に対する批判的検討として，城下裕二『量刑理論の現代的課題[増補版]』（成文堂，2009年）89頁以下および115頁以下参照。なお，その後の本テーマに関する論稿として，峰ひろみ「捜査手続における違法を量刑上考慮することの当否について」法学会雑誌52巻2号（2012年）121頁以下，野村健太郎「国家機関の違法行為と量刑責任」愛学56巻3＝4号（2015年）133頁以下がある。

(10) これについては，植野聡「刑種の選択と執行猶予に関する諸問題」大阪刑事実務研究会（編著）『量刑実務大系・第4巻 刑の選択・量刑手続』（判例タイムズ社，2011年）26頁以下参照。

い」[11]との指摘に忠実な判断であったということができよう。

　なお，未決勾留の本刑通算制度（刑21条）の存在が，捜査手続の違法を量刑上考慮しうることの類例ないし根拠として主張されることもあるが[12]，本制度は，刑罰権の実現に伴うやむを得ない負担に対する補償ないし救済措置[13]であり，捜査の過程で，本来受けるべきではない「必要以上の苦痛を受けた」場合の問題とは，やはり区別しなければならないであろう。

［追　記］

　本判決後，東京高判平成27・10・8（判タ1424号168頁）は，覚せい剤取締法違反事件（有罪）について，弁護側からの「一連の捜査過程には違法性があり，このことは刑の量定を減じる理由となる」との主張を容れ，「被告人に対する有形力の行使及びパトカーによる本件タクシーの進路封鎖……の違法は，令状主義の精神を没却する重大な違法とまでは認められないものの……軽微なものと見ることはできず，本件発覚の端緒に関わる違法であり……量刑上，相応の配慮をするべきである」として，量刑不当により原判決（懲役4年）を破棄自判し，被告人を懲役3年4月に処した。捜査の違法が「軽微なものと見ることはでき」ないとの判示からは，上記のように「必要以上の苦痛を受けた事実」に着目する従来の判例と共通の立場を前提とするものといえよう。

---

(11)　小倉・前掲注(1)310頁参照。
(12)　例えば，原田・前掲注(2)167頁。
(13)　小林充「未決勾留日数の本刑算入の基準」『岩田誠先生傘壽祝賀・刑事裁判の諸問題』（判例タイムズ社，1982年）98頁参照。

300 事例研究⑦

| 事　例
研　究
⑦ | 生活に困窮し，精神的に追い込まれた状況で突発的に当時13歳の実子を殺害した母親に対して，懲役7年の判決が言い渡された事例 |

（殺人，詐欺被告事件，千葉地裁平成26年(わ)第1734号，平成26年(わ)第1926号，平成27年6月12日刑事第3部判決，有罪（控訴），LEX/DB 25540508）

I　事実の概要

　被告人は，元夫及び同人との間の実子Aとともに平成19年12月に千葉県の県営住宅に入居したが，平成22年頃，元夫との生活が解消されて以降は，Aと2人で生活するようになり，パート収入や各種手当，元夫からの毎月3万円余りの送金などで生計を立てていた。そして，平成24年5月分以降の家賃を滞納し，平成25年3月31日に千葉県により入居許可を取り消されるに至った一方，同じ頃，Aが中学校に入学するための準備に必要な金に困り，同年2月頃以降，いわゆるヤミ金業者から借入れをするようになり，毎月合計4万円以上の返済を続けるようになっていた。

　被告人は，平成25年9月30日及び10月7日頃に，千葉県内の株式会社甲銀行乙支店の行員らを欺罔し，普通預金通帳1通及びキャッシュカード1枚の交付を受けた。

　また被告人は，平成26年8月27日，同年9月23日までに県営住宅の被告人方を明け渡さなければ同月24日に強制執行する旨の公示書が室内に貼られているのを見て，もうどうすることもできない，自分が死ぬしかないと考えるようになり，強制執行の当日に，Aを学校に送り出した後，強制執行が開始される前に自殺しようと考えていたところ，同年9月24日早朝，Aが学校を休んで自宅にいるつもりであることを知り，Aを殺害しようと考え，同日午前9時頃，前記県営住宅の被告人方において，殺意をもって，うつ伏せに寝ていたA（当時13歳）の頸部に布製のはちまきを二重に巻き付けて締め上げ，よって，その頃，同所において，同人を窒息死させて殺害した。

II 判 旨

　千葉地方裁判所は，被告人に詐欺罪（刑 246 条 1 項）及び殺人罪（刑 199 条）の成立を認め，後者について有期懲役刑を選択し，両者を併合罪とした上で，被告人を懲役 7 年に処した（求刑・懲役 14 年，弁護人の意見・付執行猶予）。「量刑の理由」は次の通りである。

「1　本件の量刑判断上重視したのは，被告人が実子を殺害した犯行である。

2　殺害された被害者は，当時 13 歳で，中学 2 年生であった。充実した学校生活を送っていたところを，突然，何も知らされないまま，しかも仲の良かった実の母親によって殺害され，その生涯を絶たれたのであって，まことに不憫というほかない。もとより被害者に責められるべき点は全くなく，殺害の方法に殊更悪質さや残忍さが認められないとしても，将来ある少女の命を無残に奪った犯行の結果が重大であることに変わりはない。

3　実の娘の殺害を決意した直接的な動機については，被告人が犯行時の状況について具体的に供述していないこともあって必ずしも明らかでないが，犯行に至るまでの両者の関係性などからすると，動機における悪質さは何ら見出せない。また，被告人は，身近に頼りにできる者もおらず，長年にわたり生活に困窮する中，強制執行によって住む場所を失うことが現実になることを知り，自分が死ぬしかないという心境にまで精神的に追い込まれた状況で強制執行の当日を迎え，突発的に犯行に至っている。そのような状況を招いた原因のすべてが被告人自身にあったということはできず，被告人を強く非難できない事情も認められ，実の娘を殺害するに至った被告人に向けられる非難の程度は一定の限度にとどまるというべきである。『強く非難されるべきである』との検察官の主張に与することはできない一方で，弁護人が主張するように非難の程度を大きく減じることもできない。

4　以上に加え，被害者が子である殺人事案におけるこれまでの量刑傾向も踏まえると，本件殺人の犯行は，他の同様の事案の中にあって，やや重い部類に位置付けられるべきであり，刑の執行猶予を考慮する余地のある事案とはいい難い。その他弁護人が主張するところを踏まえても，主文のとおりの

302　事例研究⑦

量刑とすることはやむを得ないと判断した。」

Ⅲ　検　討

1　問題の所在

　裁判員裁判における量刑評議のあり方に関しては，事案の「社会的類型（刑事学的類型）」を前提とした判断が推奨されてきた[1]。大阪刑事実務研究会による近時の論稿[2]では，殺人事案が 17 の類型に分類され，「金銭利欲型」「無差別殺人型」「犯行発覚防止型・罪責回避型」「暴力犯罪型」「動機不明型」「怨恨による危害計画型」「偶発激情型」等と並んで，「心中型」がその 1 つとされている。これは，被告人が生活苦等を理由に思い詰めた結果，被害者（共に暮らしている子，配偶者，親など）を殺害して自殺しようと決意して，被害者に対する殺人行為に及ぶいわゆる無理心中の類型であるが，そこに至る主な原因が，被害者に対する累積した憤懣（「憤懣型」），男女関係の破綻等（「痴情型」），妄想等の影響（「妄想等の影響型」），家族の介護による負担（「家族介護型」）である事案とは区別されている[3]。

　本判決の事実関係も，長年にわたって生活に困窮し，強制執行により住む場所を失いつつある被告人が，精神的に追い込まれた状況で自殺を決意し，実の娘を殺害したというものであり，類型的には上記の「心中型」に属するということができる。以下では，従来の「心中型」の裁判員裁判例における量刑傾向と比較しながら，本判決の量刑判断について検討する。

2　従来の裁判員裁判例

　「心中型」に属するとみられる殺人事案のうち，被告人の子（多くは小児）を

---

(1)　司法研修所（編）『裁判員裁判における量刑評議の在り方について』司法研究報告書 63 輯 3 号（2012 年）18 頁以下参照。

(2)　西田眞基ほか「殺人罪」大阪刑事実務研究会（編著）『量刑実務大系・第 5 巻　主要犯罪類型の量刑』（判例タイムズ社，2013 年）3 頁以下。

(3)　西田ほか・前掲注(2)40 頁。もっとも，同 43 頁注 41 が指摘するように，「心中型」であっても同時に他の類型の側面を有する事例もありうる。また，裁判例には，大阪地判平 22・7・2 LEX/DB 25442533，福岡地判平 26・6・20 LEX/DB 25504383 のように，当該殺人行為の類型が「無理心中とは異なる」旨を敢えて指摘するものもある。

被害者とする殺人罪（単純一罪）の裁判員裁判例（公刊物等に登載されたもの。以下同様）としては，①さいたま地判平 22・9・6（LEX/DB 25473557）（求刑：懲役 4 年/量刑：懲役 2 年 6 月）〔長女・25 歳〕，②静岡地判平 22・10・21（LEX/DB 25442894）（求刑：懲役 10 年/量刑：懲役 3 年・保護観察付執行猶予 5 年）〔長男・6 歳〕，③神戸地判平 24・6・25（LEX/DB 25482156）（求刑：懲役 15 年/量刑：懲役 12 年）〔長男・1 歳 10 か月〕，④津地判平 24・9・14（LEX/DB 25482958）（求刑：懲役 5 年/量刑：懲役 3 年）〔長女・38 歳〕，⑤横浜地判平 25・10・16（LEX/DB 25502566）（求刑：懲役 7 年/量刑：懲役 3 年 6 月）〔次男・3 歳〕，⑥前橋地判平 26・8・29（LEX/DB 25504692）（求刑：懲役 5 年/量刑：懲役 3 年・保護観察付執行猶予 5 年）〔長男・3 歳〕，⑦京都地判平 26・12・22（LLI/DB L06950653）（求刑：懲役 5 年/量刑：懲役 3 年・保護観察付執行猶予 5 年）〔長男・6 歳〕，⑧函館地判平 27・2・27（LEX/DB 25447142）（求刑：懲役 10 年/量刑：懲役 4 年）〔長男・3 歳〕などがある（〔 〕内は被害者の属性。以下同様）。また，子に対する殺人罪のほか，（他の家族への殺人罪を含む）他罪との併合罪として処理された裁判員裁判例としては，⑨大阪地判平 23・3・22（判タ 1361 号 244 頁）〈殺人未遂罪〔次女・38 歳；孫・12 歳；孫・10 歳〕，現住建造物等放火未遂罪〉（求刑：懲役 12 年/量刑：懲役 9 年）〔長女・40 歳〕，⑩千葉地判平 24・4・27（LEX/DB 25481201）〈殺人罪〔妻〕，非現住建造物等放火罪〉（求刑：懲役 25 年/量刑：懲役 20 年）〔長男・6 歳〕，⑪札幌地判平 25・7・11（LEX/DB 25501526）〈殺人罪〔妻〕，殺人未遂罪〔長女・15 歳〕，現住建造物放火罪〉（求刑：無期懲役/量刑：懲役 26 年）〔次女・10 歳〕，⑫札幌地判平 26・1・24（LEX/DB 25503019）〈殺人未遂罪〔三女・8 歳〕〉（求刑：懲役 15 年/量刑：懲役 14 年）〔次女・11 歳〕などが挙げられる（〈 〉内は他罪の罪名）。さらに，殺人未遂（単純一罪及び科刑上一罪）の裁判員裁判例としては，⑬山形地判平 25・10・30（LLI/DB L06850584）（求刑：懲役 3 年・保護観察付執行猶予/量刑：懲役 2 年 8 月・保護観察付執行猶予 5 年）〔長女・45 歳〕，⑭宮崎地判平 26・4・22（LEX/DB 25503974）（求刑：懲役 4 年/量刑：懲役 3 年執行猶予 4 年）〔長男・12 歳；次男・6 歳〕，⑮新潟地判平 26・11・14（LEX/DB 25505259）（求刑：懲役 4 年/量刑：懲役 3 年保護観察付執行猶予 5 年）〔次男・11 歳〕，⑯名古屋地判平 27・6・9（LEX/DB 25540616）（求刑：懲役 5 年/量刑：懲役 3 年保護観察付執行猶予 5 年）〔長男・13 歳〕などがある。

　以上の裁判例中，①②⑥⑦⑭については被告人に心神耗弱が認定されてい

る。また，④⑤⑧では酌量減軽が行われている。なお，⑩⑪⑬の被告人は男性である。

3　量刑事情の内容

　①～⑯の裁判例にほぼ共通する不利な量刑事情は，生命侵害（の危険性）という結果の重大性，殺害行為の態様と並んで，動機の身勝手さ・短絡性である（動機が不明である⑩を除く）。例えば①「統合失調症にり患していた長女の行く末を案じて……被害者を一人残しておけないとの思いから殺害したという動機は短絡的かつ身勝手である」，③「家計の困窮に対し具体的な解決策を講じることなく，全く落ち度のない被害児との無理心中を選択したのは，あまりにも身勝手で短絡的である」，④「むやみに状況を悲観し，また，自分が自殺すれば被害者は一人で生活していくことができないなどと決めつけて本件犯行に至ったもので，安易で自分勝手である」などの指摘がみられる。ここでは，被告人が無理心中を選択する過程において，心中をするしかないと独断的に判断したこと，あるいは他の手段によって解決すべき余地があったにもかかわらずそれを採らなかったこと（採るべき努力を怠ったこと）が，非難の程度を強める要因になっているということができる。その意味で，これらとは対照的に「経緯・動機は十分同情できる」とした⑬では，「被害者が様々な問題行動を起こす度にその対応に追われ，行政機関や病院に相談しても解決策を見いだせず，悩みを深めていた」ことが指摘されているのも理解しうる。

　もっとも，上記の裁判例でみられる動機の身勝手さ・短絡性という不利な事情が，常にそのままの形で科刑に反映されているわけではない。特に，心神耗弱の認められた裁判例においては，当然のことながら精神疾患が無理心中を選択するに至る動機の誘因となっている点が有利に考慮されている（判決文中の病名は①うつ病，②PTSDに基づく強い希死念慮を伴う急性一過性の抑うつ状態，⑥重症うつ病とそれに伴う著しい情動状態，⑦重度のうつ病，⑭うつ病）。また，被告人に完全責任能力が認められた裁判例でも，精神疾患が動機形成過程に一定の影響を与えていたことを肯定するものがある。酌量減軽が行われた⑤及び⑧はその典型例であり，例えば⑤は，被告人に情緒不安定性パーソナリティ障害（境界型）の影響があったことを認め，「本件犯行までは愛情をもって被害

者を養育しており，被害者に対する母親の言動に悩んだ末に，溺愛する被害者を道連れにして心中することを決意したのであって，殺害の動機が特に悪質であるとはいえない」とする[4]。こうした傾向は，殺人未遂の事案で執行猶予が付された⑭及び⑮にも看取される。

　他方，精神疾患の影響が認定されていない③では「被告人は自殺しようとして実際に自らも上記ガスを吸引し，一時意識不明の状態に陥っていたこと」が有利に考慮されている。同様に④も「精神的にも肉体的にも次第に追い詰められ，冷静な判断ができない状態となって，ついには無理心中をするしかないと考えるようになり，実際に被害者殺害後，被告人自身も自殺を図っている」として，酌量減軽を行っている。このように，被害者殺害後に被告人が自殺を図っているという事情[5]は，精神疾患に至ってはいないが心理的に追いつめられた被告人にとって，適法行為（被害者を殺害せずにいること）の期待可能性の範囲が相当に狭くなっていたことの徴表として非難減少方向に評価されているものとみられる。

　このように，「心中型」の殺人事案においては，短絡的ではあっても，「一人で残しておくことはできない」といったように被害者を案じる被告人の心情が前提となって動機が形成されていることが多く，とりわけ被害者が被告人の子である場合にはそのような傾向が強いことから，例えば利欲目的あるいは憎悪感情による親族の殺害と比べて一般に非難可能性は低くなると解しうる。それが精神疾患に起因するのであれば，さらに責任の程度は減少する。これに関連して⑦は，「無理心中の事案」について，より端的に「この類型の犯行については，病気が原因になっていること等の被告人を強く非難できない事情が存在するため，同類型の中で悪質な部類に属するといえない場合には，執行猶予を付すことが多いという量刑傾向が認められる」と指摘しており，②⑥⑦はまさにその例証といえる。ただし，殺人罪の単純一罪の裁判例に限ってみても①⑤⑧では「病気」が原因であり，かつ，それが「酌むべき

⑷　⑨及び⑪でも，酌量減軽には至らなかったが精神疾患の影響が一定程度有利に考慮されている。

⑸　こうした事情は，⑧においても酌量減軽の並列的な一要因とされているほか，精神疾患の影響が認定されたが酌量減軽はなされていない⑩においても有利な情状として考慮されている。

事情」と位置づけられているにもかかわらず実刑に処されている。「量刑の理由」をみる限りでは，結果の重大性が執行猶予を阻止する方向に作用しているが，個々の犯罪の社会的類型が当然の前提とする法益侵害結果それ自体は，通常は当該事案における量刑の分岐点とはならない[6]との観点からは，疑問が残るというべきであろう。

4　本判決における量刑判断

　本判決は，(i)実の娘を殺害するに至った被告人に向けられる非難の程度は一定の限度にとどまるというべきであり，「強く非難されるべきである」との検察官の主張に与することはできないとしつつ，(ii)弁護人が主張するように非難の程度を大きく減じることもできないとする。(i)については，動機における悪質さは何ら見出せず，精神的に追い込まれた状況を招いた原因がすべて被告人にあるわけではないことが指摘されているものの，(ii)について具体的な根拠は示されていない。従来の裁判例に照らすならば，本件では，被告人に動機形成過程に影響を及ぼすような精神疾患等は認定されていないこと（さらに，被害者を殺害後に被告人自身が実際に自殺を図るといった事情もみられないこと）が理由となっているとも考えられる。その限りでは，詐欺罪との併合罪事例であることからみても本判決の結論は同種事犯の量刑傾向の範囲内にあるものと解されるが，実刑回避の適否にも関連するだけに，減軽を阻む量刑事情をより明確にすべきであったといえよう[7]。他方で，本判決では犯行の結果が重大であったことが強調されているが，仮にこれが(ii)の主要な根拠を意味するのであれば，上述の疑問が妥当するだけでなく，行為責任の確定に至る各量刑事情の「衡量」に際して法益侵害結果に不相当な比重を置いているとの批判を免れないように思われる[8]。

---

[6]　司法研修所（編）・前掲注(1)39 頁参照。同 38 頁注 24 でも指摘されているように，この問題は，ドイツ刑法における「二重評価禁止の原則」とも関連する。なお，朝山芳史「量刑における結果無価値と行為無価値」『原田國男判事退官記念論文集・新しい時代の刑事裁判』（判例タイムズ社，2010 年）503 頁以下参照。

[7]　(i)の「反対解釈」として，精神的に追い込まれた状況を招いた原因の一端は被告人にあるとの含意が込められているのかもしれないが，「量刑の理由」の説示としては不明確である。

［追　記］

　なお，本件の控訴審判決である東京高判平成 27・11・27（LEX/DB 25541877）は控訴を棄却した。弁護人の量刑不当の主張に対して，まず控訴審判決は「原判決の判断は，考慮する事情においても，その評価においても相当であって，当裁判所も首肯することができる」と判示した。その上で，弁護人からの〔1〕原判決は「本件の量刑判断上重視したのは，被告人が実子を殺害した犯行である」としているが，被害者が何歳であれ，殺人罪の犯罪としての重さ，大きさは年齢によって変わらないはずである，〔2〕原判決は，検察官が合理的な根拠なく主張した，犯行態様の悪質性に基づく懲役 14 年という求刑に不当に引きずられている，〔3〕本件の犯行態様に悪質さは全くなく，動機および被告人の置かれた状況等を考えると非難の程度も軽いことから，量刑傾向としては懲役 3 年が相当であり，被告人に犯罪性向があるわけではないことなどの一般情状を考慮すれば，執行猶予を付すのが相当である，という主張に対しては，以下のように述べた。〔1〕については，原判決は，殺人の事実が本件の量刑判断の中心となることを示すとともに，同事実の社会的類型を示すためにそのように判示したのであって，被害者が 13 歳の実子であることが他の量刑事情よりも当然に重視されることを示すためではない。〔2〕及び〔3〕については，原判決は殺害方法に殊更悪質さや残忍さが認められないとし，被告人を強く非難できない事情も認められ，被告人に対する非難の程度は一定の限度にとどまるとして検察官の主張に与することはできないと判示した上で，結果が重大であること（その趣旨には，若年の実子を殺害したことに対する非難の大きさも含まれていると解される）や被害者に責められるべき事情がないことなどを考慮すると，弁護人が主張するように非難の程度を大きく減じることもできないとしている点で相当である。

　控訴審判決は，以上と併せて，「親が未成年の子を殺害する場合，量刑判断

⑻　例えば①の「酌むべき事情が多々あることは否定できないが……結果の重大性を考えると，短期間でも服役して罪を償う必要がある」，⑫の「被告人に知的障害があるとしても，行ったことの重みとしては懲役 14 年の刑がふさわしい」といった判示にも，同様の批判が当てはまるであろう。

上その年齢も当然考慮されるが，それは，未成年の子を保護養育すべき義務を持つ親が，その義務に反してその生命を奪うからであり，子の年齢が低ければ当然責任非難の程度も大きくなるからである。年齢によって生命の価値に差を設けているためではない」とも判示している。

本章のⅢ4で指摘した，原判決における減軽を阻む事情の不明確さという点に関しては，控訴審判決では，上述のように未成年の子を親が殺害することの非難可能性の強さを説明することによって，一定程度は緩和されていると評価できよう。他方，犯行結果の重大性のみを強調しているのではないかとの疑問に関しては，そうではなく，殺人罪の社会的類型を提示した趣旨であるとの回答が与えられている。本章Ⅲ3で述べたように，社会的類型が当然の前提としている法益侵害自体は，当該事案における量刑の分岐点とすべきではないことから，逆に裁判員がそうした「混同」に陥ることのないように，量刑評議に際しては注意する必要がある。別の見方をすれば，社会的類型の指標としての法益侵害結果には，ともすれば量刑事情として不相当な比重を置かれる危険性が常に伴っているといえるように思われる。

第4部

死刑と無期懲役をめぐって

第12章

裁判員裁判における死刑選択基準

I　問題の所在

　最高裁は，平成26年7月24日判決（刑集68巻6号925頁）〔寝屋川市児童虐待致死事件〕（以下，「平成26年判決」とする）において，被告人両名を求刑各懲役10年に対して各懲役15年に処した第1審判決，およびこれを維持した第2審判決を量刑不当として破棄し，被告人両名にそれぞれ懲役10年および8年を言い渡した。最高裁が，裁判員裁判による量刑を破棄したのはこれが最初である。そこでは，「行為責任の原則を基礎としつつ，当該犯罪行為にふさわしいと考えられる刑が言い渡されること」によって集積された犯罪類型ごとの量刑傾向の意義ないし機能について焦点があてられた。すなわち，「そうした先例の集積それ自体は直ちに法規範性を帯びるものではないが，量刑を決定するに当たって，その目安とされるという意義をもっている」という前提がまず示された。そして，「刑事裁判に国民の視点を入れるために導入された」裁判員制度の下では，「量刑に関しても，裁判員裁判導入前の先例の集積結果に相応の変容を与えることがあり得ることは当然に想定されていた」のであり，「それが導入される前の量刑傾向を厳密に調査・分析することは求められていないし，ましてや，これに従うことまで求められているわけではない」ものの，「裁判員裁判といえども，他の裁判の結果との公平性が保持された適正なものでなければならないことはいうまでもなく，評議に当たっては，これまでのおおまかな量刑の傾向を裁判体の共通認識とした上で，これを出発点として当該事案にふさわしい評議を深めていくことが求められている」

312　第12章　裁判員裁判における死刑選択基準

とした。もちろん「これまでの傾向を変容させる意図を持って量刑を行うことも，裁判員裁判の役割として直ちに否定されるものではない」が，「そうした量刑判断が公平性の観点からも是認できるものであるためには，従来の量刑の傾向を前提とすべきではない事情の存在について，裁判体の判断が具体的，説得的に判示されるべきである」と判示された。本判決では，量刑傾向の原則的な重要性を強調して一定の範囲での拘束力を認めるとともに，例外的にそこから離脱することの可否の判断資料として「具体的，説得的根拠」の提示を求めたことが最も重要な点であり[1]，裁判員裁判の量刑評議のあり方，量刑理由のあり方等に関して「その基本となる考え方を示すもの」[2]と位置づけられている所以である。

　もっとも，平成26年判決では，量刑のあり方一般が念頭に置かれていたところ，究極の刑罰である死刑については，その他の刑罰との間にいわば質的な懸隔があり，懲役刑の刑期のような数量的な連続性がなく，懲役刑と全く同じ意味での「量刑傾向」を想定することは困難であるため，どのような事情がそうした質的な転換をもたらすのかを検討すべき必要性が指摘されていた[3]。特に，永山判決（最判昭58・7・8刑集37巻6号609頁。以下，同判決における基準を「永山基準」ともいう）以降の一連の判例・裁判例によって示された死刑選択基準との関係において，平成26年判決の意義をいかに受容すべきか，という課題が残されていたのである。

　そうした中で，最高裁は，平成26年判決後，平成27年2月3日に2つの決定を言い渡した。いずれも，第1審の裁判員裁判の死刑判決を第2審が無期懲役に破棄自判し，これに対する検察官上告を最高裁が棄却した初めての事案である。本章では，この2つの決定が有する意義ないし今後に与える影響力を確認しながら，裁判員裁判における「あるべき」死刑選択基準について，実体刑法的視点から検討することとしたい。

---

(1)　本書第11章参照。
(2)　楡井英夫「判解」最判解刑事篇・平成26年度（法曹会，2017年）293頁。
(3)　司法研修所（編）「裁判員裁判における量刑評議のあり方について」司法研究報告書63輯3号（2011年）106頁。なお，平成26年判決と，後述する平27年2決定との関係性について，岡上雅美「裁判員裁判時代における死刑事件の判断について」井田良ほか（編）『山中敬一先生古稀祝賀論文集・下巻』（成文堂，2017年）580頁以下参照。

Ⅱ　裁判員裁判における死刑判決の動向

　裁判員制度の導入以降，平成 30 年 12 月の時点で，［**表**］に示したように死刑判決は 36 件あり，このうち④⑧⑪㉔㉗は控訴審で破棄自判により無期懲役判決を言い渡され，そのうち④⑧⑪は上告審でも無期懲役が維持されている。上記時点で死刑判決が確定しているものは①②③⑤⑥⑦⑨⑩⑫⑬⑭⑮⑯⑰⑱⑲⑳㉑㉒㉓㉕㉖の 22 件であり，⑥⑨⑯の 3 件はすでに死刑が執行されている。④⑳㉙㉟は否認事件，⑭⑮㉒㉖は一部否認事件である。②は少年事件（犯行時 18 歳 7 か月）で初の死刑判決が言い渡されたものである。

　これまでの裁判員裁判における死刑判決については，そこで考慮されている量刑事情を中心に，平成 28 年 5 月の段階までの裁判例を基にすでに別稿[4]で検討した。これを踏まえて，さらにその後の平成 30 年 12 月まで出された裁判例を併せてまとめると，以下のようなことが明らかになる。

(1)　死刑選択基準としては，後述する最高裁平成 27 年の 2 決定をも踏まえた形で，例えば「当裁判所の裁判官及び裁判員は，死刑があらゆる刑罰のうちで最も冷厳で窮極の刑罰であることにかんがみ，その適用は慎重の上にも慎重を期して行われなければならないという観点及び国家刑罰権の発動として求められる公平性の確保の観点を踏まえつつ，いわゆる永山判決（……）において示された死刑選択の際の考慮要素等について十分な検討を加えた上で，裁判例の集積からうかがわれる量刑傾向を参考として死刑を選択することがまことにやむを得ないものと認められるかどうかについて判断し」た（㉘）といった一般論が示されている。

(2)　死刑選択にあたっては，(a)結果の重大性，(b)犯行態様の残虐性・執拗性，(c)計画性の高さ，(d)動機の悪質さ，の 4 つの量刑事情が決定的な意味をもっ

---

(4)　城下裕二「量刑判断における行為事情と行為者事情──『死刑と無期の間』を中心に」刑弁 83 号（2015 年）127 頁以下。

　　なお，近時の死刑選択基準に関しては，永田憲史『死刑選択基準の研究』（関西大学出版部，2010 年），渡邊一弘「裁判員制度の施行と死刑の適用基準──施行前の運用状況の数量化と初期の裁判員裁判における裁判例の分析──」町野朔ほか（編）『刑法・刑事政策と福祉─岩井宜子先生古稀祝賀論文集』（尚学社，2011 年）473 頁以下などを参照。

314　第12章　裁判員裁判における死刑選択基準

ている。少なくとも(a)～(d)のすべてが充足されれば，他に有利な事情があっても死刑は確実である。

(3)　上記の(a)～(d)の一部が充足されていない（ように解される）場合でも，死刑が回避されるとは限らない。そのような場合でも，他の量刑事情と併せて考慮されることによって（いわば「補強」され，「評価し直される」ことによって），死刑を回避しない事情として機能していることがある。

　例えば，(c)計画性の高さが本来の意味において充たされていない場合であっても，動機不明の事案であるから計画性が高くないことは軽減事情とならない（⑥），強固な殺意に基づいて殺害行為を一定時間継続させているから，突発的犯行であることを強調すべきでない（⑦），短期間に複数の犯行を行っており，他にも殺害の危険性はあった（⑧），強盗を計画した以上，被害者の抵抗排除（殺害）の事態は想定可能であった（⑨⑰），計画性のない第一犯行が，第二犯行の誘因となっている（⑱），犯行後の隠蔽工作の態様などから見て，生命軽視の度合いは（計画性が高い場合と比べて）遜色がない（⑳㉖），犯行に綿密な計画はなく場当たり的な面があることは否定しがたいが，一定の準備行為を行っており強固な殺意の下で敢行したことも併せ考慮すれば，計画性が低いことは量刑上特に重視すべきものとはいえない（㉔）といったように，他の事情を援用することにより「計画性が高くない」ことを「補強」し，有利な事情とはしない評価が導かれている。「計画性が認められないとはいえ，衝動のままに犯行を遂げたというような事案とは一線を画して」いるとの判断がなされたもの（㉙）もある。

　(d)動機の悪質さが充足されない場合においても同様の傾向が見られる。すなわち，動機は不明であるが，人格の偏りから感情が爆発したものと考えられる（⑥），動機は不明であるが，前科の存在から見て反社会的傾向が顕著である（⑧），動機形成に妄想が影響しているが，決断したのは被告人の選択である（⑩），利欲以外の要素（妬み・恨み）が併存していても，有利な事情とはならない（㉒）など，ここでも「動機が悪質ではない」ものの結論的には減軽する方向に至らないよう，他の事情による「補強」がなされているものといえる。

　さらに，死亡被害者1名の事案においても，2名以上の事案と比べて(a)結

果の重大性が必ずしも低く評価されているわけではない。2名の殺人の前科があり、強い非難に値する（④）、短期間に複数の犯行を行っており、粗暴な性格傾向が看取される場合には被害者数は極刑回避の決定的事情ではない（⑧）、殺害された被害者の数は1名であるが、性的被害も伴っており、結果は重大である（⑯）といったように、ここでも被害者が1名であることを、減軽阻止的に評価しようとしている[5]。

(4) 上記の(a)〜(d)の4つの行為事情が死刑選択に際して重要な意味を有している一方で、有利な事情は、死刑回避の方向に機能していない。確かに、反省の情を示していること（①②③⑤⑥⑦⑨⑪⑫⑰⑱㉔㉘）、動機形成に一部妄想ないしパーソナリティ障害等が影響していること（⑩⑲㉕㉘㉞㊱）、前科がないこと（⑪⑫⑯⑰㉒㉕㉖㉙㉚㉛㉜㉞）といった事情の存在自体は指摘されているものの、例えば「被告人の刑事責任の重大性に鑑みると……格別有利な事情であるとまではいい難い」（③）といった判示に代表されるように、上記(a)〜(d)の事情の評価に比して重要性を付与されていないのである。こうした傾向は、かつて最判平11・11・29（判時1693号154頁）［国立市・主婦殺害事件］が、死刑判断過程において（劣悪な成育状況、謝罪の意思表明などの）「主観的事情は、被告人のための酌むべき情状であるとしても、それらを過度に重視することは適当ではない」としたこととも整合的である[6]。

(5) 死刑判決では、犯情に基づく罪責が重大であるから「特に酌量すべき事情のない限り、死刑を選択するほかない」といった表現が用いられる場合もある（⑨⑯㉖）。これは、最判平11・12・10（刑集53巻9号1160頁）［福山市・独居老人殺害事件第一次上告審］・最判平18・6・20（判時1941号38頁）［光市・

---

(5) 死刑判決の㉗は、「これまでの同種罪質の事案の量刑状況を見ても、殺害の計画性の有無にかかわらず、犯行全体として生命軽視の姿勢が甚だしく顕著である場合には、殺害被害者が1名であっても死刑が選択されることがあり得るといえる。この点において、本件は、犯行全体としてはもちろんのこと、殺人の動機及び態様の点だけでも、生命軽視の姿勢が甚だしく顕著といえる。したがって、本件は、殺害被害者が1名であり、生前の被害児童に対する強姦や強制わいせつの事実は起訴されていないとはいえ、公平の観点からも死刑選択が十分許容され得る事案というべきである」としている。

(6) 死刑判決㉔は、「被告人の反省態度や前科内容を併せると、被告人に更生の可能性がないとまではいえず、これらは被告人に有利な方向で考慮すべき事情ということができる。しかし、本件犯行の凶悪性や重大性等既に説示した諸事情に照らせば、この点は、被告人の刑を大きく左右する要素とはなり得ず、結局、死刑を回避するに足りる有利な事情は見当らないというべきである」とする。

母子殺害事件第一次上告審〕において見られたところであるが，永山基準が各事情の総合考慮を求めているのに対して，罪責が重大な場合は死刑を原則とし，相当の酌量事情があるときに限り例外的に死刑を回避するという新たな定式化（いわゆる「原則・例外基準」）を行ったのではないかとの疑問が提起される一方で[7]，あくまでも具体的な事案に基づいた判断枠組みであり，永山基準に沿ったものであるとの理解も示されている。ただ，「特に酌量すべき事情のない限り」との否定的条件を伴う文言は，主観的事情の過度の重視は適当ではないとする前掲最判平11・11・29の趣旨と併せて考えるならば，やはり行為者事情よりも行為事情を重視することを認める立場と親近性を有していることは確かであると思われる[8]。

Ⅲ　最高裁平成27年2決定の意義

これまでの裁判員裁判の死刑事例では，3件が，控訴審において破棄され，無期懲役が言い渡されている。そのうちの2件である④（南青山マンション強盗殺人事件）および⑧（千葉大学女子学生殺害事件〔松戸事件〕）では，控訴審に対して検察官が上告したが，最高裁第二小法廷は同日に，いずれについても上告を棄却する決定を言い渡している（④の上告審は，最決平27・2・3刑集69巻1号1頁；⑧の上告審は最決平27・2・3刑集69巻1号99頁）。両決定においては，次のような同一の一般論が示されている。ここでは，すでになされている分析例[9]に倣って，便宜上，全体を7つの部分に分けた上で，内容を検討することにしたい（[1]〜[7]の番号および【　】内の見出しは本章が付したものである）。

---

(7)　議論の詳細については，本庄武『少年に対する刑事処分』（現代人文社，2014年）311頁，329頁以下参照。

(8)　なお，死刑判決②の控訴審判決である仙台高判平26・1・31 LEX/DB 25503005は，原判決が，永山基準に従うとしながら「死刑を原則とし，例外的に死刑を回避すべき事情があるか否かを判断するかのような基準」を用いているとの弁護側の主張に対して，「いわゆる永山事件最高裁判決で示された諸般の情状を総合考慮して結論を導いたものであって，同判決と別異の基準に拠ったものではないことは疑う余地はな」いとしている。本控訴審判決については，本書事例研究⑨を参照。

Ⅲ　最高裁平成 27 年 2 決定の意義　317

【死刑適用の慎重さと公平性】

「[1] 刑罰権の行使は，国家統治権の作用により強制的に被告人の法益を剥奪するものであり，その中でも，死刑は，懲役，禁錮，罰金等の他の刑罰とは異なり被告人の生命そのものを永遠に奪い去るという点で，あらゆる刑罰のうちで最も冷厳で誠にやむを得ない場合に行われる究極の刑罰であるから，昭和 58 年判決で判示され，その後も当裁判所の同種の判示が重ねられているとおり，その適用は慎重に行われなければならない。[2] また，元来，裁判の結果が何人にも公平であるべきであるということは，裁判の営みそのものに内在する本質的な要請であるところ，前記のように他の刑罰とは異なる究極の刑罰である死刑の適用に当たっては，公平性の確保にも十分に意を払わなければならないものである。」

　この一般論では，まず [1] において，永山事件判決で示された，死刑は慎重に適用されなければならないという原則を確認する。続く [2] は，平成 26年判決の「量刑が裁判の判断として是認されるためには，量刑要素が客観的に適切に評価され，結果が公平性を損なわないものであることが求められる」との判示を敷衍しつつ，死刑の場合にはそれが「十分に」注意されるべきことを要請している。

【共通認識としての「考慮要素及びその重みの程度・根拠」】

「[3] もとより，量刑に当たり考慮すべき情状やその重みは事案ごとに異なるから，先例との詳細な事例比較を行うことは意味がないし，相当でもない。[4] しかし，前記のとおり，死刑が究極の刑罰であり，その適用は慎重に行

---

(9)　本庄武「裁判員制度と死刑の適用基準」川端博ほか編『理論刑法学の探究 9』（成文堂，2016 年）103 頁以下。なお，2 決定の評釈等として，石田寿一「判解」ジュリ 1481 号（2015年）68 頁以下，角田正紀「判批」刑ジャ 46 号（2015 年）134 頁以下，伊藤博路「判批」名城ロー 35 号（2015 年）117 頁以下，小池信太郎「判批」ジュリ臨増・平成 27 年度重判解（2016 年）180 頁以下，村井敏邦「判批」新・判例解説 Watch vol. 18（2016 年）151頁以下などがある。また，④の上告審決定については，柑本美和「判批」セレクト 2015［Ⅰ］30 頁，⑧の上告審決定については，加藤俊治「判批」研修 804 号（2015 年）15 頁，石田倫識「判批」法セ 725 号（2015 年）122 頁，村井宏彰＝笹倉香奈「強盗殺人等被告事件」刑弁 87 号（2016 年）124 頁などを参照。

318 第12章 裁判員裁判における死刑選択基準

われなければならないという観点及び公平性の確保の観点からすると，同様の観点で慎重な検討を行った結果である裁判例の集積から死刑の選択上考慮されるべき要素及び各要素に与えられた重みの程度・根拠を検討しておくこと，また，評議に際しては，その検討結果を裁判体の共通認識とし，それを出発点として議論することが不可欠である。[5] このことは，裁判官のみで構成される合議体によって行われる裁判であろうと，裁判員の参加する合議体によって行われる裁判であろうと，変わるものではない。」

　[3] において，平成26年判決がいうように「裁判員裁判において，それが導入される前の量刑傾向を厳密に調査・分析することは求められていないし，ましてや，これに従うことまで求められているわけではない」ことは，死刑判断においても妥当するとされる。ただ，続く [4] の「裁判例の集積から死刑の選択上考慮されるべき要素及び各要素に与えられた重みの程度・根拠を検討しておくこと，また，評議に際しては，その検討結果を裁判体の共通認識とし，それを出発点として議論することが不可欠である」との部分は，平成26年判決が「評議に当たっては，これまでのおおまかな量刑の傾向を裁判体の共通認識とした上で，これを出発点として当該事案にふさわしい評議を深めていくことが求められているというべきである」としていたことと比較するとさらに踏み込んだ内容となっている。平成26年判決で問題となっていた「共通認識」は，直接的には宣告刑自体の重さについての（従来の「同種事犯」との）公平性を意味していた。それに対して [4] における「共通認識」は，「死刑の選択上考慮されるべき要素及び各要素に与えられた重みの程度・根拠」，換言すれば，（宣告刑を導くための前提となる）量刑事情の範囲およびそれらについての評価方法を指していると解される（ここでは，あえて「量刑傾向」という表現が用いられていないことにも留意すべきであろう）。そして [5] は，こうした「共通認識」を出発点とすべきことは，裁判員裁判のみならず裁判官のみによって構成される合議体にも妥当する，いわば普遍的な原則であることを強調している。

　調査官解説によれば，裁判例の集積の検討自体は法曹の専門性が発揮される領域の事項であり，「共通認識」についての説示の内容からしても，そうし

Ⅲ　最高裁平成 27 年 2 決定の意義　319

た検討を裁判員と共に行うことを求めたものではないとされている。そのために「その検討の資料として多数の裁判例ないしその事例一覧表のようなものが公判で当事者の主張に援用され，あるいは証拠調べされるということや，多数の裁判例の写しや詳細な事例一覧表を作成して裁判員に渡すようなことは想定されていないものと考えられる」とする[10]。すなわち，裁判例の集積の検討は，裁判員法 6 条 2 項 1 号において裁判官の専権事項とされている「法令の解釈に係る判断」に準じて扱われるものといえよう。

【総合的評価の必要性，及び死刑選択の具体的・説得的根拠の提示】

「[6] そして，評議の中では，前記のような裁判例の集積から見いだされる考慮要素として，犯行の罪質，動機，計画性，態様殊に殺害の手段方法の執よう性・残虐性，結果の重大性殊に殺害された被害者の数，遺族の被害感情，社会的影響，犯人の年齢，前科，犯行後の情状等が取上げられることとなろうが，結論を出すに当たっては，各要素に与えられた重みの程度・根拠を踏まえて，総合的な評価を行い，死刑を選択することが真にやむを得ないと認められるかどうかについて，前記の慎重に行われなければならないという観点及び公平性の確保の観点をも踏まえて議論を深める必要がある。

[7] その上で，死刑の科刑が是認されるためには，死刑の選択をやむを得ないと認めた裁判体の判断の具体的，説得的な根拠が示される必要があり，控訴審は，第 1 審のこのような判断が合理的なものといえるか否かを審査すべきである。」

[6] では，永山判決で示された死刑選択にあたっての量刑事情（に「計画性」を加えたもの）を基礎として，それらの各事情の重み・根拠を踏まえた「総合的な評価」を行うべきこと，死刑選択が「真に」やむを得ないかどうかを，慎重判断の原則ならびに公平性の確保を踏まえて行うべきことを示している。

---

[10]　石田・前掲注(9)71 頁。また，ここでいう「検討結果」は，「裁判例の集積から見いだされる考慮要素として取り上げられることとなるであろう諸要素のうち，個々の事件の内容に応じて裁判体全体の認識の共通化を図る必要があると考えられるものにつき，与えられた重みの程度・根拠を検討しておいた結果を簡明に示すことが想定されていると思われる」とする。

320 第12章 裁判員裁判における死刑選択基準

これは，永山判決の「その罪責が誠に重大であって，罪刑の均衡の見地から
も一般予防の見地からも極刑がやむをえないと認められる場合には，死刑の
選択も許されるものといわなければならない」との判示と比較すると，刑罰
の正当化根拠のような一般基準に依拠することなく，量刑事情の「総合的な
評価」に重点をおいたところが特徴的であるといえよう[11]。そして［7］で，
死刑判決においては「死刑の選択をやむを得ないと認めた裁判体の判断の具
体的，説得的な根拠」の提示が求められている点も非常に重要である。既に
見たように，平成26年判決では，これまでの量刑傾向を変容させる意図を
もって量刑を行う場合に，従来の量刑傾向を前提とすべきではない事情の存
在に関して「具体的，説得的な根拠」が必要とされていた。これに対して，
死刑判決では，仮にこれまでの量刑事情に沿った判断を行う場合であっても，
死刑選択それ自体について「具体的，説得的な根拠」が示される必要がある
とされたのである[12]。

　以上のように，最高裁平成27年の2決定において判示された死刑選択の
あり方に関する一般論は，(a)裁判例の集積から死刑の選択上考慮されるべき
要素及び各要素に与えられた重みの程度・根拠を検討しておくこと，(b)評議
に際しては，その検討結果を裁判体の共通認識とし，それを出発点として議
論すること，(c)評議の中では，考慮要素の総合評価を行い，死刑適用の慎重
さと公平性の観点をも踏まえて，死刑選択が真にやむを得ないかどうかを議
論すること，(d)死刑を科すには，死刑選択をやむを得ないと認めた具体的・
説得的根拠が示されるべきこと，である。
　また，これらの2決定は，それぞれが，各事案に応じた「具体的，説得的

────────────

(11) 本庄・前掲注(9)106頁は，この部分について「永山基準が犯情の評価として死刑がやむ
　　を得ないかという基準を示すにとどまり，一般情状を併せ考慮した場合の基準について
　　言及していなかったのに対し，犯情及び一般情状の総合評価の結果，死刑選択が『真に』
　　やむを得ないかを検討しなければならないとされた点」で重要であるとする。

(12) 小池・前掲注(9)182頁は，この判示について，一方では，無期と死刑の二者択一の場面
　　で先例の傾向に沿った結論に従うことを原則とする枠組みを正面から示すのは裁判員と
　　の関係で憚られたのであろうとし，他方では，死刑事案に関する先例の数は限られると
　　ころ，心構えとして，究極の刑罰である死刑は，先例の現象面でなく，その背景にある
　　本質的な考え方から常に具体的，説得的に根拠づけられなければならないという考慮が
　　あったものと推測する。さらに，原田國男「量刑論」法教418号（2015年）37頁参照。

Ⅲ　最高裁平成 27 年 2 決定の意義　321

根拠」の不存在を指摘する事例判断となっていることでも重要である。まず，
④（南青山マンション強盗殺人事件）の上告審決定では，第 1 審判決が特に重視す
べき事情として「2 人の生命を奪った殺人の罪等で懲役 20 年に処された前科
がありながら，金品を強奪する目的で被害者の生命を奪ったこと」を挙げて
いたことに関して，「有期懲役の前科があってその服役後に再度の犯行に及
んだ場合の，再度の犯行に対する非難の程度については，前科と再度の犯行
との関連，再度の犯行に至った経緯等を具体的に考察して，個別に判断せざ
るを得ないものというべきである」という前提から，「本件強盗殺人という自
己の利欲目的の犯行である点や犯行の経緯と，第 1 審判決が重視する前科の
内容，すなわち，口論の上妻を殺害し，子の将来を悲観して道連れに無理心
中しようとした犯行とは関連が薄」く，「本件強盗殺人の量刑に当たり，前記
のような前科の存在を過度に重視するのは相当ではない」と判断し，結論と
して「前科を除く諸般の情状からすると死刑の選択がやむを得ないとはいえ
ない本件において，被告人に殺人罪等による相当長期の有期懲役の前科があ
ることを過度に重視して死刑を言い渡した第 1 審判決は，死刑の選択をやむ
を得ないと認めた判断の具体的，説得的な根拠を示したものとは言い難い」
としたのである。ここでは，量刑事情としての前科の有する一般的な重要性
を肯定しつつも，単に前科が存在するという事情だけではなく，「前科と再度
の犯行との関連，再度の犯行に至った経緯等」を考慮しなければならない[13]
という，「各要素に与えられた重みの程度・根拠」に遡った検討の必要性が指
摘されたものと解することができる[14]。

　　次に⑧（千葉大学女子学生殺害事件［松戸事件］）の上告審決定では，従来の裁判
例の集積の中で「殺害された被害者が 1 名の強盗殺人の事案において，自己

---

[13]　本決定の補足意見（千葉勝美裁判官）は，「短絡的な理由で 2 名の殺害に至って服役し
　　たにもかかわらず，再び短絡的な理由で 1 名の殺害に及んだという点から，ひとくくり
　　にして『生命軽視の傾向あり』と評価することも理解できないではない」ものの，「前科
　　と今回の犯行との関連の吟味が不十分なままこの点を死刑選択の重要な考慮要素とし
　　て過度に強調するとすれば，死刑の選択の場面では疑問がある」とし，「前科と今回の犯
　　行との関連が薄いにもかかわらず，生命軽視の傾向という被告人の危険性ばかりを強調
　　する文脈で前科を死刑の選択に傾く重要な要素とするとすれば，犯罪行為それ自体に対
　　する評価を中心に据えて死刑の是非を検討すべき場面において，行為者としての被告人
　　の人格的な側面を過度に評価するものといわざるを得」ないと指摘する。
[14]　本決定の第 2 審（東京高判平 25・6・20）について，本書事例問題⑧参照。

の利欲等を満たす目的で人の生命を奪うことを当初から計画していなかった
場合には，死刑でなく無期懲役が選択されたものが相当数見られる。これは，
早い段階から被害者の死亡を意欲して殺害を計画し，これに沿って準備を整
えて実行した場合には，生命侵害の危険性がより高いとともに生命軽視の度
合いがより大きく，行為に対する非難が高まるといえるのに対し，かかる計
画性があったといえなければ，これらの観点からの非難が一定程度弱まると
いわざるを得ないからである」との前提に立ち，「松戸事件が被害女性の殺害
を計画的に実行したとは認められない事案であることは看過できない。また，
殺害直前の経緯や殺害の動機を具体的に確定できない以上，その殺害態様の
悪質性を量刑上重くみることにも限界があるといわざるを得ない」とした。
さらに，「第1審判決は，その他の事情として，松戸事件以外の事件の悪質性
や危険性，被告人の前科，被告人の反社会的な性格傾向が顕著で根深いこと
を指摘するけれども，松戸事件以外の事件については，いずれも人の生命を
奪おうとした犯行ではないこと，犯罪行為に相応しい責任の程度を中心とし
てされるべき量刑判断の中では，被告人の反社会的な性格傾向といった一般
情状は，二次的な考慮要素と位置付けざるを得ないこと……からすれば，松
戸事件以外の事件の悪質性や危険性，被告人の前科，反社会的な性格傾向等
をいかに重視しても，これらを死刑の選択を根拠付ける事情とすることは困
難である」とした。それにもかかわらず「松戸事件以外の事件の悪質性や危
険性，被告人の前科，反社会的な性格傾向等を強調して死刑を言い渡した第
1審判決は，本件において，死刑の選択をやむを得ないと認めた判断の具体
的，説得的な根拠を示したものとはいえない」と判示したのである。ここで
も，量刑事情としての「殺害の計画性」に「与えられた重みの程度・根拠」
から検討した結果として，計画性が認められない本件で死刑を選択すること
の合理性の不存在，さらには被告人に不利な一般情状を死刑選択の方向で考
慮することの限界が示されている[15]。

　これらの④および⑧の上告審決定で判示された内容も，事例判断ではある
ものの，「各要素に与えられた重みの程度・根拠」に関する先例として，今後
の裁判員裁判における量刑事情の範囲および評価方法に影響を与えていくも
のと思われる。

IV 死刑の一般的選択基準 323

　もっとも，死刑選択の一般的基準という視点からみた場合，2決定で示された
ような「事例ごとに考慮されるべき量刑事情，すなわち刑を加重する事情
と減軽する事情を抽出し，総合考慮を行う」という方針だけでは，判断過
程に不明確さが残ることは否定できない[16]。一方，永山判決においては，「罪
刑の均衡」と「一般予防」という基準が掲げられていたが，このうち一般予
防は罪刑の均衡と独立に考慮すべき必要性に乏しく，むしろ実際の判例・裁
判例ではここで言及のない特別予防（更生可能性）が特に死刑を回避する方向
で機能していたことが認められてきた[17]。その意味で，永山判決を前提とし
つつも，より明確な判断過程を提示しようとする試みが近年行われつつある
ことが注目される。次項でこの問題について考察する。

IV　死刑の一般的選択基準

　近時，わが国で有力に主張されている見解は，永山判決の掲げる諸事情の
総合的考慮だけでは，「死刑適用の道筋が見えてこないし，裁判員には理解が

---

[15]　本決定の補足意見（千葉勝美裁判官）も，松戸事件以外は殺意を伴うものではなく，
　死刑の選択を根拠付けるには足りないといえることから，「結局，死刑の選択については
　松戸事件をどう評価するかに係っている」のであり，松戸事件では死刑を選択する考慮
　要素の1つである殺害の計画性が認められず，また，非難の程度に直接影響する重要な
　情状の1つである殺害直前の経緯や殺害の動機が明らかになっていないことから，第一
　審の死刑選択の根拠は合理的とはいい難いとしている。

[16]　本庄・前掲注(9)109頁。
　なお，㊱では，④の上告審である平成27年決定を引用しつつ，量刑評議において同決
　定の趣旨に沿った判断過程を辿ったことが示されているのが注目される。すなわち，「当
　裁判所は，死刑か無期懲役刑かの問題は，そのいずれがよいかという単純な比較考量で
　はなく，死刑の位置付けや適用に当たって留意すべきことについて最高裁平成27年決
　定が指摘しているところを，議論が進む中でも繰り返し確認しながら検討を進めた」と
　した上で，「最高裁平成27年決定に照らして，死刑とすることが真にやむを得ないとい
　えるのかどうかについて，まずは構成裁判官が主導して，上記量刑資料に加えて，把握
　できる限りのこれまでの死亡被害者2名の殺人の事例を中心とした裁判例の集積から死
　刑の選択上考慮されるべき要素及び各要素に与えられた重みの程度・根拠の検討結果を
　簡潔に示すことにし」，「構成裁判官の検討結果を裁判員含む裁判体の共通認識とした。
　それを出発点として，死刑が真にやむを得ないといえるかどうかについて検討を進めた
　結果は次のとおりである」として，これに続いて犯情・一般情状の各々について，死刑
　が真にやむを得ないといえるかの評価を詳論している。

[17]　この点について，城下裕二『量刑理論の現代的課題［増補版］』（成文堂，2009年）134-
　135頁参照。

324 第12章 裁判員裁判における死刑選択基準

難しいように思われる」[18]との問題意識の下に，一般的な量刑基準としては，(1)いわゆる犯情により量刑の大枠を決め，(2)その大枠のなかで一般情状（刑事政策的要素）を考慮して最終的な量刑を決定する，という（「責任の幅」の理論に類似した）立場を採りつつ，死刑適用基準については，(1)の「犯情による量刑の大枠」に代えて「犯情による上限」を考えるというダブル・スタンダードを肯定する。すなわち，①死刑を選択するに際しては，犯情のみによって死刑が選択できるか否かを判断すべきであり，一般情状を理由に死刑を選択すべきではなく，一般情状は，死刑を回避する方向でのみ考慮すべきであること，②死刑を最終的に適用するには，選択と回避の2段階の絞りをかけること，が重要な点であるとされる。死刑適用基準を一般の量刑基準と区別すべき理由は，第一に，永山事件基準自体が総合的な考慮を求めており，責任に関する評価のみで死刑以外はないとすることを認めていないから，それが判例法である以上，例外を根拠づけることができるといえること，第二に，より本質的には，死刑は究極の刑であり，その適用は，永山基準がいうように「やむをえない」場合でなければならないこと，に求められている[19]。その後，論者はこれらについて補充的な説明を試み，当初，上記の①と②は「等価」とされていたことに関しては，およそ犯情の軽重を問わずに両判断が同じウェイトだというのではなく，具体的犯情から死刑が強く要請され，一般情状に特に酌量すべきものがない限り死刑とせざるを得ない場合もあるとされた[20]。また，本説をわかりやすく敷衍すれば，(1)犯情を評価して死刑しか相当でない場合でも，一般情状を考慮して例外的に死刑を回避することは，死刑の特殊性から許される，(2)犯情を評価して死刑も無期刑も相当である場合，一般情状を考慮して死刑を選択することはできない，(3)犯情を評価して無期刑しか相当でない場合は死刑を科すことができない，という基準になる[21]という点も補足された。

　本説（以下，「犯情・一般情状モデル」という）は，「犯情」のみによっては死刑

---

(18)　原田國男『裁判員裁判と量刑法』（成文堂，2011年）136頁。

(19)　原田・前掲注(18)141-150頁。

(20)　原田國男「裁判員裁判における死刑判決の検討」慶應ロー22号（2012年）96頁。

(21)　原田國男「わが国の死刑適用基準について」井田良＝太田達也編「いま死刑制度を考える」（慶應義塾大学出版会，2014年）76頁。

が相当とはいえない場合に、「一般情状」によって死刑を選択することを回避するという点において、量刑の基本原則である「消極的責任主義」と方向性を同じくするものということができる。さらに、「犯情」のみによって死刑を相当とすることができる場合であっても、「一般情状」からみて死刑を相当とはいえない場合に、同じく死刑を選択することを回避できるという点においても、「消極的責任主義」の考え方と整合的である[22]。ただし注意が必要なのは、この見解が前提としている「犯情」および「一般情状」の内実である。まず「犯情」については、罪となるべき事実よりは広く、事実誤認の対象となる事実であるとされ、この中には、犯罪手段・態様についての模倣性のように、責任を基礎づける要素以外のものも含まれるとされている。また「一般情状」は、一般予防・特別予防に関する事情を中心とするが、この目的からは説明しがたい事情、たとえば捜査協力、被害者ないしその遺族の被告人に対する処罰感情、違法捜査により受けた被告人の苦痛なども考慮されるとする（あえて一括りにすれば「刑事政策的要素」であるとする）[23]。すなわち、この見解は「実務が犯情＝責任、一般情状＝一般予防・特別予防ときれいに割り切っておらず、それぞれにそれ以外の要素をある程度含んでいると解される」ことを前提に、「我が国の量刑実務は、論理的な二者択一的発想によるのではなく、総合的かつ量的な発想をしている」ことを重視して[24]、いわば従来の実務を理論化したものという側面がある。しかしながら、「量刑における（消極的）責任主義」にいう「責任」（＝行為責任）に代わる概念として「犯情」を援用するならば、本来の「責任」に期待されている刑罰限定機能が相当程度弛緩することは避けがたいと思われる。たしかに、この見解では「事実誤認の対象となる事実」とは「刑罰権の存否及び範囲を定める事実」である[25]とされているが、「刑罰権の存否及び範囲を定める事実」によって刑罰を限定する、というのは同義反覆に過ぎず、そこに「限定の論理」を見出すことはできない[26]。また、「一般情状」についても、一般予防・特別予防に解消されない「刑事政策的要素」とは何であるのかが問題となる。たとえば、違法捜査によ

[22] 消極的責任主義については、城下・前掲注[17] 239 頁以下を参照。

[23] 原田・前掲注[18] 117, 137 頁。

[24] 原田・前掲注[18] 138 頁。

[25] 原田國男『量刑判断の実際［第3版］』（立花書房、2008 年）240 頁。

326　第 12 章　裁判員裁判における死刑選択基準

り受けた被告人の苦痛を「一般情状」として考慮する場合，その内容は「先取られた苦痛や害悪を精算しようとするもの」であり「それ自体ニュートラルな価値中立的な調整原理」であると説明されている[27]。しかし，違法捜査による苦痛を「刑罰」と同一視してよいかという点もさることながら，このような「苦痛の調整」を一般予防・特別予防とは区別された「刑事政策」の範疇に含めてよいのかは，やはり慎重な検討を要すると思われる[28]。別の視点からいえば，およそ刑罰を量定し，宣告すること自体に「刑事政策的機能」が伴うとするなら，量刑の際に考慮した事情はすべて「刑事政策的要素」である，ということにもなりかねないのであって，逆にそこから排除される事情を特定することは困難になるとも考えられる。

　以上のように，「犯情・一般情状モデル」については，そこでいう「犯情」を行為責任に関連する要素に純化し，「一般情状」を本来の予防的考慮に限定すべきものと解されるが[29]，ここでは，それらを別論として本説の枠組み自体をめぐる議論にさらに着目しておこう。

　本説に対しては，「犯情から死刑の選択が要求される程度は一様ではなく，それに応じて死刑回避のために要求される一般情状の良好さの水準が異なることを，それ自体としてはうまく表現できていない」として，本説のように「犯情による大枠（≒責任の幅）」に代えて「犯情による上限」を設定するのではなく，(1)責任の幅に死刑しか含まれない場合，(2)責任の幅の大部分は死刑に対応するが，下限は無期刑に及ぶ場合，(3)責任の幅の中心は死刑だが，下半分の大部分は無期刑に対応する場合，(4)責任の幅の中心は無期刑だが，上限付近は死刑に及ぶ場合などを観念し，(1)ではまずもって死刑（ではあるが個別的価値判断による例外的下回りを許容），(2)から(3)に近づくにつれて，死刑回避

---

[26]　おそらく「犯情」は，犯罪事実自体のほか，これと密接に関連する事項を含む（原田・前掲注[18]136 頁）とされていることからみて，「責任」よりも「違法性」に関係する事情の総体に近づくといえるかもしれない。しかし，そうであればなおさら刑罰限定機能は期待しがたいように思われる。

[27]　原田・前掲注[18]167 頁。

[28]　詳しくは，城下・前掲注[17]89 頁以下，115 頁以下を参照。

[29]　井田良「量刑判断の構造について」原田國男判事退官記念論文集刊行会（編）『新しい時代の刑事裁判　原田國男判事退官記念論文集』（判例タイムズ社，2010 年）464 頁は，犯情と一般情状の区別という実務の考え方を，理論的な見地から基礎づけることができないか，といった点について学説も検討を進めるべきであると主張する。

のための一般情状に対する要求水準が緩和されるとする，一種の「修正案」が提示されている。(4)については，幅の中心ないしは出発点が無期刑であるのに死刑を選択する具体的理由の合理性を検討する（そうした合理性が否定されるのは，無期刑を科しておけば保安的見地からは足り，改善更生の見地からは死刑は有害であるといった判断，遺族感情を犯情から独立して直接的に考慮することは許されないといった判断による）ことにより，当初の「犯情・一般情状モデル」と同様に，死刑を回避することも可能になるとされている[30]。

　この「修正案」は，「犯情・一般情状モデル」においては必ずしも明らかではなかった，犯情と一般情状の相関関係を段階的に示し，死刑回避のために一般情状に要求される水準の変化を表現したものとして優れている。同時に，「犯情・一般情状モデル」が捨象していた「責任の幅」を復活させることにより，一般情状による刑の加重的考慮が可能となっている。最近，同「修正案」を検討した見解によれば，本案は既述の「原則・例外基準」をも表現できており，かつ最高裁平成27年の2決定が示している，（「原則・例外基準」では必ずしも達成できなかった）量刑事情の総合的評価とも整合的である点で非常に洗練されたものとして位置づけられている[31]。そこでは，一般情状による加重的考慮を認めたことも，従来からの量刑一般における考慮方法と合致するものとして評価されている。しかし，一般情状を死刑回避の方向でのみ考慮することが「犯情・一般情状モデル」の本質的特徴であり，かつ消極的責任主義にも沿うものであるとすれば，むしろ，こうした加重的考慮を認めた点は問題を残しているように思われる。少なくとも，当初のモデルが「犯情を評価して死刑も無期刑も相当である場合，一般情状を考慮して死刑を選択することはできない」としていたことに対して，本「修正案」では「一般情状に対する要求水準」のいかんによっては死刑選択の可能性が生じるものと解さ

---

[30]　小池信太郎「量刑における幅の理論と死刑・無期刑」論ジュリ4号（2013年）83頁。
[31]　本庄・前掲注(9)111-112頁。他方，この見解からは，幅の理論を死刑にも適用することで，真にやむを得ない場合だけに死刑の適用を限定するという姿勢が弱くなってしまい，永山判決の基準と整合しないという問題が生じる可能性があると指摘されている。そのため，第一段階で犯情による死刑の可能性を評価する段階で，死刑がやむを得ないかを判断し，第二段階で一般情状をも総合的に評価して，最終的に死刑が真にやむを得ないかを判断すべきであるという提案がなされている（同112，118頁）。こうした慎重な配慮は傾聴に値するものと思われる。

328　第 12 章　裁判員裁判における死刑選択基準

れるが，そのことの是非は議論の必要があるだろう。

　もっとも，本章のⅡでも述べたように，これまでの裁判員裁判による死刑判決を概観すると，犯情による死刑選択は決定的な効力を有しており，一般情状によって死刑を回避した例は見られない。また，別稿でも指摘した通り，裁判員裁判において死刑が求刑され，無期懲役が言い渡された事案では，いずれも「犯情」ないし行為責任の段階においてすでに死刑が回避されるレベルの評価がなされており，「犯情により死刑選択も可能ではあるが，一般情状により死刑を回避したために無期懲役となった」と解される例は現在のところ見当たらない[32]。量刑の実際においては，これほどまでに一般情状は「機能不全」に陥っている。これが，犯情による死刑拘束性の強さに起因するものなのか，一般情状に対する要求水準の高さに由来するものなのかは定かではないが，今後は，死刑選択基準を構成する各原理が本来の役割を適切かつ十分に果たしうるための理論的検討，そして実践的努力が一層求められているように思われる[33]。

[表]　裁判員裁判例における死刑判決

	罪名 （被殺害者数）	控訴等	備考
①横浜地判平成 22・11・16 （船橋市ホテル監禁殺人事件） 【LEX/DB 25470446】	殺人，強盗殺人等 (2)	控訴取下（死刑）	共犯
②仙台地判平成 22・11・25 （石巻事件） 【LEX/DB 25443083】	殺人 (2)，殺人未遂等	仙台高判平成 26・1・31（控訴棄却） 最判平成 28・6・16（上告棄却・死刑）	少年（18歳 7 か月）
③宮崎地判平成 22・12・7 （宮崎市一家 3 人殺害事件） 【LEX/DB 25470198】	殺人 (3)，死体遺棄等	福岡高判平成 24・3・22（控訴棄却） 最判平成 26・10・16（上告棄却・死刑）	再審請求審：宮崎地決平成29・9・1（請求棄却）

---

[32]　城下・前掲注(4)131 頁，さらに本書第 1 章Ⅳを参照。

[33]　裁判員裁判における量刑評議のあり方を多角的に検討した研究については，本書第 10章の注(62)を参照。

IV 死刑の一般的選択基準　329

④東京地判平成23・3・15 （南青山マンション強盗殺人事件） 【刑集69巻1号73頁参照】	強盗殺人（1），住居侵入	東京高判平成25・6・20（破棄自判・無期懲役） 最決平成27・2・3（上告棄却・無期懲役）	否認
⑤長野地判平成23・3・25 （長野市一家3人強盗殺人事件） 【LEX/DB 25480102】	強盗殺人（3），死体遺棄	東京高判平成24・3・22（控訴棄却） 最判平成26・9・2（上告棄却・死刑）	共犯
⑥横浜地判平成23・6・17 （川崎市騒音トラブル殺人事件） 【LLI/DB L06650340】	殺人（3）	控訴取下（死刑）	平成27・12・18 死刑執行
⑦静岡地沼津支判平成23・6・21 （静岡女性2人殺害事件） 【LEX/DB 25480334】	強盗殺人（1），殺人（1），詐欺等	東京高判平成24・7・10（控訴棄却） 最判平成26・12・2（上告棄却・死刑）	
⑧千葉地判平成23・6・30 （千葉大学女子学生殺害事件） 【刑集69巻1号168頁参照】	強盗殺人（1），放火等	東京高判平成25・10・8（破棄自判・無期懲役） 最決平成27・2・3（上告棄却・無期懲役）	
⑨熊本地判平成23・10・25 （宇土・熊本3人強盗殺傷事件） 【LEX/DB 25481871】	強盗殺人（2），同未遂等	福岡高判平成24・4・11（控訴棄却） 上告取下（死刑）	平成28・11・11 死刑執行
⑩大阪地判平成23・10・31 （此花区パチンコ店放火殺人事件） 【判タ1397号104頁】	殺人（5），放火等	大阪高判平成25・7・31（控訴棄却） 最判平成28・2・23（上告棄却・死刑）	
⑪長野地判平成23・12・6 （長野市一家3人強盗殺人事件） 【LEX/DB 25480103】	強盗殺人（3），死体遺棄	東京高判平成26・2・27（破棄自判・無期懲役） 最決平成27・2・9（上告棄却・無期懲役）	共犯
⑫長野地判平成23・12・27 （長野市一家3人強盗殺人事件） 【LEX/DB 25480169】	強盗殺人（3），死体遺棄	東京高判平成26・2・20（控訴棄却） 最判平成28・4・26（上告棄却・死刑）	共犯
⑬さいたま地判平成24・2・24 （横浜・埼玉連続偽装殺人事件） 【LEX/DB 25480579】	殺人（2），詐欺等	東京高判平成25・6・27（控訴棄却） 最判平成27・12・4（上告棄却・死刑）	共犯 否認

⑭さいたま地判平成24・4・13（首都圏連続不審死事件）【LEX/DB 25481416】	殺人（3），詐欺等	東京高判平成26・3・12（控訴棄却）最判平成29・4・14（上告棄却・死刑）	一部否認
⑮鳥取地判平成24・12・4（鳥取連続不審死事件）【LEX/DB 25503373】	強盗殺人（2），詐欺等	広島高松江支判平成26・3・20（控訴棄却）最判平成29・7・27（上告棄却・死刑）	一部否認
⑯岡山地判平成25・2・14（岡山元同僚強盗殺人事件）【LLI/DB L06850087】	強盗殺人（1），強盗強姦等	控訴取下（死刑）	平成29・7・13死刑執行
⑰福島地郡山支判平成25・3・14（会津美里町夫婦強盗殺人事件）【LEX/DB 25445498】	強盗殺人（2），住居侵入等	仙台高判平成26・6・3（控訴棄却）最判平成28・3・8（上告棄却・死刑）	
⑱東京地判平成25・6・11（山形・東京連続放火殺人事件）【LLI/DB L06830387】	殺人（3），放火等	東京高判平成26・10・1（控訴棄却）最判平28・6・13（上告棄却・死刑）	共犯
⑲長崎地判平成25・6・14（長崎ストーカー殺人事件）【LEX/DB 25501675】	殺人（2），傷害，窃盗等	福岡高判平成26・6・24（控訴棄却）最判平成28・7・21（上告棄却・死刑）	否認
⑳大阪地堺支判平成25・6・26（和泉市元社長夫婦強盗殺人事件）【LEX/DB 25501419】	強盗殺人（2），窃盗等	大阪高判平成26・12・19（控訴棄却）最判平成29・12・8（上告棄却・死刑）	否認
㉑大阪地堺支判平成26・3・10（堺市資産家連続強盗殺人事件）【LEX/DB 25503175】	強盗殺人（2），略取等	大阪高判平成28・9・14（控訴棄却）最判平成31・2・12（上告棄却・死刑）	
㉒東京地判平成26・9・19（銀座資産家夫婦強盗殺人事件）【判タ 1412 号 288 頁】	強盗殺人（2），死体遺棄等	東京高判平成28・3・16（控訴棄却）最判平成30・12・21（上告棄却・死刑）	一部否認
㉓名古屋地判平成27・2・20（愛知親子3人強盗殺傷事件）【LEX/DB 25505919】	強盗殺人（2），同未遂等	名古屋高判平成27・10・14（控訴棄却）最判平成30・9・6（上告棄却・死刑）	

㉔大阪地平成 27・6・26 （心斎橋通り魔殺人事件） 【判時 2280 号 136 頁】	殺人（2），銃刀法違反	大阪高判平成 29・3・9 （破棄自判・無期懲役） （上告中）	
㉕山口地判平成 27・7・28 （山口・周南 5 人連続殺人事件） 【判時 2285 号 137 頁】	殺人（5），非現住建造物放火	広島高判平成 28・9・13（控訴棄却） 最判令和 1・7・11（上告棄却・死刑）	
㉖名古屋地判平成 27・12・15 （愛知碧南夫婦強盗殺人事件） 【LEX/DB 25541967】	強盗殺人（2），同未遂，住居侵入	名古屋高判平成 28・11・8（控訴棄却） 最判令和 1・7・19（上告棄却・死刑）	共犯 一部否認
㉗神戸地判平成 28・3・18 （神戸小 1 女児殺人事件） 【LEX/DB 25543180】	殺人（1），わいせつ誘拐，死体損壊・遺棄	大阪高判平成 29・3・10（破棄自判・無期懲役） （上告中）	
㉘前橋地判平成 28・7・20 （群馬・前橋連続殺人事件） 【LEX/DB 25543574】	強盗殺人（2），同未遂，窃盗，住居侵入	東京高判平成 30・2・14（控訴棄却） （上告中）	
㉙静岡地沼津支判平成 28・11・24 （静岡・伊東干物店殺人事件） 【判時 2345 号 120 頁】	強盗殺人（2）	東京高判平成 30・7・30（控訴棄却） （上告中）	
㉚神戸地判平成 29・3・22 （兵庫連続 5 名殺人事件） 【LEX/DB 25448600】	殺人（5），銃砲刀違反	（控訴中）	否認
㉛甲府地判平成 29・8・25 （フィリピン連続保険金殺人事件） 【LEX/DB 25547116】	殺人（2），詐欺，電磁的公正証書原本不実記録・同供用，有印私文書偽造・同行使等	（控訴中）	共犯
㉜京都地判平成 29・11・7 （関西青酸連続殺人事件） 【判時 2391 号 89 頁】	殺人（3），強盗殺人未遂（1）	大阪高判令和 1・5・24（控訴棄却・上告中）	
㉝静岡地判平成 30・2・23 （浜名湖周辺殺人・死体遺棄事件） 【LEX/DB 25549814】	強盗殺人（1），殺人（1），電子計算機使用詐欺，窃盗，死体損壊，死体遺棄，詐欺等	東京高判平成 31・3・15（控訴棄却・上告中）	黙秘

332   第 12 章　裁判員裁判における死刑選択基準

㉞さいたま地判平成 30・3・9 （さいたま連続殺人事件） 【LEX/DB 25560015】	住居侵入，強盗殺人（6），死体遺棄	（控訴中）	
㉟横浜地判平成 30・3・22 （介護付老人ホーム殺人事件） 【判時 2391 号 68 頁】	殺人（3）	（控訴中）	否認
㊱大阪地判平成 30・12・19 （寝屋川市中 1 男女殺害事件） 【LEX/DB 25563306】	殺人（2）	（控訴取下・死刑）	一部否認

第13章

無期刑受刑者の仮釈放をめぐる諸問題

I　はじめに

　近年のわが国では，無期刑受刑者の処遇，特に仮釈放に関する議論が活発化している。とりわけ，裁判員制度が 2009 年 5 月から開始されるにあたって，量刑判断のプロセスにも社会的関心が集まり，死刑問題との関連で無期刑の仮釈放のあり方，さらには立法論としての「仮釈放のない無期刑」導入の是非も論じられるようになった。また，実際に無期刑を言い渡す際に，裁判官が仮釈放の運用に関して意見を述べる例もあり，その意味をどのように捉えていくべきかについても検討される必要がある。そこで本章では，無期刑受刑者の仮釈放をめぐる最近の動向を概観しつつ，問題点を抽出するとともに若干の考察を行うことにしたい[1]。

　なお，「無期刑」には，現行刑法上「無期懲役」と「無期禁錮」があるが（刑法 12 条 1 項・13 条 1 項），法定刑としての無期禁錮は，死刑と選択的に規定された内乱罪の首謀者に対する刑（刑 77 条 1 項 1 号）および謀議参与者・群集指揮者に対する刑（同 2 号）のみであり，統計上も科刑・受刑状況が報告されていないため，本章では基本的に「無期懲役」を念頭に置くこととする。

---

[1]　なお，いわゆる「終身刑」の問題を比較法的観点を交えて検討したものとして，龍谷大学矯正・保護研究センター（編）・石塚伸一（監修）『国際的視点から見た終身刑―死刑代替刑としての終身刑をめぐる諸問題―』（成文堂，2003 年），「特集・主要各国の終身刑の実情」犯非 140 号（2004 年）4 頁以下の諸論文，「特集・終身刑の意義と課題」刑ジャ 14 号（2009 年）2 頁以下の諸論文がある。

334 第13章 無期刑受刑者の仮釈放をめぐる諸問題

II 無期懲役の科刑状況

通常第一審で無期懲役を言い渡された者の数は，平成10年には47人であったがその後は増加し，平成16年には125人に達した。平成17年は119人，平成18年は99人，平成19年は74人と，以後は減少傾向にある[2]。

現行刑法（特別刑法を含む）上，無期懲役のみが絶対的法定刑として規定されているものはなく，法定刑の規定方法からみると，①死刑と選択的に規定されているもの（汽車転覆等致死罪（刑126条3項）・往来危険による汽車等転覆破壊罪（刑127条）・強盗致死罪（刑240条後段）・強盗・強制性交等致死罪（刑241条3項）・航空機強取等致死罪（航空機強取2条）・人質殺害罪（人質4条）など），②死刑および有期懲役と選択的に規定されているもの（外患援助罪（刑82条）・現住建造物等放火罪（刑108条）・現住建造物に対する激発物破裂罪（刑117条1項前段）・現住建造物等浸害罪（刑119条）・水道毒物混入致死罪（刑146条後段）・殺人罪（刑199条）・爆発物使用罪（爆発1条）・組織的な殺人罪（組織犯罪3条1項3号・2項）など），③有期懲役と選択的に規定されているもの（汽車転覆等の罪（刑126条1項・2項）・往来危険による汽車転覆等の罪（刑127条）・通貨偽造及び行使等の罪（刑148条1項・2項）・強制わいせつ等致死傷罪（刑181条1項・2項・3項）・身代金目的略取等の罪（刑225条の2第1項・2項）・強盗致傷罪（240条前段）・強盗・強制性交等罪（241条1項）・爆発物使用未遂罪（爆発2条）・航空機の強取等の罪（航空機強取1条）・加重人質強要罪（人質2条・3条）・組織的な身代金目的略取の罪（組織犯罪3条1項6号・2項）など），④有期懲役と選択的に規定され，情状により罰金と併科されうるもの（営利目的の覚せい剤輸入等罪（覚せい剤41条2項），営利目的の麻薬輸入等罪（麻薬64条2項）など）の4類型がある。

もっとも周知のように，実際の科刑の段階において，無期懲役の言渡しは殺人罪または強盗致死傷罪（強盗殺人罪を含む）・強盗強姦罪［以下，罪名は当時のものとする］の事案が大半を占めている。平成19年の74人中，殺人は21人，強盗致死傷・強盗強姦は44人であり，同年の各罪名別の有罪人員中に占める無期懲役言渡人員の比率は，殺人では3.6％，強盗致死傷・強盗強姦では6.1％

---

(2) 法務省法務総合研究所（編）『犯罪白書（平成20年版）』（2008年）54頁。なお，本章の［補論］を参照。

II 無期懲役の科刑状況 335

であった。そのほか，同年において無期懲役の言渡しを受けた者は，放火2人，強姦致死傷2人，略取誘拐・人身売買2人，覚せい剤取締法違反1人，麻薬特例法違反1人，航空機の強取等の処罰に関する法律違反1人であった[3]。

　個別の判例で見てみると，殺人・強盗殺人の事案では，検察官の求刑は死刑であったものの，先例（特にいわゆる永山事件判決（最判昭和58・7・8刑集37巻6号609頁）において示された死刑選択基準）に照らすなどして検討した結果，無期懲役を選択するに至ったものが多い。比較的最近では，強盗殺人（被害者2名）に関する大阪高判平成16・4・20（高検速報平成16年143頁），殺人および殺人未遂（被害者各1名）に関する山形地判平成19・5・23（判時1976号146頁），強盗殺人（被害者2名）に関する最決平成20・2・20（判時1999号157頁）〔被告人2名〕などがある。それ以外の罪名では，たとえば営利目的での覚せい剤輸入等について被告人に無期懲役（及び罰金）を言い渡した事例（東京地判平成19・3・14 LEX/DB 28145163），身代金目的拐取，拐取者身代金要求等に関して，被告人2名に対して無期懲役を言い渡した事例（最判平成20・4・22裁判集刑294号209頁），6件の現住建造物放火未遂および1件の現住建造物放火等について被告人に無期懲役を言い渡した原審を維持した事例（東京高判平成20・5・15判時2019号127頁）などが挙げられる。

　なお，終身にわたる自由の拘禁を内容とする無期刑については，生命の剥奪を内容とする死刑と同様にその合憲性が問題とされてきた。無期懲役に関しては，残虐な刑罰の禁止（憲法36条）・個人の尊重（同13条）・適正手続の保障（同31条）との関連で違憲ではないかが争われたが，最高裁は，死刑を合憲とする大法廷判決（最大判昭和23・3・12刑集2巻3号191頁）が存在することを根拠としつつ，「現代の行刑は，無期自由刑の受刑者に対してもでき得る限り，その物心両生活においてその反省の機会を与え人間生活の広さと深さとを味得せしめてその更生を誘致すべく努力するのである」などとして無期懲役の合憲性を導いている（最大判昭和24・2・21刑集3巻12号2048頁。さらに，最決昭和31・12・25刑集10巻12号1711頁）。また，無期禁錮に関しては，勤労の権利の保障（憲法27条1項）との抵触が争われたが，最高裁は「禁錮刑は受刑者を監獄

(3)　法務省法務総合研究所（編）・前掲注(2)54頁。

336　第13章　無期刑受刑者の仮釈放をめぐる諸問題

に拘置してその自由を制限し，監獄法その他の法規に定める厳格な規律の下に生活させ，本人が希望すれば作業にも就かせるのであって，決して受刑者を無為徒食させる制度ではない」として合憲性を肯定した（最大判昭和33・9・10刑集12巻13号2897頁）。最近も，身代金目的拐取，拐取者身代金要求等に関して，被告人2名に対して無期懲役を言い渡した事例（最判平成20・4・22〔前掲〕）における弁護人の上告趣意に対して，「無期懲役が残虐な刑罰に当たるとして違憲をいう点は，既に説示したとおり前提を欠き，刑法225条の2第1項の違憲をいう点は，同条項所定の行為に対し所定のような法定刑を定めることは立法政策の範囲内にとどまる問題であって憲法適否の問題ではな」いと判示している。

Ⅲ　無期刑受刑者の仮釈放に関する動向と問題点

1　仮釈放要件に関する近年の改正

　仮釈放制度が，施設内処遇から社会内処遇に移行する際のステップとして，対象者の再犯防止と社会適応を促進するものであることは広く認識されている[4]。刑法28条によれば，無期刑受刑者については①刑の執行開始後10年が経過すること，および②当該受刑者に「改悛の状」があることの2要件を満たした場合に仮釈放が許される。「改悛の状」の判断基準に関しては，平成20（2008）年8月より施行された更生保護法に伴って新たに制定された「犯罪をした者及び非行のある少年に対する社会内における処遇に関する規則」（平成20年4月23日法務省令第28号。以下「社会内処遇規則」とする）28条（仮釈放許可の基準）において「仮釈放を許す処分は……悔悟の情及び改善更生の意欲があり，再び犯罪をするおそれがなく，かつ，保護観察に付することが改善更生のために相当であると認めるときにするものとする。ただし，社会の感情がこれを是認すると認められないときは，この限りでない。」と規定されている。

　これに対して，本規則制定以前の「仮釈放，仮出場及び仮退院並びに保護

---

(4)　岩井宜子『刑事政策〔第7版〕』（尚学社，2018年）204頁参照。なお，仮釈放制度全般について，瀬川晃『犯罪者の社会内処遇』（成文堂，1991年）181頁以下参照。最近の包括的研究書として，太田達也『仮釈放の理論』（慶應義塾大学出版会，2017年）がある。

観察等に関する規則」（昭和49年4月1日法務省令第24号。以下「旧規則」とする）32条（仮釈放許可の基準）は、「仮釈放は、次に掲げる事由を総合的に判断し、保護観察に付することが本人の改善更生のために相当であると認められるときに許すものとする。」として、①悔悟の情が認められること、②更生の意欲が認められること、③再犯のおそれがないと認められること、④社会の感情が仮出獄を是認すると認められること、の4つの事由を掲げていた。これは、①〜④の各号がその性質上、確定的心証を得ることが難しいものであることから、各号をそれぞれ満たすことを求めず、総合的に判断することとし、仮釈放の弾力的・積極的運用を企図したものと解されていた[5]。もっとも、こうした基準に対しては、判断の幅が広く、仮釈放を運用する者の目的意識などが強く反映する構造になっており、特に「再犯のおそれ」および「社会感情」が必要以上に重視され、ひいては仮釈放の消極的な運用に繋がるといった問題点が指摘されてきた[6]。平成17（2005）年7月に立ち上げられた法務省の「更生保護のあり方を考える有識者会議」の最終報告書においても、旧規則に対して「仮釈放基準が不明確であるとの批判に答えるため……例えば、……『悔悟の情』及び『更生の意欲』が認められ、保護観察に付することが本人の改善更生のために相当であると認められるときは、仮釈放を許可することができるものとし、『再犯のおそれが高いと認められるとき』又は『社会の感情が仮釈放を是認していないと認められるとき』には、この限りではないとする方向で、許可基準を改めるべきことを検討すべきである」[7]との意見が示されていた。こうした意見の背景には、「仮釈放の実態には、再犯のおそれがなく、更生意欲が強く認められるために仮釈放を許可する場合と、満期釈放よりは円滑な社会復帰が期待でき、再犯の可能性を低下させることが

---

(5) 加藤東治郎「戦後の仮釈放制度の発展」朝倉京一ほか（編）『日本の矯正と保護・第3巻　保護編』（有斐閣，1981年）29頁，野中忠夫「仮釈放の運用と制度上の問題」同書35頁参照。

(6) 西中間貢「仮釈放制度の運用の現状と課題」矯正講座27号（2006年）32頁。さらに，斎藤司「仮釈放の現状と課題」刑事立法研究会（編）『刑務所改革のゆくえ——監獄法改正をめぐって』（現代人文社，2005年）91頁参照。

(7) 更生保護のあり方を考える有識者会議「『更生保護のあり方を考える有識者会議』報告書　更生保護制度改革の提言—安全・安心の国づくり，地域づくりを目指して—」（平成18年6月27日）（http://www.moj.go.jp/content/000010041.pdf）18頁。

338　第13章　無期刑受刑者の仮釈放をめぐる諸問題

できると期待して仮釈放を許可する場合の二通りがあるように思われ，後者の場合には，現行の許可基準と運用実態が乖離してるように思われ」る[8]との認識がある。

　新しい社会内処遇規則では，(a)「悔悟の情」および(b)「改善更生の意欲」があることと並んで，報告書では消極的要件とすべきものとされていた(c)「再犯のおそれがないこと」が積極的要件とされ，さらに(d)「保護観察に付することが改善更生のために相当であること」も（旧規則では最終的な仮釈放許可の判断基準とされていたが，それとは異なり）積極的要件に加えられた。そして，報告書では(c)とともに消極的要件とすべきものとされていた(e)「社会の感情が仮釈放を是認すると認められないこと」は，新たに独立した消極的要件として掲げられた。さらに，上記の社会内処遇規則に掲げられた諸要因については，通達（平成20年5月9日付法務省保観第325号矯正局長，保護局長依命通達）によって，次のような事項を判断すべき旨が定められている。「悔悟の情」については，受刑者自身の発言や文章のみで判断しないこととされており，また「改善更生の意欲」については，被害者等に対する慰謝の措置の有無やその内容，その措置の計画や準備の有無，刑事施設における処遇への取り組みの状況，反則行為等の有無や内容，その他の刑事施設での生活態度，釈放後の生活の計画の有無や内容などから判断することとされている。さらに「再び犯罪をするおそれ」は，性格や年齢，犯罪の罪質や動機，態様，社会に与えた影響，釈放後の生活環境などから判断すべきものとされ，「保護観察に付することが改善更生のために相当」かどうかについては，悔悟の情及び改善更生の意欲があり，再び犯罪をするおそれがないと認められる者について，総合的かつ最終的に相当であるかどうかを判断することとされている。「社会の感情」については，被害者等の感情，収容期間，検察官等から表明されている意見などから判断することが求められている。

　以上のように，新しい社会内処遇規則では，旧規則における4事由の総合的判断とは異なり，規定された各積極的要件をすべて充足した者に対して，「社会感情の是認（の不存在）」を消極的要件とすることにより仮釈放が認めら

(8)　前掲注(7)18頁。なお，松本勝「仮釈放制度の現状と課題」犯非100号（1999年）281頁，野中・前掲注(5)35頁参照。

Ⅲ　無期刑受刑者の仮釈放に関する動向と問題点　339

れることとなった。これに対しては，特に「再び犯罪をするおそれがないこと」が積極的要件とされたことにより，仮釈放を制限する方向に働くのではないかとの危惧もありえよう。もっとも，いずれの要件も並列的に規定されていることから，特定の要件のみが偏重されるという可能性はむしろ減少し，上記の通達に示された判断事項をも考慮することによって，より適切な運用が期待されるものと思われる。「有識者会議」報告書で指摘されていた，「満期釈放よりは円滑な社会復帰が期待でき，再犯の可能性を低下させると期待して仮釈放を許可する場合」についても，「釈放後の生活状況」から判断して「再び犯罪をするおそれがない」場合に該当するとの評価も可能であろう。

2　「無期刑受刑者の仮釈放に係る勉強会報告書」とその後の対応

　平成 20（2008）年 8 月，保岡興治法務大臣（当時）から，無期刑受刑者に係る仮釈放の運用が透明性を持ち，国民に分かりやすい制度となるよう検討し，その成果を報告するよう指示があったことを受けて「無期刑受刑者の仮釈放に係る勉強会」が立ち上げられた。同勉強会は，その後，森英介法務大臣の下，保護局を中心に，刑事局，矯正局及び秘書課も加わった課長級職員により，合計 7 回にわたり会合を開催して検討を重ね，同年 11 月に報告書[9]を公刊した。

　本報告書は，無期刑及び仮釈放制度の概要を説明したうえで，「無期刑受刑者の仮釈放の運用に関して，国民の間でどのように理解されているかを把握するため，マスコミ報道，インターネットサイトにおけるブログや掲示板の書込み等を確認したところ，一部で『無期刑受刑者は，受刑後 10 年又は十数年が経過すれば，仮釈放が許されて自由になる。』などという理解がされていたところである」[10]と述べて，無期刑受刑者の仮釈放の運用状況について国民が抱きやすいイメージの一側面を指摘している。

　そして，平成 10 年～19 年の 10 年間における無期刑の執行状況を確認するとともに，無期刑受刑者に係る仮釈放の運用状況の調査結果を明らかにして

---

(9)　『無期刑受刑者の仮釈放に係る勉強会報告書』（平成 20 年 11 月）（http://www.moj.go.jp/content/000057314.pdf）
(10)　前掲注(9)2 頁。

340　第 13 章　無期刑受刑者の仮釈放をめぐる諸問題

いる。これは貴重な情報であり，以下にその要約を掲げておくこととする。

【1】 無期刑の執行状況[11]

(1) 無期刑により新たに刑事施設に収容された者（無期刑新受刑者）は，平成 10 年および 11 年には 45 人程度であったところ，平成 18 年には 136 人（平成 19 年には 89 人）と大幅に増加しており，年末時点で刑事施設に在所中の無期刑受刑者（年末在所無期刑者）も，平成 10 年の 968 人から平成 19 年の 1,670 人へと急増している。無期刑受刑者の在所期間及び年齢についても，平成 19 年末の時点での 1,670 人のうち在所期間 10 年未満の者が 947 人（平均年齢 47.9 歳），10 年以上の者が 723 人（同 59.6 歳）となっており，後者の中には在所期間 40 年以上 50 年未満の者が 13 人（同 71.8 歳），50 年以上 60 年未満の者が 5 人いるなど，長期化・高齢化の傾向が見られる。平成 19 年末時点における無期刑受刑者では，50 歳代が最も多い。

(2) 無期刑仮釈放者数を見ると，平成 10 年から平成 19 年の間で，最多の平成 10 年には 18 人，最少の平成 19 年には 3 人であった（延べ 104 人）。無期刑新仮釈放者の仮釈放時点における平均在所期間は，平成 10 年には 20 年 10 月，平成 15 年には 23 年 4 月，平成 17 年には 27 年 2 月，平成 19 年には 31 年 10 月と長期化している。また，この 10 年間に刑事施設内で死亡した無期刑受刑者は合計 120 人であり，仮釈放となった無期刑受刑者数を上回っている。

【2】 無期刑受刑者に係る仮釈放の運用状況[12]

無期刑受刑者の仮釈放審理に関する記録に基づき，平成 10 年 1 月から平成 19 年 12 月までの間に審理が終結した 114 件について改めて調査を行った[13]。

(1) 〔仮釈放審理の件数の推移等〕仮釈放審理の件数を見ると，平成 10 年には 29 件であったところ，平成 17 年は 4 件，平成 18 年が 7 件，平成 19 年が 1 件と減少傾向にある。

---

[11] 前掲注(9)2-3 頁。

[12] 前掲注(9)3-5 頁。

[13] なお，統計に関しては，八重樫和裕＝江村智禎「無期懲役に仮釈放制度は機能しているか」自由と正義 59 巻 12 号（2008 年）91 頁以下も参照。

III　無期刑受刑者の仮釈放に関する動向と問題点　　341

(2)　〔地方委員会別の審理手続及び審理結果〕地方委員会別に仮釈放審理手続の状況を見ると，審理月数は全国平均が7.9月（最長は東北地方委員会の11.0月，最短は近畿地方委員会の5.1月）である。仮釈放審理の結果について見ると，仮釈放を許した場合の仮釈放審理時の平均在所期間は，全国平均23.5年（最長は東北地方委員会の28.0年，最短は近畿地方委員会の21.6年）であった。

(3)　〔審理年と審理結果等〕仮釈放が認められた無期受刑者の審理終結時における在所期間は，平成10年には22.0年であったが，平成18年には26.6年となっている。審理結果について見ると，平成10年から平成19年までの間に仮釈放審理が終結した114件のうち，仮釈放が許されたものが74件（許可決定時における平均在所期間は23.5年），許されなかったものが35件，その他（審理中に無期刑受刑者が死亡するなど許否の判断がなされないまま審理が終結したもの）は5件であった。また，仮釈放が許された74件について，仮釈放許可決定時における平均在所期間は23.5年であった。

(4)　〔在所期間と審理結果〕仮釈放審理が行われた無期刑受刑者について，在所期間20年以上25年未満で審理が行われた場合が最も多く60件（52.6%）であり，次いで25年以上30年未満が25年（21.6%），15年以上20年未満が17件（14.9%）であった。また，仮釈放が許されたものについては，同様に20年以上25年未満で行われた場合が最も多く42件（56.8%）であり，在所期間15年未満で許されたものは1件であった。

(5)　〔仮釈放審理歴と審理結果等〕初回の仮釈放審理において仮釈放が許されたものが46件，許されなかったものが30件あった。最も審理歴が多かったものは7回目の審理で仮釈放が許されたもの（1件）であった。

　以上の調査結果は，①無期刑受刑者のうち，仮釈放が許されるのは多くても年間10数人程度であり，仮釈放時の在所期間は20年以上の者が多数を占め，しかも近年は長期化していること，②仮釈放を許されずに相当長期間服役している者が少なくないこと，③仮釈放が許された者よりも在所中に死亡する者の方が多数であること，などを示すものである。無期刑の執行の長期化（無期刑受刑者の高齢化）および無期刑受刑者に対する仮釈放の制限的運用を裏づけるデータは，たしかに，上述のような国民の「イメージ」を改めるた

めに十分な情報であるということができよう。これらの結果を踏まえて，本報告書は次の対応策を提案している。

(1) 情報公開の必要性　今回の調査結果からは，一部に見られる無期刑受刑者の仮釈放の運用に関する理解と現実の運用状況との間には，相当の隔たりがあると認められるところ，かかる隔たりが生じた一因としては，従来，無期刑の執行状況や無期刑受刑者に係る仮釈放の運用状況について，国民に対して十分な情報提供がなされていなかったことにあると考えられる。そこで，国民に対してより適切に情報を公開し，無期刑の執行状況及び無期刑受刑者に係る仮釈放の運用を図るため，年1回を目処に，詳細な統計情報を，国民に分かりやすい形で法務省ホームページに登載するなどして公表する。

(2) 仮釈放審理の透明性を更に向上させるための方策　地方委員会の仮釈放審理は，刑事施設の長の申出により開始する場合と，地方委員会が自ら調査した結果に基づいて開始する場合（「申出によらない審理」）があるところ，現在の運用においては，申出によらない審理はほとんど実施されておらず，専ら刑事施設の長の申出に基づいて行われている。しかし，刑事施設の長の申出によるものとは別に，地方委員会において，在所期間が一定期間経過した無期刑受刑者につき仮釈放審理を行うこととし，かつ，その判断結果を上記(1)のように公表することとすれば，仮釈放審理の行われる時期やその結果が明らかになるなど，無期刑受刑者に係る仮釈放審理の透明性をより高めることになると考えられる。そこで，無期刑受刑者については，その執行開始後，一定期間が経過した場合には，地方委員会が審理を開始して，その結果を上記(1)のとおり公表することとし，もって仮釈放の運用の一層の透明性を確保することとする（ここでいう「一定期間」については，現在の運用状況及び有期刑の制度上の最長期間（30年）等を踏まえ，一律30年とする）。

(3) より慎重かつ適正な仮釈放審理を実現するための方策　現行の仮釈放審理においては，必要に応じて，①地方委員会の複数の委員が仮釈放審理の対象とされた無期刑受刑者と直接面接し，②被害者等の申出に応じて意見等を聴取し，又は被害者等の状況について調査を行い，③検察官から仮釈放の許否に関する意見を聴取しているところであるが，現行制度上，①については1名の委員が面接を行えば足りるものとされており，②については被害者

からの申出がなければ必ず行わなければならないものではなく，③について
は地方委員の裁量により行われるものであって，平成 10 年から 19 年までの
間に行われた件数は 95 件であった。しかし，①については複眼的な観点から
の検討が可能となり，②については客観性を持ち国民からも広く理解を得ら
れる仮釈放審理を実現でき，③についてはより多角的かつ適正な判断を行う
ことに資すると認められることから，今後，特に支障のない限り，①複数委
員による面接，②被害者等に対する調査及び③検察官に対する意見照会をい
ずれも行うものとすることが相当である[14]。

　上記 3 点の対応策のうちの(2)および(3)については，本報告書の公刊後，速
やかに現実化されることとなった点は注目してよい。すなわち平成 21 年 3
月 6 日付で，法務省保護局長により「無期刑受刑者に係る仮釈放審理に関す
る事務の運用について（通達）」が出され，4 月 1 日から実施されることとなっ
た。(2)に関わる部分は，以下の通りである（「法」は更生保護法を指す）。

　　第 2　申出によらない審理の開始
　　　1　地方委員会は，無期刑受刑者について，刑の執行が開始された日（当
　　該無期刑受刑者が仮釈放を取り消されて収容された者であるときは，当該収
　　容の日。以下同じ。）から 30 年が経過したときは，その経過した日から起算
　　して 1 年以内に，法第 35 条第 1 項の規定に基づき，必要があると認めて仮釈
　　放審理を開始するものとする。
　　　2　地方委員会は，1 による仮釈放審理の対象とされ，仮釈放を許す旨の
　　決定がなされなかった無期刑受刑者について，その者に係る最後の仮釈放審
　　理の終結の日から 10 年が経過したときは，その経過した日から起算して 1
　　年以内に，法第 35 条第 1 項の規定に基づき，必要があると認めて仮釈放審理
　　を開始するものとする。

　これは，文字通り「運用」による仮釈放の積極化ということができるだろ
う。本報告書の説明では，専ら「仮釈放の透明性を向上させるための方策」
ということが理由とされているが，本報告書も指摘しているように，地方委

───────────────
[14]　前掲注(9)5-7 頁。なお本報告書については，藤本哲也「無期刑受刑者の仮釈放について
　　考える」罪罰 46 巻 2 号（2009 年）39 頁以下も参照。

344 第13章 無期刑受刑者の仮釈放をめぐる諸問題

員会の自発的な調査に基づく「申出によらない審理の開始」は，従来はほとんど活用されてこなかったという経緯がある。前掲の「有識者会議」報告書においても，「仮釈放制度の刑事政策的意義を踏まえ，仮釈放の運用をいたずらに萎縮させることがあってはならない」[15]との指摘がなされていたところであり，本報告書の調査結果で明らかにされた無期刑受刑者の高齢化・仮釈放の制限的運用に対する方策としても位置づけられるべきものである。

　なお，こうした「必要的審理開始方式」とでもいうべき運用は，従来から一部で導入が主張されてきた「必要的仮釈放制度」とは異なることに注意を要する。必要的仮釈放制度は，基本的に受刑者の更生あるいは再犯の可能性に関する個別審査は行わず，一定期間の刑期の経過（場合によってはこれに加えて所内での善行保持）を要件として自動的・機械的に仮釈放を行うものである[16]。必要的仮釈放制度には，原則としてすべての受刑者に対して保護観察を実施できるというメリットは認められるものの，個々の受刑者における具体的事情を度外視することが仮釈放制度の趣旨に反するのではないかといった問題も指摘されており，導入に際して議論されなければならない争点は少なくない[17]。その意味では，今回の新たな運用方法は，個別審査の要因を残しつつ，効果の点では必要的仮釈放制度に若干の接近を試みるものと評することも可能であろう。

3　裁判官による「処遇意見」について

　近時，わが国で無期懲役を言い渡した判例の中には，「量刑の理由」の末尾において仮釈放の「慎重な運用」について意見が付されたものがある。たとえば①大阪地判平成16・2・4（判時1850号159頁）は，強盗強姦・強盗殺人等の事案について，被告人に無期懲役を選択したうえで，「なお，刑法上，無期懲役刑についても仮出獄制度が認められているのであるが，本件被告人につ

---

[15]　前掲注(7)19頁。
[16]　これに関する最近の詳細な研究として，太田・前掲注(4)155頁以下参照。
[17]　本制度の導入について積極的な見解として，たとえば武内謙治「仮釈放制度の法律化と社会化——必要的仮釈放制度と任意的仮釈放制度の提唱」刑事立法研究会（編）『21世紀の刑事施設——グローバル・スタンダードと市民参加』（日本評論社，2003年）232頁参照。導入に対する慎重論として，太田・前掲注(4)162頁以下参照。

いては，前記のとおりの事案の内容，重大性，悪質性，被害者遺族の峻厳な処罰感情などの諸事情を十分に考慮した慎重な運用を行う必要があるものと考える」との意見を述べている。また②広島地判平成18・7・4（判タ1220号118頁）〔広島女児殺害事件〕は，不法に入国・在留したペルー国籍の被告人による，当時7歳の女児に対する強制わいせつ致死・殺人・死体遺棄等の事案について，「被告人には無期懲役をもって臨むほかないが，本件の犯情や遺族の被害感情にかんがみれば，被害児童の尊い一命を奪った罪の深さは決して許されるものではなく，被告人の一生をもって償わせるのが相当であって，その仮釈放については可能な限り慎重な運用がなされるよう当裁判所の希望として付言する」としている。こうした，当該事案の重大性などに鑑みて仮釈放を慎重に行うべきであるとする「処遇意見」は，地方更生保護委員会あるいは同委員会に対して意見を述べる検察官をはじめとする関係機関に向けられたものであると解されている[18]。

　しかしながら，こうした「処遇意見」には疑問がある。いうまでもなく，仮釈放の適否あるいは時期の決定は，処遇の結果を踏まえたものでなければならない。たしかに，「改悛の状」の判断基準としての社会内処遇規則28条が定める「再び犯罪をするおそれ」の内実を考慮するに際しては，通達にも示されているように当該犯罪行為の重大性・悪質性（に対する非難可能性）をも斟酌する必要があるといえるであろうが，そこでは，犯罪行為の重大性がストレートに評価に反映されるわけではない（重大・悪質な犯罪を行ったからといって直ちに（現在の被告人について）再犯のおそれが強いということにはならない）。より重要な判断資料は，処遇を受けた現在の被告人（＝受刑者）の状況である。しかも，上記の判例においては，いずれも被告人の更生可能性が否定されているわけではない。求刑自体も無期懲役であった判例①では「21歳という若年であって前科もなく，その人格に改善更生の余地が認められないわけではない」と判示されており，また死刑が求刑された判例②でも「犯行の計画性及び前科のいずれの点においても，被告人に矯正不可能な程度までの反社会性，犯罪性があると裏付けられたと言い切るには足り」ないと判断されているのである。被告人の更生可能性を肯定しつつ，他方で「仮釈放は慎重に」と要

[18]　判例時報1850号160頁のコメント参照。

請することに一貫性はあるだろうか[19]。

これらの「処遇意見」の背景にある考え方は，事案の重大性などから判断される被告人の（量刑の基礎となる）「責任」の程度は極めて重いものであるから，いわば「死刑には至らないが，現行の（10年を経過すれば仮釈放の可能な）無期懲役を超える厳罰」を科すべきであるというものであるように思われる。そして，その前提には，(a)刑の量定にあたっては「責任に応じた刑罰」（責任相応刑）を科すべきであるという意味での「量刑における責任主義」に従い，(b)これを刑の執行の場面においても貫徹すべきであるという発想があるものと解される。しかしながら（責任主義の意味を(a)のように理解することの当否は別論としても）[20]，仮釈放制度は本来的に，科刑の場面における責任主義と処遇の場面における特別予防的考慮の相克の結果，一定の範囲で（すなわち刑法28条の要件の下で）後者を前者に優越させたものである。その限度において，(b)の考え方は採用されていない。たとえば刑法28条が，仮釈放の要件として「改悛の状」のほかに一定期間の刑の執行を終了することを求めているのは，責任主義と改善主義（特別予防的考慮）の「調和点」である[21]と説明されるのも，あるいは，一定期間の刑の執行が，責任主義の履践であるだけでなく「改悛の状」を判定するための期間である[22]と理解されているのも，その現われである。そうであるなら，現行刑法における一定の刑期（無期懲役の場合は10年）を超える期間，刑を執行するように「要求」することは，こうした「調和点」を導いた責任主義と特別予防的考慮の「均衡状態」の内実に（いわば責任主義を優越させる方向で）変更を迫る結果となる。これは，現在の仮釈放制度を支える基本的原理に抵触する可能性があるといわなければならない。

過去の判例においては，こうした「処遇意見」がより詳細に展開され，上

---

[19] この点を指摘するものとして，太田達也「仮釈放の危機⁉ 無期受刑者の仮釈放」刑政118巻1号（2007年）161頁。

[20] この問題については，城下裕二『量刑理論の現代的課題［増補版］』（成文堂，2009年）3頁以下を参照。

[21] 大塚仁ほか（編）『大コンメンタール刑法・第1巻〔第2版〕』（青林書院，2004年）663頁〔吉永豊文＝林眞琴〕（なお，この説明は同書の第3版（2015年）における第28条の注釈（719頁以下）〔林眞琴〕では記載されていない）。さらに，所一彦『刑事政策の基礎理論』（大成出版社，1994年）98頁参照。

[22] 大塚仁ほか（編）・前掲注[21]665頁〔吉永＝林〕。

記と同様の考え方が無期懲役刑の選択を決定づけたとみられるものもある。強盗殺人事件で無期懲役に処され，その仮釈放中に再度の強盗殺人を行った被告人について死刑適用の可否が問題となった③広島地判平成6年9月30日（刑集53巻9号1290頁）〔いわゆる「福山市独居老人殺害事件」〕[23]は，「被告人Aになお人間性の片鱗を窺うことができるという点において，当裁判所としては，同被告人に対し，極刑をもって臨むことに一抹の躊躇を覚えるものである」との観点から，「同被告人に対する量刑としては，死刑と無期懲役刑のいずれかしかないのであるが，死刑と無期懲役刑の間には，無限の隔たりがあるのであって，その中間的な処遇があって然るべきものといえ，そのような科刑として，仮出獄を許さない無期懲役刑という制度が考えられないではない」とした。そして「もちろん，わが国にはそのような制度はないわけであるが，そのような観点をも考慮に入れ，当裁判所は，同被告人に対し，再度無期懲役刑を科した場合，どの程度現実に服役しなければならないかについて検討した」ところ，「同被告人は，本件犯行時，前刑である無期懲役刑の仮出獄中であったが，本件犯行によって右仮出獄が取り消され，昨年6月以来，前刑たる無期懲役刑が再び執行されている状態にある。その仮出獄ももちろん可能であり，この場合には法律上最低限度の服役期間というものはないけれども，同被告人の場合には，仮出獄の他の要件を備えるに至ったとしても，仮出獄が取り消されるに至った経緯や社会感情等を考えると，その再度の服役期間は最低10年以上を要するものというべきであ」り，「そのようにして前刑の無期懲役刑の仮出獄の要件が整った後，更に本件無期懲役刑の執行が始まるわけであり，同被告人が本件無期懲役刑についても仮出獄の要件を充たすためには，更に法律上10年が必要であるが，本件犯情等を考慮に入れると，やはり，仮出獄に必要な他の要件を備えるに至ったとしても，最低20年程度の服役を要するものというべきである」から，「同被告人に再度無期懲役刑を科した場合，同被告人は，最低でも30年程度服役することが

---

[23] 本事件については，城下・前掲注[20] 165頁以下参照。なお本事件は，その後，広島高判平成9・2・4刑集53巻9号1307頁でも無期懲役判決が維持されたが，最判平成11・12・10刑集53巻9号1160頁は破棄差戻とし，第二次控訴審である広島高判平成16・4・23高検速報平成16年185頁は死刑判決を下し，第二次上告審である最判平成19・4・10裁判集刑291号337頁により死刑が確定した。

348　第13章　無期刑受刑者の仮釈放をめぐる諸問題

必定である」と判断された。そして，「同被告人に対して再度無期懲役刑を科することによって，最低限でもそれだけの長期間の服役を余儀なくさせることが可能であれば，これは，同被告人の刑責を明らかにし，十分な贖罪をさせるという刑政の本旨にかんがみても，過不足ないと思料するに至ったものである」としたのである。

　もちろん，判例③も「以上に述べた被告人Ａの服役期間は，この判決の効果として直ちに定まるものではなく，仮出獄をいつ許すかの判断は，更生保護委員会の権限に属する事柄ではあるけれども，現実の無期懲役刑の執行状況からみても前述のようにいえるとともに，この判決で示した考え方は，無期懲役刑を言い渡した裁判所の見解として，十分尊重されると考えられるので，当裁判所は，そのことを前提として，以上の量刑判断をしたものである」と述べている。これは，まさに死刑と無期懲役の「分水嶺」というべき本事件における，死刑選択に対する謙抑的な姿勢のあらわれと解されるかぎりにおいて，支持されうる態度を示している。ただ，これが現行の仮釈放制度を支える原理に例外を認める合理的理由となりうるかについては，さらに議論が必要である。仮に，無期懲役の内容について「有期懲役刑の最上限と大差のないものから，死刑との限界線上にあり，実質上は終身刑に近いものとして執行すべきものまで，かなり幅のある領域をカバーする刑罰」[24]として理解したとしても，当該無期懲役刑の「重さ」を判決中に反映させておく必要性があったからといって，責任相応刑がその後の執行段階を拘束することが正当化されるわけではないであろう。

4　「仮釈放のない無期刑」の導入に関する議論

　わが国に仮釈放のない無期刑（いわゆる「終身刑」）を導入すべきであるという意見は，主として2つの立場から主張されている。1つは，死刑廃止論を前提としつつ，「率直に言って現行刑法典から『死刑罪名』を削除するという，いわば正面からの死刑廃止は困難であると考える」との理由から，「事実上の

---

[24]　植野聡「刑種の選択と執行猶予に関する諸問題」大阪刑事実務研究会（編著）『量刑実務大系・第4巻　刑の選択・量刑手続』（判例タイムズ社，2011年）37頁注[25]。なお，同39頁注[40]は，無期懲役刑が有期懲役刑との限界線上にあるような事案においても，裁判官は判決文中でそのことを伝える試みを考慮すべきであると指摘する。

死刑執行停止を実現することに当面の課題があ」り，「そのためには，こんにちの死刑と無期懲役の格差をなくする，いわゆる終身刑の採用を早急に実現する必要がある」とするものである[25]。もう1つは，「量刑制度を考える超党派の会」(量刑議連) による提案であり，死刑制度を前提としつつ，死刑と無期刑の間に，恩赦による場合を除き仮釈放を認めない「終身刑」を創設すべきであるとするものである[26]。これは，現行刑法においては，死刑に次ぐ重刑として無期刑が定められているが，死刑が不可避的に生命を奪う刑であるのに対し，無期刑は最低10年を経過した時点で仮釈放が認められており，死刑と無期刑の間に極めて大きなギャップが存在しているという認識に立っている。そして，仮釈放までの服役期間が長くなっているという実情もあくまで矯正当局による運用による対処であって，上述のギャップは法律上何ら解消していないとして，具体的には以下のような提案を行っている。

【量刑制度を考える超党派の会による「刑法等の一部を改正する法律案」(事務局案)】
①仮釈放のない終身の懲役刑及び禁錮刑を創設し (刑法12条1項，13条1項等の改正案)，現行法で法定刑として死刑と無期刑の双方が定められている罪については終身刑を設定する (刑法各則・特別刑法の改正案)。
②刑の時効は死刑の30年，無期刑の20年の中間の25年とする (刑法32条の改正案)。
③公訴時効は死刑の25年，無期刑の15年の中間の20年とする (刑事訴訟法250条の改正案)。
④少年には終身刑を適用せず「無期又は10年以上15年以下の有期刑」に刑を緩和する (少年法51条の改正案)。
⑤恩赦を認める。

これらの「仮釈放のない無期刑」の提案のうち，後者の見解に対しては，

---

[25] 菊田幸一「死刑に代替する終身刑について──アメリカでの現状を踏まえて」法時72巻10号 (2000年) 55頁以下。
[26] この提案内容は，後述する日本弁護士連合会「量刑制度を考える超党派の会の刑法等の一部を改正する法律案 (終身刑導入関係)」に対する意見書 (2008年11月18日) (http://www.nichibenren.or.jp/ja/opinion/report/data/081118.pdf) 1-2頁からの引用による。

350 第13章 無期刑受刑者の仮釈放をめぐる諸問題

　日本弁護士連合会が，意見書（2008年11月18日）において，近年の無期刑受刑者の飛躍的増加と無期刑の終身刑化（仮釈放の減少と刑務所内での死亡者の増加）を踏まえるならば「現行刑法に量刑議連が構想するような終身刑を創設しなければならない立法事実は存在しない」[27]とし，また，刑事収容施設及び被収容者等の処遇に関する法律30条は仮釈放のない終身刑者の存在を全く予定しておらず[28]，さらに「当連合会においては，仮釈放のない終身刑の創設は……厳罰化刑事司法の下では，死刑をほとんど減少させることにはならず，現行では無期刑に過ぎなかった者の相当数を終身刑にする形で運用される可能性が高いと考えられるので，その創設には反対すべきという意見が大勢を占めて」おり，「無期刑受刑者を含めた仮釈放のあり方を見直し無期刑の事実上の終身刑化をなくし，かつ死刑の存廃について検討することなしに，刑罰として新たに終身刑を創設すること……には反対する」との見解[29]を表明している。

　上記の2つの提案は，それぞれ死刑廃止・死刑存置という前提が大きく異なるものの，「死刑と無期刑の格差」を主張する点において，すでに本項2で紹介した「勉強会報告書」に示されたような近年の仮釈放の動向を背景とするとき，若干説得力を弱めつつあることは否めない。問題の焦点は，両提案ともに，無期刑に仮釈放を一切認めない（恩赦は認める）ということにあるが，これについては，ごく最近のわが国においても①憲法上は，死刑が合憲とされている以上，それよりも軽いとされる無期刑が（たとえ仮釈放を認めない場合でも）違憲と判断されることは考え難い[30]ものの，②処遇の困難さという点では，アメリカ合衆国の研究では終身刑受刑者が特に問題があるとはいえないとの調査がある一方で，仮釈放の可能性のない終身刑受刑者はそれがある者と比較すると規律違反が増加するとのデータもあり，③過剰収容を招来することで収容刑の目的の実現を困難にするおそれがあることを指摘する見解

---

[27]　前掲注[26]2頁。
[28]　前掲注[26]8頁。
[29]　前掲注[26]17-18頁。
[30]　もっともこの点については，現行刑法9条・10条が，必ずしも「仮釈放のない無期刑」を念頭においた規定ではないため，「主刑の軽重」として「仮釈放のない無期刑」が「死刑」よりも明らかに軽いとはいえないという反論がありうる。

がある[31]。この見解は，仮釈放のない無期刑を「死刑に限りなく近い凶悪犯罪」に対して科すことが，罪刑均衡の観点からも，被害者遺族ひいては国民感情に合致することを認めながらも，仮釈放のない無期刑は本来社会復帰を目的とした収容刑の本質にすべてとはいわないが抵触するものであること，被収容者ならびに処遇をする施設の職員にとって大きな負担となることから現実的ではなく，代替案として「重無期刑」（服役後20年から30年経過後に一定の審査を経て仮釈放の許否を決定する）を導入すべきであると主張している[32]。

たしかに，社会内処遇との連携がなく処遇目標を定めることができず[33]，対象者および担当職員に過重な心理的負荷を強いる刑罰[34]は，自由刑の本質と相容れないというべきであり，仮釈放の一切ない無期刑は認めるべきではない。ただ，それでは，現行刑法の無期刑に加えて，「重無期刑」を導入すべきなのであろうか。この場合，「重無期刑」は宣告刑として言い渡すものであるから，論者がいうように「死刑には至らないが，現行の無期刑を超える厳罰」が必要な場合に科すべきものということになるのであろう。しかしここでも，上述の「処遇意見」の当否をめぐる議論と同様に，仮釈放制度を支える原理との関係が検討されなければならない。これは，単に現行刑法28条の「10年」という数値を表面的に変更すべきか否かの問題ではない。現行刑法が採用した，責任主義と特別予防的考慮の「均衡状態」を（責任主義を優越させる方向に）変容させるだけの実質的な理由があるかどうかが重要なのである。「重無期刑」を主張する論者からは，未だにそうした理由が説得力をもって示されてはいないように思われる[35]。

---

(31)　椎橋隆幸「最近の終身刑の論議をめぐって」研修729号（2009年）8-9頁。

(32)　椎橋・前掲注(31)10-11頁。なお，日弁連での議論においても，（用語の変更も含めて）現行の10年を経過した時点での仮釈放（軽終身刑）のほかに，20年の経過（終身刑），30年の経過（重終身刑）による場合を創設する，あるいは最低服役期間を10年から30年までとする改正を行い，裁判官に決定させる制度を創設するという対案が出されている（前掲注(26)18頁）。

(33)　岩井宜子「我が国の終身刑論について」刑ジャ14号（2009年）。

(34)　無期刑受刑者および担当職員の意識を調査した貴重な論稿として，保木正和ほか「無期懲役受刑者に関する研究」「同（その2）〜担当職員に対する調査から〜」中央研究所紀要12号（2002年）21頁以下，同14号（2004年）1頁以下，増田哲三「無期懲役受刑者に関する研究」犯非140号（2004年）134頁以下がある。さらに，長谷川永「終身刑について―矯正実務家の立場から―」同119頁以下も参照。

352　第 13 章　無期刑受刑者の仮釈放をめぐる諸問題

Ⅳ　おわりに

　本章では，無期刑受刑者の仮釈放に関する近時の動向を中心に，行刑上の制度としての要件の「明確化」ならびに運用の「積極化」に関わる側面とともに，司法上・立法上の制度としての「慎重化」に関わる側面を扱うこととなった。こうした問題以外にも，無期刑受刑者の仮釈放をめぐっては，仮釈放審理を行う合議体のあり方，保護観察との関連，中間処遇制度の問題，手続の適正化など，長期刑仮釈放者の処遇の一環という視点も含めて論じるべき課題は多い。これらについては，他日を期すこととしたい[(36)]。

［補　論］

　本章の基となった論稿を公表後，法務省では，無期刑受刑者についての仮釈放の運用が透明性を持ち，国民にわかりやすい制度となるように，無期刑受刑者の仮釈放の運用状況等についての情報の公開を行うこととした。同省のHPにおいて，年1回の更新を目途に，「無期刑の執行状況及び無期刑受刑者に係る仮釈放の運用状況について」が公開されている[(37)]。

───────────

(35)　ドイツでは，1949 年に基本法 102 条により死刑を廃止し，当初は仮釈放のない無期刑（終身自由刑）が最も重い刑罰であった。ところが，1977 年 6 月 21 日の連邦憲法裁判所第 1 部判決（BVerfGE45, 187）が「『人間の尊厳』に適う終身自由刑の執行は，受刑者に，将来自由を再び獲得できる具体的かつ原則として実現可能なチャンスが与えられている場合に限られる」と判示したため，刑法 57 条 a が新設され，終身受刑者は①15 年間の刑の服役を終え，②責任の特別な重大性がさらなる執行を要請せず，③社会の安全という利益の考慮の下で責任を持つことができ，④当該受刑者の同意があるときには，残刑を猶予される（仮釈放される）ことが可能となった。この②の要件をめぐっては，責任相応刑（責任主義）の発想を刑の執行段階にまで推し進めるものとの批判が提起されている。Vgl. Wolfgang Bock/Christoph Mährlein, Die lebenslange Freiheitsstrafe in verfassungsrechtlicher Sicht, ZRP 1997, S. 378f. さらに，小池信太郎「ドイツにおける『終身自由刑』の動向─連邦憲法裁判所の判例を中心に─」刑ジャ 14 号（2009 年）17 頁以下参照。

(36)　これらの問題については，土井政和「仮釈放と適正手続─受刑者の仮釈放申請権と不服申立てを中心に─」犯非 108 号（1996 年）67 頁以下，「特集・長期刑仮出獄者の処遇」更生保護 52 巻 2 号（2001 年）6 頁以下，千條武「犯罪者の社会復帰をめぐる仮釈放運用上の諸問題」罪罰 39 巻 2 号（2002 年）38 頁以下，冨田正造「無期刑受刑者の社会復帰─社会復帰促進のための仮釈放のあり方─」犯非 145 号（2005 年）5 頁以下などを参照。

［補　論］　353

　次頁以降の**表1～3**は，そこに掲載された平成20年から平成29年の無期刑受刑者数，在所期間，年齢などの推移である。

　平成29年に無期刑により新たに刑事施設に収容された者（無期刑新受刑者）は18人，平成29年末時点で刑事施設に在所中の無期刑受刑者（年末在所無期刑受刑者）は1795人である。平成20年から平成29年までの間に仮釈放された無期刑受刑者は，延べ84人であり，そのうち，仮釈放取消し後，再度仮釈放を許された者（無期刑新仮釈放者）は合計64人となっている。無期刑新仮釈放者の仮釈放時点での平均受刑在所期間は，平成29年は33年2月である（平成20年は28年10月）。この10年間に刑事施設内で死亡した無期刑受刑者は合計193人であり，仮釈放となった無期刑受刑者の数よりも多い（**表1**）。

　平成29年末時点で刑事施設に収容されている無期刑受刑者1795人のうち，在所期間10年以上の者は1398人（77.9％，平均年齢59.9歳）であり，中には50年以上の者も11人（0.6％，平均年齢80.6歳）いる（**表2**）。同時点での無期刑受刑者の年齢別在所者数を見ると，60歳代の受刑者が442人で最も多く（24.6％），80歳代以上の受刑者も87人（4.8％）存在する（**表3**）。

　無期刑新受刑者の減少傾向は，当然のことながら通常第一審における無期懲役言渡人員の推移とも関係している。本章Ⅱで述べた減少傾向はさらに進み，平成20年には総数で63人（殺人16人，強盗致死傷及び強盗・強制性交等42人，その他5人）であったところ，平成23年には30人，平成27年には18人にまで減少し，平成29年は21人（殺人7人，強盗致死傷及び強盗・強制性交等13人，その他1人）となっている[38]。

　以上のように，本章のⅢ1で紹介した「勉強会報告書」の①無期刑受刑者のうち仮釈放が許されるのは多くても年間10数人程度であり，②仮釈放を許されずに相当長期間服役する者が少なくなく，③仮釈放が許された者よりも在所中に死亡する者の方が多数である，といった指摘は，10年以上経過した時点でも大きく変化していないことが明らかである。

　なお，法務省では，平成21年3月の通達「無期刑受刑者に係る仮釈放審理

---

[37]　平成30年11月更新分について，http://www.moj.go.jp/content/001274998.pdf を参照。

[38]　法務省法務総合研究所（編）『平成30年版　犯罪白書』（2018年）39頁。

354　第13章　無期刑受刑者の仮釈放をめぐる諸問題

表 1　無期刑受刑者数，無期刑仮釈放者数及び死亡した無期刑受刑者数の推移等

(平成 20 年〜平成 29 年)

	年末在所 無期刑者数 （人）	無期刑 新受刑者 数 （人）	無期刑 仮釈放者 数 （人）	無期刑 新仮釈放者数 ※…① （人）	①の 平均受刑 在所期間	死亡した 無期刑 受刑者数 （人）
平成 20 年	1,711	53	5	4	28 年 10 月	7
平成 21 年	1,772	81	6	6	30 年 2 月	14
平成 22 年	1,796	50	9	7	35 年 3 月	21
平成 23 年	1,812	43	8	3	35 年 2 月	21
平成 24 年	1,826	34	8	6	31 年 9 月	14
平成 25 年	1,843	39	10	8	31 年 2 月	14
平成 26 年	1,842	26	7	6	31 年 4 月	23
平成 27 年	1,835	25	11	9	31 年 6 月	22
平成 28 年	1,815	14	9	7	31 年 9 月	27
平成 29 年	1,795	18	11	8	33 年 2 月	30
合計	－	383	84	64	－	193

【備考】無期刑新仮釈放者とは，無期刑仮釈放者のうち，「仮釈放取消し後，再度仮釈放を許された者」を除いたものである。

表 2　無期刑受刑者の在所期間・平均年齢（平成 29 年末）

平成 29 年未在所期間（年）		受刑者数	比率	平均年齢（歳）
10 年未満		397	22.1%	51.0
10 年以上	10-20	848	47.2%	55.4
	20-30	296	16.5%	64.3
	30-40	209	11.6%	68.5
	40-50	34	1.9%	73.8
	50 以上	11	0.6%	80.6
10 年以上小計		1,398	77.9%	59.9
総計		1,795	100.0%	57.9

[補 論] 355

表 3　無期刑受刑者の年齢構成（平成 29 年末）

平成 29 年末年齢	受刑者数	比率
10 歳代	0	0.0%
20 歳代	28	1.6%
30 歳代	162	9.0%
40 歳代	350	19.5%
50 歳代	400	22.3%
60 歳代	442	24.6%
70 歳代	326	18.2%
80 歳代以上	87	4.8%
総計	1,795	100.0%

に関する事務の運用について」[39]において，(1)より慎重かつ適正な仮釈放審理を確保するための方策として，複数委員による面接，検察官に対する意見照会及び被害者等に対する面接等調査を，特に支障のない限り必要的に行うこととし，(2)仮釈放審理の透明性を更に向上させるための方策として，①無期刑受刑者について，刑の執行が開始された日から 30 年が経過したときは，1 年以内に仮釈放審理を開始（平成 21 年 4 月 1 日より前に，刑の執行が開始された日から既に 30 年が経過していた無期刑受刑者については，平成 24 年 3 月 31 日までに，審理を開始）するものとし，②上記①による仮釈放審理の対象とされ，仮釈放を許す旨の決定がされなかった無期刑受刑者について，その者に係る最後の仮釈放審理の終結の日から 10 年が経過したときは，1 年以内に仮釈放審理を開始するものとしている。

　ところで，本章のⅢ 3 で主張した立場に関して，その後，「刑事責任に基づいて要求されるのは法定の最短期間の服役にとどまり，その後の仮釈放の判断は，専ら特別予防的考慮（社会内処遇の相当性）を基準になされるという考え方」であり「特別予防純化モデル」と呼びうる[40]とする指摘がなされ，それに対しては，別の論者から，本章の立場は法定期間について応報の視点「の

――――――――――

[39]　http://www.moj.go.jp/content/000057320.pdf を参照。
[40]　小池信太郎「量刑における幅の理論と死刑・無期刑」論ジュリ 4 号（2013 年）87 頁。

356 第13章 無期刑受刑者の仮釈放をめぐる諸問題

み」に基づくとするものではないという理解[41]が示されている。法定期間が宣告刑を前提にしており，宣告刑の量定が責任の観点のみに基づくものではないことからすれば，この後者の理解が正当である。他方，この論者からは，本章の立場は，法定期間の根拠について「法定期間は，責任主義（応報）と改善主義（予防）の調和点であるとする見解」[42]（総合事情説）に属するが，「法定期間そのものの正当化根拠というよりは，仮釈放にすべきか，仮釈放にするとすればそれはいつかという仮釈放判断において考慮されるべき要素を掲げているに過ぎないように思われる」[43]とされ，本章での議論は「実際の仮釈放時期に関する責任（応報）と改善（予防）の関係を巡るものであり，法定期間の在り方を直接論じたものではないが，一部，両者を区別しないか，混同している嫌いがある。仮釈放時期の問題と法定期間の問題は区別して論ずる必要がある」[44]とされている。確かに，仮釈放の法律上の要件としての法定期間がなぜ正当化されるのかという根拠論と，法定期間を経過した後に，どの時期に仮釈放を行うかという具体的判断は，一応，次元を異にするものといえる。ただ，現行法が，法定期間を有期刑については，「刑期」の3分の1，無期刑については「10年」と規定しているのは，「責任に応じた刑」と無関係に社会内処遇に移行するのではなく，責任刑を一定程度まで科すことに，次のステップとして異なる（より緩和された）刑の執行形態を認めるための契機を見出そうとしているからではないだろうか。その点では，法定期間と仮釈放時期の問題は相互に影響を及ぼし合う面があり，そこから「総合事情説」は，法定期間を「責任主義と改善主義の調和点」と捉えることにその正当化根拠を求めるとともに，「考慮要素」（というよりはむしろ判断基準）を示すものとなっているように思われる。論者が述べるように「制度論として応報が充足される最低期間が，改善更生のための必要期間と一致するという保証はない」[45]のは確かであるが，総合事情説は，「期間の長さ」を一致させようとするのではなく，法定期間の趣旨を，改善更生のための必要性判断を行う準備段階として（も）位置づけることに求めようとするのである。

⑷　太田・前掲注⑷36頁注36)を参照。
⑷　大塚ほか（編）・前掲注㉑663頁［吉永＝林］。
⑷　太田・前掲注⑷36-37頁。
⑷　太田・前掲注⑷37頁注㊴。

［補　論］　357

(45)　太田・前掲注(4)37頁。なお，論者自身は「刑事施設における矯正処遇と仮釈放後の保
　　護観察が連携して行われ，受刑者の改善更生と再犯防止を図るうえで最も効果的な時点
　　で仮釈放は行われるべきであり，法定期間もその観点から定められるべきである」とす
　　る見解（処遇連携説）を展開している。

358　事例研究⑧

事　例 研　究 ⑧	1審で裁判員の参加する合議体が強盗殺人等の事案につき死刑を選択したのに対し，控訴審が，前科を除けば死刑を選択し難い本件について，本件と前科との間に社会的な類似性は認められず，前科を重視して死刑を選択するには疑問があるなどとして，原判決を破棄して無期懲役刑を言い渡した事例（南青山マンション強盗殺人事件控訴審判決）

（住居侵入，強盗殺人被告事件，東京高裁平23(う)773号，平成25年6月20日第10刑事部判決，破棄自判（上告），刑集69巻1号82頁参照）

I　事実の概要

　被告人は，金品を強奪する目的で，平成21年11月15日午後2時45分ころ，東京都港区のA方内に，錠が開いていた玄関ドアから侵入し，そのころから同日午後3時28分ころまでの間に，室内にいたA（当時74歳）を発見し，Aを殺害して金品を強奪しようと決意し，殺意をもって，その頸部をステンレス製三徳包丁（刃体の長さ約17.5センチメートル）で突き刺し，よって，そのころ，その室内において，Aを頸部刺創に基づく左右総頸動脈損傷による失血により死亡させた。

　第1審では，犯人と被告人の同一性等の事実関係も争われたが，被告人の主張は排斥された。第一審判決（東京地判平成23・3・15判時2197号143頁）は，被告人に強盗殺人罪及び住居侵入罪の成立を認め，死刑を言い渡した（求刑＝死刑）。「量刑の理由」においては，以下のように判示された。

　「犯行の態様について……被告人は……単に，被害者が寝ていただけで，被害者を殺害しなければならないと考えるようなきっかけが全くうかがわれないのに，いきなり，かなりの力を込めて，寝ていた被害者の首に刃体の長さ約17.5センチメートルの三徳包丁を根元まで突き刺している。……そのような殺害の態様等のほか，玄関の様子からして室内に人がいることが予想し得る状況にあったことなどをも併せて考えると，被害者を見付ける以前から，状況次第では人を殺すこともやむを得ないと考えていたのではないかとさえ

思われる。被害者方への侵入時に殺意があったと確定し得ないにしても，被害者を見付けた段階では極めて強い殺意があったことは明らかである。……自分の利益だけを考え，人の命という最も重要な価値を極めて軽くみている。冷酷非情な犯行である。」

「被告人は，aで包丁を購入し，b駅に赴き，駅から被害者方に至る途中で，ケースから包丁を取り出し，侵入できそうな場所を探しながら，被害者方に至っている。緻密な犯行とは言い難いが，偶発的に強盗の犯意を生じたものではなく，それなりの計画性が認められる。」

「被害者は，被告人の犯行により，一瞬にして，生命を奪われた。その際，恐怖や苦痛を感じるだけの時間があったかどうかさえ明らかではないが，このような死を迎えることがあろうとは全く想像していなかったはずであり，意識があったとすれば極めて無念な思いを抱いたであろう。結果は，極めて重大である。遺族である長男は，冷静さを保つように努力をしながら，なお，被告人の極刑を望んでいる。その思いを無視することはできない。」

「犯行に至る経緯，動機についてみる。特に，被告人のために酌むべき事情がないかどうかを十分に検討した。被告人は，前刑出所後まもなく……2回にわたって就職した。しかしながら，刑務所に入っていたことが周囲に判明するなどして，職を失った。その後，生活保護を受けながら，就職活動を続けたが，かなわなかった。長年の刑務所生活が被告人に不利に働いた面があったであろうと推察できる。……しかし，被告人は，当時……多少とも自由になるお金を得られる立場にあった。……精神的，経済的に追いつめられるような状況にはなかった。それにもかかわらず，被告人は，強盗を考え，その目的を達成するために被害者の殺害に及んだ。余りにも飛躍がある。……被告人に就労意欲があったことなどの事情があったにしても，犯行に至る経緯等に酌むべき余地はかなり乏しいといわざるをえない。」

「被告人は，妻を刺殺するとともに，幼少の2人の子を殺害しようとして自宅に放火し，娘を焼死させたという殺人，殺人未遂，現住建造物等放火の罪を犯し，20年間，服役した。その間，2人の生命を奪ったという自己の罪を見つめ，生命の尊厳への思いを深めたはずである。それにもかかわらず，前刑の出所からわずか半年で，本件犯行に及んだ。人の生命を余りにも軽くみ

ている。強い非難に値する。2人の生命を奪った前科がありながら，再び本件犯行に及び，人の生命を奪ったということは，刑を決めるに当たり，重視されるべきである。」

「いわゆる永山判決において示された死刑選択の際の考慮要素やそれ以降の裁判例の量刑傾向を踏まえ，以上の諸事情を総合して，被告人に対する刑を検討した。とりわけ，殺意が強固で殺害の態様等が冷酷非情であること，その結果が極めて重大であること，2人の生命を奪った前科がありながら，金品を強奪する目的で被害者の生命を奪ったことは，刑を決める上で，特に重視すべきであると考えた。その結果，被告人のために酌むべき事情がないかどうかを慎重に検討しても，被告人に対しては，その生命をもって本件の罪を償わせるほかないとの結論に至った。」

これに対して，被告人は控訴した。

II 判 旨

控訴審は，控訴趣意のうち，訴訟手続の法令違反，事実誤認，憲法違反の点については，いずれも理由がないとし，他方，量刑不当の主張については以下の通りこれを認め，原判決を破棄して被告人を無期懲役に処した。

まず，「ア 原判決が指摘する各量刑事情」では，原判決が指摘する各量刑事情のうち，(ア)犯行の態様については，おおむね正当であり，(イ)犯行の結果，被害感情についても，十分に理解できるとする。(ウ)犯行に至る経緯，動機については，「当時の被告人の生活状況と犯行内容に照らせば，自由になる金欲しさの犯行とする原判断は相当である。もっとも，被告人は，前刑のことが発覚して失職したり，前刑が影響して就職もうまくいかず，自暴自棄となっていたことがうかがわれ，それが犯行の一因になったことも否定し難いと考えられる。」(エ)前科については，「内容をみると，覚せい剤精神病遷延持続型に罹患し正常な状態にあったとはいえない被告人が，妻の浮気を疑って問い詰めたところ，妻から激しく言い返されたため激昂し，とっさに殺意を生じて妻を刺殺し，妻を殺害したことから，自分や子供の将来を悲観する余り，一家心中を図って公団の一室に火を放ち，次女を焼死させ，長男は逃げて救

助されたというものである。二人の生命を奪ったという重大な犯行であり，本件強盗殺人の殺害態様に照らしても，被告人は，余りに人の生命を軽くみていて強い非難に値するというほかない。他方で，前科の犯行は，利欲目的によって人の生命を奪ったものではなく，犯行の動機，態様等を含め，社会的にみて本件強盗殺人とは異なる犯罪類型であることも明らかであって，その量刑上の評価に当たっては，慎重に検討する必要がある。」

　次に，「イ　死刑選択の当否」では，「死刑は，窮極の峻厳な刑であり，慎重に適用すべきであることはいうまでもない。死刑が相当かどうかの判断は，無期懲役刑か死刑かという，連続性のない質的に異なる刑の選択であり，有期懲役刑の刑期のような許容される幅といった考え方には親しまない。いかなる事情が無期懲役刑と死刑の質的相違をもたらすかは，原判決がいうとおり，最高裁の判例（最高裁昭和58年7月8日第二小法廷判決・刑集37巻6号609頁）に示された要素，すなわち，犯行の罪質，動機，態様ことに殺害の手段方法の執拗性・残虐性，結果の重大性ことに殺害された被害者の数，遺族の被害感情，社会的影響，犯人の年齢，前科，犯行後の情状等諸般の情状を検討した上で，過去の先例の集積をも参考にして判断することになる」とする。

　「強盗殺人罪の法定刑が無期懲役と死刑に限定されているのは，最も重要な法益である人の生命を奪って利欲目的を遂げるところにある。保護法益の中心が生命である以上，現実に生命を奪われた数が多いほど刑事責任が重いのは明らかである。また，早い段階から利欲目的で被害者の殺害を計画し，これに沿って準備を整えて実行した場合には，生命侵害の危険性がより高い犯行といえるのであり，その計画性が高ければ生命という法益を軽視した度合いが大きいとして，重い刑事責任が問われることになる。」

　以上の一般論を前提として，判決は本件の具体的事情を検討する。「本件では，殺意が強固で殺害の態様等が冷酷非情であり，結果が極めて重大であることは原判決指摘のとおりである。しかし，本件は，被害者が1名の事案である。そして，被害者への刺突時にはその態様から強固な殺意が認められるものの，被害者方への侵入時には殺意があったとは確定できず，侵入後に状況によっては人を殺すこともやむを得ないと考るに至ったと認定できるにとどまるのであって，まして殺害について事前に計画されたり，当初から殺害

の決意をもって臨んだものとは到底いえない。また，被害者方への侵入時には強盗目的が認められるものの，その計画性については，包丁を準備して現場に赴いたという点で，それなりに計画的といえるにとどまるのである。強盗殺人罪の刑が無期懲役刑と死刑に限定されている上記の趣旨にかんがみると，上記アに列挙した量刑要素のうち，被告人の前科の点を除いて検討した場合，すなわち，本件犯行の態様，結果，被害感情，犯行に至る経緯や動機の点を十分に踏まえて，前科を除く諸般の情状を検討した場合，本件は死刑を選択するのが相当な事案とはいい難い。」

「原判決は，被告人に人の生命を奪う重大な前科がありながら，服役後短期間のうちに本件に及んだことを相当重視したものと思われる。確かに，そうした観点は量刑判断の上で重要ではある。しかし，一般情状である前科を死刑選択に当たり重視する場合，これまでの裁判例には一定の傾向がみられることに十分留意する必要がある。」

「そこで，この点に関する先例の量刑傾向をみると，殺害された被害者が1名で死刑が選択された強盗殺人罪のうち，前科が重視されて死刑が選択された事案の多くは，殺人罪や強盗殺人罪により無期懲役刑に処せられ仮出所中の者が，再度，前科と類似性のある強盗殺人罪を敢行したという事案である。また，無期懲役刑の仮出所中ではないが，無期懲役刑に準ずるような相当長期の有期懲役刑となった前科である場合には，その前科の内容となる犯罪と新たに犯した強盗殺人罪との間に顕著な類似性が認められるような場合に，死刑が選択される傾向にあるといってよいと思われる。」

「本件においては，被告人の前科は無期懲役刑ではなく，これに準ずるような相当長期の有期懲役刑である。そして，被告人は，真面目に服役して全ての刑期を終えてその執行を終了している。また，上記ア㈑のとおり，その前科は夫婦間の口論の末の殺人とそれを原因とする無理心中であり，利欲目的の本件強盗殺人とは社会的にみて類似性は認められないのであって，類似性が顕著な重大犯罪を重ねて最早改善更生の可能性のないことが明らかとはいい難い。実際にも，被告人は，前刑執行終了後，上記ア㈱のとおり，更生の意欲をもって努力したが，その前刑の存在が就職にも影響して何ごともうまくいかず，自暴自棄になった末の犯行の面があることも否定できないのであ

る。被告人の前科の評価に関しては，このような留意し酌量すべき点があるのであるから，前科を除けば死刑を選択し難い本件について，その前科を重視して死刑を選択することには疑問があるというほかない。そうすると，原判決は，人の生命を奪った前科があることを過度に重視しすぎた結果，死刑の選択もやむを得ないとした誤りがあるといわざるを得ない。」

最後に，「ウ　結論」では，「以上のとおり，本件が重大かつ冷酷非情な犯行であり，被告人には二人の生命を奪った前科があることを十分に考慮しても，なお，死刑を選択することが真にやむを得ないものとはいえないというべきである。原判断は，裁判員と裁判官が評議において議論を尽くした結果であるが，無期懲役刑と死刑という質的に異なる刑の選択に誤りがあると判断できる以上，破棄は免れない」と判示した。

Ⅲ　検　討

(1)　裁判員制度が導入されてから，2014 年 6 月末の時点で，28 件の事件において死刑が求刑され，そのうち 21 件で求刑通り死刑判決が言い渡されている[1]。本判決は，裁判員裁判による死刑判決を破棄し，無期懲役を言い渡した最初の控訴審判決であり，特に本件とは類似性のない前科を重視した死刑選択に対する疑問を提起し，社会的にも注目を集めた。本判決については，手続法的にみた裁判員裁判の下での控訴審判決のあり方自体も問題となるが[2]，本評釈では，量刑事情としての前科の考慮に関する問題を中心に，実体刑法上の量刑理論の観点から検討する。

(2)　一般に「前科」とは，前に刑罰に処せられた事実をいうが，量刑事情としての「前科」は，再犯（後犯）よりも前に確定した有罪の裁判を意味するものとされている[3]。前科が死刑選択基準においても考慮要素に含まれうるこ

---

(1)　制度施行から平成 26 年 3 月末までの実施状況については，「裁判員制度の運用等に関する有識者懇談会（第 24 回・平成 26 年 5 月 20 日開催）配付資料・資料 2」（http://www.courts.go.jp/saikosai/vcms_lf/80825003.pdf）を参照。

(2)　これについては，例えば司法研修所（編）『裁判員裁判における第一審の判決書及び控訴審の在り方』司法研究報告書 61 輯 2 号（2009 年）を参照。

(3)　難波宏「前科，前歴等と量刑」大阪刑事実務研究会（編著）『量刑実務大系・第 3 巻　一般情状等に関する諸問題』（判例タイムズ社，2011 年）4 頁参照。

とについては，本判決ならびに第1審判決が引用・言及する最判昭58・7・8（以下「永山判決」とする）にも示されている。

実務的視点からは，前科は，(a)その存在から被告人の犯罪傾向が進んでおり再犯のおそれがあることが推認されるので，特別予防の観点から一般情状として加重方向に考慮されるとともに，(b)裁判所での審理判決により警告を受けているのに，これを無視して犯行を繰り返したという点で非難可能性が高く，行為責任を加重する要素として考慮されると説明されている[4]。もっとも，(b)前刑の警告を無視したことを理由に行為責任を加重するとの理解（いわゆる「警告理論」）に関しては学説上反対説も主張されており，少なくとも司法制度あるいは行刑制度への敵対的態度を問題とするならば「国家に対する反逆」を加重根拠とすることと異ならないという批判も有力である[5]。最近では，こうした批判を考慮して「前科者が，刑事司法過程を通じて，法益及びその保護のために行為規範の重要性を強く意識する機会を得たはずであるのに及んだ再犯により示した，法益・規範に対する尊重心（その意味での規範意識）の低さ」に根拠を求める見解[6]も主張されているが，「制度への敵対的態度」を「規範意識」に置き換えたものであって実質的内容は警告理論と変わらないといえよう。他方，（上記の批判的見解が主張する）行為時に存在した事情はすべて「行為」の属性であるとして，「初回の犯行」であったか「X度目の犯行」であったかも「行為」の属性であって再犯の行為責任が加重されるとする見解[7]に対しても，過去に処罰されたという事情は「行為時に存在」しているとしても「行為者」の属性であって，今回の「行為」自体の性質を構成するものではない（このように解するならば「行為者」の属性はすべて「行為」の属性となり，性格責任論と行為責任論が区別できなくなる）との疑問が生じる。その意味では，(b)の説明は，理論上はいまだ十分に根拠づけられてはいないように思われる[8]。後述するように，本判決の「一般情状である前科」という指摘

---

(4) 守下実「量刑判断の考慮要素」松尾浩也＝岩瀬徹（編）『実例刑事訴訟法III』（青林書院，2012年）228-229頁。

(5) 累犯加重に関する指摘が中心であるが，高山佳奈子「コメント」大阪刑事実務研究会（編著）・前掲注(3)74頁参照。さらに，本書事例研究③IIIも参照。

(6) 小池信太郎「量刑における前科」刑ジャ39号（2014年）58頁。さらに，井田良「裁判員裁判と量刑」論ジュリ2号（2012年）66頁参照。

(7) 高山・前掲注(5)75頁。

Ⅲ 検 討　365

も，行為責任を加重するとみる立場とは一線を画そうとしているようにも解されるが，以下では，一般的には(b)のような見解が存在することを前提として検討することにしたい。

(3)　前科の中でも，判例上，特に被告人が前に殺人または強盗殺人により無期懲役に処され，その仮釈放中に再び殺人または強盗殺人を犯したという事情は重大な影響を及ぼしており，平成21年度司法研究によれば，永山事件以降，死刑求刑事件でこの事情の存する事例は，被殺害者が1名であってもすべて死刑が宣告されている[9]。最高裁が無期懲役の原判決を破棄した数少ない事例の1つである最判平成11・12・10（刑集53巻9号1160頁）[10]は，被告人が強盗殺人の仮釈放中に本件強盗殺人の実行に及んだことは「非常に悪質であるというほかない」とし，前件の強盗殺人は，本件強盗殺人とは「遊興による借金の返済のために顔見知りの女性の好意に付け込み，計画的に犯行を実行したという点において，顕著な類似性が認められ……それだけに……被告人の反社会性，犯罪性には，到底軽視できないものがある」ことなどを重視して，死刑の選択をするほかはないとした。本判決の調査官解説では，こうした極めて厳しい判断がなされる理由として，(1)仮釈放までの服役期間に矯正のための処遇を十分に受けながら，再度凶悪事犯に及んだのでは，もはや改善更生の余地がないといわざるを得ないという判断が強く働くこと，(2)犯行の動機，手段，態様等において，無期懲役になった前件との類似性が認められるものが殆どであり，その点から犯人の著しい反社会性，犯罪性を看取し得ること，が挙げられている。ここでは，(a)(1)および(2)の点において，

────────────────────

(8)　前科を行為責任と関連づけることに批判的な見解として，たとえば吉岡一男『刑事制度論の展開』（成文堂，1997年）200頁，浅田和茂「量刑事実としての前科前歴および犯行後の事情」ヴォルフガング・フリッシュほか（編）『量刑法の基本問題』（成文堂，2011年）170頁，野村健太郎「量刑における前科の考慮」『曽根威彦先生・田口守一先生古稀祝賀論文集［下巻］』（成文堂，2014年）35頁以下参照。なお，この問題に関する最近の論稿として，樋口亮介「行為責任論を基礎にした前科の位置づけ——近時の英米法圏の学説を素材に——」高橋則夫ほか（編）『長井圓先生古稀記念　刑事法学の未来』（信山社，2017年）179頁以下がある。この論者の見解については，本書事例問題⑨の［追記］を参照。

(9)　司法研修所（編）『裁判員裁判における量刑評議の在り方について』司法研究報告書63巻2号（2012）110頁，113頁。

(10)　本判決については，城下裕二『量刑理論の現代的課題〔増補版〕』（成文堂，2009年）165頁以下参照。

特別予防上，より軽い刑罰を選択すべき必要性が排除されたものとみられるが，(b)無期懲役という最も重い前科の存在にもかかわらず（その警告を無視し，かつ前件と同様の）再犯に及んだことから，行為責任も加重すべきとの考慮が働いたとの説明もありえよう[11]。

　他方，無期懲役の仮釈放中とは異なるが，本判決の事例のように，殺人などにより有期懲役に処せられたという重大前科が存在する場合も，死刑選択の事情の1つとなりうる。永山判決以降，被殺害者1名の事案で死刑を選択した原判決を維持した判例において重大前科への言及がみられるものとして，①最判昭和62・10・23（裁判集刑247号117頁）（強盗傷人により懲役7年の前科を有し，窃盗により執行猶予中の被告人が，身代金誘拐を計画し，その犯行に用いる拳銃と警察手帳を強奪する目的で，派出所に勤務中の警察官を殺害した強盗殺人・公務執行妨害事件），②最判平成1・3・28（裁判集刑251号413頁）（強姦致傷による懲役刑など前科4犯を有する被告人が，共謀の上，3名の被害者をそれぞれ殺害して保険金を騙取しようと企て，そのうち1名の殺害に成功した殺人・殺人予備・殺人未遂・死体遺棄・詐欺未遂事件），③最判平成2・4・3（裁判集刑254号341頁）（少年時に強盗殺人等で懲役5年以上10年以下に処せられた被告人が，刑の執行終了3か月後に，農作業中の主婦を強姦目的で襲い，抵抗されるや刃物で滅多刺しにして殺害した強姦致死・殺人・窃盗事件），④最判平成16・10・13（裁判集刑286号357頁）（殺人による10年の前科を有する被告人が，強姦致傷等により懲役7年に処せられ，服役中から被害者を逆恨みし，出所して2か月後に殺害した殺人・窃盗事件），⑤最判平成19・3・22（裁判集刑291号235頁）（詐欺，窃盗等による懲役前科7犯を有し，合計23年余りの服役を経た被告人が，殺人等の罪による懲役15年の刑で仮出獄後に，無銭飲食・窃盗を繰り返し，さらにスナック経営者を殺害して現金を奪ったという強盗殺人・窃盗・詐欺事件），⑥最判平成23・3・1（裁判集刑303号57頁）（窃盗等の服役前科のほか，強盗致傷，銃砲刀剣類所持等取締法違反により懲役5年に処せられ，17年後に強盗致傷により懲役6年に処せられた各前科を有する被告人が，釈放後1か月も経たないうちに実行した(i)現住建造物等放火未遂，(ii)建造物侵入・強盗未遂，(iii)中華料理店経営者をけん銃で射殺して売上金を強取した強盗殺人，(iv)駅員が運ぶ売上金を強取しようと企てて同人にけん銃を発射して重傷を負わせた強盗殺人未遂・けん銃発射・けん銃加重所持の各事件）などがある。

[11]　無期懲役の仮釈放中の再犯と行為責任の関係につき，小池・前掲注(6)68頁。

Ⅲ　検　討　367

　これらの重大前科を有する場合も，無期刑における仮釈放資格取得期間が法律上は最低10年間であること（刑28条）からすれば[12]，④・⑤・⑥は（断続的ではあるが）それに匹敵しうる矯正処遇を受けている事例であると解する余地もある。ただ，前件で殺人または強盗殺人により無期懲役に処され，その仮釈放中に再び殺人または強盗殺人を犯したという事案と比較するならば，(a)特別予防上は，(1)前刑による処遇効果の期待度はやや低下し，(b)前刑による警告の強さの相違からみて行為責任の加重の程度も若干弱くなるとみることも可能である。その意味で，無期懲役判決に至らない重大前科がある者の再犯の場合，(a)特別予防の判断にとっては(2)「前件との類似性」のもつ重要度が相対的に上昇する（前件と類似した犯行に及んだという面において被告人の著しい反社会性・犯罪性を判断すべき比重が高まる）ということは考えられる[13]。現に，⑤は，前件が「本件と同様の方法により殺害して金品を窃取するなどした」ものであるとして判決中で両者の類似性を指摘している。

(4)　本判決の第1審は，「いわゆる永山判決において示された死刑選択の際の考慮要素やそれ以降の裁判例の量刑傾向を踏まえ……諸事情を総合考慮」すると述べつつ，(1)殺意の強固さ及び殺害の態様等，(2)結果の重大性，(3)2人の生命を奪った前科がありながら，金品を強奪する目的で被害者の生命を奪ったこと，を特に重視すべきであるとして，死刑を選択している。(3)については，前刑の出所からわずか半年で本件犯行に及んだことが「強い非難に値する」としており，前科の存在（および再犯までの期間の短さ）について，行為責任（今回の犯行についての非難可能性）ないし「犯情」の程度を高くする事情と理解しているように思われる[14]。

　これに対して本判決は，第1審の指摘する(1)および(2)についてはほぼ是認

────────

[12]　もっとも周知のように，平成15年から平成24年までの10年間の統計上，無期刑で仮釈放された者の執行期間は，最低で20年超〜25年以内（平成15年〜18年），25年超〜30年以内（平成19年〜22年），30年超〜35年以内（平成23年〜24年）と非常に長期化している（法務省法務総合研究所（編）『平成25年版　犯罪白書』（2013年）68頁）。

[13]　この点を指摘するものとして，小池・前掲注(6)69頁。ただし，前刑との保護法益のみならず，犯行態様・状況や動機・経緯レベルでの共通性による，行為責任加重の見地を重視する。

[14]　ただし，実務における「犯情」と「一般情状」の区別が，「(行為)責任」と「予防」の区別に正確に一致しているわけではないことにつき，原田國男『裁判員裁判と量刑法』（成文堂，2011年）138頁参照。

しながら，(3)については「前科の犯行は……社会的にみて本件強盗殺人とは異なる犯罪類型であることも明らかであって，その量刑上の評価に当たっては，慎重に検討する必要がある」とした。そして，被害者が1名であり，殺害についての計画性（あるいは当初からの殺害の決意）を伴わない本件では，「前科を除く諸般の情状を検討した場合，本件は死刑を選択するのが相当な事案とはいい難い」とした。この判示部分は，第1審のような，前科を行為責任ないし犯情を加重する事情と位置づける立場からは導き難いものであるといえる。なぜならば，「前科を除」いて諸般の情状を検討するという判断過程は，本判決が「イ　死刑選択の当否」において言及しているように「一般情状にあたる前科」という捉え方をした場合に可能となるのであって，行為責任と関連づけるときには，前科のみを「行為」の属性である殺害態様あるいは結果の重大性などから分離することは不合理であるといいうるからである。

　こうして本判決は，「一般情状である前科」を死刑選択に際して重視する場合，これまでの裁判例にみられる一定の傾向に「十分留意する必要がある」として，「無期懲役刑に準ずるような相当長期の有期懲役刑となった前科である場合には，その前科の内容となる犯罪と新たに犯した強盗殺人罪との間に顕著な類似性が認められるような場合に，死刑が選択される傾向にある」とした。その理由は，「矯正のための処遇を十分受けながら，再度類似した強盗殺人罪を犯した点で，法規範軽視の姿勢が著しく，改善更生の可能性もないことが明らかであることが考慮された」ことにある。ところが本件被告人の「前科は夫婦間の口論の末の殺人とそれを原因とする無理心中であり，利欲目的の本件強盗殺人とは社会的にみて類似性は認められない」のであって，「類似性が顕著な重大犯罪を重ねて最早改善更生の可能性のないことが明らかとはいい難」く，「前科を除けば死刑を選択し難い本件について，その前科を重視して死刑を選択することには疑問があるというほかない」として，原判決を破棄している。

　すでに指摘されているように，この「前科を除けば……死刑を選択することには疑問がある」の判示部分は，犯情からは無期懲役が相当であるが，仮に（前科の内容からみて）更生可能性がないといえる場合であれば死刑を選択できるとの立場を採るようにも見える[15]。しかし，犯情からみて無期懲役が相

当であるときに，更生可能性がないのであれば無期懲役を科すことで（特別予防的考慮としては）十分なのであり，あえて死刑を科すのは不当である。おそらく本判決は，その点は当然視しつつ，本件では更生可能性が否定されないのであるから，なおさら死刑を選択することはできないとしたものと思われる。

　このように本判決は，事例判断ながら，死刑選択における前科の考慮に際して，従来の量刑傾向に留意しつつ，前科に基づく改善更生の可能性判断を前件との「社会的類似性」という視点から行うことにより，前科による更生可能性の有無・程度の判断に慎重さを求め，量刑事情としての前科の「重要度」（の存在）に注意を促したことに意義がある。こうした本判決の立場は，既出の平成21年度司法研究が指摘する「前科については，必ずしもその有無自体が重要なのではなく，それが今回の犯罪行為に対する非難や被告人の更生可能性の点にどのように結び付くかという観点からの具体的で実質的な考察を行うことが必要である」[16]との見解に整合的であるといえよう。もとより，前科の存在に依拠して被告人の更生可能性の有無・程度を判断するにあたっては，「社会的類似性」の存否のみならず，前科と今回の犯罪行為の間の時間的間隔，さらには今回の犯罪行為に至る経緯などの諸事情も重要な意味を有する。本判決が「被告人は，前刑執行終了後……更生の意欲をもって努力したが，その前刑の存在が就職にも影響して何ごともうまくいかず，自暴自棄になった末の犯行の面があることも否定できない」と指摘したのも，そうした諸事情をも考慮して更生可能性（の存在）を判断したことの現れであると思われる。

　もっとも，本判決が示した，前科と今回の犯罪行為との「実質的な結び付き」の判断基準である「社会的類似性」の内実に関しては必ずしも明確ではない面もある。本判決の事案（夫婦間の殺人・無理心中と利欲目的の強盗殺人）から導出されるのは，①犯罪類型（構成要件該当性）の類似性を前提としつつ，②動機・目的・被害者の属性も併せて考慮される，ということのみである。本判決の事案では，①犯罪類型に共通性はあるが厳密には同一ではなく，②動機・目的・被害者の属性が異なっている場合に「社会的類似性」が否定されたが，

---

⑮　小池・前掲注(6)70頁参照。
⑯　司法研修所（編）・前掲注(9)69頁。

370 事例研究⑧

たとえば①犯罪類型が全く同一であっても，②動機・目的・被害者の属性が異なっている場合（前科が「無理心中を目的とした家庭内の殺人」であり今回が「無差別攻撃を目的とした通り魔による殺人」であるような事例）にも「社会的類似性」は否定される趣旨であろうか[17]。こうした点は，更生可能性の判断要素として何を考慮すべきかという問題と関わるものであるが，今後の事案の集積に委ねられている。

(5)　なお，本判決後に出された高裁判例で，第1審の裁判員裁判による死刑判決の破棄事例としては，東京高判平成25・10・8（刑集69巻1号190頁〔強盗殺人，強盗強姦，強盗致傷，現住建造物等放火等・被殺害者1名〕）[18]，東京高判平成26・2・27（東高刑時報65巻1＝12号6頁〔強盗殺人，死体遺棄・被殺害者3名〕）[19]が（いずれも本判決と同じ東京高裁第10刑事部，同じ裁判長による），大阪高判平成29・3・9（判時2370号90頁〔殺人，銃砲刀剣類所持等取締法違反・被殺害者2名〕）[20]，大阪高判平成29・3・10（LLI/DBL 07220108〔わいせつ目的誘拐，殺人，死体損壊，死体遺棄・被殺害者1名〕）[21]がある。このうち高裁において重大な前科と当該事件の関係性が問題となった東京高判平成25・10・8の事実関係は，被告人が，約2か月の間に，〔1〕住居侵入・窃盗3件，〔2〕住居侵入・強盗致傷，〔3〕住居侵入・強盗致傷・強盗強姦・監禁，窃盗，〔4〕住居侵入・強盗殺人・窃盗，同未遂2件，建造物侵入・現住建造物等放火・死体損壊（以下「松戸事件」という），〔5〕強盗致傷，〔6〕住居侵入・強盗強姦未遂を行ったというものである。第1審は，累犯前科や同種前科の存在にもかかわらず，前刑出所後3か月足らずで本件各犯行に及んだことは強い非難に値し，短期間に反復累行した被告人の反社会的な傾向性は顕著で根深いことなどを理由として，被告人を死刑に処した。これに対して控訴審である東京高判平成25・10・8は，「被告人

---

[17]　「社会的類似性」にいう「社会的」ということの意味が，たとえば「犯罪社会学的類型性」を意味するのであれば，この場合にも類似性は否定されるように思われる。なお前掲最判平11・12・10の事案は，いずれも①強盗殺人であり，②借金返済目的のために知人女性の好意につけこんで犯行に及んだという点が共通することから「顕著な類似性」が認められたものであった。

[18]　第1審は千葉地判平成23・6・30刑集69巻1号168頁参照。

[19]　第1審は長野地判平成23・12・6 LEX/DB 25480103。

[20]　第1審は大阪地判平成27・6・26判時2280号136頁。

[21]　第1審は神戸地判平成28・3・18 LEX/DB 25543180。

は，昭和 59 年に〔3〕事件と類似する強盗致傷，強盗強姦で懲役 7 年に処せられ，さらに，平成 14 年に松戸事件と類似する住居侵入，強盗致傷で懲役 7 年に処せられるなど，重大事犯に及んだ複数の前科を有する上，前刑出所後 3 か月足らずの短期間のうちに本件各犯行を反復していることに照らせば，被告人の極めて粗暴で反社会的な性格傾向も否定できない」としながらも，「本件において被告人が犯した各犯行は，生命身体に重篤な危害を及ぼしかねない危険なものであるとはいっても，松戸事件を除けば，殺意を伴うものはなく，法定刑に死刑が含まれる多くの犯罪にみられるような，人の生命を奪って自己の利欲等の目的を達成しようとした犯行ではない。別の観点からいえば，松戸事件を除いた各事件については，その重大悪質な犯情や行為の危険性をいかに重視したとしても，各事件の法定刑からして死刑の選択はあり得ない。同様に，被告人の前科をみても，殺意を伴うものはなく，松戸事件と類似する前科は，若い女性の家に侵入し，家人の帰宅を待ち構えて同所にあった包丁で脅した上，ストッキングで両手を緊縛してキャッシュカード等を強取したという事件であるが，松戸事件のように人の生命を奪おうとまでした事件ではない」として，原判決を破棄し，被告人に無期懲役を言い渡した。「松戸事件と類似する前科」と松戸事件では，①犯罪類型に共通性はあるが厳密には同一ではなく（強盗致傷と強盗殺人），②動機・目的・被害者の属性が同一である（若い女性の家に侵入して財物を強取する）ことになるが，控訴審は前科の存在を死刑選択の理由とすることには消極的な立場を採った。ここでは，量刑事情としての前科のもつ重要度の問題と並行して，法定刑に死刑を含む犯罪とそうではない犯罪が併合罪関係にあるときに，死刑選択の可否は前者のみに着目して行われるべきかという問題も提起されていること[22]に留意すべきである。

　同控訴審判決に対して，検察官・被告人の双方が上告し，最高裁第二小法廷は上告を棄却して原判決の量刑を維持した（最決平成 27・2・3 刑集 69 巻 1 号 1 頁）。これについては，本書第 12 章を参照。

---

[22]　この点に言及するものとして，小池・前掲注(6)71 頁。なお，最決平成 19・3・22 刑集 61 巻 2 号 81 頁参照。

372 事例研究⑨

事 例 研 究 ⑨	少年事件の裁判員裁判で初めて死刑が言い渡された第1審判決の量刑が維持された事例（石巻事件控訴審判決）

〔傷害，殺人，殺人未遂，未成年者略取，銃砲刀剣類所持等取締法違反被告事件，仙台高裁平成23年(う)第1号，平成26年1月31日第1刑事部判決，控訴棄却（上告），高刑速（平26）177頁〕

I　事実の概要

　X（当時18歳7か月・男性）は，A（当時18歳・女性）と交際していたが，Aに対してたびたび暴力を振るうことなどから，B（Aの姉・当時20歳）はXとAの交際に反対し，XによるAの連れ去りが懸念されたため，C（Aの親友・当時18歳・女性），D（Bの友人・当時20歳・男性）とともに，A，Bの実家であるE方に泊り込んでいた。

　Xは，平成22年2月4日から5日までの間，Xの祖母方において，Aに対し，金属製の模造刀等で数十回全身を殴打するなどの暴行を加え，全治約1か月の傷害を負わせた〔第1事実〕。次にXは，就寝中のB，C及びDを殺害しようと計画し，同月10日午前6時40分ころ，E方寝室において，準備していた牛刀（刃体の長さ約13cm）で，①Bの腹部を突き刺して殺害し，②Cの胸部等を突き刺して殺害し，③Dの右胸部を突き刺したが，右胸部刺創等の傷害を負わせたにとどまり，殺害の目的を遂げなかった〔第2事実〕。さらにXは，就寝中のAを拉致しようと計画し，同時刻ころ，本件寝室において，本件牛刀でAの左足を切り付けた上で駐車場内の自動車まで連行して発進し，Aを略取するとともに，Aに左下腿切創の傷害を負わせた〔第3事実〕。また，同時刻ころ，業務その他正当な理由による場合ではないのに，本件寝室において，本件牛刀1丁を携帯した〔第4事実〕。

　Xは，傷害，殺人，殺人未遂，未成年者略取，銃刀法違反の各罪で起訴され，第一審（仙台地判平22・11・25 LEX/DB文献番号25443083）において死刑を言い渡された。「量刑の理由」では，「本件の犯行態様の残虐さや被害結果の重大性からすれば，被告人について保護処分相当性を認める余地はなく……死

刑と無期懲役のいずれを選択すべきかが問われているというべきである。そこで……第2事実を中心にして，最高裁判所がいわゆる永山判決で示した死刑選択の基準に従って……諸般の情状を考察する」として，以下のように判断した。すなわち，(i)罪質については，自分の欲しいものを手に入れるために人の命を奪うという強盗殺人に類似した側面を有する重大な事案である。(ii)犯行態様は極めて執拗かつ冷酷で，残忍さが際立っている。計画性も認められるが，稚拙な側面もあり，それほど重視することは相当でない。(iii)被害結果は極めて重大かつ深刻であり，遺族らの処罰感情も峻烈である。(iv)犯行動機は極めて身勝手かつ自己中心的である。(v)大きな社会的影響を与えたことも看過できない。(vi)被告人の更生可能性については，犯罪性向には根深いものがあることなどから，著しく低いと評価せざるを得ない。(vii)被告人が18歳7か月の少年であるということは，死刑を回避するまでの決定的な事情とまではいえない。被告人の不安定な家庭環境や母からの暴力といった生い立ちは，犯行態様の残虐さや被害結果の重大性に照らせば量刑上考慮することは相当ではない。「以上の事情，特に，犯行態様の残虐さや被害結果の重大性からすれば，被告人の罪責は誠に重大であって，被告人なりの反省など被告人に有利な諸事情を最大限考慮しても，極刑を回避すべき事情があるとは評価できず，罪刑均衡の見地からも，一般予防の見地からも，被告人については，極刑をもって臨むほかない」。被告人控訴。

II 判 旨

控訴棄却。

「各殺人及び殺人未遂の各犯行は，不法かつ身勝手な目的実現のために尊い人命を奪うことすら厭わない人命軽視の態度が顕著であって，動機は甚だ身勝手かつ短絡的というほかなく……悪質性が高いとされる利欲目的ないしはわいせつ目的を伴った殺人事案と対比しても，さほど変わりはなく，罪質は重大といわなければなら」ない。「各犯行態様は……残虐かつ執拗なものである」。「予め凶器等を準備するとともに……帯同を予定したFに対しては……身代わり犯人とする役割等を指示し，恰好の犯行の機会も窺うなどして

おり……殺意もAの略取を妨害された場合との条件付きではあるにしても，同各犯行は相応の計画性を有するとともに……実行行為時における各殺意がいずれも強固な確定的なものであったことも疑う余地はない」。「B及びCの2名を殺害し……Dに重傷を負わせたとの結果は極めて重大である。各遺族はもとより……Aの各被害感情（処罰感情）も峻烈である」。「社会的影響も看過できない」。「そうすると……事前の計画段階における殺意は略取を妨害された場合との条件付きであり，原判示第2の各犯行の際も冷静かつ沈着に敢行したとまでは認め難いこと，被告人は，原判示各犯行当時は未だ18歳7か月の少年であり，保護観察処分歴こそ有するものの，前科はなく，更生の可能性もないとはいえないこと，被告人も……一定の反省や悔悟の念及び各被害者や遺族に対する謝罪の意思を表していること，生育環境にも不遇な側面があったことなど，酌むべき事情を最大限考慮し，かつ，被害者2名死亡の殺人事案における量刑は死刑と無期懲役刑が拮抗しているのが先例であることや，いわゆる永山事件最高裁判決ないしは光市母子殺害事件最高裁判決の事案との対比等……死刑選択を回避する余地がないかどうかを熟考しても……誠に悪しき犯情に鑑みると，被告人の刑事責任は余りにも重大であって，前記のように被告人が原判示各犯行当時少年であったことなどの酌むべき諸事情をもってしても，死刑の選択を回避する余地があると評価することはできないというべきである」。

Ⅲ　検　討

(1)　本件の原判決は，裁判員裁判において初めて，少年に対して死刑を言い渡した事例として社会的にも注目を集めた。本判決ならびに原判決については，少年法の原則逆送制度の意味，複数鑑定回避論の是非などをめぐっても議論が提起されている[1]が，本章では，実体刑法上の量刑理論からみた問題点に限定して検討する。

(1)　これについては，斉藤豊治「裁判員裁判と少年の死刑判決」浅田和茂ほか編『村井敏邦先生古稀記念論文集・人権の刑事法学』（日本評論社，2011年）797頁以下，本庄武（『少年に対する刑事処分』（現代人文社，2014年）343頁以下），武内謙治『少年事件における保護の構造』（日本評論社，2014年）271頁以下などを参照。

Ⅲ 検 討 375

(2) すでに学説においては，同じく少年に死刑を言い渡したいわゆる光市母子殺害事件最高裁判決（最判平成 18・6・20 判時 1941 号 38 頁）〔以下「光市事件判決」とする〕に対して，次のような批判が提起されていた。すなわち，同判決は，死刑適用基準に関する永山事件最高裁判決（最判昭和 58・7・8 刑集 37 巻 6 号 609 頁）〔以下「永山事件判決」とする〕が「死刑制度を存置する現行法制の下では……各般の情状を併せ考察したとき，その罪責が誠に重大であって，罪刑の均衡の見地からも一般予防の見地からも極刑がやむをえないと認められる場合には，死刑の選択も許されるものといわなければならない」と判示した最後の部分（「死刑の選択も許される」）を「死刑の選択をするほかない」と言い換えた上で，当該事件について，被告人の罪責が重大である場合に「特に酌量すべき事情がない限り，死刑の選択をするほかないものといわざるを得ない」とする死刑適用基準を示したものであり，これは例外的に死刑を回避すべき事情がない限り原則として死刑を科すという「原則・例外基準」を意味し，永山事件判決が示した死刑をできる限り謙抑的に適用しようとする考え方に反する[2]との見解である。本件でも，控訴理由中，審理不尽（訴訟手続の法令違反）の主張において，「原判決は，いわゆる永山事件最高裁判決が示す死刑選択の基準に従う旨説示しながら，あたかも，死刑を原則とし，例外的に回避すべき事情があるか否かを判断するかのような基準を用いている」旨の指摘がなされた。

　これに対して本判決は，原判決の「量刑の理由」においては「最初に，いわゆる永山事件最高裁判決が示した諸般の情状を考察するとの立場を明らかにし，次いで，本件においての各情状事情を抽出して順次検討を加え，行為責任に関わる要素に対する評価や被告人の更生可能性の程度を示し，他方，本件各犯行当時 18 歳 7 か月であったとの被告人の年齢の量刑上の位置付けや被告人なりの反省など，有利な事情をも考慮した上で，罪刑の均衡の見地及び一般予防の見地からも，極刑をもって臨むほかないと説示しており，いわゆる永山事件最高裁判決で示された諸般の情状を総合考慮して結論を導いたものであって，同判決と別異の基準に拠ったものではないことは疑う余地

---

(2)　本庄・前掲注(1)345 頁。さらに，平川宗信「判批」ジュリ臨増・平成 18 年度重判解（2007 年）162 頁参照。

はな」いとしている。ここでは，原判決（及びそこで前提とされている光市事件判決）が，批判的見解の指摘するような「原則・例外基準」を採用するものではなく，「特に酌量すべき事情がない限り……」との文言にもかかわらず，あくまでも永山事件判決と同様の総合考慮的な判断基準を前提としているという理解が示されたことになる。

もっとも，「特に酌量すべき事情がない限り……」という枠組みは，とりわけ永山事件判決後の最高裁判例において，生育歴あるいは反省の情などの主観的事情を「過度に重視することは適当ではない」との限定が付されたこと[3]と併せ考えるならば，（死刑が「原則」であるということとは必ずしもパラレルではないにしても）「罪刑の均衡」の判断と「酌量すべき事情」の判断は等価的ではなく，前者が第一次的であることを示しているように思われる。その意味では，少なくとも，永山事件判決の基準に（同判決では明示的とはいえなかった点について）「解釈」を施したことは確かであろう。

また，ここで言及されている「総合考慮」の内実も明らかではない。近時の有力な見解によれば，特に裁判員制度の導入以降，死刑求刑事件において死刑を言い渡す場合には，まず「犯情」によって死刑を選択し，「一般情状」で死刑を回避すべきか否かを判断するという方法が採られているものとされる[4]。ただ，本判決では，後述のように本来は犯情に位置づけられるべき殺意の程度が「酌むべき事情」に含まれており，一般情状に限定されているわけではない。また，本判決の判示からは，行為責任の要素以外の「矯正可能性」に関する要素も，上記の見解のいう「犯情」に属すると解されているようにも見える。死刑を基礎づける事情と，それを回避する事情とが，法的性格の点では截然と区別されていないのが判例の現状であると思われる。

(3)　本判決と原判決を量刑事情のレベルで比較すると，罪質・動機・犯行態様・計画性・被害結果・被害感情・被告人の年齢に関する評価はほぼ同様であるとみられる[5]。

他方，殺意の程度について，本判決は犯行の事前段階と犯行時を区別し，

---

(3)　最判平成 11・11・29 判時 1693 号 154 頁，最判平成 11・12・10 刑集 53 巻 9 号 1160 頁参照。
(4)　原田國男「裁判員裁判における死刑判決の検討」慶應ロー 22 号（2012 年）93 頁以下参照。なお，本書第 12 章Ⅳも参照。

後者では，強固な確定的殺意に基づいているとしつつも，「Bが案に相違して警察に連絡しようとしていることを知り，その怒り等も加わって一定の興奮状態に陥ったと窺われ，冷静かつ沈着に各犯行を敢行したとまでは認め難い」ことを指摘している。この点は原判決では言及されなかったものであり，本判決では事前段階の殺意が条件付きであったことと併せて「酌むべき事情」として考慮されている。

　生育環境について，原判決は，本件犯行態様の残虐さや被害結果の重大性に照らすならば「量刑上考慮することは相当ではない」として，そもそも量刑事情に含まれないかのような否定的判断を行っていた。これに対しては，従来の判例で相応に考慮されてきた事情を考慮しない姿勢を示したものとして批判も提起されていた[6]が，本判決は，生育環境には不遇な側面があったものの，特に劣悪であったとまでは認め難く，またXの資質上の問題性は，本人の自覚や更生意欲の乏しさも相俟ってのものであることから，Xの不遇な生育環境を「さほど酌むことはできない」としている。更生可能性についても，原判決が「著しく低いと評価せざるを得ない」と判断したことに対して，本判決は「原審時点と比べても，真摯な内省を深めようとする姿勢が後退した側面がある」と指摘しながらも，一定の反省と後悔の態度を示していること，第2審の供述では自己の問題性を改める意向も表していることなどを総合勘案して，「ないとはいえないものの……十分有するとは到底考えられず，なお，被告人の更生可能性が著しく低いとする原判決の説示も，当審の判断と別異の趣旨であれば，相当でない」としている。微妙な表現ながら，生育環境及び更生可能性については，本判決では原判決よりも有利に評価しようとする姿勢が看取されるように思われる。

　このように，本判決では，原判決と比較して「酌量すべき事情」の内容が若干拡充されているようにも見受けられ，それらが罪刑の均衡ないしは矯正可能性の判断に多少は作用した可能性も否定できないが，結論には影響を及ぼさなかったことになる。その直接的な理由は，被害結果の重大性ならびに

---

(5)　ただし，以下にみるように，本判決は計画性を「殺意の程度」と関連づけながらも，後者を独立した事情としても検討しているところが特徴的である。

(6)　本庄・前掲注(1)346頁。

犯行態様の残虐性・執拗性にあるとみられるが，より根本的には，少年法1条・50条の規定自体が，少年の量刑においては「責任と刑罰の絶対的均衡」を減軽方向に緩和すべきことを特に求めていると解される[7]にもかかわらず，被告人の年齢を，あくまでも「考慮すべき一事情にとどまる」としてこれを特別視しない判例の前提[8]に起因するものといわなければならない。

(4)　最後に，罪質の点について付言する。原判決が，本件の罪質に関して「強盗殺人と類似した側面を有する」としたことに対しては，有期懲役刑選択の余地がない事案であるとの評価を示すためであると解されるものの，いささか違和感があるとの疑問が提起されていた[9]。本判決では，この部分について「人命軽視の態度が顕著であって，動機は甚だ身勝手かつ短絡的というほかなく……悪質性が高いとされる利欲目的ないしはわいせつ目的を伴った殺人事案と対比しても，さほど変わりはな」いと述べる一方で，原判決の説示に対しては「措辞不適切ながら，言わんとするところは，当審の前記説示と同趣旨と理解でき」るとしている。たしかに，死亡被害者が2名の殺人事件において，死刑が選択された従来の諸判例の一類型として，利欲目的（身代金目的，保険金目的など）の殺人，わいせつ・姦淫目的で被害者を拐取した後の殺人が挙げられている[10]。財産侵害あるいは性的自由侵害目的が存在することにより，加重類型としての強盗殺人，強制わいせつ・(旧)強姦殺人と実質的に同視しうる程度の犯罪性があると解されたためであろう。しかし本件は，未成年者略取目的は認められるものの，利欲目的とは明らかに異なり，わいせつ目的が肯定されているわけでもない。単に身勝手な動機に基づくということを理由として，利欲目的・わいせつ目的の殺人と変わりがないと結論づけることは，比喩であることを措くとしても論理的飛躍があるように思われる。動機の悪質さを問題とするのであれば，それは罪質とは別に考慮されるべきである。

---

(7)　城下裕二『量刑理論の現代的課題〔増補版〕』（日本評論社，2009年）200頁参照。
(8)　この点について，永田憲史「犯行当時少年の被告人に対する死刑選択の変遷」『年報・死刑廃止2012　少年事件と死刑』（インパクト研究会，2012年）92頁参照。
(9)　青木孝之『刑事司法改革と裁判員裁判』（日本評論社，2013年）409頁。
(10)　司法研修所（編）『裁判員裁判における量刑評議の在り方について』（法曹会，2012年）115頁参照。

［追　記］

　その後，被告人側は上告し，最高裁第一小法廷は，平成 28 年 6 月 16 日に上告を棄却する以下のような決定を言い渡した（裁判集刑 320 号 99 頁）。

　「本件は，被告人が，(1)平成 22 年 2 月 4 日から同月 5 日までの間，同棲相手の女性 A（当時 18 歳）に対し，模造刀及び鉄棒で数十回その全身を殴打するなどの暴行を加えて全治約 1 か月を要する傷害を負わせ，(2)実家に戻った A を連れ出そうと試みたものの A の姉 B（当時 20 歳）に阻まれ，A の友人女性 C（当時 18 歳）に警察に通報されて逃げ出すのを余儀なくされるに至って，A を略取するとともにこれを邪魔する者は殺害しようと計画し，同月 10 日早朝，A の実家において，〔1〕B が警察に連絡したことなどを契機として，B，C，及び B の友人男性 D（当時 20 歳）に対し，いずれも殺意をもって，牛刀で胸部等を突き刺し，よって，B 及び C を失血死させるなどして殺害し，D に入院加療 1 週間を要する右肺損傷等の傷害を負わせるにとどまり殺害の目的を遂げず，〔2〕A を自動車に乗せて略取したなどの事案である。

　このうち(2)の犯行は，被告人が，それぞれ強い殺意の下に，3 名の者に対して牛刀で攻撃を加え，その結果，2 名の生命が奪われ，残る 1 名についても一命は取り留めたものの重傷を負うに至っているのであって，その罪質，結果ともに誠に重大な事案であると言わざるを得ない。

　被告人は，上記(1)のとおり A に激しい暴行を一方的に加えて重傷を負わせたのに，A の略取を図るとともに，これを邪魔しようとする者がいる場合にはその殺害も辞さないと思い定めて，A の身を案じ同室していた B らを襲ったものであり，その身勝手極まりない動機に酌むべき余地はなく，もとより被害者らに責められるべき点はない。さらに，牛刀や革手袋を事前に入手したり，身代わりの出頭を関係者に働きかけるなどの準備工作を経て，A や A との間に生まれた乳児が就寝する部屋内に至り，無抵抗の B の肩をつかみながら，腹部を牛刀で突き刺した上で 2，3 回前後に動かす攻撃を加え，あるいは，命乞いをする C の胸等を数回突き刺すなどしており，殺害行為等の態様は，冷酷かつ残忍である。犯行時 18 歳 7 か月の少年であり前科がない

とはいえ，上記の動機，態様等を総合すると，本件は被告人の深い犯罪性に根ざした犯行というほかない。Dや遺族の処罰感情がしゅん烈であるのも当然である。

以上の諸事情を踏まえると，被告人が一定の反省の念及び被害者や遺族に対する謝罪の意思を表明していることなど，被告人のために酌むべき事情を十分に考慮しても，被告人の刑事責任は極めて重大であって，原判決が維持した第1審判決の死刑の科刑は，当裁判所もこれを是認せざるを得ない。」

最高裁決定も，控訴審判決の量刑判断を是認しているが，そこでは「これまで，繰り返されてきた『犯行当時少年だったことは死刑回避の決定的な事情とは言えない』との判示さえ，見ることができない」[11]。すなわち，少年事件における「年齢」という要素が，単なる1つの量刑事情であることにとどまらず，恵まれない成育歴，人格的未熟さ，更生可能性といった要素と並んで，量刑判断の中で特別に重要な意味をもつものであるとの考慮はなされていない[12]。換言すれば，少年事件という特殊性が捨象され，成人の場合と同様の死刑選択の適否が検討されているにすぎないのであり，これは「厳罰化」という要因だけで説明し尽くすことの許されない重要な問題を含んでいる。すでに指摘したように，光市事件判決は，永山事件判決の基準に一定の「解釈」を施したものと捉えることが可能であった。本最高裁決定は，こうした光市事件判決の方向性を定着させるかのような様相を呈している[13]のは確かであり，こうした傾向については今後も注視する必要があると思われる[14]。

なお近時，本判決をも念頭に置きつつ，被告人の不遇な生育歴が，①犯行時点の法益及び法秩序を軽視する態度，さらには②裁判時点の非難拒絶態度に影響を及ぼしている場合に，責任非難に影響する事情として，行為責任を

---

[11]　門野博「石巻事件の元少年はなぜ死刑になったのか」法時88巻10号（2016年）2頁。

[12]　斉藤豊治「判批」新・判例解説 Watch vol. 23（2018年）189頁。

[13]　丸山雅夫「少年犯罪と死刑」高橋則夫ほか（編）『長井圓先生古稀記念　刑事法学の未来』（信山社，2017年）

[14]　なお最高裁決定については，注[11]～[13]で掲げた文献のほか，担当弁護人による伊藤佑紀「石巻事件—少年事件における裁判員裁判と死刑判決」法セ746号（2017年）42頁以下，さらに菅原由香「判批」季刊教育法191号（2016年）78頁以下，小幡佳緒里「判批」刑弁91号（2017年）137頁以下等を参照。

軽減する事情として考慮すべきであるとの主張がなされている。本判決の被告人については，幼少時に両親が離婚して母親から暴力を受けることは，他者の身体的利益を尊重し，法秩序を遵守する精神の学習を阻害するものであって不遇であり，一方，経済的に困窮なく高校に進学したことは，そうした学習の事後的保障にはなるとした上で，同種の殺人犯と比較してより不遇といえるかを経験的に考察するとともに，不遇と評価される幼少期の両親の離婚と母親の暴力が犯行時点の生命軽視態度に影響しているかを判断すべきであるとする[15]。その根底には，応報理念の基礎に，長期的な意味での「社会構成員の法益保護」と「社会秩序の維持」を据えた上で，「他人の法益を尊重し，法秩序を遵守する精神を学習する機会を持たなかった者については，刑法規範の遵守要求の正当性は減弱する」ことにより，責任非難も減少するとの考え方がある[16]。本見解は，従来，特別予防的考慮（ないし一般情状）の段階においてのみ考慮される傾向にあった生育歴という事情を，具体的な基準を明示しつつ行為責任の程度を決定する段階において判断の対象とすることによって，いわば行為責任の実質化を図るものとして注目される。判断対象の拡張が，刑罰の上限たる「行為責任」概念の弛緩に至らないのかどうか（本来は行為責任に属さないとされてきた事情を，非難可能性を強める方向，あるいは減弱を阻止する方向で考慮してもよいのか），生育歴を特別予防的考慮においても判断対象とするのであれば，両段階の関係をいかに理解するか（同一の事情を2つの側面から考慮するのか，それとも生育歴の内容によって区別するのか）といった点が，今後の検討課題となるであろう。

---

(15) 樋口亮介「不遇な生育歴と責任非難」慶應ロー40号（2018年）177頁以下，特に206頁以下。

(16) 樋口・前掲注(15)199-202頁。さらに，犯行後の事情，あるいは前科の有無・内容によっても非難の程度が変化するとされる論者の行為責任論の構造については，樋口亮介「日本における執行猶予の選択基準」論ジュリ14号（2015年）104-105頁，同「行為責任論を基礎にした前科の位置づけ―近時の英米法圏の学説を素材に―」高橋ほか（編）・前掲注(13)179頁以下を参照。また，「応報」概念の多様化をめぐる最近の議論については，高橋直哉『刑法基礎理論の可能性』（成文堂，2018年）150頁以下，法哲2015「応報の行方」（2016年）1頁以下が詳しい。

書　評

［書評］

唐沢穣・松村良之・奥田太郎編著『責任と法意識の人間科学』（勁草書房，2018 年 1 月発行，A5 判，328 頁）

I　はじめに

　本書は，2011 年～2015 年度の文部科学省科学研究費領域（新学術領域研究・研究領域提案型）「法と人間科学」（代表：北海道大学文学研究科（当時）・仲真紀子教授）の研究班の 1 つである「責任概念の素朴理解と非難を規定する心理過程の解明と法的概念の教育方法の考案」（研究代表者：名古屋大学大学院情報学研究科唐沢穣教授）のメンバーを中心に，当該テーマに関する研究成果を集大成したものである。具体的には，一般人が法的な概念について持っている，素人なりの意識あるいは理解の様式を「素朴法意識」「素朴法理解」と呼び，これらが専門的見地とどのような点で異なっているか，また共通しているかについて検討することが課題である。2 つの問題に焦点が置かれる。すなわち，(1)日常語においても法的概念としても多義的な「責任」の判断と，それに関わる「非難」という行動傾向が，一般の人々のどのような心理過程を経て形成されるのかを，過去の心理学研究の成果を整理・分類することによって明らかにすること，(2)「規則」「規範」「法律」などに「従う」あるいは「従わない」ということが，素朴理解においてどのような意味をもつのかについて，心理学・応用倫理学・法教育の観点をもとに議論することである（本書「はしがき」より）。本書評では，こうした課題の下に編まれた本書の概要を紹介した上で，若干のコメントを述べることにしたい。

　なお，評者も，研究班は異なるが上記「法と人間科学」の分担研究者として活動し，本書で紹介されている研究ないしその準備研究のいくつかについ

386　書　評

ても，実際に報告に接したり，また議論に参加したりする機会に恵まれたことを付記させていただく。

Ⅱ　本書の内容

本書は三部から構成される。**第Ⅰ部「責任と非難」**は，主として社会心理学的研究の視点から，この問題に取り組んだ諸論稿を収める。

第1章「社会心理学における責任判断研究」（膳場百合子・唐沢穣・後藤信彦）は，過去60年にわたる（欧米の）社会心理学的研究のなかで，責任判断研究がどのような主張を展開してきたのか概観する。これによれば，責任判断の特徴として，①一般の人々は「因果性」を責任判断の主要な論理として位置づけていること，②人々は行為の「因果性」だけでなく，その行為が「規範」からどの程度逸脱しているかについても，責任判断の基準として重視していること，③さらに重要な点として，因果性や規範に基づく論理の用いられ方が，判断者の側の要因（動機，感情，道徳的な直感，文化）によって大きく影響されること，が挙げられている。そしてこれらの知見が，今後はロボットなどの人間以外の存在の責任を考える際の手がかりになるとする。

第2章「『組織の責任』と素朴法意識」（唐沢穣・塚本早織）は，「集団や組織に意図をはじめとする心的状態を想定し，これを根拠に行為への責任を問うという思考様式」について，心理学および法学の専門家は（個人と集団を同等にみなすことについて否定的な立場を採る伝統があるために）学術的困難さを覚えてきたが，多くの一般人は抵抗を感じてこなかったとの前提に立つ。その上で，こうした組織の責任に関する「素朴理解」が，どのような心理的原理に基づいているのかを，社会心理学・実験哲学の分野における理論モデル，およびそれらに関する実証的検討によって明らかにしようとする。結論的には，この種の「素朴理解」の本質には，集合体においても，（個人の「心」に言及するときに想定されるような神経・生理学的な現象を伴う物理的実体ではなく）自然人の心的メカニズムと同様の「機能」をもつ実体が備わっているとの信念が存在することが示される。

第3章「個人の行為に対する組織の責任」（膳場百合子）は，「組織の従業員

が，組織外部の人に何らかの被害をもたらした場合，人々は，どのように組織の責任を判断するだろうか」という問題意識に基づいて，先行研究を概観したうえで，国内および日米比較で行った2つのインターネット調査を通じて，組織の中の個人の行為に対する人々の責任判断の法則性，さらに，そうした判断に関する日本人の特徴を探ろうとする。調査の結果，(1)「組織に責任がある」と人々が考える普遍的な根拠として，①「組織は行為者（個人）を監督する義務があった」，②「組織そのものが行為主体だった」，③「組織内環境の不備が出来事の原因となった」という3つの点があること，(2)これらは同じ根拠が文化間で共有されている一方で，どの根拠を重視するかは，文化によって異なること，(3)組織の中の個人に対する責任判断も，文化間で共通する部分と異なる部分があること，が明らかになった。上記の普遍的な根拠が使われる条件の詳細について解明することを今後の課題とする。

第4章「対人間および集団間の非難と赦し」（後藤伸彦）は，「人はなぜ非難し赦すのか，そして人は個人にかぎらず集団までを非難し，また赦すという行いを心理学的にどのように可能にしているのか」を検討するものである。前半では，対人場面において非難に影響する社会心理学的な規定要因を概観し，どのような集団の成員が強い非難を受けるのかについて，特に集団の実体性の認知に着目してその理由を分析する。後半では，対人間の赦しに影響する社会心理学的な規定要因を概観した上で，どのような集団が「赦されやすい」のかを論じる。最後に，非難と赦しの共通点と相違点，両者の関係性が考察される。非難を弱める要因は赦しの可能性を高めるが，非難は加害者（集団）に対するネガティブな認知，感情の増減のみを問題とするのに対して，赦しはポジティブな認知，感情の増加を必要とする点で，また，非難はすでに為された行為についての判断であるのに対して，赦しは行為後の相手や相手とのこれからの関係性についての判断である点で，それぞれに影響する要因が異なるとされる。さらに，集団の実体性の認知は，非難と赦しの両者に影響を与えるものと位置づけられている。

第Ⅱ部「法の意識と教育」は，法あるいはルールをめぐる意識と教育の問題について，法社会学・発達心理学・社会心理学・応用倫理学の観点から分析した諸研究からなる。

388　書　評

　第5章「法学における『法意識』への問題関心——歴史，概念，発展」では，まず「1.　日本法社会学と法意識研究」(松村良之) が，法学・法社会学の領域において，法意識への問題関心がどのように形成されてきたのかを議論する。特に，日本の法社会学および法意識研究に決定的な影響を与えた川島武宜 (1909-1992) の業績を跡づけつつ，①川島においては規範意識一般から区別された法意識というものは観念されておらず，これがその後の法学者の問立てにも影響を与えていること，②川島の研究は，法意識の再概念化，特に法意識と法行動 (一般的には態度と行動) の関係を整理することの重要性を示していること，③川島の法意識論に対して提起された諸批判の当否は別論として，川島の法意識の概念化が日本人の紛争処理行動の特徴に研究の目を向けさせたという重要性があること，④川島による「今後人々は，より強く権利を意識し，主張するようになり，その手段として，より頻繁に訴訟＝裁判という制度を利用するであろう」との推論は，現実にはもう少し複雑なものとして発現したこと，が指摘されている。次いで「2.　『法意識』の概念の再構成」(木下麻奈子) は，「法意識」の概念を実証研究に用いることができるように再構成することを試みるものである。①法意識にいう「法」の概念について，法律・法・社会規範の区分の視点から整理し，②もう一方の「意識」の概念を，法「文化」および法「態度」との関係性から検討することを経て，③法意識を経験科学上の仮説を構成するための道具として有効化するためには，法意識を「法態度」すなわち「法に関するさまざまな問題について，人びとが持つ知識や考え方，それに行動への方向づけを含む社会的態度」と再定義すべきであると主張し，④関連する先行研究について，法態度を独立変数/従属変数として扱う領域に分けて概観した上で，⑤今後は法態度研究の対象を，法律に対する態度研究に限定するのではなく，社会を構成する規範の生成・構造・変化の研究として拡大すべき必要があると指摘する。最後に「3.　法教育の展開と法意識・法知識の教育」(藤本亮) は，法意識や法知識がいかにして「教育」されうるのかという問題関心から，法教育の現状を検討し，考慮されるべき課題を提示する。まず，日本における法教育の歴史を1920年代に遡りつつ概観した上で，法教育の展開は，法の知識を普及するにとどまらず，「法の精神」あるいは基本的な価値を身に付けさせ，国民・市民として

の「主体性」を養うという方向性が打ち出されていることが明らかにされる。次に，法教育の基本的な方向性を定めたと考えられる法教育研究会報告書（2004年）の内容が紹介され，そこでは法や司法制度への能動的な学習・利用が強調される一方で，「ルール作り」教育の目的については責任感の涵養という受身的な内容に収斂していることが指摘される。さらに，法教育の中で見落とされがちなこととして，①法の権力性と市民の自由の間に緊張関係があること，②他者の尊重という協調主義的な傾向には自己主張の抑制につながる可能性があること，③唯一の正解を求める態度に終始するならば，（見解の対立を包含しつつ統合を擬制するという）「法の賢慮」と対立する結果となること，を挙げる。

第6章「責任帰属をめぐる認知——法の専門家と一般人の比較」（松村良之）は，上記第3章で一般人を対象として行われた，組織の中の個人の行為に対する責任判断の調査の一部と共通する内容について，法律専門家（司法試験合格者およびその先輩法曹）を対象とする要因計画法による質問票調査を実施し，法律専門家の責任判断（法律専門家による一般人の判断の推測〔メタ認知〕を含む）の特徴，および一般人の判断との相違を明らかにする。全体の概観に続いて，特に，責任帰属と関連する損害の負担割合の設問，法人に対する処罰の賛否の設問，法人自体に責任を帰属させることと（法人の）心的状態を想定すること（擬人化）との関係についての設問をめぐる調査結果に詳細な分析が加えられる。結論的には，①法律専門家はその専門性に基づいて，一般人とは異なる，当然ではあるがより緻密な判断を行っていること，②しかし，それは一般人の常識に基づく判断とは無関係ではなく，法律専門家の判断も社会的常識を基礎にしているようにも見えること（両者の相違はその精密性の度合いにあること），③法律専門家の判断過程が一般人の判断過程から隔絶したものではないとすれば，法律専門家と一般人が協同して行う法的問題の解決（裁判員裁判の評議など）にとって，両者間の質の高いコミュニケーションが可能となること，が示されている。

第7章「正義と法の発達心理学」（長谷川真里）は，発達心理学において，正義や法の問題がどのように扱われてきたかを考察する。まず，なぜ人間の認識を理解するために発達的観点が必要なのか確認した上で，発達心理学にお

ける「正義」の問題は，道徳性発達の領域の中で進展したことが古典的研究にまで遡って示され，一方でそれらの古典的研究は現在では発達の多元性・判断における文脈の重要性という批判にさらされていることが明らかにされる。次に，近年の研究の方向性として，対象年齢の低年齢化があり，道徳性の発達の基盤がすでに乳児期から備わっていることが示唆されているとする。続いて，近年の子どもの道徳判断の研究動向について，心的状態の理解と道徳判断の関係を検討するもの，および罰（罪悪感を含む）と公平性（公平判断）について検討するもの，に分けて紹介される。さらに，子どもの法的推論の特徴を，多数決の理解の研究，および権利の理解の研究に基づいて分析される。結論として，いわゆる道徳的センスは，乳児期という発達のごく初期から存在し，幼児期以降は未熟化するように見えるが，これは，幼児期の情報処理能力の低さ，および幼児期以降の道徳判断が認知的熟慮を求めることに由来するとされる。

第8章「ルール遵守の促進要因と抑制要因」（村上史朗）は，近年の科学技術の進展・社会状況の変化の中で，ルールを道具的に用いてそれまでとは異なる社会状態を導こうとした場合に，どうすればルール遵守を促進できるかが論じられる。まず，①慣習に基づかない新たなルールを遵守させることの難しさを，態度変容の観点から，ルールに制裁を付すことの威嚇効果とその問題点，ルールの意義を教育することの限界，ルールが存在しなかった過去の経験の効果の不十分さを挙げながら論じる。次に，②新たなルールを社会的に共有することの効果に関して，(1)ルールが機能する上で決定的に重要な要素は，（ある知識について周囲の他者もそれを知っているという）「共有認知」であること，(2)共有認知が実際にルール遵守率を高める要因として機能するためには，それが個人的価値観と同様の，もしくはそれを上回る効果を行動選択に対してもつ必要があること，(3)ルールを命令的規範（明示的な法律など）と記述的規範（多くの人が実際にとる行為についての共有認知に基づく規範）に分けた場合，ルールの逸脱・遵守の双方について記述的規範の効果が見られること，(4)記述的規範の認知は，他者の行為を直接観察できないような場合にはバイアスを含みうること，(5)そのバイアスを低減させるために，事実情報を提供することで知識を修正し，行動変容を促そうとする手法（事実情報提供法）があるこ

と，⑹そうした手法には，本人がルールに肯定的な態度を持っていなくても行動変容が可能となるというメリットがあること，が説明される。さらに，ルール遵守へのインセンティブ構造が作れない状況でも，その構造を解釈するフレームを作ることによって協力行動を促進できること，そしてそのフレームを共有認知にすることが有効であることが指摘される。

第9章「規範教育と道徳教育」(奥田太郎)は，応用倫理学の観点から，少年非行等に関連して語られる「規範意識」がいかなるものであり，小中学校における教科化で注目を集めた道徳教育が「規範意識」を向上させることにつながるか否か（そもそも「規範意識」の向上は道徳教育が目的とすべきものなのか）を考察する。まず，規範意識という語の内実は「社会のルールや決まりを守ろうとする意識」といったものであるが，他方で，意識されている内容が実現されていなければそれは意識されていることにはならない，という極めて強い理論的前提を含意しており，「統治のために統治者が必要とする融通無碍な実用的概念」と理解するのが最も適切であるとする。次に，各種の調査ないし報告書によって示される「規範意識の低下」とは，それによって捉えようとしている現象の有無を探るための発見概念なのであり，それ自体が実体ある何かを表現しているわけではないとして，多角的な視点からの実証的研究が必要であるとする。その上で，⑴特定の規範命題への同調を可能とすることを「規範意識」と呼んでよいのであれば，子どもたちは，特殊な道徳教育を受けずとも言語習得に伴って「高い規範意識」を有しており道徳をも習得していること，⑵規範意識の向上は，道徳教育の副次的な産物であって，それを目的に教育を施す類のものではないこと，⑶道徳教育の一つのあり方として，一般的な道徳原則を，それぞれの理由を明示した上で個別事例に適用するための規範の詳述化を学び，規範間のコンフリクトと相互支持関係について対話を重ねつつ，道徳的思考の厚みを体感するという方向性が考えられること，が明らかにされる。

第Ⅲ部「責任と法」は，本書全体に共通する基本的問題に関する理論的基盤の構築を目指す。

第10章「責任の概念と法人処罰を巡る議論——現状の一つの素描」(今井猛嘉)は，刑法学上の責任概念を確認し，そこでの議論が，法人処罰にとってど

のような意味を持つのかを検討する。まず，近時，脳科学・神経科学の発展に伴い，伝統的な責任論が前提としていた自由意思という概念の根本的な見直しも行なわれていることに言及しつつ，現在の学説の到達点として①自由意思を科学的観点から分析する立場と，その分析を経ても刑法上の責任概念が導かれるものではないとの立場が拮抗していること，後者の立場の内部で，②人と社会との現実の相互関係において，人に期待される事項が決まり，それに応じて人の刑事法上の責任も決まるとの見解，および③行為の社会的意義を認識した上で当該行為の自己決定ができる能力を，責任の前提として要求すべきであるとの理解，が対立していることが示される。続いて，法人（組織）の刑事責任を追及する伝統的な内外の議論が概観された上で，日本の現在の議論状況として，法人を処罰するために，両罰規定だけが望ましい法形式か，という問題があり，これはそもそも法人の犯罪能力・責任能力とは何か（法人が責任を負うのはいかなる理由からか）ということに帰着し，①法人のmind として行動すべき自然人と法人とを同一視する見解，②法人という組織体としての行動選択過程を直視すべきであるとする見解，③自然人以外の存在（法人や動物，ロボット等）も，結果発生へと至る事態経過を認識し，結果発生を避けるパターンの学習能力があれば，新たに法主体として是認すべきとする見解があるとする。最後に，今後の課題として，法人処罰のための刑罰整備の必要性，IA（Intelligent Agent）に関する刑事責任の議論を視野に入れた検討の重要性を強調する。

第11章「責任と法意識をめぐる人間科学的考察」（奥田太郎・唐沢穣・松村良之）は，本書全体を通じて何が論じられ，何が明らかにされたのかを，編者が主として哲学的観点から総括する。まず前半では，哲学・倫理学および法哲学の領域において責任がどのように論じられてきたのかを概観する。特に，①古典的な責任論と（自由意志の存在を揺さぶる実証的研究を含む）現代の哲学の潮流との論争，②科学技術の急速な進展に伴う社会変化に対応するための研究領域としての「応用倫理学」の成立と，そこで展開された「新たな責任」のあり方，③近時の法哲学研究において提示された「責任」概念の整理，といった諸点が紹介される。後半では，本書第Ⅰ部と第Ⅱ部で取り上げられた様々な知見について，改めて哲学的な観点からいくつかの要点を捉え直し，

「責任」と「法意識」に関する人間科学的な考察の射程と限界を明確にしようとする。本章の最後では，本書における研究成果の実践的意義として，「法律専門家も，一般の人びとのもつ素朴法意識や素朴理解については無知であることが少なくない」が，それがまさに心理学が明らかにしようとした知見であること，「これらの知見に触れ，認識を改めることで，司法の判断がより人びとにとって受け入れやすいものとなりうるかもしれない」ことを掲げる。同時に，それらの知見に対してわれわれがどのように向き合うべきかは「当の心理学そのものが示すことはできない」が，「そこからは政治の問題だとして開き直るのか，それとも，そこに哲学的な規範論の役割があるのだと学問的な道を切り拓くべく粘り続けるのか」こそが，本書の研究のその先の最重要課題であると結ばれている。

Ⅲ　コメント

　このように本書は，法の専門家が用いる法概念について，一般人がどのように理解し，それがどの程度まで専門家に近く，あるいは異なったものなのかを，社会心理学・応用倫理学・法社会学を中心とした学際的・学融的な視点から分析した研究成果である。個々の論文で取り上げられている課題の興味深さ・そこで展開されている論旨の明快さはもとより，とりわけ第Ⅲ部の第 11 章の 2 で提示されている編者らによる「本書を捉え直す」という「まとめ」の存在が，本書の各論文または論文群と，本書の目的との関係性をより明確なものとすることに大いに貢献しており，本書から何かを学び，また本書を足がかりに新たな研究を始めようとする読者に有益な「鳥瞰図」を与えているということができよう。本書の数少ない（単行本としての）先行研究には，石村善助＝所一彦＝西村春夫（編）『責任と罰の意識構造』（多賀出版，1986 年）（書評として，沢登俊雄・法時 59 巻 3 号（1987 年）113 頁以下），および萩原滋『責任判断過程の分析──心理学的アプローチ』（多賀出版，1986 年）が挙げられるが，それらから約 30 年を経て出版された本書は，その間の空白を十分に補うものと位置づけられる。以下では，評者が一刑事法研究者として本書を読んで，編者・著者の方々に対してさらに教示を得たいと感じた事項について，

394 書 評

いくつかを掲げることとする。

　まず，本書の２大テーマは「責任」と「法意識」であるが，本稿の冒頭でも述べたように，本書では，一般人が法的な概念について持っている意識＝素朴法意識（素朴法理解）と位置づけているので，「責任」は「法意識」の対象の１つであるという関係性が一応前提となっていると解される。そこで，極めて単純な疑問ではあるが，数ある「法意識」の対象となる法概念の中で，本書が第Ⅰ部で特に「責任」に焦点を置いたのはどのような理由に基づくのかが問われてくる。確かに，「責任」は主要な法概念の１つであり，本書でも引用されているように「法学において責任の語は一般的用法よりも厳密に用いられるがゆえに，法学における責任概念はより多義的である」（瀧川裕英『責任の意味と制度』（勁草書房，2013年）16頁）。ただ，そうした概念としての重要性・多義性といったことから直ちに，（「権利」でも「義務」でも「制裁」でもなく）「責任」が「法意識」の対象としても幾多の法概念の中から優先的に取り上げるべき課題であるという結論には至らないように思われる（もちろん，「責任追及」が心理学にとっても「対人関係の基本的問題」（本書「はしがき」より）であることは推測できるが，その点に尽きるのであろうか）。責任に対する法意識を検討することで，他の対象からは得られない（あるいは得られにくい）知見の存在といったような「法意識の対象としての『責任』の特殊性」とでもいうべき性質があるのならば，それは本書全体の理解のためにも，是非とも説明されるべきであったと考える。同時に，本書が法人（組織・集団）の責任に相当の重点を置いていることに関しても，（単に法人処罰のあり方が現代社会における喫緊の課題であるということのほかに）個人責任（刑法学的にいえば個別行為責任）の場合と比べて，法意識の対象という意味においてどのような特質があるのかを知りたいところである。

　また，本書に通底する問題意識として，法概念の理解に対する専門家と一般人の理解の「乖離」が挙げられる。そこには，そうした「乖離」の内実を発見することで，「素朴理解に関心を示す，あるいはそれを考慮に入れた司法が実践されれば，国民の理解と信頼を得ることができる」（本書「はしがき」より）との考慮がある（これに正面から取り組んだのが本書第６章の研究である）。もっとも，国民の理解と信頼を得た（刑事）司法の実践という面からは，この種の

「乖離」を発見し解消することだけが唯一の途ではないようである。例えば，広く知られた司法研修所（編）『難解な法律概念と裁判員裁判』（司法研究報告書61輯1号〔2009年〕）では，「専門用語の平易化という道を選ぶのではなく……これまで実務で蓄積されてきた判断の内容や手法について，なぜそのように判断してきたのかという実質的なところを説明することによって，実務において用いられてきた物差しを示した上，これを踏まえた審理・評議を行って議論を尽く」すこと（同書「はじめに」より）が強調されている。ここでは，「素朴理解」の存在を前提としつつも，対極にある「専門家の理解」についての説明方法をより深化させるというアプローチが採用されており，「素朴理解に関心を示し，それを考慮に入れた司法の実践」とは方向性が異なる（むしろ反対の方向に近い）ようにも思われる。こうしたアプローチをも念頭においた場合には，本書のような法意識の研究方法・内容にも変化が生じることが予想されるが，編者・著者の方々はどのような展望をもっておられるだろうか。編者が本書の末尾で指摘する「その先の最重要課題」は，本書の標題にもある「人間科学」のあり方に関わる深遠な問いかけである。この問いかけを含めて，本書の問題提起と研究成果をどのように受け止め，発展させていくかは，読者に課せられた「責任」でもあるのだろう[*]。

---

[*]なお，法社会学者による本書の書評として，佐伯昌彦・法社85号（2019年）263頁以下がある。

事項索引

あ

アスペルガー症候群······················38〜
一般情状················· 14, 48, 52, 211, 212,
224, 324, 325, 370
一般情状事実····························14
医療観察法（心神喪失等の状態で重大な他
害行為を行った者の医療及び観察等に関
する法律）···················· 8, 89
医療刑務所····························86

か

学習性無力感···························83
仮定的判断によるアプローチ··········97〜
仮釈放のない無期刑···················348〜
仮釈放要件····························336
観念的競合·························· 25, 191
期待可能性····························82
規範的責任論·····························5
吸収一罪··························· 144, 205
狭義の包括一罪························144
具体的，説得的な根拠··················278〜
具体的法定符合説······················19〜
警告理論··························197, 364
刑事政策的要素························325
刑種・刑量への変換····················246
刑の一部執行猶予制度················· 8, 85
刑罰適応性····························10
原則・例外基準····················316, 327
故意概念·····························11
行為の社会的類型······················244
行為者関係的事情······················221

さ

罪名と科刑の分離······················35
死刑選択基準····················· 6, 14, 311〜
事実の錯誤····························19
実質的行為責任論······················11
社会的類似性··························369
週単位の時間外労働規制················203
消極的（行為）責任主義··· 6, 211, 279, 325
消極的特別予防·························3
情状鑑定····························253〜
処遇意見····························344〜
人格障害····························113〜
心中型····························302
随伴行為··························190, 205
数故意犯説····························19〜
性格責任·····························9
性格論的責任論·························10
制御能力が低減した状態·················81〜
精神鑑定····························82
精神鑑定の必要性判断··················128
責任故意····························95
責任主義と刑罰目的のアンチノミー······62
責任と刑罰の絶対的均衡·················378

行為責任論·····························5
合意制度··························209, 218
構成要件外結果（構成要件的結果以外の結
果）··························229, 289
構成要件的故意·························95
構成要件的故意によるアプローチ······92〜
広汎性発達障害··············38, 42, 43, 57
混合的包括一罪························141〜

事項索引

責任能力‥‥‥‥‥‥‥‥‥‥‥‥‥ 7, 79～
責任能力の判断基準‥‥‥‥‥‥‥‥‥‥55
責任能力の判断要素‥‥‥‥‥‥‥‥‥‥58
積極的特別予防‥‥‥‥‥‥‥‥‥‥‥‥‥3
摂食障害‥‥‥‥‥‥‥‥‥‥‥‥‥‥‥65～
接続犯‥‥‥‥‥‥‥‥‥‥‥‥‥‥‥‥172
窃盗症（窃盗癖・クレプトマニア・病的窃
　盗）‥‥‥‥‥‥‥‥‥‥‥‥‥‥‥‥63～
前科‥‥‥‥‥‥‥‥‥‥‥‥‥‥‥‥‥363～
総合事情説‥‥‥‥‥‥‥‥‥‥‥‥‥‥356
捜査手続の違法‥‥‥‥‥‥‥‥‥‥‥292～
相対的応報刑論‥‥‥‥‥‥ 12, 210, 243, 244

た

単純数罪（独立数罪）‥‥‥‥‥‥‥‥‥196
抽象的法定符合説‥‥‥‥‥‥‥‥‥‥‥19
動機の了解可能性‥‥‥‥‥‥‥‥ 58, 59, 80
特別予防（論）‥‥‥‥‥‥‥‥‥‥‥‥3～
同種事犯の量刑傾向‥‥‥‥‥‥‥‥‥266～

な

永山判決‥‥‥‥‥‥‥‥‥‥‥‥‥ 312, 364
永山基準‥‥‥‥‥‥‥‥‥ 14, 16, 312, 316
認知行動療法‥‥‥‥‥‥‥‥‥‥‥‥‥85
認知症‥‥‥‥‥‥‥‥‥‥‥‥‥‥‥127～

は

パーソナリティ障害‥‥‥‥‥‥‥‥ 114, 120
犯行の了解可能性‥‥‥‥‥‥‥‥‥‥‥59
犯罪事実‥‥‥‥‥‥‥‥‥‥‥‥‥‥‥14
犯情‥‥‥‥‥‥‥‥‥ 14, 48, 51, 54, 210, 211,
　　　　　　　　　224, 324, 325, 376
犯情・一般情状モデル‥‥‥‥ 324, 326, 327
被害回復‥‥‥‥‥‥‥‥‥‥‥‥ 223, 226

被害感情‥‥‥‥‥‥‥‥‥ 223, 229, 289～
被害金額の軽微性‥‥‥‥‥‥‥‥ 187, 190
被害者関係的事情‥‥‥‥‥‥‥‥ 221, 223
被害者参加制度‥‥‥‥‥‥‥‥‥ 222, 286
被害者自身の行為に由来する事情
　‥‥‥‥‥‥‥‥‥‥‥‥‥‥‥ 223, 224
「被害者」の意義‥‥‥‥‥‥‥‥‥‥ 222
被害者の意見陳述制度‥‥‥‥‥‥‥‥ 222
被害者の処罰感情‥‥‥‥‥‥‥‥ 230, 231
被害者の匿名性・没個性‥‥‥‥‥‥ 187, 191
被害法益の同一性・単一性‥‥‥‥ 182, 187
日単位の時間外労働規制‥‥‥‥‥‥‥ 203
不遇な生育歴‥‥‥‥‥‥‥‥‥‥‥‥ 380
平素の人格‥‥‥‥‥‥‥‥‥‥‥‥‥‥56
包括一罪‥‥‥‥‥‥‥‥‥‥ 142～, 172～
保護観察付執行猶予‥‥‥‥‥‥‥‥ 250～

ま

無期刑受刑者の仮釈放に係る勉強会報告書
　‥‥‥‥‥‥‥‥‥‥‥‥‥‥‥‥‥‥ 339
もともとの人格‥‥‥‥‥‥‥‥‥‥ 56, 57

ら

了解可能性‥‥‥‥‥‥‥‥‥‥‥‥‥‥59
量刑基準の構造‥‥‥‥‥‥‥‥‥‥‥ 210
量刑基準の設定‥‥‥‥‥‥‥‥‥‥‥ 242
量刑傾向の拘束力‥‥‥‥‥‥‥‥‥‥ 275
量刑事情の評価・衡量‥‥‥‥‥‥‥‥ 244
量刑事情の事実認定‥‥‥‥‥‥‥‥‥ 242
量刑における（消極的／行為）責任主義
　‥‥‥‥‥‥‥‥‥‥‥ 14, 277, 278, 325
量刑における「責任拘束性」‥‥‥‥ 85, 86
連続的包括一罪‥‥‥‥‥‥‥‥‥‥ 172～
連続犯‥‥‥‥‥‥‥‥‥‥‥‥‥‥ 173, 174

判例索引

（ゴシック体の数字は，〔事例研究〕として扱っていることを示す）

〔大審院〕

大判明治 44・9・25 刑録 17 輯 1560 頁
················· 196

〔最高裁判所〕

最大判昭和 23・3・12 刑集 2 巻 3 号 191 頁
················· 335

最大判昭和 24・2・21 刑集 3 巻 12 号 2048
頁················· 335

最判昭和 24・7・23 刑集 3 巻 8 号 1373 頁
················· 175

最判昭和 25・12・19 刑集 4 巻 12 号 2577 頁
················· 175

最判昭和 26・5・8 刑集 5 巻 6 号 1012 頁
················· 176

最判昭和 29・7・2 刑集 8 巻 7 号 991 頁
················· 175

最判昭 30・10・14 刑集 9 巻 11 号 219 頁
················· 176

最判昭和 31・8・3 刑集 10 巻 8 号 1202 頁
················· 176

最判昭 31・9・11 刑集 10 巻 9 号 1331 頁
················· 177

最決昭和 31・12・25 刑集 10 巻 12 号 1711
頁················· 335

最大判昭和 33・9・10 刑集 12 巻 13 号 2897
頁················· 336

最決昭 41・6・10 刑集 20 巻 5 号 429 頁
················· 177

最判昭和 53・7・28 刑集 32 巻 5 号 1068 頁
·················21

最決昭和 54・4・13 刑集 33 巻 3 号 179 頁
················· 35

最判昭和 58・7・8 刑集 37 巻 6 号 609 頁
················· 14, 113, 312, 335, 364

最決昭和 61・6・9 刑集 40 巻 4 号 269 頁
················· 35

最決昭和 61・11・18 刑集 40 巻 7 号 523 頁
················· 151

最判昭和 62・10・23 裁判集刑 247 号 117 頁
················· 366

最判平成 1・3・28 裁判集刑 251 号 413 頁
················· 366

最判平成 2・4・3 裁判集刑 254 号 341 頁
················· 366

最判平成 11・11・29 判時 1693 号 154 頁
················· 15, 315

最判平成 11・12・10 刑集 53 巻 9 号 1160 頁
················· 315, 365

最判平成 13・12・6 裁判集刑 280 号 871 頁
················· 115

最判平成 16・10・13 裁判集刑 286 号 357 頁
················· 366

最判平成 18・6・20 判時 1941 号 38 頁
················· 315, 375

最判平成 19・3・22 裁判集刑 291 号 235 頁
················· 366

最決平成 20・2・20 判時 1999 号 157 頁
················· 335

最判平成 20・4・22 裁判集刑 294 号 209 頁
················· 335

最判平成 20・4・25 刑集 62 巻 5 号 1559 頁
·················83

最決平成 20・6・18 刑集 62 巻 6 号 1812 頁

……………………………………97

最決平成 21・12・8 刑集 63 巻 11 号 2829 頁
…………………………………… 135

最決平成 22 年 3 月 17 刑集 64 巻 2 号 111
頁…………………………………… 173, 183

最決平成 22・12・20 刑集 64 巻 8 号 1312 頁
…………………………………… **201**

最判平成 23・3・1 裁判集刑 303 号 57 頁
…………………………………… 360

最決平成 26・3・17 刑集 68 巻 3 号 368 頁
…………………………………… 178

最判平成 26・7・24 刑集 68 巻 6 号 925 頁
…………………………………… 214, 269, 311

最決平成 27・2・3 刑集 69 巻 1 号 1 頁
…………………………………… 316, 371

最決平成 27・2・3 刑集 69 巻 1 号 99 頁
…………………………………… 316

最決平成 28・6・16 裁判集刑 320 号 99 頁
…………………………………… 379

〔高等裁判所〕

東京高判昭和 33・11・15 東高刑時報 9 巻
11 号 287 頁………………………… 180

仙台高判昭和 34・2・26 高刑集 12 巻 2 号
77 頁………………………………… 146

名古屋高判昭和 34・4・22 高刑集 12 巻 6 号
565 頁……………………………… 181

東京高判昭和 42・6・5 東高刑時報 18 巻 6
号 175 頁…………………………… 203

大阪高判昭和 45・1・27 高刑集 23 巻 1 号
17 頁………………………………… 203

大阪高判昭和 59・3・27 判時 1116 号 140 頁
…………………………………………68

東京高判昭和 63・11・17 判時 1295 号 43 頁
…………………………………… 182

名古屋高金沢支判平成 3・7・18 判時 1403

号 125 頁…………………………… 148

大阪高判平成 4・1・30 高刑集 45 巻 1 号 1
頁…………………………………… 295

東京高判平成 6・3・25 判タ 870 号 277 頁
…………………………………… 115

東京高判平成 6・6・6 高刑集 47 巻 2 号 252
頁……………………………………30

東京高判平成 7・3・14 高刑集 48 巻 1 号 15
頁…………………………………… 154

東京高判平成 7・8・11 判時 1567 号 146 頁
…………………………………… 295

名古屋高判平成 10・3・16 判時 1671 号 150
頁…………………………………… 115

大阪高判平成 11・3・5 判タ 1064 号 297 頁
…………………………………… 295

東京高判平成 11・3・12 東高刑時報 50 巻
1＝12 号 24 頁………………………36

東京高判平成 13・6・28 判タ 1071 号 108 頁
…………………………………… 115

東京高判平成 13・8・30 高刑速（平 13）139
頁……………………………………40

東京高判平成 13・10・4 東高刑時報 52 巻
1＝12 号 66 頁……………………… 150

東京高判平成 14・12・10 判時 1812 号 152
頁…………………………………… 115

東京高判平成 14・12・25 判タ 1168 号 306
頁……………………………………28

東京高判平成 15・5・19 LEX/DB 28085706
…………………………………… 295

大阪高判平成 16・4・20 高検速報平成 16 年
143 頁……………………………… 335

東京高判平成 18・7・10 高刑速（平 18）123
頁……………………………………32

東京高判平成 19・5・21 東高刑時報 58 巻
1＝12 号 29 頁……………………… 156

東京高判平成 19・8・9 東高刑時報 58 巻

判例索引　401

1＝12 号 58 頁 ················· 181

東京高判平成 19・8・9 東高刑時報 58 巻
1＝12 号 59 頁 ·················· 41

東京高判平成 19・9・18 高刑集 60 巻 3 号 8
頁 ························· 181

東京高判平成 20・3・10 判タ 1269 号 324 頁
·························· 92

東京高判平成 20・5・15 判時 2019 号 127 頁
························· 335

大阪高判平成 21・3・24 LLI/DB L06420163
··························· 41

東京高判平成 21・4・28 東高刑時報 60 巻
1＝12 号 48 頁 ·················· 41

東京高判平成 21・12・10 判タ 1346 号 74 頁
··························· 72

広島高判平成 22・3・18 LLI/DB L06520156
··························· 41

東京高判平成 22・6・16 東高刑時報 61 巻
1＝12 号 125 頁 ················ 149

東京高判平成 22・6・29 東高刑時報 61 巻
1＝12 号 140 頁 ················ 268

東京高判平成 22・10・28 判タ 1377 号 249
頁 ·························· 72

東京高判平成 22・11・16 東京刑時報 61 巻
1＝12 号 282 頁 ················ 157

東京高判平成 23・8・16 LEX/DB 25542993
··························· 74

東京高判平成 24・6・27 東高刑時報 63 巻
1＝12 号 130 頁 ················ 194

大阪高判平成 25・2・26 判タ 1390 号 375 頁
························ 38, 49

大阪高判平成 25・4・11 刑集 68 巻 6 号 954
頁 ························· 271

東京高判平成 25・6・4 東高刑時報 64 巻
1＝12 号 116 頁 ················ 129

東京高判平成 25・6・20 刑集 69 巻 1 号 82

頁 ························· 358

福岡高判平成 25・6・26 LLI/DB L06820366
··························· 74

東京高判平成 25・7・17 東高刑時報 64 巻
1＝12 号 152 頁 ················· 75

東京高判平成 25・10・8 刑集 69 巻 1 号 190
頁 ························· 370

東京高判平成 25・11・1 LEX/DB 25543008
··························· 75

仙台高判平成 26・1・31 高刑速（平 26）177
頁 ························· 372

東京高判平成 26・2・27 東高刑時報 65 巻
1＝12 号 6 頁 ·················· 370

大阪高判平成 26・3・18 LEX/DB 25561228
······················ 77, 132

大阪高判平成 26・7・8 LEX/DB 25446763
··························· 77

大阪高判平成 26・10・3 LEX/DB 25505292
··························· 82

大阪高判平成 26・10・21 LEX/DB 25447145
··························· 73

東京高判平成 27・10・8 判タ 1424 号 168 頁
························· 299

東京高判平成 27・11・10 LEX/DB 25561231
······················ 133, 137

東京高判平成 27・11・27 LEX/DB 25541877
························· 307

高松高判平成 28・6・21 判時 2372 号 129 頁
························· 122

東京高判平成 28・6・30 判時 2345 号 113 頁
······················ 216, 281

広島高判平成 28・12・6 高刑速（平成 28）
247 頁 ······················ 78

大阪高判平成 29・3・9 判時 2370 号 90 頁
························· 370

大阪高判平成 29・3・10 LLI/DB L07220108

402 判例索引

································· 370

〔地方裁判所〕

仙台地判昭和 33・10・6 高刑集 12 巻 2 号
84 頁·························· 147

仙台地判昭和 39・7・17 下刑集 6 巻 7＝8 号
865 頁························· 149

新潟地判昭和 42・1・13 下刑集 9 巻 1 号 31
頁···························· 147

東京地判昭和 44・5・14 判タ 235 号 201 頁
····························· 150

新潟地判昭和 45・12・11 刑月 2 巻 12 号
1321 頁························ 149

東京地判昭和 46・2・18 判時 622 号 113 頁
····························· 295

福岡地判昭和 47・3・29 刑月 4 巻 3 号 615
頁···························· 147

大阪地判昭和 57・7・27 判時 1058 号 158 頁
····························· 116

福岡地小倉支判昭和 62・8・26 判時 1251 号
143 頁························· 149

東京地判昭和 63・3・18 判時 1288 号 147 頁
····························· 115

東京地判平成 1・3・27 判時 1310 号 39 頁
····························· 115

浦和地判平成 1・12・21 判タ 723 号 257 頁
····························· 295

大阪地判平成 3・9・24 刑集 46 巻 9 号 689
頁···························· 226

浦和地判平成 3・9・26 判時 1410 号 121 頁
····························· 295

熊本地判平成 4・3・26 判タ 804 号 182 頁
····························· 295

東京地判平成 4・4・21 判時 1424 号 141 頁
····························· 153

東京地判平成 4・7・7 判時 1435 号 142 頁

································· 154

東京地判平成 5・7・29 判時 1513 号 179 頁
····························· 115

札幌地判平成 6・2・7 判タ 873 号 288 頁
····························· 115

広島地判平成 6・9・30 刑集 53 巻 9 号 1290
頁···························· 347

東京地判平成 8・4・16 判時 1601 号 157 頁
····························· 149

東京地判平成 9・4・14 判時 1609 号 3 頁
····························· 115

岐阜地判平成 9・5・16 判時 1671 号 152 頁
····························· 115

名古屋地判平成 12・10・16 判タ 1055 号
283 頁························· 115

新潟地判平成 14・1・22 判時 1780 号 150 頁
····························· 115

神戸地判平成 14・4・16 LEX/DB 28075231
····························· 149

山口地下関支判平成 14・9・20 判時 1824 号
140 頁························· 115

東京地判平成 15・1・22 判タ 1129 号 265 頁
····························· 157

東京地判平成 15・8・28 判時 1837 号 13 頁
························· 108

大阪地判平成 16・2・4 判時 1850 号 159 頁
····························· 344

神戸地判平成 16・10・28 LEX/DB 28105053
····························· 295

富山地判平成 17・9・6 LEX/DB 28105426
······························40

大阪地判平成 18・4・10 判タ 1221 号 317 頁
····························· 152

広島地判平成 18・7・4 判タ 1220 号 118 頁
····························· 345

大阪地判平成 18・9・20 判時 1955 号 172 頁

判例索引　403

………………………………… 295

大阪地判平成 18・12・13 LEX/DB 28135101
………………………………… 120

東京地判平成 19・3・14 LEX/DB 28145163
………………………………… 335

山形地判平成 19・5・23 判時 1976 号 146 頁
………………………………… 335

東京地八王子支判平成 19・7・31 LEX/DB
28145219…………………………… 39

宮崎地延岡支判平成 20・3・21 LLI/DB
L06350142………………………… 41

大阪地判平成 20・3・24 LEX/DB 28145276
………………………………… 295

東京地判平成 20・5・27 判時 2023 号 158 頁
………………………………… 41

大阪地判平成 20・6・16 刑集 63 巻 2 号 8 頁
………………………………… 225

東京地判平成 21・2・20 LEX/DB 25450448
………………………………… **231, 284**

神戸地判平成 21・5・29 判時 2053 号 150 頁
………………………………… 120

山形地判平成 21・10・7 LLI/DB L06450638
………………………………… 41

松江地判平成 21・10・22 LEX/DB 25462717
………………………………… 41

福井地判平成 21・11・4 LLI/DB L06450700
………………………………… 41

大津地判平成 21・11・13 LEX/DB 25460272
………………………… 251, 252

さいたま地判平成 22・2・19 LEX/DB
25442308………………………… 251

徳島地判平成 22・3・19 LLI/DB L06550184
………………………………… 42

大阪地判平成 22・5・24 LEX/DB 25442463
………………………………… 42

東京地判平成 22・6・9 LLI/DB L06530819

………………………………… 71

さいたま地判平成 22・9・6 LEX/DB
25473557………………………… 303

静岡地判平成 22・10・21 LEX/DB 25442894
………………………………… 303

横浜地判平成 22・11・16 LEX/DB 25470446
………………………………… 328

東京地判平成 22・11・10 LEX/DB 25470396
………………………………… 255

奈良地判平成 22・11・24 LEX/DB 25470185
………………………………… 42

仙台地判平成 22・11・25 LEX/DB 25443083
………………………………… 328

宮崎地判平成 22・12・7 LEX/DB 25470198
………………………………… 328

東京地判平成 23・3・15 刑集 69 巻 1 号 73
頁………………………………… 329

大阪地判平成 23・3・22 判タ 1361 号 244 頁
………………………………… 303

長野地判平成 23・3・25 LEX/DB 25480102
………………………………… 329

東京地立川支判平成 23・6・10 LLI/DB
L06630195………………………… 42

横浜地判平成 23・6・17 LLI/DB L06650340
………………………………… 329

静岡地沼津支判平成 23・6・21 LEX/DB
25480334………………………… 329

千葉地判平成 23・6・30 刑集 69 巻 1 号 168
頁………………………………… 329

大阪地判平成 23・7・20 LEX/DB 25471944
………………………………… **292**

熊本地判平成 23・10・25 LEX/DB 25481871
………………………………… 329

大阪地判平成 23・10・31 判タ 1397 号 104
頁………………………………… 329

静岡地沼津支判平成 23・12・5 LEX/DB

25480380·······························194

長野地判平成 23・12・6 LEX/DB 25480103
·······························329

長野地判平成 23・12・27 LEX/DB 25480169
·······························329

さいたま地判平成 23・12・27 LLI/DB
L06650748·······························77

さいたま地判平成 24・2・24 LEX/DB
25480579·······························329

大阪地判平成 24・3・31 刑集 68 巻 6 号 948
頁·······························270

さいたま地判平成 24・4・13 LEX/DB
25481416·······························330

千葉地判平成 24・4・27 LEX/DB 25481201
·······························303

神戸地判平成 24・6・25 LEX/DB 25482156
·······························303

岡山地判平成 24・7・11 LEX/DB 25482578
·······························42

大阪地判平成 24・7・30 LEX/DB 25482502
·······························38, 49

前橋地判平成 24・9・12 LEX/DB 25482972
·······························156

津地判平成 24・9・14 LEX/DB 25482958
·······························303

宇都宮地判平成 24・11・30 LLI/DB
L06750629·······························157

鳥取地判平成 24・12・4 LEX/DB 25503373
·······························330

岡山地判平成 25・2・14 LLI/DB L06850087
·······························330

福島地郡山支判平成 25・3・14 LEX/DB
25445498·······························330

東京地判平成 25・6・11 LLI/DB L06830387
·······························330

長崎地判平成 25・6・14 LEX/DB 25501675

·······························120, 330

大阪地堺支判平成 25・6・26 LEX/DB
25501419·······························330

札幌地判平成 25・7・11 LEX/DB 25501526
·······························303

京都地判平成 25・9・19 LLI/DB L06850484
·······························74

横浜地判平成 25・10・16 LEX/DB 25502566
·······························303

神戸地判平成 25・10・22 LEX/DB 25561016
·······························132

神戸地明石支判平成 25・10・22 LLI/DB
L06850714·······························73

山形地判平成 25・10・30 LLI/DB L06850584
·······························303

神戸地判平成 25・10・31 LEX/DB 25502421
·······························82

さいたま地判平成 25・11・6 LLI/DB
L06850608·······························70

札幌地判平成 26・1・24 LEX/DB 25503019
·······························303

大阪地堺支判平成 26・3・10 LEX/DB
25503175·······························330

宮崎地判平成 26・4・22 LEX/DB 25503974
·······························303

前橋地判平成 26・8・29 LEX/DB 25504692
·······························303

長野地松本支判平成 26・9・18 LLI/DB
L06950412·······························76

東京地判平成 26・9・19 判タ 1412 号 288 頁
·······························330

静岡地判平成 26・10・9 LLI/DB L06950498
·······························78

京都地判平成 26・10・16 LLI/DB L06950516
·······························70

京都地判平成 26・12・22 LLI/DB L06950653

判例索引　405

……………………………………… 303

新潟地判平成 26・11・14 LEX/DB 25505259
…………………………………… 303

名 古 屋 地 判 平 成 27・2・20 LEX/DB
25505919 …………………………… 330

函館地判平成 27・2・27 LEX/DB 25447142
…………………………………… 303

新潟地判平成 27・4・15 LEX/DB 25561018
………………………………… 71, 131

名古屋地判平成 27・6・9 LEX/DB 25540616
…………………………………… 303

千葉地判平成 27・6・12 LEX/DB 25540508
………………………………………… **300**

大阪地判平成 27・6・26 判時 2280 号 136 頁
…………………………………… 331

山口地判平成 27・7・28 判時 2285 号 137 頁
…………………………………… 331

横浜地判平成 27・10・15 LEX/DB 25561019
………………………………… 131, 137

名 古 屋 地 判 平 成 27・12・15 LEX/DB
25541967 …………………………… 331

神戸地判平成 28・3・18 LEX/DB 25543180
…………………………………… 331

大阪地岸和田支判平成 28・4・15 LEX/DB
25543001 ……………………………… 71

前橋地判平成 28・7・20 LEX/DB 25543574
………………………………… 120, 331

静岡地沼津支判平成 28・11・24 判時 2345
号 120 頁 …………………………… 331

神戸地判平成 29・3・22 LEX/DB 25448600
…………………………………… 331

大阪地判平成 29・3・22 LEX/DB 25546119
…………………………………… 130

高知地判平成 29・8・7 判時 2372 号 129 頁
………………………………………… **122**

甲府地判平成 29・8・25 LEX/DB 25547116
…………………………………… 331

京都地判平成 29・11・7 判時 2391 号 89 頁
…………………………………… 331

静岡地判平成 30・2・23 LEX/DB 25549814
…………………………………… 331

さ い た ま 地 判 平 成 30・3・9 LEX/DB
25560015 …………………………… 332

東京地立川支判平成 30・3・16 LEX/DB
25561096 …………………………… 133

横浜地判平成 30・3・22 判時 2391 号 68 頁
…………………………………… 332

大阪地判平成 30・12・19 LEX/DB 25563306
………………………………… 120, 332

〔簡易裁判所〕

東京簡判平成 26・9・4 LEX/DB 25505278
…………………………………… 133

東京簡判平成 26・12・24 LLI/DBL 06960044
……………………………………… 76

松戸簡判平成 27・11・25 LEX/DB 25543000
……………………………………… 70

著者紹介

城下裕二（しろした ゆうじ）

　1960 年　札幌市に生まれる
　1983 年　北海道大学法学部卒業
　1990 年　同大学院法学研究科博士後期課程修了（法学博士）
　同　年　札幌学院大学法学部助教授
　1997 年　同教授
　2002 年　明治学院大学法学部教授
　2008 年　北海道大学大学院法学研究科教授（現在に至る）

　1997-1998 年，2015 年　ケンブリッジ大学法学部及び同大学ウルフソン・
　　　　　　　　　　　　　コレッジ客員研究員

主要著書

　量刑基準の研究（成文堂，1995 年）
　量刑理論の現代的課題（成文堂，初版 2007 年・増補版 2009 年）
　テキスト刑法各論〔補正第 2 版〕（共著）（青林書院，2007 年）
　New Live 刑事法（共著）（成文堂，2009 年）
　生体移植と法（編著）（日本評論社，2009 年）
　刑法総論判例インデックス（共編著）（商事法務，初版 2011 年・第 2 版 2019 年）
　刑法各論判例インデックス（共編著）（商事法務，2016 年）

　　　　　　　責任と刑罰の現在
　　　　　2019 年 12 月 20 日　初版第 1 刷発行

　　　　　　著　者　城　下　裕　二
　　　　　　発行者　阿　部　成　一
　　　　　〒 162-0041　東京都新宿区早稲田鶴巻町 514 番地
　　　　　発行所　株式会社　成　文　堂
　　　　　　電話 03（3203）9201（代）　Fax 03（3203）9206
　　　　　　　　http://www.seibundoh.co.jp

　製版・印刷　三報社印刷　　　　　　　製本　弘伸製本
　　　☆乱丁・落丁本はおとりかえいたします☆　検印省略
　　　　　　Ⓒ 2019 Y. Shiroshita　Printed in Japan
　　　　　　ISBN 978-4-7923-5293-6 C3032

　　　　　定価（本体 8000 円＋税）